C'ÉTAIT SACHA GUITRY

Pour Katherine Knorr,
Ce Sacha Soleil et ombre –

DU MÊME AUTEUR

Ouvrages

Guide historique de Biarritz, Biarritz, Éditions du Casino de Biarritz, 1996.
Architecture Art déco sur la Côte basque, Biarritz, Atlantica, 2000.
Le Pays basque vu d'en haut, Biarritz, Atlantica, 2007.

Revue

« Luis Mariano et le Pays basque », Atalaya, hors série n° 2, Atlantica, 2005.

Jean-Philippe SÉGOT

C'était SACHA GUITRY

Fayard

ISBN : 978-2-213-63582-8

À Philippe Bouvard,
à qui je dois, tout gamin, d'avoir « plongé »
dans l'univers étincelant de Sacha Guitry.
Une éternelle reconnaissance…

1

Une enfance nomade

« Chaque acte de la vie est comme un petit drame
Et le tout à la fin n'est qu'une comédie. »

SACHA GUITRY, *Deburau.*

« C'est un monstre, mais ça ne fait rien, nous l'aimerons bien tout de même ! »

Penché sur le berceau de son nouveau-né, Lucien Guitry, les yeux pleins de tristesse, semble convaincu que ce bébé si rouge, aux allures d'écorché, sera une sorte de phénomène de foire !

L'inquiétude va cependant vite se dissiper, et dans le froid de l'hiver russe, notre tout jeune héros reprend des couleurs rassurantes.

Nous sommes le 21 février 1885, à Saint-Pétersbourg.

L'acteur Lucien Guitry, dont la renommée ne cesse de croître, et sa jeune et ravissante épouse, Renée Delmas, sont mariés depuis moins de trois ans. Le 5 mars 1884, Renée a mis au monde un bébé magnifique (le couple a eu un premier enfant, Hubert, qui n'a hélas pas survécu). On le baptise Jean. Quelques semaines plus tard, Renée est à nouveau enceinte. Et c'est un troisième garçon qui voit le jour, moins d'un an plus tard, au 12, perspective Nevski.

Ses parents lui cherchent un prénom. Comme Lucien a signé pour jouer durant neuf saisons au Théâtre Michel de Saint-Pétersbourg[1], et que Son Altesse impériale, le tsar Alexandre III[2], est l'un de ses spectateurs les plus assidus, l'évidence s'impose pour les Guitry : « Nous l'appellerons Alexandre ! »

Heureuse initiative, puisque l'empereur accepte d'être le parrain du nouveau-né qui reçoit donc comme noms de baptême Alexandre-Georges-Pierre.

Pourtant, les parents trouvent ce prénom, Alexandre, un peu trop solennel. Au cours d'un dîner où se presse toute l'aristocratie pétersbourgeoise, Lucien se confie à la baronne Bredow :

« Ce prénom d'Alexandre est… comment dire ? Encombrant !

– Eh bien, lui répond l'élégante aristocrate, appelez-le Sacha ! C'est un diminutif de chez nous, parfait pour un enfant, et ce sera un prénom original en France ! »

Ainsi est né Sacha Guitry !

La carrière « russe » de Lucien Guitry est avant tout motivée par un intérêt purement financier. Depuis son mariage avec Renée, le jeune acteur, qui a connu quelques succès solides et conquis l'amitié de Sarah Bernhardt, a besoin de gagner sa vie de façon sûre et régulière. Il aime sa femme, veut élever ses enfants et assumer pleinement ses nouvelles responsabilités de chef de famille. Le contrat qui lui est offert par les Théâtres impériaux de Russie est loin d'être négligeable : 40 000 francs par an garantis, et un engagement sur le long terme !

Lucien n'hésite pas longtemps, d'autant qu'il a l'assurance de pouvoir revenir en France, chaque année, pour y passer de longs mois entre deux saisons théâtrales.

De plus, Saint-Pétersbourg, fondée par Pierre le Grand, est la ville la plus enchanteresse de toute la sainte-mère Russie. Lucien sait qu'il ne va pas se sentir trop dépaysé dans ce nouvel univers, car sur les bords de la Néva, l'« esprit français » règne depuis le XVIIIe siècle. Que ce soit pour l'architecture, la peinture, la littérature ou le théâtre, les plus brillants artistes français y sont appelés au son des roubles trébuchants. Être ainsi sollicité par les Russes est une marque de belle reconnaissance.

Pourtant, dès son arrivée au Théâtre Michel, il connaît quelques sérieuses désillusions… La mémoire collective garde souvent un souvenir un peu trop enchanteur du Théâtre français de Saint-Pétersbourg ! Car si la Russie peut s'enorgueillir de compter quelques très grands acteurs comme Davydof[3] et Warlamoff[4], dont le jeu surprendra puis marquera profondément Lucien Guitry, la troupe « imposée » qu'il va découvrir au Théâtre Michel est d'un tout autre acabit !

Les acteurs, pensionnaires à l'année, ne jouant qu'en français (la seule langue noble pour l'aristocratie et la bourgeoisie pétersbourgeoises), sont certes très connus, très appréciés et même quelque peu « idolâtrés » par la grande majorité du public, mais il faut bien reconnaître que le niveau de la plupart des comédiens est, au mieux, digne d'une compagnie d'amateurs enthousiastes. Leur façon de jouer, avec des effets permanents, évoque plus l'« art » des comiques troupiers que celui des sociétaires de la Comédie-Française !

De plus, cette bande de joyeux drilles a un goût immodéré pour les farces en tout genre, dont la plupart ne sont pas d'une finesse remarquable, et le recours perpétuel à l'improvisation sur scène est un moyen pratique pour ne pas connaître les textes des auteurs du répertoire sur le bout des doigts. Il faut d'ailleurs savoir qu'une pièce ne reste jamais à l'affiche plus d'une semaine, au Théâtre Michel, et qu'on n'en donne guère plus de quatre représentations, car le public est principalement constitué d'habitués et d'abonnés. Ce qui explique probablement la constante désinvolture de la troupe.

Dans un premier temps, cela déçoit sérieusement Lucien Guitry. N'est-il pas l'un des plus grands espoirs du théâtre français ? Alors ne risque-t-il pas de végéter lamentablement pendant plusieurs années en Russie ?

C'est qu'il a fait tant de progrès depuis que Sarcey, critique au *Temps*, l'a réprimandé dans un article publié en 1878 : « Ce malheureux enfant... ne sait ni s'habiller, ni se coiffer, ni faire sa figure. Il nous est arrivé avec une mèche de cheveux en accroche-cœur sur le front ! Quelle mèche ! La salle entière en a tressailli. Et des moustaches ! Non, vous n'imaginez pas quelle figure lui donnaient ces moustaches ! Ses habits lui remontaient dans le dos et faisaient des plis. Il jouait les bras collés au corps, guindé et froid. Trois actes sans un éclair de sensibilité ni de passion. Nous étions consternés. Il nous semblait que lui-même devait horriblement souffrir. Il s'est enfin dégelé au quatrième acte. Il a dit avec beaucoup de véhémence la grande scène classique des billets de banque jetés à terre. Il a une voix admirable, ce garçon ! Il sait exprimer, avec des effets contenus et rentrés, les élans de la passion la plus violente. Cheveux et moustaches à part, il a la figure intéressante. Il apprendra vite ce qu'il ne sait pas encore. »

Pourtant, Lucien ne gardera pas un piteux souvenir de ces neuf saisons en Russie. Bien au contraire ! D'une part, cet engagement lui a apporté une certaine aisance, ainsi que la vie facile, voire luxueuse qui l'accompagne. Quatre représentations par semaine lui laissent bien du temps et du loisir pour se faire des amis, mais aussi pour découvrir une vie dissipée, alliant beuveries, duels et nombreuses aventures galantes (dont son couple souffrira terriblement...). D'autre part, Lucien est un homme qui pense que rien ne vaut l'expérience pour progresser dans son art, et il va même plus loin en prétendant que rien n'est finalement plus enrichissant que les *mauvaises* expériences !

De sa période russe, il va non seulement acquérir une assurance, afin de faire face à n'importe quel genre de situation ou de partenaire sur scène, mais aussi apprendre tout « ce qu'il ne faut surtout pas faire » dans ce métier.

Plus tard, quand les élèves du Conservatoire viendront quérir un conseil auprès du Maître, il leur répondra invariablement : « Vous a-t-on bien dit ce qu'il ne fallait pas faire ? »

Tant et si bien qu'il s'aperçoit de ses progrès. Année après année, il se forge le tempérament du grand acteur qu'il deviendra lors de son retour définitif en France. Il en a la ferme conviction, surtout depuis que Tchaïkovski, le célèbre compositeur, lui a écrit cette lettre après l'avoir vu sur la scène du Théâtre Michel : « Je tiens à vous remercier encore une fois pour la très vive jouissance que vous m'avez fait éprouver avant-hier. Mon admiration, ma sympathie pour votre beau talent sont maintenant plus vifs, plus intenses que jamais. J'ai beaucoup pensé à vous, ces deux derniers jours et je me permettrai de vous communiquer le résultat de mes considérations sur votre avenir artistique. Il faut que vous paraissiez à votre prochain bénéfice dans un rôle de Shakespeare, celui de Roméo ou de Hamlet. Il le faut, parce que le répertoire courant ne suffit pas pour que vous puissiez déployer toutes les ressources de votre talent aussi original, aussi sympathique que sérieux et grave. Ce n'est que quand vous aurez joué Shakespeare qu'on en appréciera la juste valeur.

[...] Mais ce n'est pas seulement pour vous donner des conseils (un droit que je m'arroge arbitrairement) que je vous écris. C'est pour vous promettre formellement de faire pour votre prochain bénéfice, dans le cas où vous joueriez Hamlet ou Roméo, une ouverture et des entractes spécialement adaptés aux ressources de l'orchestre du Théâtre Michel. Ce sera pour moi un grand plaisir et je serai fier de participer un peu à votre triomphe... »

Lucien suivra ces conseils et montera *Hamlet* au Théâtre Michel en 1887.

Enfin, jouer tant et tant de rôles, les connaître sur le bout des doigts (il est hors de question pour lui d'adopter le laxisme des autres acteurs), développent sa mémoire d'une façon prodigieuse. Oui, décidément, le Théâtre Michel aura beaucoup apporté à Lucien Guitry !

Jean et Sacha passent ainsi leurs premières années entre la Russie et la France, couvés par leur mère et pouponnés par une armée de domestiques. Chaque été, ils retrouvent Paris et leurs grands-parents, puis gagnent une quelconque villégiature pour y couler les jours heureux et ensoleillés des vacances de l'enfance. Mais dans le ciel du couple Guitry apparaissent déjà les premiers nuages. La mort d'un nouveau bébé à sa naissance n'arrange pas la situation. Lucien a trop goûté à la vie facile en Russie et aux plaisirs des sorties fréquentes entre camarades, où il a pu satisfaire ses envies en toute liberté. Renée sent bien que son mari s'est éloigné d'elle au fil des ans et que cette vie familiale à laquelle il aspirait tant a fini par le lasser. Elle comprend aussi qu'il est un grand séducteur et que peu de ces jeunes actrices russes qui l'entourent lui résistent...

Lors de leur retour en France à l'été 1889, elle annonce à Lucien qu'elle ne retournera pas en Russie à l'automne. Lucien n'insiste pas. Le couple demande le divorce et Renée obtient la garde de ses deux fils. Elle s'installe alors avec ses enfants à Paris, rue de Sontay, chez son père. Lucien retourne seul à Saint-Pétersbourg.

Pour l'acteur, cette saison 1889-1890 est douloureuse. Si loin de Paris, il souffre de l'absence de ses fils, plus particulièrement de celle de Sacha, comme s'il avait déjà pressenti que le benjamin serait celui qui lui ressemblerait le plus, celui dont il se sentira si proche et dont il sera, plus tard, si fier... Cet hiver russe est interminable, triste, et Lucien compte les jours qui le séparent de son retour en France.

S'il a été un mari frivole, toute sa vie il gardera pour ses enfants une vraie passion que rien, pas même les longues brouilles, ne pourra rompre.

L'année 1891 marque la dernière saison de Lucien Guitry au Théâtre Michel. Il est bien décidé à ne pas renouveler son contrat, car il veut vivre auprès de ses enfants, dans la même ville qu'eux, et débuter une grande carrière en France. Mais, après un été enchanteur de repos entre Berck et Vichy où il retrouve ses fils, voilà que se profile l'échéance de cette dernière saison pétersbourgeoise !

Lucien y pense sans cesse et se dit qu'il ne veut pas connaître à nouveau un hiver aussi sinistre, aussi désespérant, tout seul à Saint-Pétersbourg. Il sait pourtant qu'il est hors de question de rompre son contrat, et de toute façon ce n'est vraiment pas son genre. Dans la vie, on tient ses engagements professionnels coûte que coûte ! Alors, dans son esprit, va naître un projet diabolique...

Chaque dimanche, même lorsque Lucien est en Russie, Jean et Sacha passent leur journée chez leur grand-mère Guitry qui réside au Palais-Royal. Quand leur père est en France, il vient toujours chez sa mère rendre une longue visite à ses enfants, ou, mieux encore... déjeuner avec eux ! Le frère de Lucien, l'oncle Edmond, se joint habituellement à la petite compagnie, puis reconduit les enfants en fin d'après-midi chez leur mère.

Renée a accepté le principe de ces dimanches au Palais-Royal. Elle en profite pour se reposer, sachant que rien ne peut arriver à ses fils, puisque l'on veille sur eux...

Pour Lucien, c'est donc le jour du Seigneur qu'il faut agir !

Nous sommes en septembre 1890... Ce dimanche, Lucien est venu d'assez bonne heure chez sa mère. Il doit y déjeuner et se propose d'aller chercher, comme souvent, quelques gâteaux pour le dessert. Ses fils en raffolent et l'accompagnent habituellement dans cette escapade.

De sa belle voix grave, qui impressionne un peu les enfants, il s'adresse à eux avec l'autorité du père :

« Je sais que Jean n'a pas été sage, cette semaine. En guise de punition, tu ne viendras pas avec Sacha et moi choisir les pâtisseries aujourd'hui. Tu nous attendras ici ! »

Jean baisse les yeux, acceptant la réprimande et la bénigne punition paternelle tout en pensant que le principal est de ne pas être privé de dessert !

Et puis, Jean sait bien que son père n'aime pas les gronder. Il est donc inutile de lui rendre la tâche plus difficile…

Lucien et Sacha prennent un fiacre devant la Comédie-Française. Le père a murmuré un ordre à l'oreille du cocher. Mais, chose curieuse, le fiacre ne s'arrête devant aucune des pâtisseries où ils ont leurs habitudes. Sacha s'en étonne, son père le rassure :

« Non, vois-tu, Sacha, je trouve que ces pâtisseries ne font pas d'assez bons gâteaux. J'en connais une, un peu plus loin, qui fabrique les meilleurs desserts de Paris. »

L'enfant n'insiste pas et semble finalement à peine étonné quand le fiacre stoppe sa course devant la gare de l'Est tandis que Lucien lui annonce :

« Oh ! Et puis, je crois que nous allons nous passer de gâteaux pour le moment. Je préfère que nous partions tous les deux faire un joli voyage en train. Juste toi et moi ! Qu'en dis-tu, Sacha ? »

Le garçonnet est bien entendu ravi, car son père est son héros. Et un enfant suivrait son héros jusqu'au bout du monde, les yeux fermés… Plus tard, Sacha écrira : « C'était affreusement cruel, ce qu'il faisait, bien sûr, puisque ma mère allait rester huit mois sans me revoir. Mais qu'on ne me demande pas de regretter d'avoir été pendant ce temps plus aimé, choyé, chéri qu'aucun autre enfant peut-être ne le fût ! »

Du côté du Palais-Royal, c'est l'inquiétude. Lucien et Sacha ne sont pas revenus pour déjeuner. Très vite, ayant écarté l'hypothèse d'un accident, la grand-mère et l'oncle comprennent la triste réalité. Lucien, repartant incessamment en Russie pour cette dernière saison, n'a pu se résoudre à s'y rendre sans Sacha ! Il faut annoncer sans plus tarder la nouvelle à Renée. Edmond et Jean y courent et font un récit du « drame ». Rue de Sontay, c'est la panique !

Renée est en larmes, elle ne cesse de répéter :

« Il a enlevé mon fils ! Il l'a volé ! Quand vais-je le revoir ? C'est affreux... Papa... papa ! Fais quelque chose, je t'en prie ! »

Le grand-père Pont-Jest, qui a quelques relations, convoque sur l'heure la police et exige que l'on arrête son gendre à la frontière, non sans répéter à sa fille :

« Voilà ce que c'est que d'épouser un saltimbanque sans foi ni loi ! Je te l'avais bien dit, quand tu t'es obstinée à en faire ton mari ! Ah, si tu m'avais écouté, nous n'en serions pas là ! »

Mais le temps a déjà joué en faveur de Lucien. La puissante locomotive file à toute vapeur vers l'Est, et quand la police ordonne de faire arrêter Lucien Guitry à la frontière, il est déjà trop tard...

Toutefois, à chaque contrôle, il cache Sacha, soigneusement enveloppé dans une épaisse couverture, sous les hautes banquettes de son compartiment, afin de ne pas éveiller la méfiance des douaniers !

Les Guitry père et fils arrivent à Saint-Pétersbourg. Tout est donc pour le mieux, et les « relations » du grand-père maternel ne peuvent agir ici !

Sacha est heureux... Tout d'abord, il retrouve sa « Nani » qui s'était occupée de lui depuis sa naissance et qu'il n'a pas oubliée. Ses câlins compenseront ceux de sa mère. Et puis, Lucien s'est également offert les services d'une « demoiselle », jeune femme célibataire d'origine française, chargée de jouer le rôle de préceptrice auprès de son fils. Mais le plus grand bonheur de l'enfant est de devenir le centre permanent de toutes les attentions de ce père bien décidé à faire de son Sacha le petit prince de cet hiver russe. Rien ne saura être trop beau pour lui, et les pâtisseries « oubliées » d'un dimanche de septembre parisien sont avantageusement remplacées par un papa-gâteau qui l'emmène faire de longues balades en traîneau ou regarder les Pétersbourgeois patiner sur la Néva gelée.

Pourtant, ce qui va le plus fasciner le jeune Sacha, c'est l'univers magique du spectacle. Lucien permet à son fils de le suivre dans les coulisses du Théâtre Michel lorsqu'il y donne une matinée. L'enfant s'émerveille du monde enchanté des comédiens qui passent leur temps à se grimer, à se déguiser, et qui ont pour lui toutes les attentions du monde. Les merveilleux décors, les ors du théâtre, les couloirs sans fin, les loges où scintillent des rampes de grosses ampoules électriques, sont, pour le petit Sacha, une sorte de théâtre de marionnettes grandeur nature.

C'est donc ça, le théâtre ? C'est bien plus beau que le plus merveilleux des jouets !

Il trouve que son papa a bien de la chance de faire un métier comme celui-là. D'ailleurs, il s'en était déjà douté, au temps de sa petite enfance, quand, questionnant sa Nani pour savoir où son père partait chaque soir, elle lui avait fait cette réponse : « Il va travailler ton papa. Il va jouer ! »

Son père exerce donc un métier extraordinaire : il passe sa vie à jouer, comme les enfants !

Tout au long de sa fabuleuse carrière, Sacha considérera que le théâtre n'est pas un travail comme les autres, et il confiera à sa dernière épouse : « Ce n'est pas un métier, le théâtre, c'est une passion ! »

Lucien se rend compte de la fascination de son fils pour son activité. À la maison, ou pendant leurs longues balades, Sacha, du haut de ses cinq ans, ne cesse de le questionner sur le théâtre. Le père affectueux, prévenant, câlin, se fait à présent pédagogue et répond avec précision aux questions de l'élève surdoué qu'il croit déceler chez son fils.

Pour commencer l'initiation, Lucien demande aux costumiers du Théâtre Michel de reproduire à l'identique, et à la taille exacte de Sacha, tous les costumes qu'il portera dans les rôles de cette dernière saison russe. Le vestiaire du jeune Guitry s'enrichit de déguisements mille fois plus épatants que ceux que l'on peut acheter à Noël dans les magasins des grands boulevards parisiens. Quel enfant de cinq ans peut s'habiller en Hamlet, Louis XI ou Ruy Blas ?

Poursuivant ce chemin initiatique, Lucien apprend à Sacha quelques tirades célèbres du répertoire. Des choses très courtes, quelques vers, que l'enfant répète inlassablement jusqu'au moment où il les sait par cœur et où il peut venir les réciter, en costume, le plus sérieusement du monde, devant les amis de son père réunis dans le salon de l'appartement de la perspective Nevski.

Décidément, papa exerce le plus beau des métiers du monde ! se dit l'enfant ébloui.

Lucien voue une grande admiration à l'acteur Davydof qui devient, avec le clown Douroff[5], l'un de ses familiers. Douroff est un étrange personnage, d'aspect adipeux, presque timide, gentil en tout cas, qui passe de longues heures chez les Guitry. Sacha l'aime bien, ce gros bonhomme sympathique qui s'intéresse à lui. Lorsque son père lui dit un beau jour : « Nous irons voir Douroff au cirque Ciniselli, dimanche », l'enfant est ravi.

Au cirque, confortablement installé avec son père dans une loge réservée aux personnalités les plus en vue, Sacha se demande où peut bien être passé le gros monsieur, ami de papa, qui devait venir les voir.

Le spectacle débute, et c'est une féerie ininterrompue. Sacha est aux anges, il applaudit tous les numéros. Quel enchantement !

Apparaît alors le clown dans son costume pailleté. Il est l'idole des jeunes spectateurs du cirque Ciniselli qui rient aux éclats à chacune de ses farces. Ce merveilleux clown n'hésite pas à interpeller ses petits admirateurs, et tout particulièrement Sacha dont il se plaît à évoquer les détails les plus secrets de sa vie. L'enfant est ébahi par ce clown qui le met ainsi en vedette pendant son numéro.

À la fin de la représentation, les yeux encore pleins d'étoiles, Sacha le bavard n'en finit pas d'évoquer le spectacle qu'il vient de voir ! Puis, brusquement, il s'interrompt et dit à son père :

« C'est dommage, papa, que monsieur Douroff ne soit pas venu nous voir, comme tu me l'avais dit. »

L'enfant n'a pas reconnu l'ami de son père sous le costume du clown !

Il faudra que le gros monsieur offre à Sacha une réplique miniature de son costume de clown blanc pour qu'il fasse enfin le rapprochement. Et, même alors, il se demandera encore si c'est bien le même personnage qui est en face de lui ! Décidément, comme cet univers du spectacle est attirant…

Davydof, quant à lui, va offrir à Sacha son premier rôle sur les planches…

Dans la grande salle à manger de l'appartement dont les fenêtres donnent sur le fleuve gelé, les Guitry sont en train de déjeuner. Nous sommes à la fin de l'année 1890. Le repas terminé, Lucien annonce à son fils qu'il a quelque chose d'important à lui dire :

« Tu sais, mon chéri, qui est ton parrain ?

– Oui, papa, c'est le tsar.

– Eh bien, ton parrain nous fait l'honneur, à Davydof et à moi-même, de nous demander d'écrire une petite pièce de théâtre que nous jouerons devant la cour.

Nous venons d'en terminer l'écriture et, très bientôt, nous devons en entamer les répétitions. Nous allons évoquer la vie de Pierrot. Tu connais Pierrot ?

– Oui, papa ! C'est Pierrot de la lune !

– Oui, et ce personnage de Pierrot a été interprété par le plus grand mime de tous les temps, un certain Deburau. C'est une façon, pour tous les comédiens, de lui rendre hommage, que de jouer ce rôle. Mais, vois-tu Sacha, Pierrot, dans notre pièce, a un fils. Un petit Pierrot… Davydof et moi avons décidé que c'est toi qui devras jouer ce rôle sur scène avec moi, devant ton parrain le tsar.

Merveilleuse nouvelle pour Sacha ! Lui qui s'applique, avec tant de plaisir, à réciter, devant le public restreint des amis et des domestiques, les vers que lui apprend son père, va pouvoir le faire devant les mêmes personnes qui applaudissent son héros chaque soir. Un nouveau costume de Pierrot, exacte réplique de celui que l'on fabrique pour Lucien, est déposé sur le lit de l'enfant.

Dans les jours qui suivent, Sacha passe des heures à répéter en costume son rôle de petit Pierrot aux côtés de Lucien et de Davydof. Attendri, son père lui enseigne les gestes précis qu'il devra faire sur les planches, et la façon dont il se déplacera.

C'est aussi facile qu'un jeu… et mieux encore !

Le grand soir arrive, et la petite troupe joue devant le tsar, la famille impériale et la cour. Alexandre III est un francophile averti qui tient à ce que son entourage parle couramment le français. Il souhaite que la culture française rayonne au sein de l'élite russe. Il favorise donc ce genre de manifestations. De plus, depuis quelques années, il travaille à un renversement d'alliances militaires, et particulièrement ces deux dernières années, il cherche à se rapprocher politiquement de la France dont il souhaite l'aide financière afin d'industrialiser son empire. Toutes les occasions sont bonnes pour tisser des liens avec Paris.

Pour la pantomime qu'il a commandée, le tsar a choisi le cadre le mieux adapté à cette soirée. Ce sera le palais du grand-duc Alexis[6]. Le spectacle, très applaudi, est une réussite. Enchanté de la soirée, Alexandre III convie l'ensemble de la troupe à souper en sa compagnie. Se pose alors le problème du protocole… Qui, des deux grands acteurs, le Français ou le Russe, le tsar va-t-il placer à sa droite ? Pour ne pas avoir ce choix délicat à faire, il s'adresse au plus jeune des acteurs :

« C'est toi, petit Alexandre, qui va t'asseoir à côté de moi. C'est bien normal, car tu es déjà un grand acteur, et aussi mon filleul ! »

Sacha n'est pas peu fier de cet honneur, même s'il est très intimidé de se trouver assis aux côtés de l'empereur. L'enfant, durant le dîner, ne cesse de regarder le jeune homme, en impeccable uniforme blanc, qui lui fait face et qui lui sourit. Qu'il a l'air doux et même un peu rêveur… Sacha l'aime tout de suite : c'est le tsarévitch, futur Nicolas II.

Très au fait de l'étiquette de la cour de Russie comme de celle des salons parisiens, Lucien a pris tout son temps pour expliquer à Sacha la façon dont il devra se tenir à la table du tsar, et lui a recommandé avec la plus grande fermeté de ne se servir que de ce que l'on est sûr de pouvoir manger, et de ne surtout rien laisser dans son assiette.

Le jeune héros de la soirée a bien retenu la leçon et se tient si bien à table qu'il peut lire dans les yeux de son père toute la fierté qu'il lui inspire. Mais voilà qu'un maître d'hôtel lui présente un plateau de fromages… Au moment de se servir, l'enfant fait malencontreusement tomber le morceau entier de gruyère dans son assiette.

Sacha est terrifié à l'idée de devoir ingérer cette énorme part ! C'est l'horreur : il lance un regard désespéré vers son père qui lui fait comprendre qu'il ne peut rien pour lui. Commence alors pour l'enfant le supplice d'engloutir ce fromage dans, écrira-t-il plus tard, « un silence effrayant et voulu ». Alexandre III a remarqué ce qui se passe, et, d'un regard complice avec Lucien, laisse Sacha face à sa maladresse avant d'éclater d'un rire puissant et libérateur ! Un valet se précipite alors et emporte l'assiette et son énorme morceau de gruyère, au grand soulagement de l'enfant.

Noël est là avec son cortège de cadeaux ! Sacha découvre un Polichinelle aussi grand que lui, magnifiquement habillé de velours rouge et vert, paré de somptueuses broderies. L'enfant le préfère aussitôt à tous ses autres jouets et ne le quitte plus. En cette période de Noël, Lucien triomphe dans *Hamlet*, son dernier grand rôle au Théâtre Michel. Sacha est venu voir plusieurs fois son père interpréter ce personnage. Le drame de Shakespeare l'intéresse vivement. Il n'en manque pas une réplique, il en connaît même certaines par cœur sans que personne n'ait eu à les lui apprendre.

Deux jours après Noël, le Polichinelle fétiche a disparu de la chambre de Sacha. Lucien en est surpris et questionne son fils :

« Mon chéri, je crois que tu aimes beaucoup ton Polichinelle ?

– Oui papa, je l'aimais beaucoup, beaucoup !

– Mais je ne le vois plus dans ta chambre…

– Eh bien, il est mort ! »

Lucien est un peu dérouté par la réponse de l'enfant et il n'insiste pas, tout en donnant pour consigne à son personnel de partir à la recherche du jouet. Très vite, on le retrouve dissimulé au fond d'un placard, derrière un tas de cartons et d'objets divers.

Le lendemain, Lucien relance la conversation sur le sort du malheureux Polichinelle :

« Tu m'as bien dit, Sacha, que ton Polichinelle était mort ?

– Oui, papa.

– Figure-toi qu'on l'a retrouvé au fond d'un placard !

– Je sais. C'est justement parce qu'il est mort que je l'ai mis là ! »

Et Sacha d'expliquer avec un grand aplomb que le Polichinelle était en fait Polinius, lequel s'était fait passer pour un jouet. Le fourbe ayant été démasqué, l'enfant s'est alors précipité dans la penderie où sont rangés tous ses costumes identiques à ceux de son père, et il a revêtu celui d'*Hamlet*. Puis il a attendu que son Polichinelle-Polinius s'endorme pour le tuer d'un coup de poignard vengeur, comme il avait vu faire Lucien Guitry dans la tragédie !

Les plus beaux moments ont une fin : en avril 1891, les Guitry père et fils vont devoir quitter cette ville où ils ont été si heureux ensemble. Il va falloir se séparer… Sacha le sait et le craint, comme l'exprimera une réplique de sa future pièce, *Quadrille* : « Se séparer, ce n'est pas quitter quelqu'un, c'est se quitter tous les deux. » Lucien redoute également ce retour, et surtout appréhende la confrontation avec sa femme.

Alors que la préparation du voyage occupe de plus en plus les journées, que la Nani, la Mademoiselle et les domestiques sont inconsolables, car ils savent pertinemment qu'ils ne reverront plus ni le père, ni le fils, il semble important de s'arrêter un instant sur le changement intervenu en Sacha au cours de ces quelques mois…

Bien sûr, il n'est encore qu'un jeune enfant, mais ce séjour en Russie l'aura considérablement marqué et aura forgé « sa philosophie » et ses futurs choix de vie.

Une première chose est certaine. Un amour-passion est né entre Lucien, ce futur misanthrope, et cet enfant qui jusqu'à présent n'a pas trouvé l'amour qui réponde à ses attentes. Certes, sa mère l'aime, et il l'aime aussi. Mais il a dû la partager entre son père et son frère, puis, plus tard, entre son frère et son grand-père. Et avec sa sensibilité exacerbée il ne peut s'empêcher de la sentir distante.

Il faut comprendre que si, pour Lucien, ses deux enfants morts en bas âge ne font partie que du passé, Renée est encore terriblement sous le poids de leur souvenir. Il la poursuivra tout au long de sa courte vie, comme une inguérissable nostalgie, comme si ces enfants morts occultaient un peu plus chaque jour ceux qui sont là, vivants…

En ces longues semaines de totale complicité, Sacha vient enfin de découvrir l'amour paternel et maternel idéal réuni en un seul être : son père. Sa mère ne lui a presque pas manqué, et il aurait aimé que cette vie à Saint-Pétersbourg, auprès de ce père chéri, dure toujours.

Lui, le petit prince d'un hiver russe, s'est senti pour la première fois aimé, adulé, parfois même admiré par ce père ! Il a été choyé par sa Nani, par Mademoiselle et par toute l'armée de serviteurs engagés pour leur plus grand confort.

De son côté, Lucien ressent les conséquences positives de cet enlèvement. Une vraie fusion avec son plus jeune fils est née. C'est l'enfant idéal, celui dont il rêvait ! Sacha est gentil, il est beau, intelligent, curieux de tout. Peut-on espérer mieux ?

L'enfant a aussi découvert ce « sentiment d'admiration » qui dorénavant va le hanter durablement. L'adulte qu'il deviendra aura toujours besoin d'admirer, de façon parfois excessive, parfois étouffante pour son entourage, ceux qui deviennent ses modèles et qu'il place dans son panthéon personnel, ceux avec lesquels il fait le choix de vivre, même s'ils ne sont plus de ce monde depuis longtemps. Et Lucien y occupera désormais la première place.

Le grand auteur que Sacha va devenir considérera que celui qui ne sait pas admirer avec ferveur n'est pas un homme accompli. Il vivra d'ailleurs entouré des reliques de ceux qu'il aime, au point de transformer ses différents domiciles en musées de l'Admiration.

L'enfant s'est aussi rendu compte que l'on doit exiger de soi-même, avant de l'exiger des autres, le souci absolu de la perfection, du travail bien fait. Il a vu ce père travailler sans relâche ses rôles, n'étant jamais totalement satisfait de ses prouesses, voulant toujours devenir meilleur, redoutant l'échec. Cet exemple fort le frappe et va le marquer.

Enfin, Sacha est persuadé d'une chose : c'est la passion qui permet de se réaliser dans la vie, et c'est de la passion qu'il faut ressentir pour enseigner. C'est aussi cette même passion qui donne l'envie d'apprendre et de bien faire.

Sans amour, sans passion, l'éducation ne sert à rien ! Après avoir eu un professeur aussi parfait que papa, tendre certes, mais aussi terriblement exigeant, ceux qui viendront par la suite lui paraîtront bien piètres, ne lui inspirant qu'indifférence ou moquerie. Il aurait tout appris si c'était papa qui le lui avait enseigné… C'est le rôle du père de former son fils au quotidien, pas celui de professeurs tristes et barbants. D'ailleurs, quand il écrira l'un de ses plus grands chefs-d'œuvre, *Mon père avait raison*, et qu'il jouera aux côtés de son père (moment qu'il considérera comme le plus grand bonheur de sa vie), il fera de son personnage principal, Charles Bellanger, un père idéal qui, après le départ de sa femme, et alors qu'il pensait mettre son fils en pension, se ravise et le garde auprès de lui en s'occupant seul de son éducation :

« Oui, toi !… Et je vais t'apprendre tout ce que je sais… tout !… Les premiers temps, ça nous amusera… et puis, un beau jour, je crois que ça nous passionnera… Ah ! Si je pouvais… si je pouvais faire un homme heureux ! »

Au printemps 1891, Lucien et Sacha sont à Paris. Renée attendait ce retour avec impatience. Elle veut immédiatement récupérer son fils, mais Lucien ne l'entend pas de cette oreille malgré les récriminations de son ex-beau-père qui le traite de tous les noms. Ce dernier considère cet « enlèvement » comme un coup bas, un acte de vengeance, mais en aucun cas comme un acte d'amour. Le dialogue devient vite impossible entre les deux parents ; Renée saisit la justice.

Lucien, qui rentre de Russie pourvu d'une certaine aisance financière, décide de s'installer avec Sacha au 15, rue Rossini, dans un vaste et bel appartement qu'il va cependant décorer avec un luxe ostentatoire quelque peu « nouveau riche ».

Porel, le patron du théâtre réputé de l'Odéon (qui est par ailleurs le mari de la célèbre Réjane[7]), tient absolument à ce que Lucien fasse sa rentrée chez lui. C'est un premier succès pour le comédien qui séduit le public parisien avec la pièce de Porto-Riche[8], *Amoureuse*, dont il partage l'affiche avec Réjane. Puis ce sera *Kean*, *Macbeth* et *La Conjuration d'Amboise*, toujours à l'Odéon.

Très rapidement, les juges se prononcent. Renée obtient la garde de Sacha. Les magistrats n'ont guère goûté la façon dont Lucien s'est comporté quelques mois auparavant… Ce n'est pas l'envie de l'enfant qui compte, mais bien la stricte application de la loi. Sacha, très triste de quitter son père, a cependant reçu l'assurance de le voir chaque semaine. Il retourne ainsi vivre chez sa mère. Cette fois, la vie rêvée est bien terminée…

Une seule chose réjouit cependant l'enfant : retrouver son frère, son compagnon de jeu, qu'il apprécie beaucoup. Sacha a rapporté de chez son père la plupart de ses costumes, et ne résiste pas à l'envie de les enfiler les uns après les autres, et à s'exhiber ainsi devant Jean. L'aîné regarde ce spectacle avec curiosité, avant de lui demander : « Pourquoi qu'on t'habille en singe ? »

L'enfant devait s'attendre à d'autres compliments, et cela le laisse coi. En se remémorant cet épisode, Sacha dira de son frère : « Il avait déjà ce regard spirituel et moqueur qui fit plus tard son charme, et moi j'avais déjà… cet air légèrement abruti que j'ai conservé longtemps… »

Jean ne s'est pas rapproché de sa mère malgré les longs mois d'absence de son frère : les retrouvailles sont heureuses. Pourtant, il sait désormais que Sacha est le préféré de son père, et qu'il existe entre eux une complicité dont lui-même sera exclu. Mais il entend cependant jouer son rôle d'aîné, de frère protecteur.

L'absence de tendresse maternelle affichée les rapprochera beaucoup et Sacha, avec cette délicatesse qu'il gardera toute sa vie, ne fera jamais étalage de la préférence paternelle.

Le frère aîné se réfugiera alors par dépit dans une sorte de fatalisme teinté d'un certain cynisme. Tel est le destin des enfants qui n'ont pas droit à l'amour qu'ils espéraient.

À la suite du décès accidentel de Jean, bien des années plus tard, Lucien et Sacha culpabiliseront beaucoup pour n'avoir pas su aimer ce fils et ce frère comme il le méritait, comme il l'attendait. Mais la fusion parfaite qui s'est produite entre Sacha et son père, et que rien ne pourra briser, ne laissera guère de place à qui que ce soit d'autre dans le cercle familial…

L'imposante figure du père n'empêche cependant pas Jean et Sacha d'apprécier l'autre grand homme de la famille : le grand-père maternel. C'est que Rémy-Léon Delmas, dit René de Pont-Jest, est un sacré personnage ! Issu d'un milieu relativement aisé, il se dirige tout d'abord vers une carrière d'officier de marine, trouvant autant de plaisir à sillonner les océans qu'à courir les jupons ou à défier en duel ceux qui lui manquent de respect... Pour que le portrait soit complet, il faut y ajouter un goût immodéré pour le jeu (il mourra quasiment ruiné) et une grande sympathie pour les mouvements monarchistes.

Sa carrière militaire est brillante. Il obtient la Croix en sauvant Dunkerque en 1870. Mais, au lendemain de la chute de l'Empire, les autorités républicaines se passent de ses services et il se console très vite de ne pas avoir à servir la « Gueuse ».

Homme encore jeune (il n'a alors qu'une quarantaine d'années), il se dirige avec bonheur vers l'édition d'un journal qui lui apporte une certaine aisance, *La Gazette des Tribunaux*, et s'adonne à l'autre grande passion de sa vie : l'écriture.

Il ne faut pas chercher dans son œuvre littéraire des chefs-d'œuvre immortels, mais plutôt une production régulière (et à très gros tirage) de romans populaires dont les titres, à eux seuls, sont tout un programme : *L'Araignée rouge*, *Sang maudit*, *La Duchesse Claude*. Le style est agréable et vivant. Le suspens et les rebondissements ne manquent pas. Le succès est au rendez-vous, si bien que plusieurs de ses romans sont publiés en feuilleton dans *Le Petit Journal*. Ne voulant cependant pas être cantonné dans le rôle d'un feuilletoniste, aussi populaire soit-il, il écrit d'autres ouvrages plus sérieux, série de souvenirs personnels et militaires, comme *Les Escadres françaises dans la mer du Nord et la Baltique*, où *Souvenirs des Indes et de la Chine*. L'homme est un séducteur. Dans le Paris littéraire de l'époque, il a de nombreux amis et une belle renommée.

Un retentissant procès va cependant l'opposer à Jules Verne à qui il reproche d'avoir plagié un de ses livres pour écrire *Voyage au centre de la Terre*. L'affaire fait grand bruit, mais René de Pont-Jest est débouté. Il faudra s'en consoler, d'ailleurs Jean et Sacha ne liront pas les romans de Monsieur Verne, l'affreux plagiaire du grand-père, ce grand-père qu'ils ont affublé du sobriquet de Tatou !

Si, du côté maternel, on connaît parfaitement l'origine de la famille de Renée, il en va tout à fait différemment du côté paternel. Bien entendu, ce que l'on sait alors de façon formelle, c'est que Sacha est bien le fils de Lucien (la ressemblance physique est tellement frappante que personne n'oserait le contester) et de Renée de Pont-Jest (née Delmas). Mais ce qui est beaucoup moins certain, c'est l'identité réelle du grand-père de Sacha, le père de Lucien. Car Lucien est né le 13 décembre 1860 dans le IIe arrondissement de Paris, et il a fallu qu'il atteigne l'âge de quatre ans pour que le dénommé Louis-Edmond Guitry le reconnaisse comme son fils (exactement le 18 octobre 1864, à la mairie du Ier arrondissement), sa mère étant officiellement une certaine Adélaïde Nourry – mais cela ne sera mentionné que lors de la reconnaissance du père, car, auparavant, Lucien était né de père et de mère inconnus ! Cette dernière vivait depuis quinze ans avec Louis-Edmond et en aurait eu quatre enfants. Mais jamais le couple ne sera passé devant le maire, et encore moins le curé ! Adélaïde Nourry ne reconnaîtra jamais ses enfants. Sur son acte de décès figure qu'elle est la veuve d'un mystérieux Auguste-Louis-Philippe. Le mystère demeurait donc entier…

Mais voilà qu'une pièce totalement inédite – qui n'était connue que de Lucien et probablement de Sacha – contrarie depuis peu toute cette démonstration ! En effet, grâce à Jacques Lorcey, le grand spécialiste de Guitry, qui a bien voulu me confier ce document, il est facile de démontrer que Guitry n'est pas Guitry, en ce sens que le père de Lucien, Louis-Edmond Guitry, n'était que le père adoptif de Lucien, donc le grand-père adoptif de Sacha ! C'est en effet grâce à un document des plus officiels, mais « oublié » par Sacha et son père durant toute leur vie (mais qui provient de leurs archives), que l'on apprend la vérité.

Il s'agit du projet de testament olographe de Louis-Edmond Guitry (donc écrit de sa main), dont le préambule est déjà un aveu : « Je me suis créé une famille sur laquelle se concentre toute mon affection jusqu'à présent bien justifiée, et rien ne me fait présager que j'aurai à me repentir un jour de cette affection qui fait le bonheur de mon existence. »

De cette famille « adoptive » composée de Lucien, de son frère Edmond et d'une troisième personne dénommée Valentine, il dit : « Ils sont avec moi, je les élève et les soigne comme s'ils étaient mes enfants. » Puis il prend une série de dispositions pour leur léguer la totalité de ses biens, non sans oublier une certaine dame dite

« Veuve Philippe » (la fameuse Adélaïde Nourry), et d'instituer un conseil de famille avec tutelle ou curatelle.

Puis d'apporter à la fin de ce testament la précision suivante : « Je ne puis me défendre, en terminant mes dispositions testamentaires, d'émettre un vœu dont j'espère que mes héritiers tiendront compte. J'ai reconnu dans Valentine les qualités morales qui ne pourront que s'accroître à mesure qu'elle avancera en âge. Excellent cœur, saine raison, intelligence et jugement précoces. Aussi je la prie de guider de ses conseils Edmond et Lucien, qu'elle considère comme ses frères, et j'engage ces derniers à avoir toujours les plus grands égards pour elle, et à tenir le plus grand compte de ses conseils. Que, de leur côté, ils ne l'abandonnent jamais, et lui servent de protecteurs et de frères. J'ai la certitude qu'elle considérera comme dictés par l'intérêt et l'amitié tous les bons conseils qu'ils pourront lui donner, et qu'elle les suivra. »

Louis-Edmond Guitry explique bien dans ce document s'être « créé une famille » en recueillant deux garçons, Lucien et Edmond (sont-ils réellement frères ?), puis une fille, Valentine, n'ayant aucun lien de sang avec eux deux. (Pourtant, dans sa lettre du 4 décembre 1940, Sacha – alors qu'il court après les certificats de baptême pour prouver son « aryanité » – écrira à un curé de Merlerault en lui présentant Valentine comme la sœur de son père et, bien entendu, Edmond comme son frère.)

Ainsi, ces trois enfants ne sont pas des Guitry de naissance ! Et dans ce projet de testament (écrit alors que les trois héritiers sont mineurs), Louis-Edmond spécifie : « Je désire que, parvenus à leur majorité, mesdits héritiers se pourvoient devant le garde des Sceaux pour être autorisés à porter mon nom, et fassent toutes les démarches nécessaires pour y parvenir. »

Finalement, Louis-Edmond vivra bien des années après avoir établi ce projet de testament. Il verra le mariage de Lucien et même la naissance de Sacha. On sait donc qu'à ce moment-là tout fut régularisé comme il se doit, et que Louis-Edmond avait reconnu ces enfants comme les siens, leur évitant ainsi les fameuses démarches auprès du garde des Sceaux.

Qui était donc le père de Lucien ? Qui était sa mère ? Nul ne le sait réellement à ce jour… Mais il est peu vraisemblable que Lucien soit un simple enfant naturel de Louis-Edmond, reconnu par la suite. Il y a fort à parier que pas plus Lucien qu'Edmond ou Valentine ne sont ses enfants de sang, mais peut-être les enfants d'une des femmes (au moins pour Lucien et Edmond) ayant partagé la vie de ce négociant aisé qui s'est ainsi « créé une famille ».

Lors de sa procédure de divorce, Renée a revendiqué et obtenu la garde de ses deux fils sous le prétexte que leur père, comédien, ne pouvait s'occuper d'eux comme il convenait, entre les après-midi de répétitions et les soirées de représentation. Mais voilà que leur mère, profitant de son retour à Paris (et, bien entendu, de la réputation et du carnet d'adresses de son ex-mari…), s'est lancée à son tour dans une carrière d'actrice, qu'elle inaugure en 1890 sous le nom de Renée de Pontry (habile amalgame des noms de Pont-Jest et de Guitry !). C'est aux « Menus-Plaisirs » qu'elle joue *Filles de marbre* cette année-là. Puis viendra *Le Crime de Jean Morel*, au Château d'eau, l'année suivante. On la retrouve également dans *La Passion* et même dans *Michel Strogoff*, d'après Jules Verne (!), au Châtelet en novembre 1891 ; elle y tient le rôle de Sangare.

Jusqu'en 1900, elle n'aura aucun mal à décrocher une succession de rôles de second plan avant de contracter malheureusement la tuberculose et de devoir cesser toute activité professionnelle.

Dès son retour de Russie, Sacha lui a parlé avec passion de ces heures qu'il a passées dans les coulisses du Théâtre Michel à regarder jouer son père. Renée l'amène donc, à sa demande, dans les divers théâtres où elle se produit, pour qu'il puisse satisfaire sa passion. Mais se rend-elle compte que, dans les théâtres parisiens, contrairement à celui de Saint-Pétersbourg, l'enfant s'ennuie et s'endort ?

Cela devient une évidence : il n'est intéressé que par le jeu et les rôles interprétés par son père… Très vite, en insistant un peu, il obtient l'autorisation maternelle d'aller le voir jouer au moins une fois par semaine à l'Odéon. Quand, parvenu au faîte de la gloire, l'un de ses amis ou un journaliste lui demandera de se souvenir des pièces qu'il a vues, enfant, il pourra passer des heures à détailler chaque rôle tenu par son père et livrera mille anecdotes. Mais quand on lui parlera de sa mère, il avouera, embarrassé : « Je n'ai pas de souvenirs de ma mère sur scène, si ce n'est de l'avoir vue dans *Michel Strogoff*, mais c'est très vague, comme souvenir… »

La rentrée scolaire se profile à l'horizon et il est grand temps de prendre une décision concernant Sacha. On l'inscrit dans une institution privée comme il en existe tant dans le Paris d'alors. Ces écoles portent pour la plupart le nom de leur propriétaire qui, bien souvent, en est le directeur et le principal, voire l'unique enseignant. Une sorte de précepteur particulier pour un tout petit groupe d'enfants de bourgeois aisés. En général, les cours se déroulent dans un cadre modeste, parfois désordonné et un peu crasseux, mais le maître est toujours sérieux et patient.

Le fils de Lucien entame sa « carrière » scolaire chez M. de Saint-Ange-Bautier, au 15 de la rue Saint-Ferdinand, dans le XVIIe arrondissement. Le maître est un monsieur effacé, un peu triste, mais très gentil. Sacha ne s'en plaint pas, mais il a du mal à comprendre certaines choses.

De retour à la maison, il confie à son grand-père ses impressions et ses interrogations :

« Tu sais, Tatou, il nous a demandé lundi combien faisait deux et deux.

– Oui, Sacha, et que lui avez-vous répondu ?

– On lui a dit que cela faisait quatre.

– C'est bien !

– Eh bien, mardi, il nous l'a encore demandé, et encore hier, et avant-hier ! C'est triste, il est obligé de nous le demander tous les jours, car il n'arrive pas à s'en rappeler, le pauvre… »

Sacha va rester jusqu'en septembre 1892 chez M. de Saint-Ange-Bautier. Il commence à savoir lire, mais rencontre quelques difficultés avec l'écriture, et bien plus encore avec le calcul… Ah, si seulement ç'avait été papa qui avait essayé de lui apprendre tout cela, il y a longtemps qu'il saurait !

L'enfant a également découvert la bêtise de ses petits camarades qui, étonnés de ce prénom hors du commun, se sont fait un malin plaisir de le surnommer « Pacha » ou « Crachat » dès le premier jour…

L'école est décidément un univers qu'il n'aime pas, peuplé d'enfants de son âge qu'il trouve passablement idiots et avec lesquels il n'a pas grand-chose à partager. Il se demande pourquoi on l'oblige à suivre ces cours à longueur de semaine alors que ce qui se passe chez lui, et bien plus encore au théâtre, est si intéressant. Apprendre ce qui se trouve dans les livres lui semble absurde : « Puisque c'est écrit dans les livres, pourquoi avoir à l'apprendre ? » dira-t-il.

Après cette première année de scolarité médiocre, et devant le découragement du maître de Sacha, ses parents jugent qu'il devient important de lui faire prendre plus sérieusement le chemin des études. Il rejoint, en cet automne 1892, le prestigieux établissement de la rue de la Pompe, Janson-de-Sailly. Sa mère tient à ce qu'il en devienne interne. Lucien aurait préféré que son petit Sacha reste externe et vive chez lui, en compagnie de son frère Jean. Il se dit prêt à engager une gouvernante pour s'occuper de ses fils et jure qu'ils rejoindront leur mère toutes les fins de semaine. Mais Renée, à cause des événements passés, reste intraitable ! Elle a la garde des enfants et entend bien la conserver pleinement. Ses fils seront pensionnaires...

Sacha est inscrit en sixième B. Ce lycée le terrifie. Il s'y sent complètement perdu, s'isole dès qu'il peut, et attend le soir pour pleurer dans son lit. Pourquoi lui fait-on subir cet enfer ? Qu'a-t-il fait de si terrible pour être puni de la sorte ?

Le premier week-end arrive enfin et c'est la sœur de sa mère, la tante Marie, qui vient le chercher. Sacha se confie à elle :

« C'est affreux, ici. Je n'aime pas ce lycée. Je veux rentrer à la maison et ne plus jamais y revenir.

– Mais enfin, Sacha, qu'est-ce que c'est que ces histoires ? Tu es un grand garçon, maintenant, et il ne faut pas te plaindre ni pleurnicher de la sorte, lui répond la tante qui trouve un stratagème pour que l'enfant renonce à se plaindre, de retour à la maison : Sacha, ta maman n'est pas très bien, ces temps-ci. Elle est fatiguée et a beaucoup de travail. Cela lui fera tant de peine, tant de soucis si tu lui dis ce que tu viens de me confier ! Promets-moi d'être courageux et de rien dire... »

Sacha hésite, mais il a du cœur. Il redresse la tête, sèche ses larmes et répond : « Promis ! »

Renée est à la maison. Elle embrasse le petit pensionnaire et le questionne :

« Tu te plais dans ton nouveau lycée et à l'internat ?

– Oui, maman. C'est très bien, et je m'y suis fait tout de suite. »

Sacha a tenu sa promesse. Mais quand son père passe le voir, dans l'après-midi, il surprend une phrase de sa mère qu'il n'aurait pas dû entendre :

« Ne t'inquiète pas pour Sacha, dit-elle à Lucien, c'est un petit caractère indifférent. »

Lucien poursuit son ascension vers la gloire. Après l'Odéon, il a suivi Porel au Grand-Théâtre. Il y joue *Lysistrata*, puis *Pêcheur d'Islande* et *Sapho*. Cependant, les relations se dégradent vite entre les deux hommes, et Guitry décide de quitter l'Odéon sans regrets au début de l'année 1893. En effet, l'impératrice du théâtre français, la grande Sarah Bernhardt, lui a fait une très belle proposition financière pour qu'il rejoigne le Théâtre de la Renaissance qu'elle dirige.

Lucien accepte d'autant plus volontiers que Sarah est une femme qu'il admire profondément et qui a su, autrefois, l'aider et le conseiller. Sans elle, il n'aurait probablement pas pu devenir, dans les années 1880, l'un des jeunes espoirs du théâtre français, de ce nouveau théâtre appelé « Théâtre-Libre[9] ». Il admire l'immense comédienne, cette véritable icône adulée par tout un pays, aussi célèbre à l'étranger qu'en France, et il chérit l'amie tendre, la confidente, la femme au caractère si entier et à l'intelligence si vive. On ignore bien souvent que Sarah Bernhardt fut également peintre, sculptrice et même écrivain de talent, ainsi qu'une femme d'affaires redoutable et avisée, à la tête d'une belle fortune.

Lucien est donc enchanté de retrouver sa chère Sarah, celle qu'il avait choisie comme témoin, lors de son mariage à Londres. Enfin, grâce à elle, Lucien peut participer à la mise en scène, donner son avis, travailler main dans la main avec sa directrice. Il n'est plus simplement un acteur contraint de se plier aux consignes du directeur ou du propriétaire du théâtre. Il va passer de merveilleuses années chez Madame Sarah...

Lucien est impatient de présenter Jean et Sacha à sa grande amie, et l'habitude est vite prise, chaque dimanche, pour les deux frères, de venir saluer chez elle, vers midi, la grande tragédienne. Ils passent un long moment en sa compagnie après lui avoir offert un traditionnel et délicat bouquet de violettes.

Sacha est attiré d'emblée par la légendaire Sarah dont son père lui a tant et si bien parlé. Il la considère comme un personnage fantastique dont les extravagances, rapportées par ses proches ou les journaux, le fascinent. On lui a dit qu'elle garde chez elle un cercueil en bois de rose, qu'elle a commandé en 1881 et qui la suit depuis lors dans tous ses voyages ! Est-ce possible ? Lucien, amusé de l'intérêt de Sacha pour son amie, explique :

« Madame Sarah a fait un drôle de rêve, autrefois. Elle partait jouer aux Amériques et avait embarqué sur un bateau pour faire le voyage. Voilà que la mort la surprenait dans cette traversée, et que, faute de cercueil dans les cales du navire, son corps fut jeté à la mer, comme il est de tradition dans la marine. Cette perspective l'a épouvantée, et par précaution, elle a fait faire ce cercueil qui l'accompagne désormais dans toutes ses tournées ! »

Il sait aussi qu'elle dîne dans une vaisselle d'or, qu'elle possède des tigres et des lions dans son hôtel particulier du 56, boulevard Pereire, et qu'au petit matin elle aime écouter, allongée sur une peau d'ours faisant face à une cheminée, de jeunes auteurs tremblant d'émotion lire leur première œuvre d'une voix blanche.

Sacha se prend de passion pour cette femme tellement hors du commun, d'autant que la grande Sarah fait preuve d'une constante bonté pour les fils Guitry, comme si elle avait compris qu'ils ont besoin de cette tendresse féminine qui leur manque tellement à la maison. Tant et si bien que Sacha dira d'elle plus tard : « Madame Sarah Bernhardt, que je considérais comme ma seconde mère... »

Le plus grand plaisir de Jean et Sacha est d'être invités chez elle lors des fêtes religieuses et tout particulièrement à Noël. Dans l'hôtel du boulevard Pereire, la divine comédienne fait dresser un immense sapin, sublimement décoré, qui émerveille la cinquantaine d'enfants présents, tous amis de Simone, la petite-fille de la grande actrice. Le personnel de maison est aux petits soins pour les jeunes invités. On leur sert un gargantuesque goûter au cours duquel la table croule sous les pâtisseries et confiseries provenant des maisons les plus réputées de Paris. Puis, avec grand cérémonial, Sarah, vêtue d'une tenue digne de la reine de Saba, s'avance vers eux et leur présente un grand sac de toile dans lequel sont enfermées une série de boules numérotées. Chaque enfant tire alors un numéro au hasard et se voit immédiatement attribuer un des jouets empaquetés au pied de l'arbre.

La joie est générale, même si Jean et Sacha remarquent avec malignité que le hasard, chaque année, fait si bien les choses que la petite-fille de Sarah tire invariablement le numéro correspondant au plus beau de tous les cadeaux !

Le temps qui s'écoule paraît interminable au petit Sacha. Son quotidien à Janson-de-Sailly est sinistre, et il ne fait rien pour briller en classe. Il cultive sa mélancolie sous forme d'une paresse permanente. Et les sanctions tombent sur lui comme la misère sur le pauvre monde.

Le punir est une chose, mais obtenir qu'il travaille à ses punitions en est une autre ! Comme il est châtié pour paresse, il est bien décidé à ne pas mettre en doute la parole de ses maîtres, et décide donc de ne pas effectuer ses punitions, car s'en acquitter remettrait en cause le fait d'être un vrai paresseux... Il suffisait d'y penser !

Pour corser le tout, il s'est découvert une envie de dissipation permanente qui lui confère tout à coup une certaine popularité chez ses camarades. Faire le clown amuse et épate les copains qui voient Sacha comme un gai luron. Si Janson-de-Sailly le déprime, et s'il a décidé une fois pour toutes que le système éducatif était d'une rare absurdité, ses professeurs traversent eux aussi une période assez déprimante. Ils se séparent du jeune Guitry avec un réel bonheur en juin 1893.

En octobre de la même année, Sacha rejoint l'Institution religieuse de la Sainte-Croix, à Neuilly. Il n'y fera bien entendu aucun exploit scolaire, ni même de modestes progrès, mais il y rencontrera celui qui sera son plus grand ami pour les décennies à venir : Albert Willemetz[10].

Pour le plus grand bonheur de son cadet, Jean est également inscrit dans ce collège. La grande affaire de l'année consiste à préparer Sacha, grâce à une dispense d'âge, à sa première communion. Comme le garçon trouve que l'Église n'est qu'« un théâtre où les prêtres sont de très mauvais acteurs », il se donne avec sérieux à ces préparatifs, au point de nourrir quelques espoirs « ecclésiastiques » chez sa pauvre mère qui y croit d'autant plus que la famille compte un évêque, monseigneur de Bonfils, son grand-oncle, venu tout spécialement du Mans pour la communion de son petit-neveu.

Renée confie à ses proches : « Il est mauvais dans toutes les matières sans exception. Sauf en catéchisme où il semble prendre très au sérieux l'enseignement qu'on lui donne. Cela est pour moi un signe d'autant plus encourageant qu'il vient de faire sa communion plus tôt que les enfants de son âge. »

Renée semble alors se livrer auprès de son fils à un harcèlement religieux qui laissera à Sacha un vif souvenir : « J'étais lymphatique et distrait, je semblais peu intelligent et mon extrême douceur devait être prise pour un rien de fausseté – et voilà sans doute la raison pour laquelle une amie de ma mère lui avait mis cette idée en tête que j'avais “tout ce qu'il faut pour entrer dans les ordres” – et voilà pourquoi l'on tenait devant moi des propos destinés à faire naître en mon âme la vocation religieuse. »

Une fois cette comédie religieuse terminée et les espoirs de Renée définitivement envolés, arrivent les vacances tant attendues. Chaque été, le même scénario se reproduit. En juillet, les garçons sont avec leur mère qui les entraîne dans la vie de bohème des tournées dans les théâtres de casinos de second ordre. Le plus souvent, on ne joue que le soir et l'on peut profiter des plaisirs de la promenade ou de la plage tout au long de la journée. Jean et Sacha font avec…

Mais, en août, voilà que la vie de rêve réapparaît ! Lucien connaît non seulement le succès sur scène, mais également une réelle aisance financière. Il a donc acheté une très belle propriété en Normandie, à quelques kilomètres de Honfleur : Le Breuil. C'est un petit manoir dans le plus pur style du pays, entouré de quelques centaines d'hectares de parc. De la terrasse on peut même apercevoir, au loin, la mer.

Jean et Sacha adorent cet endroit discret et confortable, et passent de nombreuses heures dans l'immense pièce du rez-de-chaussée à discuter avec leur père, très librement, de tous les sujets possibles. Certes, Lucien a des principes, mais garde un esprit libre, indépendant et impertinent. Il apprécie avant tout l'humour et l'esprit. On discute donc interminablement et on se couche à pas d'heure. On joue également aux cartes, au jacquet, et on consacre une grande partie du temps à déjeuner et dîner de grand appétit. La table de Lucien Guitry n'est pas bonne, elle est excellente !

Et puis, Le Breuil est la maison des amis les plus chers de Lucien. Ils y sont ses hôtes quasi permanents. Une légion de domestiques s'occupent d'eux mieux qu'on ne le ferait dans n'importe quel palace du voisinage.

Viennent des amis qui adorent Guitry et Le Breuil. Qui sont-ils ? Des esprits brillants, probablement les plus brillants de leur époque. Ils deviendront (avec quelques rares autres proches de Lucien) les « maîtres spirituels » des fils Guitry. Ils se nomment Tristan Bernard, Alfred Capus et Jules Renard. De ces mois d'août au Breuil, Sacha écrira : « C'était quatre hommes qui s'amusaient ensemble et qui s'aimaient vraiment. Quatre hommes qui se jugeaient sans complaisance, mais avec tant de cœur, malgré tant d'esprit ! C'était quatre hommes qui ne cessaient de sourire que pour rire aux éclats. » Quatre hommes que les fils Guitry surnomment « les Mousquetaires ».

Tristan Bernard, de son vrai nom Paul Bernard (il prendra le pseudonyme de Tristan en hommage au cheval qui lui a fait gagner une petite fortune aux courses !), est membre d'une vieille famille juive originaire de Besançon. Son père et son oncle, grâce à une spéculation heureuse, font fortune dans l'achat de terrains, puis s'installent à Paris et poursuivent leurs activités dans l'immobilier tout en résidant dans le très élégant quartier du parc Monceau. Par la suite, ils arrondiront leur fortune en construisant les immeubles de la rue Édouard-Détaille et de la place Pereire. Après une jeunesse studieuse, Tristan pense un moment être avocat, mais accepte finalement d'occuper le poste d'administrateur d'une usine d'aluminium que possède sa famille à Creil, même si ses goûts le portent plutôt vers la poésie et si ses fréquentations l'entraînent vers les cercles littéraires de Paris. Cela ne l'empêche pourtant pas d'accepter la direction du vélodrome de Neuilly, « Buffalo », sa seconde passion dans la vie étant le sport. Une amie, Caroline Guébhart, le fait cependant entrer à *La Revue Blanche* où il peut s'adonner à son amour des Lettres. Tristan Bernard se constitue ou s'entoure d'un cercle d'amis remarquable : Léon Blum[11], Toulouse-Lautrec, Alphonse Allais, Jules Renard, Courteline et Lucien Guitry.

Très vite vient la renommée, tant dans ses activités de journaliste sportif que dans celles de romancier et de dramaturge. Plus de soixante-dix de ses œuvres seront représentées au théâtre au cours d'une carrière exceptionnellement longue. Il est aussi le plus célèbre concepteur de grilles de mots croisés de son époque, membre du Comité des Jeux olympiques en 1924, président du Sporting-Club et chroniqueur célèbre du Tour de France.

Alfred Capus, quant à lui, est originaire du sud de la France. À l'adolescence, il découvre Paris, mais rate son entrée à Polytechnique. Il écrit quelques nouvelles et une pièce de théâtre qui ne connaissent aucun retentissement. Découragé, il regagne Aix-en-Provence et devient dessinateur industriel. Il songe à s'exiler aux Amériques quand un bel héritage le décide à reprendre ses activités littéraires. Il devient chroniqueur dans un journal royaliste, puis fait la connaissance d'Octave Mirbeau[12]. Il trouve alors sa voie en signant de nombreuses chroniques humoristiques sur la vie parisienne dans *Le Gaulois*, *Le Matin*, *L'Écho de Paris* ou *L'Illustration*, révélant ainsi son talent. Il poursuit son ambition de devenir auteur de théâtre et connaît enfin le succès avec sa pièce *La Veine* en 1901. Il enchaîne une série de succès qui le mèneront à l'Académie française en 1914, année où il devient le très influent et patriotique rédacteur en chef du *Figaro*.

Jules Renard a laissé de lui une description savoureuse : « Ah, Capus ! Rien n'est plus drôle que ce petit bonhomme chauve qui a le nez toujours sale, des yeux "tâtonnants" de myope, point de front, et plus d'esprit que Voltaire et nous tous… Sa petite tête est comme une boule de billard qui tourne et fait de l'effet sur place. »

Quant au même Jules Renard, il demeure celui dont le nom est le plus célèbre. Sans fortune, il doit travailler comme précepteur et comptable alors qu'il n'est attiré que par l'écriture. Il publie, en 1886, à compte d'auteur, un recueil de poèmes, *Les Roses*, puis une série de nouvelles. Son grand intérêt pour la littérature le conduit à être l'un des membres fondateurs du *Mercure de France* en 1889. Cette opportunité lui permet de publier de très nombreux textes et de se faire des amis promis eux aussi à une gloire future : Allais, Ajalbert[13], Capus, Fort, Schwob.

Il propose également à des journaux de faire paraître, parfois sous forme de feuilletons, certains de ses écrits, dont le célèbre *Poil de Carotte* dans les pages de *L'Écho de Paris*. Il obtient de jolis succès et devient l'intime de Sarah Bernhardt et de Lucien Guitry. En 1907, il est élu à l'académie Goncourt. Il tient quotidiennement un journal où il consigne soigneusement ses faits et gestes tout en y brossant les portraits, pris sur le vif, de ses contemporains. Avec lucidité, parfois avec une tendresse touchante, il laisse là un témoignage exceptionnel sur son époque. Ce journal, publié après sa mort par sa veuve, deviendra l'un des livres préférés de Sacha.

Ces quatre-là sont donc inséparables ! Lucien, quand il est à Paris, organise une ou deux fois par semaine ces fameux « déjeuners des Mousquetaires » dans le superbe appartement de la place Vendôme où il vient d'emménager. Sacha raffole de ces moments où l'esprit est roi. Une nouvelle fois, il choisit ses professeurs, et les quatre amis vont lui livrer les secrets de cette mécanique intellectuelle qui permet de réagir à toutes les situations de la vie avec un esprit aussi vif que l'éclair.

Jean est également le spectateur privilégié de ces étés au Breuil et des déjeuners de la place Vendôme. C'est d'ailleurs, lui aussi, un garçon fin et brillant. Quand il ne peut venir à l'une ou l'autre de ces réunions, il prie Sacha de lui rapporter, dans les moindres détails, les bons mots du déjeuner. Et Sacha découvre et exerce ainsi son talent de conteur :

« Ils se sont essayé aujourd'hui à échanger leurs impressions sur les femmes ! Capus disait qu'il fallait essayer de connaître une femme avant d'être son amant, car après on n'y arrive plus ! Et il a ajouté qu'il avait rarement rencontré d'honnêtes femmes, et que c'était toujours au moment où elles cessaient de l'être ! Tristan, lui, prétend que les malentendus font les divorces, mais qu'ils font essentiellement les mariages. Capus lui a répliqué que ce qui est grave dans un ménage, c'est que l'un des deux époux aime et que l'autre n'aime pas. Mais s'ils ne s'aiment ni l'un ni l'autre, ils peuvent être heureux ! »

Les Mousquetaires ne sont pas les seuls à fréquenter l'appartement de la place Vendôme. On y croise aussi Forain, Maupassant, Courteline, Messager, Porto-Riche, Donnay[14], Bourget, Bataille, Bernstein, entre autres.

Et puis il y a Georges Feydeau et Edmond Rostand ! L'un et l'autre seront amis autant avec Lucien qu'avec Sacha.

Georges Feydeau est le fils d'un polygraphe, lui-même auteur d'un roman à succès, *Fanny*, et ami de Gautier, de Dumas et de Flaubert. Le jeune Georges ne veut vivre que pour le théâtre ! Il sera acteur ou auteur… Après une expérience de chroniqueur, il devient secrétaire général du Théâtre de la Renaissance en 1885, et connaît un premier triomphe avec sa comédie *Tailleur pour dames*. La suite n'est hélas pas aussi facile, et il faut attendre 1894 avec *Un fil à la patte* pour qu'il s'impose comme l'auteur comique le plus apprécié de son temps. C'est à ce moment précis de sa carrière qu'il entre dans l'univers des Guitry.

Lucien, dont on ne dira jamais assez combien il peut également pétiller par son esprit, apprécie beaucoup Feydeau. Ce curieux personnage, sous des apparences de dandy distingué, a la dent si cruelle, notamment quand il parle des femmes, qu'il déclenche des éclats de rire permanents chez Lucien Guitry. Un soir que les deux amis dînent chez Maxim's, à leur habitude, Lucien remarque une célèbre « cocotte » qui a de la peine à dissimuler qu'elle attend un enfant. Feydeau la regarde amusé, puis lâche :

« Jusqu'à présent, elle n'avait donné que la nuit : elle va enfin donner le jour ! » Un peu plus tard, parlant d'une relation commune, cocu magnifique, Feydeau ne peut s'empêcher de rapporter à Lucien cet échange : « Notre ami m'a confié qu'il trouvait que son fils était un peu trop dans les jupes de sa mère, et que cela l'inquiétait. Je l'ai rassuré, mon cher Lucien, en lui disant de l'y laisser, car il s'y fera des relations ! »

Guitry rêve de jouer dans une des pièces de son ami Feydeau, mais l'auteur l'en décourage toutefois en lui expliquant l'une des clés de sa mécanique théâtrale si bien huilée : « Dans mes pièces, il y a deux sortes de personnages : ceux qui donnent les coups de pied au derrière, et ceux qui les reçoivent. Ces derniers ont le beau rôle. Et je vous vois vraiment très mal, vous, Lucien Guitry, avec ce physique si imposant et cette autorité souveraine qui émane de vous, je vous vois très mal recevoir des coups de pied au derrière... sans les rendre aussitôt ! »

Feydeau est d'ailleurs un auteur très exigeant avec ses interprètes, tenant à assurer lui-même la mise en scène de ses pièces. Et, d'une réplique qui fait mouche, il assassine ceux qu'ils ne jugent pas à la hauteur...

Le dimanche, les fils Guitry ont pris l'habitude de fréquenter les enfants de Georges Feydeau. Ces goûters deviennent un moment de plaisir de plus en plus attendu pour Sacha, car voilà qu'à quatorze ans il ressent le premier appel de l'amour. Oh, ce n'est pas une fille de Georges Feydeau qui fait battre son cœur, mais sa femme, Marianne, fille du peintre Carolus-Duran ! Cela est d'autant plus curieux que les Feydeau, parents et enfants, représentent, à ses yeux, la famille idéale, où règnent harmonie et sérénité. Mais le cœur a ses raisons, et l'adolescent se décide à déclarer sa flamme à cette femme qu'il trouve tellement sensuelle.

Il lui faut simplement échafauder un plan discret pour se déclarer de façon élégante et raffinée. Il cherche et découvre enfin le moyen de délivrer son message d'amour. Ayant économisé sur son argent de poche, il se rend par un beau dimanche chez un fleuriste réputé et achète un élégant bouquet de violettes. Arrivé chez les Feydeau, il demande à la petite bonne qui lui ouvre la porte si elle veut bien dire à Madame qu'il souhaite lui parler. Un instant plus tard, le voici introduit dans le salon de Marianne. Cette dernière, quelque peu surprise de cette demande d'entrevue, l'interroge :

« Bonjour, Sacha. Pourquoi voulais-tu me voir ?

– J'ai ces fleurs pour vous... », lance-t-il en y mettant toute l'ardeur de son cœur.

Marianne Feydeau accepte alors le bouquet, en apprécie longuement le parfum et décoche un grand sourire à Sacha : « Quel parfum, mon enfant ! Oh, cela me touche beaucoup. Quelle attention délicate ! »

Celle pour laquelle il s'est pris d'une passion discrète, mais si fervente, a donc compris… Doit-il aller plus loin ?

Il n'en a pas le temps, car Marianne pose les fleurs sur un guéridon et conclut l'entretien par un : « Tu remercieras bien ton père pour les fleurs ! »

Notre jeune héros, tout dépité, n'a plus qu'à rejoindre ses amis pour goûter et oublier ce premier « amour » de sa vie.

Edmond Rostand, quant à lui, est un trésor national vivant depuis le triomphe de son *Cyrano de Bergerac* en 1897. L'année suivante, il est élu membre de l'Académie française à l'âge de 29 ans ! L'auteur de génie est également un homme délicieux, charmant et irrésistible. Sacha en écrira ceci : « Ne pas l'aimer en le voyant, c'était presque impossible, bien qu'il ne fût pas exempt d'un certain ridicule qui n'était dû qu'à son excessive élégance. »

Pour son *Cyrano*, il avait fait appel à Coquelin, l'acteur le plus recherché avec Lucien Guitry. Depuis ce triomphe immense, la grande Sarah rêvait de faire jouer à la Renaissance une œuvre inédite de Rostand. Elle souhaite y tenir le rôle principal, mais verrait bien son ami Lucien Guitry jouer à ses côtés. Rostand, Bernhardt, Guitry… de quelle plus belle affiche peut-on rêver ?

Et, justement, le jeune académicien travaille à une nouvelle pièce qui retracera le destin tragique du fils de Napoléon : *L'Aiglon* ! Sarah, qui a largement passé la cinquantaine, n'a aucun problème à se glisser dans la peau de ce jeune personnage masculin. « Et Guitry sera Flambeau. C'est un rôle magnifique pour lui ! » dit la Divine à Rostand.

Le poète est attendu un matin de novembre 1899 place Vendôme pour lire sa nouvelle création à Lucien Guitry qui n'a pas encore accepté le rôle. Sacha ne perd pas une miette de cette lecture. Rostand, changeant de voix pour chaque personnage, a posé son manuscrit sur un tabouret recouvert de velours rouge (que Sacha conservera toute sa vie comme porte-bonheur, l'appelant « le tabouret du succès »). Il craint cependant une mauvaise réaction de

Guitry, car le rôle de Flambeau devient sans grand intérêt après le troisième acte.

Rostand a mis toute son énergie dans la lecture de ces trois premiers actes, et voilà qu'il semble avoir un début de malaise alors qu'il entreprend celle de l'acte suivant. De constitution fragile, l'académicien semble sur le point de s'évanouir. Il s'affaisse légèrement sur son fauteuil et dit d'une voix blanche : « Excusez-moi, mon cher Lucien, mais j'ai la tête qui tourne. Cette lecture m'épuise. Je crois que j'ai besoin de manger quelque chose. Puis-je vous inviter avec Sacha à déjeuner chez Prunier ? »

Dans le célèbre restaurant de la rue Duphot, Rostand se remet bien vite de ce malaise simulé. Il prie une nouvelle fois Guitry de l'excuser :

« Je suis absolument désolé de n'avoir pu achever ma lecture. Puis-je cependant savoir si vous voulez bien être mon interprète, car notre chère Sarah exige de connaître votre réponse pour le tout début de l'après-midi ? »

Lucien a bien entendu compris le petit stratagème du poète. Cela l'amuse et le flatte, car Edmond Rostand, le plus célèbre des auteurs français, a peur d'essuyer un refus de sa part, comme un débutant. Alors, avec un large sourire, il lui déclare sur un ton qui fait monter le suspens :

« Eh bien… Eh bien… Eh bien… Dites-lui tout de même que je suis d'accord ! »

Décidément, Sacha se plaît dans le monde où évolue son père. Il y retrouve cette sensation de féerie qui a tant marqué sa petite enfance en Russie. Entre les déjeuners de la place Vendôme, les vacances au Breuil, les coulisses de la Renaissance, les soirs de triomphe des premières devant le tout-Paris, il ressent comme un appel… Sa vie devra ressembler à cela !

Sacha devient le plus assidu des élèves de cette « École de l'admiration » dont les professeurs sont ces esprits parmi les plus fins et brillants qui entourent son père.

Et pourtant, il reste toujours le plus extraordinaire cancre dont le système éducatif français puisse s'enorgueillir ! Nous l'avions laissé à l'Institution de la Sainte-Croix à Neuilly où il passe deux années en compagnie de son frère. En 1896, ils sont mis à la porte pour insolence envers un de leurs professeurs. Afin de les remettre dans le droit chemin, leur mère décide qu'ils seront pensionnaires chez les dominicains d'Arcueil où « l'on ne plaisante pas… ». Jean trouve intenable ce bahut et réussit à s'en faire renvoyer, laissant derrière lui Sacha qui se désespère de cet abandon, mais réussit à trouver un nouvel ami en la personne de Guignard, fils du peintre animalier.

Les deux camarades s'adonnent alors aux joies du commerce en revendant à leurs condisciples, et avec un joli bénéfice, de fameux petits « livres-cinéma » qui donnent l'illusion, quand on les feuillette à toute vitesse, de voir bouger les images. Succès immédiat, car le choix des deux larrons s'est porté sur des « livres-cinéma » où de jeunes créatures laissent apercevoir leurs charmes. Et l'heure de la messe devient celle où les transactions vont bon train ! Malheureusement, le père de Boissieu surprend le trafic à ce moment précis… Éclate alors un vrai scandale, et Sacha doit être renvoyé ! Lucien, convoqué, arrivera cependant à convaincre les religieux de garder son fils dans leur institution. C'est bien la pire des punitions qu'on pouvait lui infliger !

Pour Jean, c'est la belle vie dans une pension du XVIe arrondissement où il aimerait tant que son jeune frère le rejoigne. Un dimanche, il fait tout pour le convaincre de se faire « virer » de chez les dominicains. Sacha est bien décidé à tenter le tout pour le tout et, dès le lendemain, il se précipite chez le Père supérieur, certain que son stratagème « théâtral », soigneusement mis au point avec l'aide de Jean, va marcher :

« Mon Père, c'est terrible, je ne crois plus en Dieu ! »

Il en faut plus pour déstabiliser le père Didon qui se contente de répondre :

« Mon fils… il faut croire en Dieu… Il le faut, voyez-vous, pour une bonne raison : Dieu, c'est certain ! »

Et, pour l'en convaincre, il annonce à Sacha qu'il aura désormais la joie de lui servir la messe tous les matins à 7 heures. Le garnement a trouvé plus roublard que lui…

L'année suivante, Sacha peut cependant rejoindre son frère chez Cotta, institution très chic et très coûteuse où l'on peut vivre plus librement et où l'on peut surtout martyriser certains de ses professeurs, comme ce pauvre M. Schlumberg qui se confie à son cahier de classe. Extraits : « *3 mars 1899* : Les frères Guitry font ce qui leur plaît. Ni l'un ni l'autre n'ont corrigé les fautes de leur dictée. Ni l'un ni l'autre n'ont apporté soin à leurs devoirs… *26 avril* : Les frères Guitry arrivent en dansant pour y faire leur étude. De quel droit ? Je les fais descendre. Les frères Guitry sont en train de se battre et de se jeter à la tête les livres dont ils disposent… »

Renée en a cette fois assez et convainc Lucien de les priver de vacances et de les envoyer passer l'été au lycée de Chambéry. Là-bas, on saura les calmer. Sacha en dira : « C'était le bagne pour enfants. »

L'année suivante, il rejoint l'école Lacordaire. On le garde trois mois ! Puis on l'inscrit en janvier à l'institution Chevalier. Mais, au bout de 48 heures, on prie ses parents de venir l'y chercher. Non qu'il y ait commis un acte répréhensible, mais tout simplement parce que l'honorable maison n'a pas de classe de sixième, et, bien qu'ayant déjà quinze ans, Sacha est toujours en sixième et y restera d'ailleurs toute sa scolarité jusqu'en janvier 1902, ce qui fera dire à sa mère : « J'ai peur que l'on te marie en sixième ! »

Il faut donc lui trouver un nouvel établissement, le neuvième… C'est l'institution Cardwell. Pour une fois, Sacha s'y sent comme un poisson dans l'eau. C'est un pédagogue moderne qui plaît à ses élèves et qui milite pour une pratique quotidienne et généreuse du sport. Malheureusement, le directeur de l'établissement décède brusquement.

Une idée surgit alors dans la tête du fils de Monsieur Cardwell, qui a tout juste dix-huit ans : pourquoi prévenir les parents de la douzaine de pensionnaires de la disparition de son père ? Et il donne donc congé aux quelques professeurs de l'institution, tout en continuant à percevoir chaque mois l'argent des pensions. Avec ce pécule, toute la joyeuse bande mène grand train pendant de nombreuses semaines, jusqu'au jour où l'un des garçons tombe malade. Il faut prévenir sa famille et la supercherie est découverte. Tout le monde rentre à la maison…

Renée souffrante, Lucien reprend la main. Il choisit pour Sacha une nouvelle pension, l'institut Mariaud. Ayant définitivement abandonné tout espoir de voir son fils s'intéresser tant soit peu à la scolarité, il n'hésite pas à semer lui-même la désorganisation dans ses « études » en profitant de ses moments de liberté pour venir chercher Sacha à tout bout de champ afin de l'inviter à déjeuner. Et quand le brave M. Mariaud essaie d'expliquer à Lucien que cela ne va guère encourager son fils à se montrer plus studieux, il s'entend répondre superbement : « Foutez-vous donc de ça ! »

Formule « fétiche » que Sacha utilisera à l'avenir avec grande délectation.

Durant cette période de son enfance nomade, un événement considérable dans l'histoire de notre pays, une terrible erreur judiciaire va marquer à tout jamais Sacha : l'affaire Dreyfus[15]. Au point qu'en 1952, lors d'une série d'émissions radiodiffusées, aura lieu ce dialogue entre Sacha Guitry et le journaliste qui l'interroge :

« Quel est l'événement qui vous a le plus frappé lorsque vous étiez enfant ?

– Le commencement de l'affaire Dreyfus !

– Et lorsque vous étiez adolescent ?

– La fin de l'affaire Dreyfus ! »

Sacha écrira d'ailleurs : « Les personnes qui n'avaient pas une dizaine d'années en 1894 ne peuvent pas se rendre compte de ce qu'a été l'affaire Dreyfus. »

Essayons tout de même d'imaginer l'ambiance de cette époque où dreyfusards et antidreyfusards se livrent à une « guerre civile » à la française, déchaînant bien des haines au sein même des familles !

S'il y a une constante, chez Lucien et Sacha Guitry, c'est bien celle de ne pas se mêler de politique. Non qu'elle les indiffère, mais tout simplement parce qu'ils ne veulent en aucun cas en devenir des acteurs. En politique, les Guitry ne seront que spectateurs ! Mais ils sont des spectateurs intéressés et très attentifs, qui prennent un vif plaisir non seulement à s'informer, mais aussi à rencontrer ceux qui tiennent le pouvoir ou tentent de le conquérir. Leurs amitiés iront d'ailleurs d'hommes de la gauche à ceux d'extrême droite.

On entendra peu la voix de Lucien Guitry durant l'affaire Dreyfus, alors que celles d'illustres contemporains, écrivains ou artistes, retentiront haut et fort, à l'exemple de celle de Zola. Pourtant, on ne parle que de l'« Affaire » dans le salon très couru de Lucien Guitry où l'ensemble de ses amis se situe dans le parti dreyfusard. Qui sont-ils d'ailleurs, ces proches de Lucien ? On peut citer Léon Blum, Courteline, Anatole France, Octave Mirbeau, Jules Renard, Laurent Tailhade[16]... Certains sont déjà des auteurs connus, mais tous peuvent se vanter du redoutable titre de polémiste ! Et la passion qu'ils mettent habituellement à pourfendre le monde des arts et des lettres va doucement glisser, au fil des semaines, des mois et des années, vers le combat dreyfusard. Ils vont y mettre une fougue, une ardeur extraordinaire qui va forcer l'admiration de Lucien.

Sa réputation est grande, son nom prestigieux, aussi ses amis s'en servent-ils pour faire signer des pétitions : « Lucien Guitry est avec nous ! » Mais il laisse faire, il laisse dire, car de toute façon il est bien convaincu que le capitaine Dreyfus est un innocent qui mérite que justice lui soit rendue.

Sacha, qui va suivre l'évolution de l'Affaire tout au long de ses années de jeunesse, saura s'en souvenir quand, à la Libération, il aura le sentiment de devenir une victime expiatoire de l'épuration. Mais nous en sommes encore bien loin...

Notes

1. Construit en 1833 à Saint-Pétersbourg pour accueillir les troupes françaises, le Théâtre Michel fut baptisé en l'honneur du grand-duc Michel dont le palais était proche. À la fin du XIXe siècle, il devient une des étapes incontournables des tournées en Europe des grands acteurs français (Hortense Schneider, Anna Judic, Sarah Bernhardt, Rachel, Lucien Guitry...).

2. Alexandre III (1845-1894) : empereur de Russie à la mort de son père Alexandre II, assassiné par un anarchiste en 1881, son règne est marqué par un retour à des principes conservateurs. Expansionniste, il étend son influence dans les Balkans et en Asie centrale. Il est également l'artisan du rapprochement avec la France.

3. Vladimir Nicolaïevitch Davydof (1845-1925) : acteur et pédagogue, il joue dans plusieurs pièces de théâtre et opérettes en province avant de s'ins-

taller à Saint-Pétersbourg en 1880. En 1922, il reçoit le titre d'*Artiste du peuple de l'URSS*.

4. Constantin Alexandrovitch Warlamoff (1848-1915) : fils du compositeur Alexandre Warlamoff, il commence sa carrière d'acteur comme amateur, avant de jouer dans plusieurs théâtres provinciaux, puis rejoint la compagnie du théâtre Alexandrinsky en 1875, où il joue jusqu'à sa mort en 1915.

5. Anatoli Leonidovitch Douroff (1864-1916) : il monte avec son frère Vladimir un spectacle d'artistes ambulants. Installés tous deux à Moscou, lui se spécialise dans le métier de clown, tandis que son frère devient dresseur de fauves. Leur devise est « Rois des bouffons, mais pas bouffons des rois ». Brouillés, les deux frères deviennent bientôt concurrents et se livrent à une lutte sans merci pour dominer le monde du cirque russe. Le fils d'Anatoli connaît également un grand succès en Europe où il fait des tournées à partir de 1921.

6. Grand-Duc Alexis (1850-1908) : frère d'Alexandre III, il est envoyé par son père, puis par son frère pour des missions diplomatiques aux États-Unis et en Europe, puis est nommé amiral. Imprégné de la culture occidentale et très francophile, il est un artisan du rapprochement politique avec la France.

7. Gabrielle-Charlotte Réju, dite Réjane (1856-1920) : après son triomphe international dans le rôle de *Madame Sans-Gêne*, de Victorien Sardou, elle devient une des comédiennes les plus populaires du début du XXe siècle. Elle rachète le Nouveau-Théâtre, rebaptisé Théâtre Réjane qu'elle dirige. Elle s'y produit jusqu'à ce qu'elle le revende à Léon Volterra qui en fera le Théâtre de Paris.

8. Georges de Porto-Riche (1849-1930) : il connaît très jeune le succès en écrivant des pièces historiques jouées dans les grands théâtres parisiens. Élu difficilement à l'Académie française en 1923, après quatre candidatures malheureuses et vingt tours de scrutin, il n'y est pourtant pas accueilli, ayant refusé d'amender son discours d'intronisation selon les volontés de ses pairs.

9. Le Théâtre-Libre est un mouvement théâtral fondé en 1887 par le jeune André Antoine (1858-1943). Ce mouvement se veut une application, dans le cadre du théâtre, des principes naturalistes prônés par Émile Zola sur la recherche d'une authenticité humaine et sociale. Privilégiant des auteurs contemporains, des décors réalistes et un jeu où le texte n'est pas déclamé, il s'oppose à la fois aux conventions du théâtre classique et à celles du théâtre de boulevard. Lorsque, en 1897, André Antoine s'installe au Théâtre des Menus-Plaisirs, qui devient dès lors le Théâtre-Antoine, la subversion et le caractère novateur de ce genre théâtral connaissent auprès du public un engouement aussi vif que passager.

10. Albert Willemetz (1887-1964) : après un début de carrière dans la haute administration, jusqu'au secrétariat de Georges Clemenceau, il s'attelle à l'écriture de poèmes et de chroniques humoristiques. Avec son ami Sacha Guitry, il crée des revues théâtrales. Très proche de Sacha sur le plan professionnel comme dans la vie privée (son épouse Jeanne et lui sont intimes avec Sacha Guitry et Yvonne Printemps, ils ont de nombreux projets ensemble au théâtre comme au cinéma), il mène également de son côté une carrière de compositeur, créant de nombreuses opérettes et chansons populaires pour les plus grands noms de son temps : Maurice Chevalier, Arletty, Joséphine Baker, Bourvil, Barbara, Léo Ferré... Il se distingue par ses textes souvent humoristiques et par sa façon d'écrire des paroles de manière à refléter la personnalité des interprètes. Il devient directeur des Bouffes-Parisiens en 1921 et le restera jusqu'en 1958. En 1945, Albert Willemetz prend la présidence de la SACEM, fonction dans le cadre de laquelle il fonde en 1954 le « Comité du cœur » qui vient en aide aux artistes en difficulté, puis il devient en 1956 président de la Confédération internationale des sociétés d'auteurs et compositeurs.

11. Léon Blum (1872-1950) : après une carrière de critique littéraire, il se lance en politique à la faveur de l'affaire Dreyfus. Il est l'un des fondateurs de *L'Humanité* en 1904. Dirigeant de la SFIO à partir de 1919, il refuse d'adhérer à la IIIe Internationale en 1920. Il accède au poste de président du Conseil en 1936, avec le Front populaire, puis en 1938. Traduit en justice comme responsable de la défaite de la France en 1941 lors des procès de Riom, il est emprisonné puis déporté à Buchenwald. À la Libération, il dirige le Gouvernement provisoire de la République française de 1946 à 1947.

12. Octave Mirbeau (1848-1917) : après des débuts comme journaliste et chroniqueur, il se fait connaître par ses écrits provocateurs sur la défaite de 1870 ou sur la pédophilie au sein de l'Église. Il triomphe au théâtre et en littérature au tournant du siècle. À partir de 1908, cependant, la maladie et la dépression l'empêchent d'écrire, et il s'éteint en 1917. Ami proche de Lucien Guitry, il est un modèle pour Sacha qui collectionne ses manuscrits et qui est présent lors de son décès.

13. Jean Ajalbert (1863-1947) : proche des écrivains symbolistes, il mène une carrière de critique d'art parallèlement à son métier d'avocat, puis de conservateur de la Malmaison. Il se fait connaître grâce à ses nombreux écrits sur l'art, l'Auvergne, l'Indochine et l'aviation, grâce aussi à ses *Mémoires*. Pendant la Seconde Guerre mondiale, il écrit pour la revue collaborationniste *L'Émancipation nationale*.

14. Maurice Donnay (1859-1945) : il abandonne son métier de dessinateur industriel pour le monde du spectacle. Il écrit plusieurs chansons pour le cabaret *Le Chat noir*, avant de se consacrer au théâtre. Reconnu pour ses pièces de boulevard, qui connaissent un vif succès, il est élu à l'Académie française en 1907.

15. Jugé et condamné pour avoir livré des documents secrets aux Allemands, le capitaine Alfred Dreyfus est envoyé au bagne de Cayenne en 1894. En 1896, sous la pression de personnalités influentes comme Georges Clemenceau, une enquête découvre le véritable responsable et met en évidence le fait que Dreyfus a été désigné comme coupable idéal parce qu'il était juif. Alors que le véritable traître est acquitté, la France se divise entre dreyfusards et antidreyfusards. Alfred Dreyfus est gracié en 1899, mais ce n'est qu'en 1906 que le jugement est cassé et son innocence enfin reconnue.

16. Laurent Tailhade (1854-1919) : la mort de sa femme le libérant d'une vie bourgeoise et provinciale, il s'installe à Paris où il fréquente les cercles littéraires. Poète, il se fait plus remarquer par son goût pour les duels et par ses postures anarchistes et anticléricales que par ses recueils de poésies. Un attentat anarchiste lui laissera un œil crevé.

2

Lorcey

« Si tu savais comme on a besoin de peu de chose pour être heureux ! »

SACHA GUITRY, *Mon père avait raison.*

Au mois de mars 1900, le 15 exactement, Lucien et Sarah vont jouer *L'Aiglon*, la nouvelle pièce d'Edmond Rostand, pour la première fois après six interminables mois de répétitions. Sacha a fêté quelques semaines plus tôt ses quinze ans. Il est un jeune homme à l'allure séduisante, qui hante plus souvent les coulisses de la Renaissance, que les couloirs de l'institution scolaire qui a la lourde tâche de l'accueillir ! Le théâtre l'attire de plus en plus et il se prépare tout doucement à en parler à son père, redoutant toutefois un accueil réservé quand il lui avouera vouloir suivre ses traces...

Cependant, une autre chose, bien plus prioritaire à ses yeux, le préoccupe. À force d'entendre parler des femmes, même de façon très rosse, par les amis de son père, il explorerait volontiers les mystères de ces fascinantes créatures. Jean, de deux ans son aîné, leur court déjà après avec grand succès. Mais il ne veut pas s'encombrer de son cadet dans ses escapades nocturnes qui lui valent d'orageuses scènes avec sa mère. Cette dernière ne supporte pas ce qu'elle juge comme une vie dissolue.

Il lui faut donc se débrouiller seul, et cette perspective ne l'enchante guère, jusqu'au jour où l'un de ses camarades de la pension Mariaud, un certain Colin, se dit prêt à le suivre dans une expédition censée leur permettre de découvrir les charmes féminins de la manière la plus intime...

Pour les deux complices, la rencontre avec une femme n'est pas une affaire d'amour, mais d'argent ! Il est vrai que nous sommes à une époque où la plupart des jeunes gens de famille bourgeoise sont déniaisés par des « filles » dans des maisons dites pudiquement « closes », souvent d'ailleurs à l'initiative de leur père. Cependant, comme Lucien ne fréquente pas ces établissements spécialisés, et qu'il n'a certainement pas l'intention de s'y montrer, Sacha ne peut compter sur lui... Il ne se voit pas non plus aller frapper à la porte d'un bordel, car ses joues risqueraient de devenir aussi rouges que la lanterne extérieure. Non, il lui faut trouver autre chose...

Comme Sacha a pu remarquer que son père avait le succès facile avec les jeunes actrices voulant faire carrière, il se dit qu'il lui suffit probablement d'en inviter une à souper dans un salon particulier pour connaître enfin cette extase dont Jean lui parle souvent en le regardant à la fois d'un air supérieur et moqueur.

Ayant rassemblé la somme de 30 francs, les deux gamins prennent leur courage à quatre mains et s'en vont rencontrer, à l'issue de son spectacle, l'une des jeunes premières les plus connues du Moulin Rouge, Mélinite, qui prendra par la suite le pseudonyme de Jane Avril[1].

Sacha se glisse subrepticement dans les coulisses et accède, entre deux numéros, à la loge de Mélinite. Bafouillant, il lui demande :

« Nous serions très honorés, mon ami Colin et moi-même, de pouvoir vous inviter à souper après le spectacle. »

Jane Avril regarde ce jeune homme qu'elle juge probablement plus âgé qu'il n'est, et lui rétorque d'une façon un peu sèche :

« Oui, peut-être... Mais on verra ça après le spectacle, si je n'ai personne d'autre. »

À minuit, la revue s'achève, et comme aucun prétendant n'est venu inviter la jeune femme, elle se décide finalement à suivre les deux adolescents pour souper. Les voici donc, avec l'objet de leur désir, dans le salon particulier d'un bon restaurant parisien, dégustant quelques mets arrosés de champagne.

L'atmosphère est un peu lourde, et les deux garçons ont du mal à « jouer aux grands » et à soutenir aisément une conversation. L'actrice commence alors à se demander ce qu'elle fait là et regrette déjà de s'être embarquée dans cette histoire.

Pour mettre toutes les chances de leur côté, Colin fait brusquement allusion au père de Sacha en parlant théâtre, sans toutefois citer le nom de l'illustre comédien. Cela semble faire enfin sortir Jane Avril de sa torpeur. Elle s'adresse à Sacha :

« Et comment s'appelle ton père ?

– Lucien Guitry. »

En entendant le nom de Guitry, la jeune créature manque de s'étouffer ! Après avoir avalé une coupe de champagne pour se remettre de ses émotions, elle fait la leçon à Sacha :

« Tu es le fils de Guitry et tu ne trouves rien de mieux que de traîner au Moulin Rouge parmi les filles ! Mais enfin, quel âge avez-vous, tous les deux ?

– Quinze ans, madame...

– Quinze ans, et vous courez après les danseuses ! Mais vous auriez pu tomber sur n'importe qui, et cela aurait pu très mal se finir. Tu imagines ce que penseraient tes parents s'ils te savaient là ! Le fils Guitry dehors en pleine nuit ! Tu t'es échappé de chez toi, j'imagine ?

– Euh... non. En fait, nous sommes pensionnaires dans un établissement privé du XVIe et nous avons fait le mur...

– De mieux en mieux ! »

Et, après une belle leçon de morale, Jane Avril se fait un devoir de raccompagner elle-même, en pleine nuit, les garnements à la porte de la pension Mariaud.

Amère déception pour Sacha qui ne découvrira pas, cette fois, l'extase tant espérée...

Une occasion se présentera l'été suivant. Son grand-père René de Pont-Jest, inquiet pour la santé de sa fille, a loué une villa tranquille à Dieppe. Sacha est avec eux et ne s'amuse gère dans cette villégiature forcée. Pour se distraire, il s'intéresse aux commérages des domestiques, particulièrement à ceux concernant la maison voisine où réside une jeune femme qu'il trouve absolument sublime... Les gens de maison ne parlent pas de façon ouverte devant Sacha, mais il comprend aisément que cette créature de rêve n'est pas une femme spécialement farouche, et que beaucoup d'hommes semblent lui tourner autour.

Il s'agit en fait d'une cocotte qui se fait entretenir par des personnages plus ou moins fortunés et qui ne dit jamais non à quelques autres extras ! Bien entendu, cela se passe dans un milieu assez fermé, très bourgeois, et les autres résidents du quartier font comme s'ils ne savaient rien... Tout étant affaire de tolérance !

Sacha a le bonheur d'avoir les fenêtres de sa chambre qui donnent sur celles de la « demoiselle » en question. Il apprend qu'elle se nomme Odette Valéry. Souvent, il l'aperçoit en tenue plus ou moins légère à travers les vitres des fenêtres... Cela le perturbe au point de perdre le sommeil et d'imaginer mille stratagèmes pour arriver jusqu'à elle. Mais il se sent un peu désemparé face à cette situation et ne peut se résoudre à aller sonner à sa porte, puis à se mettre à bafouiller lamentablement au cas où elle accepterait de le recevoir...

À Dieppe, il est bien seul. Ni frère, ni copain pour le conseiller ou l'encourager. Lui qui rêve de conquérir autant de femmes que son illustre père ne se sent pas à la hauteur. Un de ses amis, René Fauchois[2], en parlera d'ailleurs en ces termes en évoquant cette époque précise de sa vie : « Sacha était d'une sensibilité maladive... Je l'ai connu timide comme une jeune fille. Dès que la conversation portait sur un sujet un peu léger, il rougissait et parlait d'autre chose. Il éprouvait devant les femmes une peur panique qui confinait à l'impuissance. »

Voilà le mot qui convient : impuissance !

Alors qu'il est le fils et le frère de deux « dévoreurs de femmes », jamais rassasiés de leurs multiples conquêtes, qui se font un devoir de sauter, avec la ferveur de hussards, sur tous les jupons qui se présentent, il ne serait, lui, qu'un gros garçon peureux et maladroit ?

Cet été 1900 commence donc comme un épouvantable calvaire. Ne pouvant se résoudre à franchir le pas et à faire preuve du même culot qu'il peut avoir en d'autres circonstances, il calme son ardeur en écrivant de longues lettres d'amour, des poèmes de plusieurs dizaines de pages, à cette inconnue qu'il continue d'épier chaque soir et à laquelle il n'osera jamais adresser le moindre message.

Jusqu'au soir où le « miracle » se produit…

Dans la douceur de cette nuit d'été, Sacha est debout dans la pénombre, fenêtre grande ouverte, scrutant une fois encore la façade de la maison d'Odette Valéry. La voici, tout à coup, qui paraît sur le balcon dans une tenue étonnante… Elle est enveloppée d'un élégant manteau de fourrure. Cette vision le subjugue au point qu'il ne se demande même pas pourquoi la jeune femme est ainsi vêtue en plein été ! Voulant alors mieux voir, il se rapproche de la fenêtre, prenant le risque d'être découvert. L'objet de tous ses désirs l'aperçoit évidemment aussitôt et, avec une grâce infinie, lui sourit. Que se passe-t-il alors ? Au lieu de fuir comme il l'aurait cru, il se surprend à lui envoyer un baiser enflammé que la demoiselle lui renvoie aussitôt. Son cœur bat plus vite, et, brusquement, elle entrouvre son manteau et apparaît entièrement nue !

Il n'en faut pas plus pour qu'il descende par la fenêtre dans le jardin, franchisse le mur qui sépare les deux propriétés, et se retrouve, quelques instants plus tard, dans les bras, puis très vite dans le lit d'Odette… Quelle révélation merveilleuse, quelle nuit d'amour magnifique, quelle chose merveilleuse que l'Amour et le sexe !

Au petit matin, il rejoint sa chambre, ivre de bonheur. Les amants se sont fixé rendez-vous pour le soir même, et, dès que la maison est endormie, Sacha retrouve celle qui lui a déjà tout donné avec tant de générosité.

Le petit manège dure ainsi plusieurs jours et Sacha, en pleine extase, voit en Odette Valéry la femme de sa vie ! La réputation de « femme légère » de sa maîtresse semble ne pas le perturber un instant ; il la met au compte des rumeurs que colporte volontiers la domesticité.

Tout est donc pour le mieux, jusqu'à une fatale fin de soirée où le grand-père de Sacha, se doutant probablement de quelque chose, effectue une inspection-surprise dans la chambre de son petit-fils. La chambre est bien entendu vide. Mais, très vite, René de Pont-Jest aperçoit Sacha sur le balcon de la villa d'en face, en train d'embrasser avec appétit la créature de petite vertu. Horreur !

Par la fenêtre ouverte, le grand-père ordonne avec autorité : « Sacha, tu vas me faire le plaisir de revenir ici immédiatement ! Mais qu'est-ce qui t'a pris ? Tu es devenu fou ? »

L'adolescent, qui redoute de passer un sale quart d'heure, quitte sur-le-champ son nid d'amour et rapplique à la maison. René de Pont-Jest l'accueille par une superbe paire de claques avant de le sermonner un long moment sur le danger que représente ce genre de femmes faciles et vénales. Rien n'y fait, et Sacha, d'une voix tremblante, menace :

« Je l'aime comme je n'ai jamais aimé ! Elle m'aime aussi. Nous ferons notre vie ensemble. Et si je ne peux pas l'aimer, si l'on me sépare d'elle de force, je me tuerai ! »

Devant un tel mélodrame, le brave grand-père ne voit qu'une solution : rencontrer cette créature et lui demander qu'elle prenne l'initiative de rompre définitivement avec son petit-fils, seule façon, pense-t-il, de ramener Sacha à la raison.

Après 48 heures de réflexion, en fin de journée, M. de Pont-Jest sonne donc à la porte d'Odette Valéry qui le reçoit avec beaucoup d'amabilité. Au point que le vieil homme ne rentre pas chez lui ce soir-là… Il est tout bonnement devenu l'amant de la maîtresse de son petit-fils ! Il faudra que Renée le fasse chercher par la bonne pour qu'il consente, le lendemain matin, à réintégrer ses pénates…

Légèrement embarrassé, M. de Pont-Jest expliquera que la conversation s'est éternisée et qu'il était de son devoir d'homme du monde de réconforter la jeune femme éplorée qui a cependant décidé de ne plus fréquenter un mineur.

Sacha, comme sa mère, ne sont pas dupes, et les réflexions goguenardes des domestiques lui ouvrent les yeux sur la nature exacte des activités de son aimée.

Il ne verra donc plus la jeune femme à Dieppe, mais la retrouvera dès le mois d'octobre dans son appartement parisien de la rue de Chazelles ! Ayant trouvé ce gamin attachant, amusant et bon amant, elle s'est mise en tête de parfaire son éducation sentimentale et sexuelle tout en en faisant son confident. Sacha en apprend ainsi de belles sur les femmes et l'amour tarifé.

Il va même avoir l'occasion d'être surpris dans le lit d'Odette par l'un de ses protecteurs les plus fortunés, un Sud-Américain.

L'homme, au sang très chaud, veut tout d'abord « casser la gueule » du concurrent. Mais, se rendant compte de la jeunesse de son rival, il préfère la discussion d'affaires :

« Dites-moi, mon petit, combien vous donnez à Odette ? Vous la payez à la nuit ou au mois ?

– Rien !

– Comment ça, rien ?

– Je connais Odette depuis l'été dernier et nous nous voyons chaque semaine, plusieurs fois même, et je ne lui ai jamais rien donné !

– Mais vous vous fichez de moi, jeune homme !

– Pas un instant, monsieur, je vous assure.

– Celle-là, ah oui, celle-là, elle est bien bonne ! »

Et le Sud-Américain d'éclater d'un grand rire sonore avant de prier Sacha de lui conter par le détail la nature exacte de leur relation. Épaté, il finit par inviter somptueusement à dîner les deux tourtereaux, avant de supplier le fils de Lucien Guitry de lui présenter la grande Sarah Bernhardt dont il est un fervent admirateur. Chose faite le soir même !

Toujours scolarisé à cette époque, Sacha est désormais un homme qui connaît l'amour, si ce n'est avec un grand A, au moins physiquement. Mais, contrairement à son père et à son frère, il ne veut pas considérer les relations avec les femmes comme un simple plaisir passager. Non, il est bien décidé à rechercher le Grand Amour ! Et comme Odette ne peut le lui donner, il le cherchera ailleurs…

Il jette alors son dévolu sur une jeune et belle artiste, Henriette Ferval, fille du savant Frémy. Du moins pour l'état civil, car après avoir accepté quelques compliments répétés et assidus de Sacha, la jeune femme lui tient les propos suivants :

« C'est impossible entre nous ! Car figurez-vous, Sacha, que je suis votre tante ! »

Interloqué, Sacha demande quelques explications et Henriette lui raconte que son grand-père Pont-Jest fut l'amant de sa mère, et donc probablement son père !

Sacré grand-père !

Après Henriette, ce sera Olympia. Cette fois, la demoiselle, jeune collégienne, correspond en tous points aux désirs de Sacha. Elle est encore plus romantique que lui et il lui adresse des dizaines de lettres et des centaines de poèmes assez puérils. On ne sait si l'aventure est allée plus loin, mais Olympia restera l'élue de son cœur jusqu'en octobre 1902.

Décidément, les femmes sont compliquées, ou alors trop faciles ! Malgré ses récentes conquêtes, Sacha ne se trouve pas très doué et se demande s'il arrivera un jour à dénicher celle avec laquelle tout sera simple et beau comme dans les rêves.

Mais n'est-il pas simplement amoureux de l'Amour ?

René Fauchois, témoin privilégié des premiers émois sentimentaux de son ami, racontera : « Plus tard, cela s'est arrangé, mais, pour moi, il est resté toujours un gentil garçon, peureux devant les femmes, et tendre comme un collégien. »

Traumatisé par l'exemple paternel, il est vrai qu'il cherchera toute sa vie à faire le contraire. Est-ce qu'à chaque nouvelle conquête, qu'à chaque nouveau mariage il va croire sincèrement l'avoir trouvé ? En tout cas, une chose est certaine, c'est qu'il confiera à son ami Henri Jadoux, au lendemain de la Seconde Guerre mondiale, ces propos assez désespérés sur sa quête de l'Amour : « Moi non plus, je n'ai jamais été vraiment avec quelqu'un… J'ai essayé, mais, finalement, j'ai rencontré le mur. »

Pour Sacha, la découverte des premiers plaisirs charnels, les envies romantiques ne sont pourtant pas la chose la plus marquante de cette année 1900. Car avant de partir pour Dieppe, il a annoncé à son père sa grande décision : devenir comédien !

N'est-il pas naturel, se dit-il, que le fils du plus grand comédien de son époque, qui a eu la chance de débuter sur scène à l'âge de cinq ans, à son tour devienne lui aussi comédien ? Être comédien, voilà son destin…

Seulement, il n'est pas assez sot pour imaginer un instant qu'on va lui dérouler un tapis rouge parce qu'il se nomme Guitry, ou que son père le favorisera et le placera auprès de tel ou tel directeur de salle. Non, il sait qu'il ne sait rien, et qu'il doit tout apprendre.

Mais comment aborder ce métier ? Et qui va pouvoir lui enseigner l'art de la scène ?

Ces conseils, confiant, il va les demander à Lucien qui, s'il n'est pas réellement surpris, s'en trouve plutôt quelque peu contrarié. Que son fils marche dans ses traces ne l'enchante guère :

« Alors tu veux avoir des conseils ?

– Oui, papa !

– Le premier que je vais te donner, c'est celui que je me suis donné à moi-même à ton âge. Apprendre ! Apprendre le plus de rôles possibles. Moi, je savais par cœur, encore tout gamin, tous les grands rôles du répertoire. Laisse-toi guider par ta passion pour les choisir, et n'hésite pas à apprendre des rôles masculins comme des rôles féminins. Soit un roi ou une soubrette, peu importe…

– Bien ! Je vais donc apprendre le plus de rôles possibles. Je les jouerai devant toi, et quand tu me trouveras prêt, tu me le diras. Je crois que ce sera facile pour moi.

– Facile ! Alors tu crois que mon métier s'apprend facilement ?

– Non ?

– Non, Sacha ! Ce n'est pas facile de bien jouer la comédie, c'est impossible !

– Mais tu es mon modèle, je veux un jour jouer comme toi !

– Comme moi ! Mais non ! Ce n'est pas si simple, mon enfant. Tu crois qu'en apprenant mes rôles, qu'en m'observant sur scène, tu pourras savoir ce que je sais, jouer comme je joue ? Je ne peux pas t'encourager à croire cela… Ce serait cruel ! C'est bien plus compliqué de devenir comédien. Contente-toi d'apprendre des rôles, sois toi-même, et un jour tu pourras alors commencer ton métier en te produisant en province.

– Oh ! mais je préférerais débuter à Paris. C'est à Paris qu'il faut être !

– Si tu joues à Paris, il te faudra prendre un pseudonyme.

– Un pseudonyme ?

– Oui. Un nom que tu choisiras avec soin. Court, et qui se retient bien.

– Mais moi, je veux jouer sous mon nom !

– Ton nom ! ?

– Oui, je veux faire du théâtre sous le nom de Sacha Guitry. C'est mon nom, après tout !

– Non, Sacha ! Ton prénom est à toi. Mais Guitry est mon nom ! Jamais je ne t'autoriserai à jouer sur une scène avec mon nom. Il est hors de question que tu puisses gâcher ce nom, qui est désormais un nom de comédien. Et un nom de comédien, c'est sacré ! Tu n'as pas le droit de risquer de l'abîmer parce que tu imagines pouvoir, un jour, jouer sur une scène de théâtre. »

Bien des années plus tard, il se souviendra mot pour mot de cette conversation qui l'a tant marqué. Au moment où il écrira son *Deburau*, il la mettra magnifiquement en vers.

Lucien, on le sait, n'aime pas donner des leçons. Mais n'est-ce pas le destin des grands comédiens que d'être entourés de jeunes admirateurs, fervents quémandeurs du moindre conseil ? Parfois, il accepte le dialogue et se risque même à lâcher quelques phrases. Mais, le plus souvent, il s'en tire par une formule rapide, définitive, qui laisse son interlocuteur pantois.

Des années après la mort de son père, Sacha, travaillant sur un ouvrage consacré à sa mémoire, tombera sur un texte inconnu de la main de Lucien. Comme un testament spirituel d'un acteur à un jeune homme inconnu désirant embrasser cette carrière :

« Si vous n'aimez pas le théâtre par-dessus tout, et même par-dessus le succès, allez-vous-en. Faites donc autre chose. Si vous n'êtes pas acteur au fond de votre cœur et exclusivement acteur, fichez ça en plan, et sauvez-vous.

Regardez, écoutez. Il y a autant à apprendre des mauvais que des bons. Allez voir souvent des comédiens et tout le temps amusez-vous de tout ce qui est sur cette merveilleuse terre. Faites imitation de tout, sauf dans votre état. En scène, en jouant, n'imitez personne. Soyez inimitables. Si un acteur vous plaît malgré son tic, et quelquefois à cause de cela (le goût pervers pour le bois brûlé, le gibier putride, le joli strabisme d'une jeune femme, est assez répandu), tâchez donc de l'évader de son tic et voyez si, en poussant moins, il ne serait pas meilleur. Mais c'est surtout en découvrant la beauté d'une belle et jeune expression humaine, animale, qu'il faut vous dire : “Ah ! Si on faisait ça sur scène ? Pourquoi pas ?”, et faites-le si l'occasion s'en présente. Étudiez tous les rôles. Étudiez-les, travaillez-les pour les autres. Dites-vous : “Ah ! Si on me donnait cette réplique de la façon que je souhaite, comme je dirais bien la suivante, et si nous continuions ensemble jusqu'au bout, comme le public aurait du plaisir, et aussi quel plaisir il aurait de notre plaisir !" Car il faudra toujours penser au vôtre. C'est à vous d'être exigeant, sévère, et d'être homme de goût. Le goût, cela se forme. Allez au Louvre, au Prado, à la Pinacothèque, partout où la beauté, la splendeur s'accumule. Laissez-vous émouvoir par les inimaginables chefs-d'œuvre de ces vrais bienfaiteurs : les artistes – et si vous avez des battements de cœur en présence du *Serviteur infidèle* de Rembrandt, laissez faire. Si vos larmes vous gênent un peu pour voir, vous n'en verrez que mieux tout à l'heure. »

Parce que Lucien est un père généreux, il fera tout de même l'effort de guider son fils vers Céline Chaumont[3], actrice de renom qui a choisi d'abandonner la scène pour se consacrer à un cours de comédie réputé, qu'elle dirigera pendant une trentaine d'années et d'où sortira notamment Cécile Sorel[4].

Mais Sacha n'« accrochera » pas avec Céline Chaumont qui n'a qu'un seul credo : la recherche constante de l'« effet », le contraire même de la conception du jeu de Lucien Guitry, auquel il est habitué. Il suivra cependant quelques-uns de ses cours d'un œil amusé, jugeant cette façon de jouer la comédie représentative d'une certaine « époque », plus proche du passé que de l'avenir. Et, en la matière, il n'a pas tort !

Lucien adore ses fils, mais partage l'avis de la famille Pont-Jest : on ne fera pas grand-chose d'eux ! Se rend-il compte à ce moment précis que Sacha, en restant sous son aile, dans ce confort bourgeois qu'il lui assure et qui semble éternel, ne fera jamais rien de bon ? Probablement... Il préfère la vie facile à toute idée d'effort prolongé. Très vite, il s'aperçoit que Sacha n'apprend pas ses rôles, ne lit pas les grands textes. Le peu de conseils qu'il lui a prodigués ne sert donc à rien.

Cependant, il veut pousser Sacha dans ses derniers retranchements et lui présente Mounet-Sully[5], qui se dit enchanté d'enseigner son art à Sacha. L'homme est âgé, certes, mais pourrait l'aider de manière efficace. Sacha se dérobe.

Lucien n'est pas homme à extérioriser ses sentiments. Certes, il est déçu par le comportement de Sacha, mais il trouve qu'il est inutile d'insister ou d'essayer de le changer. La vie s'en chargera, et il sera toujours temps de voir ce qu'il pourra faire. Pour le moment, il souhaite avant tout que ses fils soient « heureux et s'amusent bien ».

Jean, hélas, se conforme un peu trop aux souhaits de son père. Car si le cadet a des aspirations romantiques et théâtrales qui l'occupent gentiment, il en va tout autrement de l'aîné, qui en fait voir de toutes les couleurs à leur mère. Il fugue constamment de sa pension et mène grand train avec sa jeune maîtresse, une Américaine de quatorze ans ! Comme il n'a pas assez d'argent pour lui offrir des sorties, il fait envoyer la note de leurs frasques au grand-père Pont-Jest qui n'apprécie guère ! Éméché, il rentre en pleine nuit chez sa mère, quand il ne choisit pas le lit d'Odette Valéry que Sacha a eu le malheur de lui présenter. Renée n'en peut vraiment plus. Déjà bien malade et fatiguée, elle se confie à ses proches : « Je mène une vie impossible. Je ne suis bonne qu'à l'habiller et à le nourrir. Il prend ma maison pour une auberge ! »

Dès le mois de juin, elle s'en ouvre à Lucien dans une lettre : « Hier, Jean nous a fait une scène affreuse pour aller seul à l'Exposition. Nous ne sommes pas parvenus à l'en empêcher, et au retour il a refusé d'aller chez M. Blandin, son professeur. Ce matin, il est parti en automobile à Versailles avec un de ses camarades. Je l'ai fait avertir que je vous préviendrais. Il a répondu à Sacha, que je lui avais envoyé : "Je m'en tape l'œil." »

À la rentrée, cela ne s'arrange pas. On l'inscrit dans une pension pour qu'il prépare Centrale. La discipline de l'établissement semble avoir quelque effet sur lui, mais, brusquement, il disparaît pour assister à la répétition générale de *L'Assommoir* que joue son père au théâtre de la Porte-Saint-Martin.

Renée en a cette fois assez. Elle ne voit plus qu'une solution : le faire entrer dans un pensionnat aux allures de maison de correction à la terrible réputation, La Paternelle. Mais il faut que Lucien donne son accord pour que Jean y soit inscrit. Il s'y refuse tout net et Renée propose alors à Lucien de prendre Jean chez lui. Ce dernier en profite pour faire un chantage à son ex-femme : « Je veux bien prendre Jean chez moi. C'est effectivement la meilleure des solutions, mais je veux aussi avoir Sacha. Pas question d'en prendre un et de te laisser l'autre ! »

Renée ne veut rien savoir. Elle ne confiera pas Sacha à Lucien. Et puisqu'il ne veut pas signer l'admission de Jean dans cette maison de correction, elle saisit un juge pour qu'il arbitre. Lucien bondit chez le meilleur avocat et, sur ses conseils, traduit à son tour son ex-femme devant la 1re chambre civile de la Seine. Avec une seule demande : obtenir la garde de ses deux fils en raison de l'incapacité de leur mère à les élever avec toute l'autorité souhaitée.

L'affaire fait grand bruit dans le Paris des potins… L'avocat de Renée se désole de l'action intentée par Lucien : « Comment n'a-t-on pas évité des débats aussi funestes pour les enfants qu'on se dispute ? Leur intérêt ne devrait-il pas être la préoccupation suprême des parties ? Tout ce qui se dit ici se répète, se colporte, se commente, se transforme. À quoi bon livrer à la publicité les fautes ou les révoltes d'enfants de quinze à seize ans ? »

Pendant le procès, le conseil de Lucien doit démontrer les torts de Renée, et les coups volent bas. Leur mère serait incapable d'exercer une quelconque autorité, mais, de plus, elle manquerait terriblement de tendresse. Et si elle n'est pas capable de convaincre son fils Jean d'arrêter de commettre certaines bêtises en usant d'une certaine dureté, elle n'est pas plus capable de le retenir auprès d'elle en faisant preuve d'un amour maternel qui pourrait toucher et convaincre son fils de l'écouter.

Du coup, l'avocat de Renée explique au tribunal que le laxisme ne vient pas du côté de sa cliente, mais du côté du père qui encourage presque ses enfants à désobéir. Une preuve ? La voici : il donne lecture à la cour d'une lettre de Jean écrite à sa mère : « Quand papa m'a dit : "Aimes-tu mieux rentrer à la maison ou venir au théâtre ?", j'ai été bien tenté. "Maman ne sera pas contente", lui ai-je répondu. "Bon, m'a-t-il dit, je vais lui écrire que tu es souffrant et que je te garde." Je n'ai pas voulu, de peur de t'inquiéter ; alors on a pris le prétexte que tu sais. J'ai passé deux jours bien calmes auprès de papa. J'ai fait de la bicyclette et de la photographie, mais tout cela était gâté par le remords de t'avoir fâchée ! »

Et ce n'est pas tout. Lucien laisse le libre accès de sa bibliothèque à ses fils, et Jean en a profité pour « emprunter » un livre jugé licencieux, *Nana*, qu'il a amené au lycée.

Puis on en vient à Sacha... L'avocat de Renée explique au juge qu'au prétexte que le cadet s'imagine un jour acteur, son père s'apprête à l'emmener en tournée à Monaco jouer avec lui une pièce intitulée *Le Faubourg*, dans laquelle il tiendrait le rôle du petit Hélion.

Quant à la maison dite de « correction », elle est loin d'être le bagne, et on y envoie uniquement des jeunes gens issus d'un bon milieu.

Après ce déballage assez sinistre, la parole est donnée à Lucien. D'une voix de stentor, comme s'il jouait le rôle d'un maître du barreau, il plaide sa cause et celle de son fils en commençant par rebondir sur le dernier argument avancé par son ex-femme : « Pas une maison de correction ? C'est la Petite-Roquette[6] des jeunes gens de bonne famille ! Je ne veux incriminer en rien la conduite de celle qui fut ma femme. Je ne discute ni son dévouement, ni son affection, mais je dis que ses efforts ont été malheureux et peut-être maladroits. Comment le nier ? Je ne juge pas l'éducation donnée à mes enfants, mais les résultats sont pitoyables. »

Lucien n'a qu'une demande à exprimer : il souhaite que Jean et Sacha soient élevés ensemble, chez lui. Il va même jusqu'à faire savoir au tribunal que son cadet voulant étudier le théâtre, il sera probablement le professeur le mieux indiqué pour cela.

Finalement, le tribunal ne donne pas satisfaction à Lucien Guitry. Mais comme il refuse toujours de signer le placement de son fils à La Paternelle, l'affaire se termine en queue de poisson et Jean échappe au « bagne » !

Il va pouvoir continuer à mener cette vie de débauche qui lui plaît tant.

De son côté, au début de l'année 1901, Sacha semble avoir renoncé à sa carrière de comédien. La discipline qu'impose l'apprentissage de cet art ne l'a guère convaincu de persévérer. Il se cherche un autre destin...

Alors, pourquoi ne pas écrire pour le théâtre ? Voilà une idée qui lui paraît excellente, d'autant plus que Jean semble lui trouver les qualités littéraires nécessaires. Il n'en faut pas plus pour que Sacha se précipite chez un imprimeur auquel il commande des cartes de visite gravées sur lesquelles on peut lire : « Sacha Guitry, auteur dramatique et ancien comédien » !

Jean est enthousiasmé par la décision de son frère et il lui promet de l'aider non seulement à écrire sa première pièce, mais surtout à faire son entrée dans le monde des auteurs dramatiques. Dans ses sorties nocturnes, il côtoie en effet beaucoup de beau monde et il se sert du nom de Guitry pour se faire des relations utiles. Justement, il a rencontré quelques semaines auparavant un jeune homme de vingt-quatre ans, Francis de Croisset[7], dont le tout-Paris raffole.

Ce dandy qui va inspirer Proust est connu pour son début de carrière fulgurant. Il a publié un recueil de poésies remarqué, *Les Nuits de quinze ans*, puis quelques pièces en un acte, *Par Politesse* et *Qui trop embrasse*, toutes deux représentées en 1899. Puis c'est une pièce en trois actes, *L'Homme à l'oreille coupée ou Une mauvaise plaisanterie*, jouée en janvier 1900 à l'Athénée avant que le public de la Comédie-Française ne fasse triomphe, en cette année 1901, à son *Chérubin* !

Croisset est inséparable de Jean Guitry dont il fera d'ailleurs un portrait touchant et tellement véridique : « J'aimais beaucoup Jean. Il avait un cœur généreux et un esprit dont la drôlerie me ravissait. Il était extrêmement intelligent, mais l'effort lui semblait inutile. Il ne demandait qu'à être satisfait : il l'était. On a cru longtemps qu'il était paresseux. Il n'était pas paresseux : il était heureux. »

Quand Jean lui demande de rencontrer son frère, Francis les invite tous deux à déjeuner. Jean attaque :

« Sacha mérite que l'on s'intéresse à lui. Et moi, j'aimerais que tu acceptes de l'aider. Je le trouve très doué, pour son âge.

– Pourquoi pas ! », répond Croisset. Puis, s'adressant à Sacha : « Vous avez quelque chose de prêt ?

– Non, pas vraiment. J'écris, mais ce ne sont que de petits textes un peu décousus pour le moment. Je veux faire une pièce, une vraie pièce, et j'y travaille déjà. Si vous acceptiez de la lire quand je l'aurai terminée, j'en serais très heureux ! »

Croisset est séduit par ce jeune adolescent. Il accepte donc la proposition de Sacha tout en lui recommandant de s'y consacrer avec grand sérieux. L'écriture dramatique n'est pas une plaisanterie ! Jean promet de veiller personnellement à ce que son frère tienne sa promesse. Et c'est ce qu'il fera avec application, car rien ne vaut les « paresseux » pour faire travailler les autres !

En ce premier semestre 1901, Sacha est toujours scolarisé à l'institut Mariaud. Il passe ses longues journées de présence obligatoire dans cette école à dessiner ou à penser à sa pièce, à l'intrigue, aux personnages. Ne voulant pas risquer de se voir confisquer ses écrits clandestins, il choisit d'y travailler uniquement chez lui. Dans les premiers temps, son grand-père et sa mère imaginent qu'il s'est enfin décidé à se mettre au travail ! Le voir ainsi penché, tous les soirs, sur ses cahiers, est une chose tellement inhabituelle…

Mais quand son grand-père le surprend un dimanche matin du mois de juin, de bonne heure, en train de retranscrire au propre, sur un cahier, des pages de brouillons, il ne peut résister à l'envie de poser cette question à Sacha :

« Mais que fais-tu un dimanche avec ces plumes et ces cahiers ?

– Je travaille, Tatou… Je travaille.

– Tu travailles, Sacha ! Mais à quoi ?

– Eh bien… J'ai écrit une pièce pour le théâtre et je la mets au propre.

– Comment ? Toi, tu écris une pièce ! Saperlipopette… Je veux lire cela tout de suite ! »

L'adolescent confie son « œuvre » à son grand-père non sans une certaine inquiétude, car le Tatou est un romancier populaire reconnu, et son avis comptera. Que va-t-il dire ?

Sacha fait les cent pas dans l'appartement, attendant avec une impatience mal contenue que le verdict tombe. En général, René de Pont-Jest n'envoie pas dire ce qu'il pense…

Le voilà enfin qui sort de son cabinet de travail. Il tient le cahier dans sa main, le tend à Sacha et lui déclare :

« Mon enfant, viens ici que je t'embrasse ! C'est bien, c'est même très bien pour un garçon de ton âge. Je crois que tu es doué. Seulement, je vais te donner un conseil. Maintenant que tu t'es fait la main avec cette pièce, fourre-la au fond d'un tiroir, oublie-la, et commence à écrire autre chose ! »

Sacha est à la fois content et déçu. Les compliments du Tatou, qu'il juge sincères, le touchent et c'est bien la première fois qu'on le félicite ainsi. Mais il est dommage que ce ne soit pas assez bon pour être joué. Écrire une nouvelle pièce en laissant celle-ci de côté, c'est tout de même un peu dur à avaler…

Il fait part illico à Jean de la réaction de l'aïeul. Son frère, qui l'a un peu aidé pour écrire cette pièce, balaie d'un revers de manche les arguments du grand-père :

« S'il t'a dit cela, c'est que c'est très bon, crois-moi ! Le Tatou est d'une autre époque, il ne comprend rien à ce qui marche aujourd'hui. C'est un vieux !

– Alors toi, tu penses que…

– Sacha, file chez Francis ! Et en vitesse. Et tu verras ce qu'il te dira, lui ! »

Autant prendre le taureau par les cornes et traverser Paris en fiacre, par ce joli dimanche ensoleillé, pour soumettre son travail à l'ami de son frère :

« Voilà, Francis ! Ma pièce est enfin terminée. Je l'ai appelée *Le Page*. J'espère que vous allez l'aimer. Et, si c'est le cas, vous avez tellement d'influence dans Paris que vous pourrez peut-être la faire jouer quelque part ? Ce serait pour moi le plus grand des bonheurs ! »

Croisset demande quelques jours pour lire la pièce, et son jugement tombe : c'est pas mal du tout, c'est amusant, vif, en un mot… jouable !

Sacha et Jean sont aux anges ! Il ne reste plus qu'à trouver un théâtre.

Les noms conjugués de Croisset et de Guitry ouvrent bien des portes, tout particulièrement celles du petit mais charmant théâtre des Mathurins que dirige Marguerite Deval[8], qui fut l'interprète de Croisset dans *Qui trop embrasse*.

D'emblée, le contact est bon entre l'actrice et le plus jeune des Guitry. Il se souviendra d'elle dans ses « mémoires » : « Marguerite Deval était une directrice exceptionnelle… Elle chantait et jouait la comédie comme une femme du monde, en amateur, mais avec quel talent, quel tact ! D'ailleurs, tous les acteurs dont elle s'entourait avaient l'air de prêter leurs concours à des soirées mondaines. »

En revanche, il taira que Marguerite, alors âgée de trente-trois ans, montrera quelques faiblesses pour lui. Avec son allure de collégien bien sage, son apparence recherchée de poète anglais, sa jolie petite gueule souriante, elle n'a pu résister à la tentation de le mettre dans son lit… Et Sacha n'a pas rechigné, d'autant moins qu'elle a reçu sa pièce !

Elle exige simplement un petit changement de programme :

« Vois-tu, mon ange, moi je ne suis pas une comédienne de la trempe de ton père. Ta pièce me plaît, mais moi je suis une divette, quoi ! Alors, transforme-la gentiment en opérette, et je la joue ! »

Aussitôt demandé, aussitôt fait. Sacha se précipite chez un professeur de mathématiques, Ludovic Saraz, qui se trouve également être musicien de théâtre sous le nom de Ludo-Ratz. Avec le concours de Jean, la pièce *Le Page* devient un opéra-bouffe en un acte !

Sacha a situé sa première œuvre au Moyen Âge. Fille d'un homme désargenté, l'héroïne a accepté d'épouser un vieux roi. Celui-ci est fort attiré par la beauté de sa jeune épouse et veut consommer cette union sans plus attendre. Mais la reine se refuse à lui et préfère se donner au joli page qui, le soir, chante sous son balcon. Ce dernier arrive à s'introduire dans la chambre de la reine, mais y découvre la bonne en compagnie du roi qui exige ses faveurs. Elle accepte de contenter son souverain à la condition de pouvoir, une fois sa vertu perdue, épouser le petit page dont elle est amoureuse ! Enfin, la reine retrouve son page quand, brusquement, apparaît le roi. Il exige des explications, et le page s'en tire en prétendant qu'il est venu demander à la reine de l'aider à épouser la bonne… Le page est alors convoqué chez le roi qui lui propose un étrange marché : il veut être le seul à profiter des charmes de la bonne, mais, en échange, il le nomme serviteur particulier de sa femme, la reine. Marché conclu !

Le Page est loin d'être une œuvre étincelante. Mais, pour un début, c'est assez prometteur. Sacha y introduit le mécanisme classique d'un ménage à quatre, qui fonctionne toujours bien au théâtre. Certains y voient même des références ou des parodies de Corneille, Hugo ou Rostand. La musique qui accompagne cette œuvre donne, de surcroît, un parfum de légèreté dont le public est assez friand.

Dans les années 1930, Sacha Guitry, n'en ayant pas conservé le manuscrit, fera rechercher une copie de son opéra-bouffe par son secrétaire. On la retrouvera aux Archives nationales. Amusé, il la lira d'un trait avant de confier à ses proches : « C'était une pure stupidité ! »

Mais, en cet automne 1901, Sacha jubile devant les amis de son père : « À seize ans, faire recevoir une pièce aux Mathurins, c'est pas si mal, non ? »

Et Lucien, qui ne dit mot, n'en pense pas moins... Décidément, ce gamin l'épate ; mais il décide avec sagesse qu'il n'est pas nécessaire de le lui montrer.

En attendant que *Le Page* soit monté dans le théâtre de Marguerite Deval, le dramaturge en herbe doit reprendre le chemin de l'école ! On le sait, Renée est intransigeante sur le sujet, et comme sa santé est loin de s'améliorer, on fait tout pour ne pas la contrarier. Sacha rejoint une nouvelle pension tenue par un certain M. Blandin, aux abords du parc Monceau.

Sacha y trouve l'inspiration nécessaire à un dramaturge, car M. Blandin trompe son honorable épouse avec une jeune femme, professeur de français, qui loge dans la pension même. Et les scènes de ménage que provoque Mme Blandin, en prenant à témoin les élèves de son mari, sont une étude des déboires conjugaux des plus heureuses pour l'auteur débutant. Jusqu'à ce qu'un lundi matin, les élèves du cours Blandin trouvent la porte de l'institution définitivement close, sans plus d'explication !

Une autre pension accueille le fils Guitry, l'institution Springer, rue des Martyrs (douzième et dernier établissement scolaire ayant l'honneur d'avoir compté Sacha parmi ses élèves !). C'est une toute petite pension, et les élèves sont rares. Le climat y est morose, car le directeur, M. Prax, vient de perdre sa femme. Il fait visiter l'ensemble de l'immeuble à Sacha qui découvre que M. Prax bénéficie d'une vaste chambre, meublée d'un grand lit. Avec une impertinence monstre, le nouvel élève s'adresse au pauvre homme :

« Mon père paie très cher pour ma scolarisation chez vous. Il serait bien que j'y reste longtemps. Et, pour ça, j'ai besoin d'une belle chambre. Vous m'en avez proposé une petite, alors que mon père paie une fortune, et vous qui logez gratuitement ici, vous en avez une immense ! »

Et voilà M. Prax cédant le lit conjugal au jeune Guitry qui lui abandonne en échange la jouissance de sa mansarde ! Il aura, de plus, l'élégance de laisser son élève sortir certains soirs pour aller au théâtre, et ne s'inquiétera jamais de son manque d'assiduité aux cours.

De toute façon, Sacha ne pense qu'à la première de son opéra-bouffe qui aura lieu le 15 avril 1902 aux Mathurins. La directrice a engagé Simon-Max, Remongin, Marie Lebey, Dartigues et Claude de Sivry comme interprètes. L'auteur est également le metteur en scène de son œuvre et laisse libre cours à sa fantaisie pour les costumes de ses personnages. Le roi est habillé en prince de la Grèce antique, la reine porte une robe du Moyen Âge, le page est en costume Renaissance, et la bonne en uniforme de cocotte 1900 !

Sans être un succès retentissant, *Le Page* tiendra gaillardement l'affiche jusqu'au 14 mai 1902, et sera joué trente-cinq fois, pour le plus grand bonheur de son auteur.

À la même époque, à la pressante demande de Jules Claretie[9], l'administrateur de la Comédie-Française, Lucien Guitry occupe depuis quelques mois la direction de la scène de la prestigieuse maison. Lucien est flatté mais a posé ses conditions : « J'accepte pourvu qu'on me laisse faire quelque chose. »

Il prend ses fonctions alors que l'institution est le… théâtre d'une lutte acharnée entre l'administrateur et les sociétaires. Le climat est lourd, plein de rancœurs et de jalousies. Lucien se donne à fond et obtient des résultats. Mais, très vite, ces rivalités l'épuisent et il annonce, en juillet 1902, son intention de quitter ses responsabilités. Ni l'administrateur ni le ministre ne pourront le retenir.

Sacha, qui vient de perdre sa grand-mère paternelle, est confronté, quelques semaines plus tard, le 4 juillet 1902, à la brusque disparition de sa mère. Renée, à peine âgée de quarante-deux ans, victime depuis plusieurs années de la tuberculose, meurt des suites d'une bronchite mal soignée.

Les deux frères, qui vivent toujours chez leur mère, bien que leurs relations quotidiennes avec elle soient devenues difficiles, sont cruellement frappés par cette mort. Sacha, encore plus sensible que son frère Jean, s'en veut de ne pas avoir essayé de mieux comprendre cette génitrice qui lui semblait pourtant si distante et si détachée.

Le remords le hante particulièrement le jour de l'enterrement. Lucien entre dans sa chambre, l'embrasse sans prononcer un mot, et passe un long moment assis à ses côtés. L'adolescent scrute le visage de marbre de son père et y décèle quelques larmes discrètes.

Puis Lucien se lève pour quitter la pièce, et, sur le pas de la porte, prononce ses simples mots : « Dans un moment, on apportera quelque chose pour le cercueil de ta mère. Et je veux qu'il n'y ait que cela. »

« Ce que l'on apporta là-bas, ce fut un très grand drap de moire blanche sur lequel était cousues cent roses blanches, et l'on en recouvrit le cercueil de ma mère. Ainsi, selon sa volonté, une jeune fille était morte… », écrira Sacha.

Après un séjour réparateur au Breuil, les Guitry rentrent à Paris. Renée partie à tout jamais, il est convenu que les deux adolescents s'installent place Vendôme, chez leur père. L'appartement est grand et chacun aura sa chambre. En attendant la reprise des cours, Jean et Sacha mènent une vie de bamboche dans les restaurants et les cafés de la rive gauche. Tard le soir, après le spectacle, ils y croisent souvent… leur père !

Jules Renard note : « Guitry n'ose plus entrer le soir dans un café de peur de gêner ses fils. » L'écrivain apprécie également les deux frères : « Ils sont charmants, et pas bêtes. Le père et les fils ne peuvent se regarder sans sourire. Le sourire les sauve de la gêne. »

À l'automne, il est convenu que Sacha rejoigne la pension de M. Prax, tandis que Lucien accepte la direction du Théâtre de la Renaissance.

Un beau jour, M. Prax se présente au théâtre et demande instamment à voir M. Guitry. Il est reçu immédiatement et semble dans un état d'agitation extrême :

« M. Guitry, je viens vous dire, et cette démarche me coûte, que cette fois j'ai décidé de renvoyer Sacha de ma maison.

– Bien, M. Prax. Je le comprends. Si ce n'est plus possible pour vous de le garder, vous devez le mettre dehors.

– Oui, je le voudrais bien. Mais c'est impossible !

– Pourquoi est-ce impossible, M. Prax ?

– Eh bien, pour le mettre dehors, il faudrait qu'il soit chez moi. Et ça fait cinq jours et cinq nuits qu'il n'est pas rentré ! »

Et le pauvre M. Prax d'expliquer au père, qui essaie de garder son sérieux, que Sacha est parti poster une lettre il y a près d'une semaine, et qu'il n'est jamais plus revenu. En quelques heures, Lucien mettra la main sur son garnement et aura une tendre discussion avec lui :

« Sacha, je me rends compte que tu es toujours en sixième !

– Oui, papa...

– Il y a quelques années, nous avions peur que tu te maries en sixième. Au rythme où ça va, j'ai cette fois peur que tu meures en sixième ! Tu ne crois pas que...

– Oui !

– Nous sommes donc d'accord. Tu vas en rester là de tes études... »

Ainsi s'achèvera le « brillant » parcours scolaire du futur académicien Goncourt !

La vie de Sacha place Vendôme n'a plus rien à voir avec celle qu'il menait chez sa mère. Il jouit, comme son frère, d'une liberté totale et subit très peu de contraintes. Leur père n'exige rien et a même la bonne idée de leur servir une rente mensuelle, afin de leur permettre d'organiser leur vie de garçon en toute indépendance. De ce côté-là, tout va donc bien.

Mais que va devenir Sacha, puisqu'il a définitivement renoncé aux études ? Écrire ne semble plus le tenter... D'où vient cette « cassure » avec la création dramatique ? Est-ce un manque d'inspiration ? Un renoncement face à l'effort ? Ou le refus d'une nouvelle pièce dont il a, par la suite, tu l'existence ?

En tout cas, de cette année qui s'ouvre il avouera simplement : « En 1903, je n'ai pas travaillé. Je suis allé aux courses, souvent. J'ai appris le poker. Et j'ai fréquenté les cabarets avec une assiduité digne d'éloges. »

La vérité est pourtant différente ! Car, au temps des diverses pensions, pour occuper les longues heures de présence obligatoire aux cours, Sacha dessinait... Pas de paysages ni de silhouettes de jeunes femmes, mais des séries de caricatures, avec un talent certain. Il a ainsi caricaturé quelques-uns de ses professeurs, mais surtout les amis de son père ou les grands comédiens de l'époque.

La technique n'est pas parfaite, mais cela annonce un don prometteur qu'il développera d'ailleurs tout au long de sa vie (les portraits qu'il fit de Jacqueline Delubac, de son père ou de Pauline Carton sont fameux). Profitant une fois encore du nom de son père, il va proposer ses dessins à deux journaux humoristiques de Paris, *Le Rire* et *Le Sourire*, qui acceptent de les publier.

Sacha porte pourtant un jugement sévère sur ses premiers dessins : « Naturellement, je ne travaillais pas. Je dessinais beaucoup trop vite et j'avais hâte de finir la chose commencée – à peine commencée. Et cette hâte était si grande qu'en vérité je ne finissais rien. Quand j'en avais assez, je signais mon dessin, et, parce qu'il était signé, je le croyais fini. »

Mais ce qui l'intéresse avant toute chose, c'est d'épater son père. *Le Page*, joué l'année précédente, a tout juste amusé Lucien. Pas plus... Est-ce l'une des clés de cet abandon provisoire de l'écriture ? C'est bien possible... Lucien a ri de bon cœur à quelques caricatures de son fils, notamment celles représentant Jules Renard. Mais Sacha s'en rend bien compte, son père considère tout cela comme des gamineries. Écrire des pièces, faire publier ses dessins, tout cela laisse indifférent son héros, et cela le chagrine au plus haut point. Contrairement à Jean qui vit sa vie en profitant de l'argent paternel pour donner libre cours à son oisiveté, Sacha veut que Lucien soit fier de lui. Alors, que faire ?

Plus Sacha y réfléchit, plus l'évidence s'impose. Quand ils étaient tous deux en Russie et qu'il jouait aux côtés de son père et de Davydof sur la scène du Théâtre Michel, rien ne pouvait le rendre plus heureux, rien ne lui semblait plus beau, et rien n'avait jamais rendu Lucien plus fier !

Il doit donc devenir comédien, impressionner à nouveau son père en s'imposant comme son héritier, et, plus tard, espérer peut-être jouer à ses côtés !

Sacha tente alors de se faire engager dans plusieurs théâtres de Paris, avec l'espoir qu'il suffira d'être le fils du grand Lucien Guitry pour obtenir incontinent un rôle. Des espoirs vite déçus… Il ne lui reste plus alors qu'une solution : en parler une nouvelle fois à son père !

Lucien accepte de l'auditionner dans un passage du *Cid*. Peu convaincu par son interprétation, il le dirige vers un vieux comédien nommé Talbot, qui devrait l'aider à progresser. Après un seul cours où il n'est question que de respiration, il abandonne.

Noblet[10], un grand comédien ami de son père, se permet alors de lui donner un conseil plus judicieux :

« Tu n'aimes pas les cours de théâtre ? Tu as raison. Je n'ai qu'un conseil à te donner : joue ! Oui, joue n'importe quoi, n'importe où, et si tu as le feu sacré, tu apprendras ton métier. »

Noblet a raison ! Sacha est bien décidé à trouver un engagement à n'importe quelles conditions, et n'importe où !

À Versailles où l'on monte *Hernani*, le directeur du théâtre, attiré par le nom de Guitry et par l'octroi d'un cachet misérable, lui confie trois rôles. Des rôles que l'on pourrait plutôt considérer comme de la figuration, mais qu'importe : conspirateur au premier acte, soldat au quatrième et seigneur au dernier !

Sacha apprend ses rôles avec enthousiasme. Seulement, lors de la première d'*Hernani*, Jean a attiré à Versailles toute sa bande de copains. Mission : encourager et applaudir son frère. Occupant les premières places du grand balcon, à chaque apparition de Sacha ils se mettent à applaudir frénétiquement et poussent des cris de toutes sortes. Ce n'est plus du théâtre, mais du cirque ! La représentation se termine dans un tohu-bohu général et notre jeune acteur est congédié sur-le-champ.

Le scandale de Versailles vient aux oreilles de Lucien qui ne goûte guère la plaisanterie :

« Je pouvais croire, Sacha, que tu avais véritablement envie d'apprendre ce métier. Et voilà que ton frère et toi, une fois de plus, ne respectez rien ni personne ! Votre conduite est détestable. Vous me faites honte. Vous n'avez pas le goût du travail. Vous êtes à votre place dans les cafés, pas dans les théâtres ! »

Sacha s'enlise. Il ne peut se satisfaire de l'inconscience de son frère avec lequel, d'ailleurs, les liens vont commencer à se distendre. Cette année 1903, qu'il présentera par la suite comme une année sabbatique, est en fait une quête désespérée vers une étoile, même inaccessible, pourvu qu'elle lui apparaisse enfin... Hélas, rien ne vient ! Alors, pour s'occuper, il a l'idée de publier un recueil de vingt-cinq dessins représentant pour la plupart les habituelles victimes de ses caricatures. La liste est un inventaire des personnalités du Paris du théâtre et de l'esprit du début du XXe siècle : Alfred Capus, Tristan Bernard, Jules Renard, Lucien Guitry, Maurice Donnay, Léon Blum, Réjane, Moreno, pour n'en citer que quelques-uns. Il y ajoute un jeune danseur russe, un coin de chez Maxim's, un vieux danseur espagnol, un cocher et un garçon de café pour créer l'ambiance...

Date à marquer d'une pierre blanche, car *Des connus et des inconnus* est le premier ouvrage de sa future et imposante bibliographie. Un tirage confidentiel suffit, et les ventes se réalisent dans son entourage le plus proche. L'album cartonné s'enrichit de surcroît d'une gentille préface d'Alfred Capus. Lequel écrit sur Sacha des mots charmants qui se révéleront prophétiques : « Voici les débuts d'un jeune artiste de dix-huit ans dont vous allez tout de suite, en tournant les pages de cet album, prévoir le brillant avenir. »

Enfin il est heureux, car on le compare déjà – certes, avec un peu de complaisance – à Cappiello[11] et Sem, les deux plus célèbres illustrateurs français.

Faut-il persévérer dans cette voie ? Il en profite en tout cas pour s'adonner également à la peinture (on connaît une trentaine de toiles de lui) et s'embarque en août pour la Bretagne. Il se rend à Pont-Aven[12] pour une sorte de « stage de peinture » en compagnie notamment du comédien Jacques Grétillat. Ce séjour armoricain verra la création de sa deuxième œuvre, cette fois une pastorale tragique (!) baptisée *Yves le Fou.*

Probablement écrite en quelques soirées joyeusement arrosées, cette « farce » n'est pas restée dans les mémoires ni parmi les grands classiques des pastorales bretonnes ! Le sujet est des plus curieux. Nous sommes en Bretagne et un certain Pierre s'apprête à épouser Jeanne. Mais cette dernière était auparavant fiancée à Yves qui aujourd'hui est devenu fou et vit enfermé dans un asile à Nantes. Or Yves vient de s'échapper et débarque dans le petit village. Il n'a qu'un objectif : étrangler Pierre qui lui a volé sa promise. Il y parvient, mais cet acte dément lui rend la raison et, se voyant dans une glace, il comprend que sa laideur ne mérite pas la beauté de la jeune femme. Il ranime son rival et, avec générosité, lui laisse Jeanne.

Cette pastorale « tragique » est jouée le 23 août dans le salon de l'Hôtel Julia devant un public ravi et joyeux constitué de quelques vacanciers et de la bande des rapins qui séjournent à Pont-Aven. On complimente Sacha et on l'applaudit chaleureusement. Appelé, bien des années après, à se prononcer sur sa seconde création dramatique, Sacha aura ces mots définitifs : « Cette pastorale est une impressionnante nullité. Nous l'avons jouée avec Jacques Grétillat et sa sœur, un soir, un seul soir, c'est-à-dire une fois de trop... »

À Paris, ce qui se passe, ce 23 octobre, au Théâtre de la Renaissance, demeure d'une importance capitale pour la suite des événements. *L'Adversaire*, une pièce d'Emmanuel Arène et d'Alfred Capus, est jouée pour la première fois. Aux côtés de Lucien Guitry et de Marthe Brandès, apparaît une jeune comédienne presque inconnue, Charlotte Lysès[13]. Cette jolie blonde, âgée de vingt-trois ans, doit son début de carrière à Tristan Bernard et à Maurice Donnay, deux intimes de Lucien. Les deux amis, qui auraient eu chacun une aventure avec la demoiselle, ont convaincu Lucien de lui accorder le privilège d'une audition :

« Vous verrez, Lucien, c'est une fille épatante et qui devrait vous plaire. Elle se destinait au couvent, mais voilà qu'elle se sent désormais appelée par le théâtre ! »

Le Maître auditionne donc Charlotte, qu'il trouve à son goût, et lui confie un obscur rôle dans la pièce *Clarisse Arbois*, avant de décider de lui faire jouer un rôle plus important dans *L'Adversaire*. Entre-temps, il faut bien dire que la jeune femme a trouvé son nouveau dieu en Lucien Guitry, qui l'inscrit d'ailleurs sans tarder à son impressionnant tableau de chasse. La petite est plutôt bonne actrice et probablement merveilleuse maîtresse. La voilà décidée à faire carrière, elle qui doit son pseudonyme de Lysès à Maurice Donnay. On la surnomme également « Mademoiselle Citron » et on la dit prête à tout pour réussir. Ce surnom de « Mademoiselle Citron » lui vient du patron en personne qui l'a ainsi baptisée pendant les répétitions, car il aime son tempérament impertinent et ses jugements acides sur les hommes.

Lucien ne se doute cependant pas de ce qui se trame en coulisse alors même qu'il joue, chaque soir, sur scène. Comme elle n'a qu'un tout petit rôle, elle passe la plupart de son temps derrière les décors et y croise de plus en plus souvent le fils cadet du patron. Sacha, gentiment, s'intéresse à cette jeune actrice, amusante et pleine d'esprit, au point qu'il s'en amourache assez vite. Au début, il s'agit d'une complicité charmante, de longues discussions sur les arts, mais, très vite, cela se transforme en relation plus intense.

Sacha, perturbé en cette période où il cherche désespérément sa voie, va s'accrocher à cette femme un peu plus âgée que lui, qui va à la fois lui donner confiance en son destin et prendre en mains la première partie de sa carrière. Il est fort probable que, même inconsciemment, il cherche un mentor, et qu'il va le trouver en Charlotte.

Jamais Sacha ne confiera qu'il a éprouvé une quelconque passion pour Charlotte qui, elle, veut croire dès le départ au grand Amour : « Tout s'est passé très simplement, comme cela se pratique dans un coup de foudre qui tombe sur un paratonnerre. » Cependant, réaliste, elle ajoutera : « Nos sentiments n'étaient pas tellement exaltés. Nous aimions à discuter théâtre, à parler de nos projets artistiques, en ne nous avouant presque rien, si ce n'était (comme il devait me le dire plus tard) par des regards en "coulisse". Nous sortions peu ensemble… mais un grand Amour était né. »

En cette année psychologiquement difficile, Sacha se laisse porter par cette relation nouvelle, et les deux jeunes gens deviennent vite amants. Ce n'est pas sans provoquer des commérages parmi la troupe et les employés de la Renaissance, ce qui agace sérieusement Lucien qui voit cette liaison d'un mauvais œil. Dans un premier temps, son fils le rassure en affirmant qu'il ne s'agit que de camaraderie professionnelle. Il ne sera pas longtemps dupe…

L'année s'achève doucement. Sacha passe de plus en plus de temps dans les coulisses du théâtre et occupe ses journées en travaillant pour le journal *Gil Blas* qui vient de lui demander une collaboration régulière. Il y donnera ainsi, pendant trois années, des dessins, des chroniques et des contes. Même si le *Gil Blas* n'est plus le grand journal parisien, blagueur et mondain, qu'il fut, il reste tout de même un titre de presse reconnu, dans lequel Maupassant a publié des contes et nouvelles. On dit volontiers « qu'il est l'expression parfaite de la Belle Époque ». Cependant, en 1904, il ne tire plus qu'à 5 000 exemplaires, et les grandes signatures de sa rédaction sont toutes passées à *L'Écho de Paris*. Il va connaître un lent déclin et disparaîtra définitivement en 1914. L'arrivée de jeunes chroniqueurs ayant déjà un nom connu est avidement recherchée et Sacha va trouver beaucoup de plaisir à cette collaboration, tout en en tirant quelques menus subsides.

Charlotte, de son côté, poursuit ses activités théâtrales aux côtés de Lucien dans deux pièces : *Le Manequin d'osier*, d'Anatole France, et une reprise d'*Amoureuse*, de Porto-Riche. Mais les deux tourtereaux ne peuvent cacher leur liaison plus longtemps, car quelques mauvaises langues sont venues dire à monsieur Père que Charlotte et Sacha entretenaient une liaison qui n'a rien de platonique !

D'un esprit habituellement extrêmement libéral, tolérant avec ses fils, Lucien va se montrer en la circonstance d'une rare intransigeance. Furieux, il convoque la pauvre Lysès dans son bureau. Il a le visage fermé, la mâchoire serrée et le regard n'est pas des plus affables :

« Mademoiselle, je viens d'apprendre par des sources très sûres que votre relation avec Sacha est loin d'être une simple amitié. Ce n'est pas la peine d'essayer de me faire croire le contraire, je sais ! Et je n'ai qu'une chose à vous dire : je vous interdis dorénavant de revoir mon fils. Est-ce que cela est suffisamment clair ?

– Ce qui est clair, c'est que nous nous aimons, Sacha et moi, et que rien ni personne ne pourra nous séparer.

– Oh, c'est ce que nous allons voir ! Je connais bien mon fils, qui n'est qu'un gamin, léger et inconstant. Je vous accuse de le manipuler et de l'influencer. Il ne doit pas vous fréquenter, c'est tout !

– Eh bien, je serais étonnée qu'il suive vos conseils. Moi, en tout cas, je n'ai que faire de vos ordres, tenez-vous le pour dit !

– Très bien, mais je n'ai pas dit mon dernier mot. Sacha m'obéira et comprendra vite qu'il s'est engagé avec vous dans une voie sans issue. Mais puisque vous le prenez sur ce ton, je vous informe que vous ne faites plus partie de ma troupe et que je ne veux plus vous apercevoir, même de loin, dans ce théâtre. Théâtre qui, d'ailleurs, ne perdra pas grand-chose avec votre départ ! »

Voilà une bonne chose de réglée, croit Lucien. Pourtant, il ne se doute pas que cette conversation va déclencher le processus qui le fâchera pour quinze ans avec son fils. Mais, pour le moment, Sacha semble se ranger à l'avis de son père et se désintéresse « officiellement » de la jeune comédienne. En fait, il la voit toujours autant, mais plus discrètement.

René de Pont-Jest meurt en juillet, deux ans après sa fille, dans une maison de retraite pour vieux écrivains, à l'institut Galignani de Neuilly-sur-Seine. Jean et Sacha, qui ont toujours considéré le grand-père comme un vieil autocrate excentrique, sont touchés – et bien plus qu'ils n'auraient pu l'imaginer – par la mort du Tatou. Le dernier lien qui les raccrochait à leur mère s'éteint avec une partie de leur enfance, et puis ils regrettent de ne pas s'être mieux intéressés au personnage. Souvent, pourtant, René de Pont-Jest tentait de leur raconter un épisode extraordinaire de sa vie, et les enfants l'écoutaient vaguement en pensant qu'il affabulait. Ainsi Sacha sera stupéfait, quelques années plus tard, en retrouvant des papiers ayant appartenu à son grand-père, d'avoir confirmation que c'est bien lui qui inventa le premier l'affiche en couleurs pour la promotion de son livre *L'Araignée rouge*.

Toutefois, il leur faut dépasser ce deuil et continuer de goûter aux joies parisiennes !

Lucien, qui redoute un retour de la Lysès dans la vie de son fils durant l'été – pendant que lui-même sera éloigné de Paris –, décide d'expédier le jeune homme chez son ami Alphonse Allais, qui réside près de Toulon. Sacha est vite séduit par l'originalité et la fantaisie de l'écrivain. Allais, pour amuser son hôte, ressort « ses grands classiques ». À un garçon de café qui prend leur commande à la terrasse d'un café, il dit : « Deux verres de vin et un peu moins de vent, s'il vous plaît ! »

Pour ne pas rester inactifs pendant ce séjour, Allais propose à son jeune ami de se remettre à écrire pour le théâtre. Sacha n'est pas très chaud, mais l'écrivain lui explique une façon originale de procéder :

« Nous allons écrire une pièce, toi et moi, en nous inspirant de l'un des contes que j'ai écrit en 1891. Il s'appelait *Un drame bien parisien*. Tu vas écrire le premier acte, et puis nous finirons la pièce ensemble en reprenant le thème final, celui de la rencontre des deux amants qui se sont fâchés, qui se retrouvent à un bal masqué et qui se réconcilient, croyant s'être reconnus. La chute de l'histoire étant qu'ils ne sont en fait ni l'un ni l'autre ! »

Le pari amuse Sacha, et le voilà qui se prend au jeu. Il décide que le premier acte racontera dans les moindres détails une scène de ménage, genèse de cette brouille. Allais s'amuse à la lecture de l'acte et félicite Sacha de ses trouvailles et de ses bons mots. Sacha avoue alors qu'il s'est inspiré très largement d'une terrible scène de ménage qu'il a surprise entre son père et la maîtresse du moment, quelques mois auparavant !

Les deux complices baptisent leur œuvre commune *La Partie de dominos* (en référence aux masques du bal masqué), pièce qui sera créée en 1907.

De retour de Toulon, Sacha rejoint son père à Dieppe. Plus têtu que jamais, Lucien a mis au point une stratégie pour que son fils préféré ne rentre pas à Paris se jeter dans les bras de « la Lysès ». Aussi lui annonce-t-il qu'il l'invite à un voyage en Hollande en compagnie de l'un de ses bons amis, Eugène Demolder[14]. Bien entendu heureux de cette initiative inattendue, l'adolescent ne peut toutefois s'empêcher de ressentir quelque inquiétude pour la suite… Lucien semble désormais si différent ! Bien sûr, il reste prévenant, attentif – peut-être même trop –, mais il ne peut dissimuler une certaine tristesse dans son regard quand il s'adresse à son fils ! Comme si ce voyage allait marquer la fin de quelque chose de « sacré » entre eux deux. Et puis, il y a surtout cette phrase que son père a prononcée d'un ton léger, mais à la signification lourde de conséquences : « Une semaine ensemble là-bas, après on verra ! »

On verra quoi ?, se dit Sacha que ces propos sibyllins inquiètent. Est-ce une mise en garde ? Est-ce que son père a décidé de le laisser, à l'avenir, vivre sa vie avec qui bon lui semble ? Ce voyage sera-t-il un dernier moment de tendre et parfaite complicité avant la rupture ? Tout cela le trouble au plus haut point.

Demolder, gros et petit bonhomme charmant, érudit, bon écrivain (auteur du remarquable ouvrage *La Route d'Émeraude*), passionné par l'histoire des Pays-Bas, joue avec joie le cicerone lors de ce voyage en Hollande qui se révèle être un choc culturel absolu pour le fils Guitry.

Sacha, qui deviendra un grand collectionneur dès que le succès lui permettra de s'offrir des toiles de maître, découvre à l'occasion de ce voyage initiatique l'émotion que peut procurer la vue d'un tableau.

À La Haye, au petit matin, Demolder s'introduit dans sa chambre et s'assoit au bout du lit pour lui exposer le programme de la journée :

« Aujourd'hui, nous irons voir le *Petit Taureau* de Paul Potter, la *Vue de Delft* par Vermeer, et, je le crois, le plus beau des tableaux de Holbein. Ce sera tout. Et ce sera grandement suffisant ! »

Une vraie révélation pour Sacha ! Il n'est pas près d'oublier ce voyage qui va le marquer et même influencer son œuvre future au point de lui inspirer deux pièces, *Frans Hals ou l'Admiration*, et *Petite Hollande*. La première lui permettra de rendre un hommage vibrant aux peintres hollandais, la seconde contera les aventures d'un Parisien qui file, dès qu'il le peut, se ressourcer dans ce pays synonyme de bonheur et de plénitude.

Le voyage en Hollande lui a appris quelque chose de précieux : un tableau exposé dans un musée peut devenir un inoubliable ami !

Et certains tableaux, découverts dans une galerie, peuvent devenir des amis que l'on invite à venir vivre chez soi tellement leur compagnie vous semble agréable, voire indispensable. Sur les murs de ses différentes maisons, Sacha accrochera des dizaines et des dizaines de toiles toutes plus précieuses les unes que les autres. Il y consacrera une très grande partie de l'argent qu'il aura gagné, au point qu'à chacune de ses créations théâtrales le maître s'offrira un nouvel ami, un nouveau tableau qu'il placera avec amour à côté des autres. Et quand il fera les honneurs de sa collection à un nouveau visiteur, il ne manquera jamais de préciser : « Vous le voyez, mes droits d'auteur sont sur mes murs ! »

Cette semaine est passée comme un enchantement ! Au retour, toujours soucieux de tenir Sacha éloigné de Paris, Lucien demande à Demolder de lui faire l'amitié d'inviter son fils à passer quelques semaines dans sa propriété de la Demi-Lune, à Essonnes. Une seconde révélation l'y attend ! Après les peintres, il découvre la littérature !

Jusqu'à présent, le cancre Sacha ne s'est guère intéressé aux livres. On ne peut toutefois prétendre qu'il ignore tout de la littérature, car certains amis de son père lui ont déjà recommandé nombre d'auteurs. Laurent Tailhade lui a prêté des traductions d'Aristophane et lui a conseillé de lire les auteurs du Grand Siècle. Tristan Bernard, depuis qu'il a découvert les talents d'auteur de Sacha, lui a consacré quelques journées au cours desquelles il lui a lu des passages des œuvres de Shakespeare, Rousseau et Rabelais. Quant à son père, qui lit peu, et essentiellement les auteurs qu'il joue, il lui a fait connaître l'œuvre de Corneille et surtout celle de Molière.

Mais c'est à Essonnes que la révélation a lieu ! Dans la bibliothèque de la Demi-Lune, il relit Molière, Corneille, Shakespeare et découvre avec émerveillement Beaumarchais, Diderot, Montaigne et Voltaire ! Il comprend que tout devient possible par l'art de bien dire, de bien écrire. La beauté, la liberté et le rêve existent non seulement dans la contemplation d'un tableau, mais aussi dans la lecture d'un grand texte.

Il n'oubliera jamais la révélation d'Essonnes : « Ce que j'ai retenu, c'est qu'on invente peu. L'essentiel de nos auteurs les plus audacieux, je le retrouvais dans mes lectures. Là, j'ai appris à me méfier de l'originalité à tout prix, et aussi que le sujet compte peu. »

Cependant, la séparation d'avec Charlotte lui pèse. Il a souvent la tentation de fuir et d'aller la retrouver à Paris. Mais Demolder veille, et, suivant les conseils de Lucien, le retient le plus longtemps possible auprès de lui.

C'est également à Essonnes qu'il découvre un homme étonnant en la personne d'Alfred Jarry[15] qui demeure à une centaine de mètres de la Demi-Lune. Il vit seul, dans une ancienne écurie devenue une sorte de remise au sol de terre battue. Le mobilier est des plus sommaires, constitué d'une planche et de tréteaux qui lui servent de bureau, et d'une commode qui n'en a que le nom. Il explique à son jeune visiteur qui remarque un vélo suspendu dans les airs par un système de poulies et de corde : « C'est à cause des rats qui en mangent les pneumatiques ! »

Sacha admire en lui le génie de l'écrivain, et cette façon d'être libre au point de réfuter toute idée de discipline dans son œuvre comme dans sa vie. L'homme fantasque le ravit par sa philosophie qui consiste à ne jamais faire ce qu'il n'a pas vraiment envie de faire ! L'adolescent le suit sur le toit de sa maison d'où, pour se distraire, il tire à l'arc ou à la sarbacane sur les pommes du verger de sa voisine qui, affolée, sort de sa maison en criant :

« Mais vous êtes fou ! Arrêtez tout de suite ! Vous risquez de tuer mes enfants !

– Je vous en ferai d'autres, Madame ! » réplique Jarry devant un Sacha hilare.

Jarry a donné cette leçon essentielle à son futur confrère : dans sa vie comme dans son œuvre, il faut être soi-même et rien que soi-même, et ne jamais faire de concession.

La leçon sera parfaitement comprise et retenue.

En octobre, Sacha regagne les pénates paternelles. Les relations sont devenues si étranges entre le jeune homme et son père qu'une certaine gêne s'est installée entre eux deux. Et ce que redoutait Sacha arrive… La complicité qui les unissait jusqu'alors s'effrite de jour en jour. Il est vrai que Sacha, qui aura bientôt vingt ans, a de plus en plus de mal à se plier aux décisions sans appel de Lucien. Son père a l'habitude d'être obéi par tout son entourage, et lorsqu'il donne un ordre, il doit être exécuté !

L'affaire Lysès préoccupe toujours Lucien, car il voit en cette femme, qu'il a si bien connue, une épouvantable arriviste, une opportuniste, une fille qui, n'ayant pu retenir le père dans son lit, a jeté son dévolu sur le fils. Il essaie parfois de s'en ouvrir à celui-ci, mais une sorte de pudeur l'empêche de lui en parler de façon trop crue. Et Sacha reste évasif dès que Lucien aborde le sujet. Il fuit et a pris la décision de mener sa vie privée comme il l'entend. Il sait qu'il doit « tuer le père » pour grandir, devenir celui qu'il rêve d'être, même s'il ressent cela comme une tâche triste et désagréable à accomplir. Son subconscient l'y dirige pourtant insensiblement.

Au lieu de lâcher du lest, de sauver l'essentiel, Lucien s'obstine à tout vouloir régenter et va mettre à nouveau au point un curieux stratagème pour essayer de reprendre la main. Comme son fils passe toutes ses soirées avec Charlotte, il imagine un moyen efficace et imparable pour désormais l'en empêcher :

« Dis-moi, Sacha, tu n'as pas renoncé à devenir acteur ?

– Non, papa, j'y pense toujours.

– Je suis en train de distribuer la prochaine pièce de Donnay pour la Renaissance. J'ai un rôle pour toi.

– Pour moi ! Tu es sérieux ?

– Tout à fait. C'est un rôle assez court, une dizaine de répliques, mais pour un début à Paris, ce n'est pas si mal.

– Je trouve cela très bien, même !

– Et tu recevras un cachet mensuel de 300 francs, ce qui est également très bien. »

La surprise est de taille, car Sacha a toujours senti son père réticent face à ses envies de suivre le même chemin que lui. Il ne s'attendait plus à une telle offre. Et la conversation se poursuit longuement, car il veut obtenir toutes les précisions utiles :

« Mais nous serons tous les deux sur scène ensemble ?

– Non, pas cette fois-ci.

– Et je garderai mon nom ?

– Non plus. Tu joueras sous le nom de Lorcey.

– Lorcey ? Pourquoi Lorcey ?

– C'est le nom de scène que je t'ai choisi.

– Très bien. »

On s'est longtemps interrogé sur la raison de ce choix de pseudonyme. Oui, pourquoi avoir choisi le nom de Lorcey ? Il semble qu'en fait, Lucien Guitry se soit souvenu du nom d'un des personnages du théâtre de Maurice Donnay, un certain Paul Lorsay, figurant dans une pièce, *La Bascule*.

Notre Lorcey est donc engagé à la Renaissance et il débute le 5 novembre 1904 dans *L'Escalade*, de Maurice Donnay. Un critique du *Femina* lui fait même l'honneur de le citer dans son article : « N'oublions pas M. Sacha Guitry qui débutait et qui ne fut pas indifférent dans un petit rôle. »

La pièce reste à l'affiche jusqu'au 10 janvier 1905. Bien entendu, le jeune Lorcey ne se prive pas de voir Charlotte quand bon lui semble, en dehors de ses heures de présence au théâtre. Il lui arrive d'ailleurs de plus en plus souvent de découcher. Son père n'est évidemment pas dupe et continue de se renseigner discrètement sur l'idylle entre son fils et Charlotte. Cette dernière se fiche bien des manœuvres de Lucien, car, dès à présent, elle sait que la partie est gagnée et que son « amoureux » a besoin d'elle.

Alors va commencer entre Sacha et Charlotte une collaboration artistique qui durera tout le temps de leur union. Avec le sens de la persuasion qui est sien, Charlotte, qui a lu *Le Page*, convainc son amant de se remettre à écrire. Sacha, tout d'abord peu enthousiasmé à cette perspective, est cependant flatté que Charlotte lui affirme qu'il a du talent. Ainsi, les après-midi et le soir après le théâtre, ils travaillent tous deux à l'écriture d'un drame passionnel qu'ils vont baptiser du nom curieux de *K.W.T.Z.* (tout simplement parce qu'ils ne savaient comment appeler leur œuvre !). Ils font parvenir le manuscrit à Michel Mortier, le directeur du théâtre des Capucines, en espérant qu'il accepte de monter la pièce.

Parallèlement, Sacha poursuit sa carrière à la Renaissance. Après *L'Escalade*, Lucien le distribue dans une reprise de la pièce de Jules Lemaître, *La Bonne Hélène*, où il tient le rôle du jeune Pâris. Ainsi l'acteur Lorcey revêt chaque soir un élégant costume grec ; chaussé de bottes à lacets, il porte sur la tête une imposante perruque et un casque à cimier.

Assez fier de ses prestations, il s'arrange pour qu'un soir Charlotte puisse se glisser dans la salle afin de le voir sur scène. Bien entendu, Lucien en est aussitôt informé et se met dans une terrible colère :

« Je t'ai dit que je ne voulais plus voir cette personne ici ! »

Sacha, qui espérait que son père reviendrait sur son jugement, ne s'en offusque pas plus que ça. Il promet qu'elle ne reviendra plus. L'affaire est close. Pourtant, le « drame » n'est pas loin !

Le 29 janvier, le fils du célèbre photographe Nadar[16], très ami de Sacha, lui propose de le photographier dans son costume de Grec afin qu'il en garde un souvenir. Une pareille offre ne se refuse pas, d'autant moins que son camarade lui a fait la proposition suivante :

« Viens, ce soir, directement à la maison en costume. Comme cela, je te photographierai dans ta tenue, tu dîneras avec nous, et après tu pourras filer directement au théâtre en étant déjà tout habillé. »

La séance se passe comme prévu, suivie du dîner. Mais voilà que la famille Nadar souhaite que Sacha leur lise un extrait de *La Conversation d'Alceste* de Georges Courteline avant de les quitter. Il accepte bien volontiers de céder à cette demande et prend un grand plaisir à lire ce texte fameux. Mais les minutes passent bien plus vite qu'il ne le croit, et brusquement il demande l'heure à ses hôtes :

« Il est bientôt 20 heures 30, Sacha.

– Quoi ! Mais le rideau va se lever dans quelques minutes ! »

Sans même prendre la peine de dire au revoir à ses amis, il dévale quatre à quatre les escaliers de l'immeuble et se retrouve dans la rue, cherchant désespérément un fiacre qui pourra le conduire au théâtre.

Pendant ce temps, à la Renaissance, c'est la panique. Lorcey manque à l'appel ! Lucien a donné ordre de ne pas lever le rideau. Le public s'impatiente. Dans la rue, on se relaie pour guetter l'arrivée du fils du patron. Enfin, vers 21 heures, Sacha bondit hors du fiacre et se précipite vers l'entrée des artistes. L'accueil n'est pas des plus aimables :

« Mais enfin, d'où venez-vous ! Votre père est furieux. Et le public commence à s'énerver. »

Lorcey n'a pas le temps de répondre et file vers la scène pour y faire son entrée. À cet instant précis, il se rend compte qu'il a oublié sa perruque dans le fiacre ! Mais le rideau est en train de se lever : il faut qu'il se décide à entrer en scène. Il met alors son casque sur son crâne, mais, dès les premiers pas, le casque, bien trop grand pour être porté sans perruque, pivote et lui tombe sur le nez.

Le public rit aux larmes, surtout que la réplique qui l'accueille n'est autre que : « Voici mon beau Pâris ! »

Lucien, qui assiste à l'incident depuis les coulisses, est hors de lui.

Le reste de la pièce se déroule fort heureusement de façon tout à fait normale. Après avoir salué les spectateurs avec ses camarades, Sacha passe devant le tableau de service et découvre ces quelques mots : « M. Lorcey, 100 francs d'amende pour être arrivé vingt minutes en retard et avoir joué sans sa perruque dans le but de faire rire ses camarades. »

Sacha se précipite dans la loge-bureau de son père. Il souhaite s'expliquer et lui donner tous les détails de cette drôle d'aventure. Lucien l'écoute calmement, mais quand son fils lui demande de revoir à la baisse la sanction annoncée, il devient intransigeant :

« Non, Sacha. Cette amende est importante, j'en conviens…

– Oui, le tiers de mon cachet mensuel !

– Eh bien, cela doit te servir de leçon ! Tu veux que le théâtre soit ton métier ? Alors, commence par respecter tes engagements.

– Mais ta sanction est injuste ! Tu ne te comporterais pas ainsi avec quelqu'un d'autre !

– Écoute, je n'entends pas que mes décisions soient discutées ni par tes camarades, ni par toi. Soit tu les acceptes et on en reste là, soit tu pars.

– Très bien, je pars ! »

Et c'est ainsi que Sacha et Lucien se quitteront, sans un mot de plus, pour ne se revoir que quinze ans plus tard !

À propos de cette « brouille », Sacha confiera à son ami Henri Jadoux : « J'acceptais d'avance que nous soyons séparés, brouillés, je ne le croyais pas possible. Mais nous ne pouvions plus que nous rencontrer, non vivre ensemble. »

Notes

1. Jeanne Beaudon, dite Jane Avril (1868-1943) : danseuse vedette de plusieurs cabarets parisiens, du Moulin Rouge aux Folies-Bergère, elle est une des figures pionnières du french cancan qu'elle fait découvrir à l'étranger au cours de tournées européennes. Proche des milieux intellectuels parisiens, elle se retire néanmoins après son mariage en 1910. Veuve en 1926, ruinée, et ses problèmes psychologiques s'aggravant, elle est accueillie en 1942 à la Maison de retraite des artistes lyriques, sur intervention de Sacha Guitry.

2. René Fauchois (1882-1962) : après avoir fait des débuts comme comédien dans des petits rôles, mais auprès des plus grands acteurs (dont Sarah Bernhardt), il se tourne vers l'écriture de livrets lyriques et de pièces de théâtre, notamment des œuvres biographiques de grands compositeurs, tout en continuant de monter sur les planches. Ami de Sacha Guitry, il joue dans plusieurs de ses films et de ses pièces.

3. Céline Chaumont (1848-1926) : issue d'un milieu modeste, elle se forme auprès de Déjazet et devient une comédienne et chanteuse lyrique réputée pour sa maîtrise technique. Devenue professeur de théâtre et de chant, elle forme de nombreux acteurs célèbres, telles Ève Lavallière et Cécile Sorel.

4. Cécile Émilie Seurre, dite Cécile Sorel (1873-1966) : comédienne de grand talent, elle est admise à la Comédie-Française en 1903. Connue également pour les frasques de sa vie privée, elle épouse le comte de Ségur, de quinze ans plus jeune qu'elle, après avoir longtemps fréquenté un milliardaire américain. En 1950, elle se retire au couvent des Carmes de Bayonne et se consacre alors à l'écriture.

5. Jean Sully Mounet, dit Mounet-Sully (1841-1916) : après des débuts laborieux à l'Odéon, il entre en 1874 comme sociétaire à la Comédie-Française, puis en devient le doyen en 1894. Grand spécialiste des grands rôles tragiques, il est très apprécié par le public et la critique.

6. Petite-Roquette : située en face de la prison de la Grande-Roquette, cette prison parisienne accueille jusqu'en 1974 les femmes incarcérées. En 1939, elle est désignée comme lieu d'exécution de la peine de mort pour les femmes à Paris.

7. Franz Wiener, dit Francis de Croisset (1877-1937) : auteur de pièces de théâtre au ton léger et osé, il devient très jeune l'un des dramaturges les plus appréciés à Paris. Jouant du scandale aussi dans sa vie privée, qu'il médiatise, il inspire à Proust le personnage de Jacques du Rozier dans *À la recherche du temps perdu*. En 1910, il épouse la mère de Marie-Laure de Noailles.

8. Marguerite Hippolyte Juliette Brulfer, dite Marguerite Deval (1866-1955) : elle commence sa carrière de meneuse de revue aux Bouffes-Parisiens en 1884. En 1898, elle fonde le théâtre des Mathurins, qu'elle dirige jusqu'en 1905. À partir de 1910, elle se tourne vers le cinéma où elle joue jusqu'en 1952.

9. Arsène Arnaud Claretie, dit Jules Claretie (1840-1913) : romancier, dramaturge et académicien, il est chroniqueur de la vie parisienne de son temps.

10. Georges Noblet (1854-1932) : après s'être consacré à la peinture, il se tourne vers le métier de comédien. Après des débuts laborieux, il intègre la troupe du Palais-Royal où il se fait remarquer pour son jeu d'acteur et sa grande facilité à improviser. Grand ami de Lucien Guitry. Son jeu exerce une forte influence sur le jeune Sacha.

11. Leonetto Cappiello (1875-1942) : peintre de formation, il s'installe en 1898 à Paris où il devient dessinateur humoristique pour plusieurs revues. Il est également considéré comme l'un des artistes majeurs dans le domaine de l'affiche française au XXe siècle.

12. À la fois exotique par sa langue et ses traditions, tout en étant proche de Paris par la nouvelle ligne de chemin de fer, le petit village pittoresque de Pont-Aven attire de nombreux peintres venus y chercher l'inspiration. Autour de Paul Gauguin, Émile Bernard et Paul Sérusier se forme une école de peinture très novatrice qui aura une grande influence sur le développement artistique de la fin du XIXe siècle.

13. Charlotte Lejeune, dite Charlotte Lysès (1877-1956) : issue du deuxième mariage (qui n'a duré qu'un an) entre Charles-Auguste Lejeune, neveu du célèbre Osiris, et Berthe Poitreau, dite Mélina, elle est élevée par son père qui quitte son emploi de courtier pour devenir professeur de violoncelle à Arcachon. Orpheline à onze ans, elle songe à devenir religieuse, mais sa fréquentation des milieux artistiques (Ravel, Debussy, Fauré…) et sa révélation devant le jeu de Réjane la poussent à embrasser le théâtre. Amie de Tristan Bernard et de Maurice Donnay, elle passe, grâce à eux, une audition pour jouer avec Lucien Guitry et est engagée pour de petits rôles.

14. Eugène Demolder (1862-1919) : parallèlement à une carrière dans la magistrature belge, il se consacre à l'écriture de romans et de contes inspirés en partie par la Flandre et la Hollande. Également critique d'art, il s'essaie à la création d'un livret d'opéra-bouffe en collaboration avec Alfred Jarry.

15. Alfred Jarry (1873-1907) : élève de Henri Bergson, il collabore au *Mercure de France* avant de présenter, en 1896, au théâtre de l'Œuvre, *Ubu roi*, pièce sur laquelle il travaille depuis l'adolescence. Figure de proue du mouvement symboliste au théâtre, il enchaîne les pièces de théâtre et les romans à l'humour grinçant mêlant absurde et grotesque. S'identifiant à son

personnage récurrent, le père Ubu, il mène une vie d'épicurien libertaire. Malade et ruiné, il meurt des complications d'une tuberculose. Son œuvre aura exercé une grande influence sur les générations suivantes et contribuera à nourrir le surréalisme.

16. Gaspard-Félix Tournachon, dit Nadar (1820-1910) : après l'échec de sa revue littéraire *Le Livre d'or*, il se lance comme caricaturiste tout en menant de front des activités d'espionnage en Russie. Sa fortune faite, il se consacre à ses passions : la photographie, dont il est l'un des pionniers, et les ballons aérostats. Ruiné en 1870, il devient un photographe professionnel au talent reconnu. L'Exposition universelle de 1900 le consacre en organisant une rétrospective de son œuvre, composée en grande partie de portraits de contemporains célèbres.

3

Nono

> « Ce qui m'étonne, c'est que les gens puissent mal jouer la comédie, alors que tous, ou presque tous, ils la jouent du matin au soir, et quelquefois si bien ! »
>
> SACHA GUITRY, *Tôa.*

Lucien est peiné, mais ne fera rien pour retenir son fils ni pour chercher une réconciliation par l'entremise de leurs nombreux amis communs. Que Sacha navigue de son côté, suive son destin, retrouve cette Charlotte, ce n'est plus son affaire ! Il est bien décidé à faire le deuil de cet enfant, puis de cet adolescent qu'il a tant aimé. C'est, s'en persuade-t-il, le meilleur service à rendre à son fils. Pourtant, il se plaît à imaginer qu'il retrouvera certainement, bientôt, un Sacha un peu plus mature, et qu'une nouvelle relation pourra naître entre eux deux.

De son côté, Charlotte se montre particulièrement heureuse de cette rupture. Enfin Sacha sort des griffes de Lucien, ce tyran ! La liberté les attend…

Bien entendu, cette liberté a un prix, et le jeune Guitry est fauché ! Charlotte, quant à elle, perçoit une rente d'environ 20 000 francs par an (ce qui est tout de même plutôt confortable en 1905) que lui a laissée le cousin germain de sa mère, le multimillionnaire Osiris[1]. Toutefois, elle n'a pas l'intention d'entretenir son jeune amant. Sacha ne se fait aucune illusion à ce sujet.

Au lendemain de la rupture avec son père, il prend la décision de s'installer à l'Hôtel du Canada où réside son ami Fauchois. Mais, très vite, les loyers deviennent difficiles à payer. Commence alors une existence plutôt bohème où leurs nombreux amis les logent à tour de rôle, « des grands boulevards aux moins grands boulevards ».

La chance semble toutefois être avec eux, car Michel Mortier, le directeur des Capucines, vient de leur donner une réponse positive pour *Le K.W.T.Z.* Il accepte de monter la pièce. Sacha jubile. Cependant, lors du rendez-vous avec Mortier, ce dernier précise :

« Bien entendu, vous jouerez le rôle principal de votre pièce, puisque maintenant vous êtes libre.

– Très bien. Je n'y pensais pas… mais je suis d'accord.

– La seule chose que je vous demande, c'est de le faire sous votre nom. Quand on se nomme Guitry, on ne joue pas chez moi sous le nom de Lorcey ! »

Sacha n'est pas dupe. Il sait que pour le directeur du théâtre des Capucines, afficher le nom Guitry en très gros ferait une excellente publicité !

Mais comme il ne doit plus rien à son père, et que sa vie désormais lui appartient, il accepte de se produire sur les planches des Capucines sous son véritable nom ! Lorcey, ce pseudonyme que lui a offert son père, il le lui rend bien volontiers !

Les répétitions commencent dans l'allégresse. Aux côtés de Sacha et de Charlotte, Mortier a choisi de faire jouer Paul Darcy et Marguerite Péri.

Mais voilà l'auteur convoqué chez Mortier :

« Mon cher Sacha, votre père m'a fait passer un message par l'un de nos amis. Il me demande de vous convaincre de ne pas jouer en public, surtout sous votre nom, qui est le sien ! Vous comprendrez que je ne peux faire autre chose qu'accéder à sa demande. »

Sacha n'a d'autre solution que de s'incliner devant la décision de son directeur. Pour le remplacer, il recommande son ami René Fauchois. Celui-ci, que l'on juge peu convaincant, est vite remplacé par Galipaux, lequel perd sa mère au premier jour des représentations ! Décidément, le sort s'acharne sur Sacha…

La pièce sera tout de même jouée du 14 avril au 14 mai. C'est une comédie alerte, et si les effets divers et gags nombreux peuvent paraître parfois un peu excessifs, on y trouve les prémices de l'esprit des futures grandes comédies du Maître. Pour y ajouter un peu plus d'entrain, un petit orchestre interprète *La Marche des rois* d'Offenbach, *Les Adieux de Manon* de Massenet, et *La Mort de Tristan* de Wagner.

Cette comédie a un peu de mal à séduire d'emblée le public. Sacha est jeune, un peu en avance sur son temps, et déjà adepte d'une certaine loufoquerie, comme il le reconnaîtra par la suite : « À cette époque, d'ailleurs, je me méprenais sur ce qui pouvait faire rire le public, et je ne me suis jamais complètement guéri de cette manie de croire qu'il peut rire d'une chose parce qu'elle n'est pas drôle. C'est lui prêter un sens de l'humour que les collectivités n'ont pas, surtout en France. »

La vie se poursuit. Sacha est jugé apte au service militaire, mais il peut toutefois bénéficier d'un sursis tant que son frère accomplit le sien. Non sans amusement, il découvre sur son carnet militaire cette indication : « En cas de mobilisation générale, le soldat Guitry Alexandre devra se rendre à Bernay où il remplira les fonctions de cuisinier. »

Voilà une drôle de façon d'utiliser les compétences d'un « auteur dramatique », si ce n'est à imaginer la tambouille proposée aux futurs conscrits comme un véritable drame !

Charlotte, de son côté, pense qu'il est temps de remonter sur les planches. Et si possible aux côtés de son bien-aimé. Elle arrive ainsi à convaincre l'une de ses relations, un certain Coquet, de les engager tous deux pour la saison d'été qu'il compte organiser au casino de Saint-Valéry-en-Caux, en Normandie.

Toutefois, Coquet se laisse un peu abuser par l'enthousiasme de Charlotte qui lui assure que Sacha est un aussi bon acteur que son père, et qu'avec lui le succès est assuré. Le voilà donc distribué dans trois pièces : *La Parisienne*, *Les Joies du Foyer* et *Le Député de Bombignac.* Charlotte sera naturellement sa partenaire et reprendra également la pièce, *Amoureuse.*

Les répétitions commencent gentiment au mois de mai et Charlotte, déjà excellente comédienne, fait son possible pour soutenir Sacha qui rencontre quelques difficultés à s'adapter à des textes dont il n'est pas l'auteur.

Il est également convenu, pour éviter toutes pressions paternelles, qu'il reprend sa carrière de comédien sous le nom de Lorcey. L'été arrive et le couple a loué une charmante maisonnette à Saint-Valéry-en-Caux. Sacha est assez angoissé, mais les choses ne se passent pas trop mal ; le public habituel des casinos de petites stations ne s'attend pas à applaudir la troupe de la Comédie-Française !

L'atmosphère se détend au fur et à mesure que la troupe avance dans la saison, et Sacha prend plaisir à organiser régulièrement quelques blagues de potaches sur scène. Tout cela se passe bien entendu dans un climat bon enfant.

Pourtant, cette harmonie ne va pas durer longtemps... Quand le théâtre du casino affiche la première du *Député de Bombignac* où notre Lorcey interprète le rôle de l'élégant vicomte de Morand, il angoisse pour sa réplique d'entrée en scène. L'auteur de la pièce, Alexandre Bisson, lui fait précisément dire la phrase suivante :

« Vraiment, Mesdames, je ne sais comment vous remercier d'un accueil si cordial. Je viens de passer trois semaines à Poitiers, chez un vieil oncle à moi, et si ma visite est un peu matinale, c'est que j'avais grand-hâte de revoir Raymond et de lui serrer la main. »

Et Sacha accroche, lors de chaque répétition, sur les deux premiers mots de la phrase. Après avoir tenté de convaincre Coquet de lui laisser changer la première phrase, et face à son refus péremptoire, il passe ses journées à répéter :

« Vraiment Mesdames, vraiment Mesdames... »

Arrive le grand soir. Entrant sur scène, au moment même où sa petite moustache postiche tombe à terre, provoquant un éclat de rire dans le public, il hurle : « Vraiment, merdailles... ! »

Ce qui ne calme pas les spectateurs, loin s'en faut...

Puis, au troisième acte, ouvrant une fenêtre du décor, il se penche au dehors, comme le veut l'histoire, mais le mur se trouvant à quelques centimètres devant lui, il s'y assomme à moitié, puis, essayant de reculer, se prend le pied dans un tapis avant de se vautrer lamentablement.

Et la suite ne manque pas d'intérêt, comme il le contera lui-même : « Alors, malgré ou peut-être à cause du mal que je venais de me faire, j'ai voulu être le premier à en rire, et j'en ai ri comme un fou, et aucune puissance humaine n'aurait pu m'empêcher de prendre ainsi la chose. Je ne savais pas ce que j'allais devenir, mais j'étais bien sûr que je ne deviendrais jamais comédien. J'en éprouvai presque une sorte de joie rageuse. Je me sentais délivré d'un immense souci. Je n'allais plus avoir cette crainte constante de ternir l'éclat du nom que je portais. »

Dès le lendemain, le voilà congédié. Charlotte devant tenir ses engagements personnels et poursuivre la saison théâtrale, son fiancé n'a d'autre issue que de se mettre en vacances, et découvre les joies de la table de jeu !

Le baccara le passionne et il en devient vite un habitué nocturne. Cela inquiète rapidement Charlotte qui décide de prendre le taureau par les cornes. Dès qu'ils sont ensemble, elle le sermonne, passant des heures à le persuader qu'il doit persévérer au théâtre :

« Tu ne veux plus jouer la comédie, c'est ton choix. Si tu étais un peu plus sérieux, un peu plus travailleur, tu pourrais pourtant y arriver. Mais c'est ton choix ! Seulement, tu es un garçon bourré de talent, tu as un sens de l'observation vraiment unique, tu devrais te remettre à écrire. Nos amis pensent eux aussi que, si tu voulais t'en donner la peine, tu pourrais faire de grandes choses. Et je ne supporte pas de te voir passer tes journées sans rien faire et jouer au casino notre argent. Je te vois noter des dizaines de choses sur des bouts de papier dès que tu rencontres un personnage pittoresque. Sers-toi de tout cela, fais quelque chose ! »

Sacha lui promet d'y réfléchir, relit ses notes, mais ne trouve pas la façon de construire une trame qui lui permettrait d'en faire une comédie. Pourtant, il est vrai que sa carrière d'acteur sera de plus en plus problématique, et il se doute bien que son père sera vite mis au courant de ses derniers exploits. Même sous le nom de Lorcey, il ne peut ridiculiser bien longtemps les Guitry !

Il en est là de ses réflexions quand, un beau matin, pour faire plaisir à Charlotte, il prend la décision de se consacrer au dessin, domaine dans lequel il collectionne quelques petits succès. Sa décision est prise : il sera dessinateur de presse !

Comme il a laissé tout son matériel à Paris, il franchit la porte d'une librairie-papeterie et achète quelques feuilles de papier à dessin Whatman et divers crayons.

Confortablement installé à la terrasse d'un café, il réfléchit aux personnages qu'il va caricaturer. Le premier d'entre eux ne peut être que son père. Mais, au moment où il s'apprête à coucher sur le papier les traits de Lucien, il se prend à penser à une scène assez violente qui s'est déroulée sous ses yeux, justement entre son père et sa maîtresse du moment. Ce souvenir pittoresque l'amuse. Pourquoi ne pas laisser de côté mes dessins pour ce matin, se dit-il, et essayer d'écrire plutôt un peu de théâtre, en m'inspirant de cette scène du passé ?

Sitôt dit, sitôt fait. Les quelques feuilles de dessin, qu'il a soigneusement pliées en deux, sont vite noircies. Il lit, relit son travail et trouve cela franchement pas mal. Mais comme il est difficile de se juger soi-même, il lui faut trouver à Saint-Valéry-en-Caux quelqu'un d'assez digne de confiance pour lui donner un avis impartial.

Justement, Edmond Sée[2] est en villégiature dans la petite station de la côte normande. Ce journaliste, qui n'a qu'une dizaine d'années de plus que lui, s'est spécialisé dans la critique dramatique et peut déjà se vanter d'une solitude réputation dans le milieu théâtral. Ses avis comptent.

L'ami Sée accueille Sacha chez lui avec plaisir. Il accepte bien volontiers de lire sur-le-champ ces quelques feuillets. Et la réaction ne tarde pas :

« Je vais te dire tout simplement ce que je pense : c'est admirable !

– Ne te fiche pas de moi, Edmond ! Non, franchement, ce ne sont que quelques répliques jetées sur le papier. Cela peut faire un acte, tout au plus !

– Mais je ne me moque pas de toi un instant. C'est bon, Sacha, c'est même très bon ! Ce n'est peut-être que le premier acte d'une future comédie, mais il est parfaitement réussi. Je n'ai qu'un conseil à te donner : écris au plus vite les suivants. »

Ce conseil ne tombe pas dans l'oreille d'un sourd, et voilà notre jeune auteur qui travaille sans relâche, pendant cette fin de saison, à sa future œuvre, à laquelle il donne le titre de *Nono*. Celle-ci terminée rondement, il se sent même le courage de commencer et de terminer une deuxième pièce (en un acte) intitulée *Le Mari qui faillit tout gâter...*

Avant de rejoindre Paris, les deux amants passent quelques jours à Biarritz où Charlotte joue, chaque soir, au Casino municipal, et où Sacha joue, lui, au casino : « Nous jouons au rami à 10 centimes dans la salle de baccara, et tandis que les marquis espagnols et les barons russes murmurent “25 louis”, nous hurlons “20 centimes” ! Avant-hier, on nous a d'ailleurs prié de nous taire ! »

Il livre alors ses impressions à son ami Alfred Athis[3] sur la « Reine des plages » – dont il deviendra un habitué – et sur leurs petites misères : « Nous sommes à Biarritz et nous n'en sommes pas plus fiers pour ça ! Que le temps est affreux ! Le succès de Lysès est grand, mais elle a une rage de dents qui la fait souffrir depuis trois jours, et surtout trois nuits. »

Le jeune couple regagne enfin Paris et s'installe rue de Clichy. L'appartement est grand, mais éloigné du cœur de Paris où Lucien semble se morfondre de l'absence de Sacha. Secrètement, il espère le retour du fils prodigue, mais il doit se faire à l'idée que la vie de son enfant est désormais ailleurs. Et puis, Lucien a trop de fierté pour faire le premier pas, voire même simplement pour adresser un signe. Ainsi, le 28 octobre, aux obsèques d'Alphonse Allais en l'église Saint-Louis d'Antin, il se tient le plus loin possible de son fils.

Sacha s'est fixé pour objectif de prendre en mains, avec grand sérieux, sa carrière d'auteur dramatique. Il lui faut donc placer ses dernières créations, et il court tous les théâtres. Le premier à réagir, Antoine[4], directeur de L'Odéon, signe pour *Le Mari qui faillit tout gâter*, car la pièce est courte et donc facile à caser dans sa programmation.

Mais *Nono* lui reste pour l'instant sur les bras. Est-ce une idée de Charlotte ? Le voilà tout à coup qui change de tactique et essaie de convaincre un acteur connu de jouer sa pièce, ce qui devrait lui permettre de se faire ouvrir plus facilement les portes des théâtres parisiens. La stratégie se révèle bonne, car l'acteur Clerget s'imagine parfaitement dans le rôle principal. Il arrive de surcroît à convaincre les Quillardet, qui dirigent le théâtre des Mathurins, de recevoir la comédie de Monsieur Guitry fils.

Mais, finalement, Clerget cédera son rôle à André Dubosc, car Blanche Toutain, excellente actrice que les Quillardet veulent distribuer dans cette pièce, est fâchée avec lui ! Dans le rôle de Jacques, il engage un jeune acteur promis au plus bel avenir, Victor Boucher. Charlotte, qui doit répondre à des obligations professionnelles à Dresde, quitte son mari pour quelques jours, ce qui donne l'occasion à Blanche Toutain de s'intéresser d'un peu près à lui !

Charlotte, alertée et revenue précipitamment d'Allemagne, remet les choses en ordre. L'affaire en reste là…

Le 6 décembre 1905 a lieu la générale de *Nono*. Les spectateurs découvrent cette comédie qui conte les aventures de deux couples d'âges différents, qui se défont puis se retrouvent. L'un des deux hommes – les deux étant de grands amis dans la vie – va se laisser séduire par la fiancée de l'autre, la fameuse Nono. Après quelques bouleversements bien pensés, les couples se reconstituent et Nono retrouve son grand amour !

Sacha a soigné les dialogues où l'humour et les vacheries dominent. Les propos sont vifs, incisifs, piquants et donnent un rythme endiablé à l'œuvre. C'est une première étude de mœurs sur les ravages de l'amour, entre lucidité détonante et amertume permanente.

Sacha, dans les coulisses, suit les réactions du public. Elles ne sont pas bonnes… Non ! Elles sont excellentes ! Les spectateurs rient aux éclats à chaque réplique, et un tonnerre d'applaudissements se fait entendre au moment où le rideau tombe. Un vrai succès !

Ses amis le rejoignent, le félicitent et l'embrassent. Le premier, Edmond Sée, lui dit toute sa joie en le prenant dans ses bras. Puis c'est au tour d'Octave Mirbeau, de René Fauchois, de Nozière, de Tristan Bernard, pour n'en citer ici que quelques-uns. Il y a aussi le grand ami de son père, Jules Renard. Dès demain, sans nul doute, il renseignera Lucien sur la qualité de la pièce qu'il vient de voir. Il notera d'ailleurs ceci dans son journal : « Trois actes qui sont une révélation. C'est du Guitry accouchant lui-même d'un auteur dramatique. De la jeunesse, de l'esprit, de l'audace, et jamais bête. Nous étions tous ravis et frappés. La pièce signée d'un

Capus ou d'un Donnay nous aurait paru bien, et Sacha aura d'étonnants succès. »

Notre jeune auteur est le héros de la soirée. Réjane, qui a tenu à faire le déplacement, lui souffle : « J'attends que tu m'écrives au plus vite une pièce. »

Puis c'est au tour du directeur du Vaudeville, Porel – qui est loin d'être le meilleur ami de Lucien ! –, d'essayer de « voler » le jeune Guitry au patron des Mathurins : « Voilà ce que j'ai pour toi », lui dit-il en lui tendant une feuille de papier. Sacha la prend et déchiffre : « Bon pour trois actes, l'an prochain. »

Surpris, amusé et flatté, il remercie Porel qui précise :

« Je veux absolument reprendre *Nono* dès la saison prochaine au Vaudeville. On gardera les mêmes acteurs. Je vous prédis que cette pièce va devenir très vite un classique du théâtre. Bien entendu, essayez que les Quillardet ne prolongent pas trop les représentations de votre pièce ! »

Ah, quelle soirée ! Il est sur un petit nuage et repense à toutes ces années où personne ne croyait vraiment en son talent. Cette fois, il en est bien certain, la route enchantée vient de s'ouvrir pour lui. Charlotte est également tellement heureuse ! Et puis il y a ce petit mot de Georges Feydeau qu'elle a reçu au lendemain de cette première triomphale : « Ma Lysès, je veux faire voir *Nono* aux miens. Veux-tu te charger de demander une loge pour moi ? Quand on prend du *Nono*, on ne saurait trop en prendre. Merci à vous deux. Moi seul. »

Six jours plus tard, au théâtre de l'Odéon, se déroule la première de l'autre pièce de Sacha, *Le Mari qui faillit tout gâter*. Cette courte œuvre en vers est toutefois sans prétention. On y découvre un couple à trois : mari, femme et amant. Nous sommes dans les années 1830, et la vie se déroule paisiblement à la campagne pour Jacqueline qui vit heureuse entre son mari et son amant. Mais le mari surprend les amoureux et se met dans une terrible colère avant que ne vienne le temps du chagrin. Devant les ravages que provoque sa découverte, le mari va se ranger à l'avis de sa femme qui lui conseille de tout ignorer. Pour que la vie reste si tranquille, si belle pour tous les trois, il suffit de continuer exactement comme avant ! Avec la bénédiction du maire et du curé, il en sera ainsi fait !

La presse, qui célèbre la première pièce de Sacha Guitry auteur, ne s'intéresse guère à cette deuxième œuvre qu'elle juge gentillette, mais loin de la qualité de *Nono.* C'est d'ailleurs dommage, car les dialogues y sont tout à fait remarquables ! *Le Mari qui faillit tout gâter* ne connaîtra qu'une dizaine de représentations, alors que *Nono* dépassera les soixante dans l'attente de sa reprise aux Mathurins.

Pour que la fête soit complète, Jules Renard réserve une surprise à Sacha. Le 14 décembre, il l'entraîne place Vendôme chez son père ! Les deux Guitry se retrouvent face à face, et, après neuf mois de fâcherie, s'embrassent avec ferveur. Vont-ils enfin mettre un terme à cette situation grotesque ? Vu la façon dont se passent les retrouvailles, on pourrait le croire, mais Lucien demande :

« Tu es toujours avec Lysès ?

– Oui, papa…

– Tu sais que je désapprouve ton choix. Alors, tant que tu seras avec elle, nous ne nous reverrons pas… »

Dans l'euphorie de ce premier succès, Sacha poursuit sa carrière d'auteur et donne au Tréteau-Royal une nouvelle pièce en un acte au mois de mars. Les représentations commencent le 30 du même mois sous le titre *Un étrange point d'honneur.* Son scénario n'est pas sans rappeler un film américain récent, dans la mesure où un milliardaire rencontre un couple dans un casino et tombe éperdument amoureux de la femme à laquelle il offre beaucoup d'argent pour passer la nuit avec lui… Elle accepte, mais, le lendemain matin, les deux hommes, le mari et l'amant, se battent comme des chiffonniers. La jeune femme, écœurée de leurs réactions, finira par choisir un second amant, également fort riche, avec lequel elle s'enfuira !

Jean, de son côté, monte sur les planches à la Renaissance dans une pièce de Bernstein, sous le nom de… Lorsay, ce qui va entraîner une brouille avec Lucien !

Sacha, qui collabore toujours avec le journal *Gil Blas*, publie en vingt-deux feuilletons (et donc vingt-deux chapitres) une étonnante histoire, *J. W. Bloompott*, réservée, comme le précise l'auteur, « aux personnes de tous âges » ! L'histoire nous conte les aventures d'un couple où l'homme et la femme, tous deux blonds comme les blés, donnent naissance à un enfant noir alors que le domestique de la maison est un « nègre » ! J. W. Bloompott, devenu adulte, rend visite en compagnie de Sacha (!) à de nombreux contemporains, dont Antoine, Bernstein, Feydeau, Willy, pour n'en citer que quelques-uns. Dans ce roman plein de fantaisie, on découvre toute l'influence dont Sacha a profité en côtoyant des auteurs comme le regretté Alphonse Allais.

Une villégiature en Normandie, voilà ce qui tente Charlotte et Sacha pour cet été 1906. La charmante villa « New Cottage », sise entre Trouville et Honfleur, devient vite un havre de paix et d'écriture. L'inspiration ne manque décidément pas à l'auteur de *Nono*, et les encouragements constants et l'aide précieuse de Charlotte lui procurent les conditions idéales pour signer deux nouvelles œuvres : *Chez les Zoaques* et *La Clef*. Il trouve même le temps de satisfaire une commande du Théâtre des Arts qui lui a demandé une adaptation libre des *Nuées* d'Aristophane.

Sacha traverse alors une période de grand bonheur. À ses côtés, une femme qui l'aime, un peu d'argent, beaucoup de travail en perspective, et une bande d'amis joyeux et drôles qui leur rendent visite à tout propos. En définitive, cette décision de devenir auteur dramatique est bien la bonne, pense-t-il. Seule ombre au tableau : la tristesse de ne pouvoir faire un saut jusqu'au Breuil pour embrasser son père…

Retour à Paris, car la deuxième saison de *Nono* doit débuter sous peu au Vaudeville, conformément à la promesse faite à Porel. Mais ce dernier ne semble plus décidé à tenir parole, prenant prétexte d'une programmation déjà très chargée. Sacha lui parle alors de sa seconde promesse, celle de jouer une de ses œuvres nouvelles, comme il s'y était engagé en lui donnant cette carte ainsi rédigée : « Bon pour trois actes, l'an prochain. » Sans enthousiasme, Porel accepte alors de prendre le manuscrit de *Chez les Zoaques* pour le lire à tête reposée. Quelques jours plus tard, la réponse tombe brutalement : c'est non !

Une belle leçon pour le jeune auteur qui comprend que Porel l'a tout simplement baladé, berné, et a essayé de le détourner des Quillardet et du théâtre des Mathurins. Une fois encore, son père avait bien raison : ce Porel est bien un voyou !

En revanche, Gémier[5], qui dirige le Théâtre-Antoine, aime tout de suite *Chez les Zoaques*, et comme il lui faut une pièce pour ce nouveau théâtre, il la reçoit immédiatement. Les représentations démarrent le 5 novembre.

Voilà une nouvelle histoire de mari trompé et trompeur, avec l'apparition d'un explorateur qui calme son rival en lui contant d'extraordinaires aventures d'une peuplade imaginaire, les Zoaques, qui vivraient sur l'île des Roses, en plein océan Indien. Un peuple qui a résolu tous les problèmes de cocufiage, car chez eux il est impossible d'épouser une femme : « Être adoré, choyé, respecté même, mais exclusivement réservé au plaisir ou à la repopulation… » Et « non seulement le mariage n'existe pas… mais l'union d'un homme et d'une femme est une chose inusitée et qui leur paraît risible ! ». L'explorateur va finalement convaincre son rival de devenir un Zoaque !

Charlotte se voit confier le rôle de l'héroïne, et s'en tire à merveille. Les critiques, si dithyrambiques pour *Nono*, sont une fois de plus enthousiastes, à l'exemple du clairvoyant Pierre Mortier : « Il y aurait beaucoup à dire sur les héros des comédies de M. Sacha Guitry. Choisis dans une humanité qui correspond admirablement à la nôtre, ils sont actuels et vrais ; et ce n'est pas un des moindres mérites de l'auteur de *Nono* que d'avoir peint des hommes et des femmes de son temps exactement comme ils sont – c'est-à-dire sans concessions et sans rigueur. […] Il est impossible d'analyser l'humour narquois, la verve malicieuse, l'observation caustique et la fantaisie pittoresque que l'auteur a su dépenser à profusion dans ces trois actes pimpants, vifs et légers, qui vous font rire et vous émeuvent, dans la même minute, par la seule magie d'un art et d'un talent neufs et sincères. »

Sacha est donc magnifiquement de son temps ! Sans concessions pour le milieu bourgeois qu'il observe, ni pour ces maris qui pensent que leurs femmes ne sont que des objets personnels dont ils disposent – qui n'ont pas le droit, bien entendu, de les tromper, alors qu'eux-mêmes courent après toutes les aventures possibles –, il est un auteur totalement moderne qui sape les convenances établies. Fait terriblement savoureux quand on pense que son public est majoritairement issu de cette même bourgeoisie ! Mais tout roi a besoin d'un fou…

Les promesses de Porel tombées à l'eau, Sacha décide d'obtenir l'assurance que Réjane (bien qu'elle soit à la ville Mme Porel) tiendra, elle, ses promesses. Le soir de la première de *Nono*, elle lui avait commandé une pièce, et il a écrit *La Clef* pour elle. La réponse de la grande comédienne tarde tant que le jeune auteur se permet de lui écrire une lettre, lui rappelant le plus délicatement possible son engagement : « Je crois fermement à votre parole, Madame, et suis certain d'être joué par vous et de l'être par rang d'âge, c'est-à-dire le dernier… Mais quand on est joué par vous, Madame, on n'est jamais le dernier… Puis-je annoncer la réception de ma pièce au Théâtre-Réjane dans les journaux ? Cela faciliterait singulièrement pour moi la réception d'autres pièces toutes plus jolies les unes que les autres… » Ces quelques lignes assez bassement flatteuses, et le manque de modestie dont fait preuve l'auteur, sauront toutefois convaincre la grande Réjane de tenir ses engagements. Elle accepte de jouer *La Clef*. Il ne reste plus qu'à trouver une date…

Le 29 décembre 1906, le Théâtre des Arts donne son adaptation des *Nuées*. Sa façon un peu scolaire d'adapter la pièce d'Aristophane n'enchante guère les critiques qui lui reprochent avec raison un manque d'imagination et un travail un peu bâclé ! Catulle Mendès écrit : « Dans les chœurs, M. Sacha Guitry a rimé quelques stances avec une déplorable maladresse et une naïveté lamentable de verbe et de rythme. Mais il parle d'une prose bien alerte, qui abonde en mots gais, en plaisantes réparties ; et on ne s'est pas ennuyé du tout. » Peu enthousiaste, Émile Maulde, après Jules Renard, prédit cependant à notre jeune héros de beaux lendemains : « Il se peut que cet esprit n'atteigne pas toujours le même niveau, s'abaisse parfois à la facétie de rapin pour remonter tout à coup et décocher le trait d'observation. Il n'en reste pas moins qu'il jaillit de source vive et fait prévoir que, s'il surveille et se concentre un jour ou l'autre, réfléchit, M. Sacha Guitry se haussera peut-être au premier rang des auteurs comiques. »

Mais le jeune Guitry possède une grande qualité : il aime écouter ceux qui, plus âgés que lui, peuvent être considérés comme des hommes d'expérience. Cela a commencé au temps des déjeuners de la place Vendôme, puis s'est poursuivi tout au long de son adolescence. À l'aube de son immense carrière, les critiques les plus connus de Paris vont lui dispenser quelques leçons fort utiles par de grands et brillants articles. Si, plus tard, il se mettra à haïr la critique en général, et lui consacrera d'ailleurs quelques pages assez terrifiantes, il en va tout autrement au début de sa carrière de dramaturge. Il tient compte de leurs conseils, comme on fait de ceux provenant d'un ami désintéressé. Bien entendu, au soir du triomphe de *Nono*, il a eu tendance à croire que c'était arrivé : « Le roi n'était pas mon cousin !... Je devais être odieux, peut-être, mais je ne me rendais pas compte, je me souvenais de mes pitoyables études, de l'inquiétude si justifiée, la veille encore, de mes parents, oui justifiée, mais une inquiétude aussi grande a quelque chose d'un défi ! »

Mais, très vite, il s'est ressaisi... Le paresseux est devenu un jeune homme désirant plus que tout relever ce fabuleux défi pour démontrer à sa famille, bien sûr, mais avant tout à lui-même, sa capacité à réussir sa vie. Ayant compris très jeune que le bonheur, dans l'existence, réside aussi dans le fait de pleinement se réaliser sur le plan professionnel. Une fois de plus, l'exemple du père...

Mais tout n'est pourtant pas si simple, car Sacha garde une certaine propension à la paresse, à ce plaisir de ne rien faire en regardant passer le temps... Un peu rêveur, le jeune homme pétri d'ambition !

L'été, en villégiature, il aime les fêtes avec les amis, les casinos et les jeux. Le reste de l'année, à Paris, les cafés, les restaurants sont autant de tentations. Heureusement, Charlotte veille et aide son amant à rester sur la voie qu'il s'est imposée. Elle confie à ses proches son secret :

« Quand je dois sortir pour faire des courses ou me rendre à un rendez-vous, je sais que Sacha est capable d'attendre que j'aie tourné au coin de la rue pour partir retrouver des amis. Alors je n'ai qu'une solution... Je l'enferme à clef et je lui dis : Travaille ! »

La méthode semble efficace. Dès cette période apparaît dans le tempérament créatif de Sacha une autre constante : il n'entend pas s'enfermer dans une seule discipline, aussi prestigieuse soit-elle et aussi doué soit-il. C'est ainsi qu'il publie, fin 1906, un second album de caricatures, *Le Taureau, le Veau, etc.* Et il y représente son « cher » et illustre père en maquereau ! Il n'est pas certain que Lucien ait apprécié…

Auteur déjà confirmé, illustrateur pour la presse, voilà que le destin va le ramener sur les planches alors qu'il pensait y avoir renoncé à tout jamais après le cuisant échec de la saison de Saint-Valéry-en-Caux. Car le 3 janvier 1907, André Dubosc, qui tient le rôle de Henri dans sa pièce *Chez les Zoaques*, annonce brusquement qu'il abandonne le rôle alors que, le soir même, en sera donné la soixante-septième représentation.

Il n'est alors que deux solutions ! Soit rembourser et interrompre probablement pour de bon les représentations, car il n'y a pas de doublure pour ce rôle. Soit celui qui l'a écrit et le connaît par cœur accepte de relever le challenge en jouant le soir même le rôle sur scène. Sacha, une fois de plus poussé par Charlotte, se décide à retourner sur les planches tout en redoutant d'être le plus pitoyable des acteurs que connaîtra dans son histoire le Théâtre-Antoine !

Mort de trac à son entrée en scène, quelques secondes plus tard une sorte de plénitude s'empare de lui ! Le voilà tout aussi à l'aise dans ce décor que s'il était seul chez lui dans son salon… Tout est désormais différent et il se rend compte que dire devant un public un texte qu'il a écrit ne présente plus aucune difficulté, mais, bien au contraire, n'offre que du bonheur !

L'acteur, tel le phénix, renaît de ses cendres !

L'auteur Sacha Guitry ayant du mal à terminer sa nouvelle pièce, *L'Escalier de service*, son ami Athis lui donne un sérieux coup de main. Noblet a en effet décidé de la créer à Monte-Carlo en février. Joli succès, même si l'on peut suspecter Sacha de plagiat, sa pièce semblant très proche de celle de Henry Becque, *La Navette*, bien qu'il ne l'ait jamais lue. Devant ce problème, il renonce à la faire jouer à Paris.

De toute façon, cela est sans importance à ses yeux, car toute son attention se porte vers les répétitions de sa nouvelle pièce. Réjane, fidèle à ses engagements, va jouer *La Clef* en compagnie de Charlotte, de Gabriel Signoret et d'Abel Tarride. Les répétitions se déroulent dans la gaîté, et même dans une certaine euphorie. Et il faut dire qu'en ce 4 mai 1907, le Théâtre-Réjane est bondé. On s'attend à un succès au moins aussi grand que celui de *Nono*. Tous les acteurs ont dit à Sacha pendant les répétitions : « *La Clef* va être un triomphe ! »

En guise de triomphe, Sacha a rendez-vous avec un bide ! Sa pièce est une catastrophe, et, dès le premier acte, des spectateurs se mettent à siffler. Aucune amélioration au deuxième. L'auteur, dans les coulisses, voit Georges Feydeau venir à lui :

« Mon Sacha, je reste avec toi ici pour le troisième.

– Pourquoi, Georges ?

– Pour rien. Je te le dirai tout à l'heure. »

L'ami Feydeau n'aura rien besoin de dire. Sacha comprend qu'il vient de faire ce que l'on appelle un four ! Les sifflets redoublent à l'acte III. Avec infiniment de gentillesse, Georges prend Sacha par l'épaule et l'entraîne vers les loges :

« Ce n'est pas la peine de rester ici ! Ce n'est pas la peine d'entendre cela ! »

Et les voilà tous deux parlant de tout autre chose en attendant la fin de la représentation. Puis c'est le défilé des amis aux mines d'enterrement. Ils ne savent que dire, que faire, et certains prodiguent quelques conseils maladroits au malheureux auteur aussi mal à l'aise qu'eux.

Ajalbert ne peut en entendre plus : « Allez, mes amis ! Foutez-lui la paix. »

Sacha quitte le théâtre dans un état épouvantable. Il n'oubliera jamais cette soirée : « Qui ne s'est jamais entendu siffler ne peut se faire une idée du mal physique que cela fait. Faire un mauvais troisième acte n'est pas un acte à ce point répréhensible ! Non, je ne méritais pas un châtiment pareil. Voilà du moins ce que je me disais en écoutant l'horrible bruit qui me déchirait les oreilles et me pinçait le cœur. Le public ne devrait pas siffler. Il en a le droit. Il faut le lui laisser, mais il ne devrait pas en user. C'est excessif. C'est barbare. C'est déjà assez terrible, allez, d'avoir un four… »

Ne pouvant se résoudre à aller se coucher, il erre dans Paris et finit par entrer au Café Pousset. À une table, le grand Antoine est là, dînant avec quelques amis ayant assisté à l'échec de *La Clef*. Il interpelle Sacha en plein milieu du restaurant et lui lance bien haut :

« Sacha ! Pour l'Odéon, je veux ta prochaine pièce. Fais-moi trois actes ! »

Certes, il n'oubliera jamais le four de *La Clef*, mais jamais il n'oubliera non plus l'amitié de Feydeau, ni celle d'Antoine.

Que s'est-il passé ? Pourquoi cette pièce a-t-elle été un échec cuisant ? Probablement pour la simple raison que Sacha a écrit une pièce qui ne ressemble pas à l'image que l'on s'était faite de son auteur… On le voit, après *Nono*, comme un auteur comique, impertinent, certes un peu cruel, mais drôle. Dans *La Clef*, le jeune Guitry laisse apparaître une sorte de profonde désillusion vis-à-vis de l'humanité. Les femmes de la pièce sont des créatures épouvantables, et les hommes une bande de gigolos. Les sentiments vils et bas de tout ce petit monde n'ont pas amusé le public. La pièce n'a même pas choqué, comme veut le croire l'auteur, elle a tout simplement ennuyé. Et c'est bien pire !

Après neuf malheureuses représentations, devant des salles plus qu'à moitié vides, *La Clef* est retirée de l'affiche. Tout s'effondre alors pour le jeune auteur. Mais le soutien sans faille de Charlotte, les paroles consolatrices des vrais amis, la perspective que les éditions Plon publieront le texte de son œuvre à l'été, le consolent quelque peu.

La publication du livre est chose faite à la date prévue. Il ne se vendra pas, bien évidemment, mais Sacha sera touché par ceux qui viendront lui demander d'inscrire quelques mots sur leur exemplaire. Sur celui des frères Bernheim – célèbres propriétaires d'une galerie de peinture et grands amis de Sacha –, on peut lire cet envoi : « À Josse et Gaston Bernheim[6], cette pièce qui a l'avantage de ne plaire qu'à ceux que j'aime. »

Mais l'autre conséquence de cet échec va être le début d'une haine tenace envers les critiques. Certes leurs papiers ont été dépourvus d'indulgence, mais si le public a boudé à ce point la pièce, ils n'en sont pas seuls responsables ! *La Clef* n'a pas rencontré son public, c'est tout. Mais cela, Guitry ne voudra jamais l'admettre. Voilà un trait de son caractère qui mérite que l'on s'y arrête, et que certains psychologues pourront estimer « fondateur » de la façon dont, toute sa vie, il semblera fermé à ce que l'on pourra dire ou écrire sur son compte et sur son travail. Il résumera cette façon de se comporter en une phrase brillante : « Si ceux qui disent du mal de moi savaient exactement ce que je pense d'eux, ils en diraient bien davantage. »

Petite consolation : *La Partie de dominos*, pièce coécrite avec le regretté Alphonse Allais, est jouée pendant trois semaines, au mois de juin, sur la scène du Tréteau-Royal.

Pour se changer les idées, il décide de se réfugier pour l'été à Honfleur, et loue la villa « New Cottage ». Mais l'inquiétude d'avoir à accomplir son service militaire le rattrape et il veut tout faire pour ne pas être affecté à l'autre bout de la France, dans une ville de garnison paumée. Et il existe bien une solution pour obtenir l'assurance de faire son temps réglementaire à Paris : se marier ! En effet, une loi prévoit que tout appelé déjà marié a le droit d'effectuer son service dans la ville où réside son épouse.

Charlotte est ravie de cette nouvelle et le futur couple fixe la cérémonie au 13 août. Leurs amis seront tous présents en compagnie de leur joyeuse fantaisie ! Au point que Sacha, prétextant qu'il ne faut pas faire les choses comme tout le monde, affirme qu'il se dispensera d'une cérémonie à la mairie d'Honfleur, car sa résidence privée vaut toutes les mairies de France !

« Mais enfin, Sacha, lui disent ses amis, tout le monde doit se marier à la mairie !

– Vous oubliez que j'écris parfois des pièces un peu absurdes et que la vie peut l'être tout autant si l'on s'en donne la peine ! Alors, faites-moi confiance… »

Le voilà qui se rend à la mairie d'Honfleur. Il demande à rencontrer le maire pour évoquer son futur mariage. Sans peine, le premier magistrat accède à cette sollicitation, flatté à l'idée de marier le fils de Lucien Guitry, le si célèbre voisin du Breuil :

« Ah ! monsieur le maire. Je suis un peu embêté, car figurez-vous que ma fiancée est malade. Oh, ce n'est pas trop grave, enfin je l'espère, mais, franchement, elle n'a pas la force de quitter son lit pour venir jusqu'ici.

– Je vois, monsieur Guitry, cela est bien embêtant. Mais ne pourrions-nous pas attendre quelques jours que la future madame Guitry aille mieux ?

– Oh ! entre vous et moi, j'ai bien peur que si nous attendons trop, il se peut qu'elle n'en ait plus jamais la force », répond-il avec la mine appropriée.

L'édile, brave homme, accepte alors de se déplacer pour les marier jusqu'au « New Cottage ». Le jour dit, les amis du couple sont presque tous là : Tristan Bernard, Laurent Tailhade, Jean Ajalbert, René Blum, frère de Léon, Marguerite Moreno, Marguerite Deval, Jean Guitry, pour n'en citer que quelques-uns.

Le maire arrive. On le guide vers la chambre du couple. Charlotte, pour qui jouer la comédie n'est pas un problème, campe une tête de circonstance. On la croirait mourante... D'une main peu assurée, elle signe tous les papiers voulus, répond aux questions d'une voix des plus faibles, écoute en frissonnant le discours empreint d'une grande émotion du premier magistrat qui lui souhaite non seulement une meilleure santé, mais lui prédit que la médecine saura faire de grands progrès, et que bientôt elle sera guérie.

Toute l'assistance, bien entendu dans la confidence, garde difficilement son sérieux. Puis voilà qu'éclatent les premiers rires. Sacha ne peut alors prolonger la farce plus longtemps :

« Peu importent les progrès de la médecine, monsieur le maire ! Sortons tous de cette chambre, et allons boire à notre santé ! »

Et, sous le regard éberlué de l'élu piégé, Charlotte bondit hors du lit et se précipite dans le jardin. Son nouveau mari, charmeur et faussement gêné, explique alors :

« Excusez-nous pour cette petite plaisanterie, mais nous sommes jeunes et d'un tempérament joyeux. Et puis, nous voulions vous montrer que nous sommes d'excellents comédiens ! Allons, venez avec nous boire quelques verres, et accordez-nous, après votre bénédiction, votre pardon ! »

Le maire ne peut faire autrement que de se montrer bon prince. La fête dure toute la journée, se poursuit par un magnifique dîner avant de se clôturer par un feu d'artifice et un bain de minuit dans le bassin aux poissons rouges de la propriété !

L'automne débute par un déménagement. Un appartement un peu plus grand, situé rue d'Anjou, s'est libéré, et le couple s'y installe avec plaisir. Au théâtre du Tréteau-Royal, on reprend la pièce de Guitry et d'Allais, ou plus exactement une nouvelle adaptation revue par Sacha. Le texte d'Allais ayant posé quelques problèmes de compréhension lors de la première série de représentations, Sacha en a très vite retiré le second acte et a rebaptisé l'œuvre du nom de ses deux créateurs : *Maggie Gauthier et Paul Clerget.* Mais Maggie Gauthier n'étant pas libre pour la reprise, il faut à nouveau la rebaptiser ! Elle devient *Le Crin*, et une toute jeune femme y fait ses débuts sous le nom de Colette Willy. Elle connaîtra la célébrité, par la suite, comme femme de lettres sous le seul prénom de Colette.

Encore sous le choc des déboires de *La Clef*, les Guitry vont prendre un peu l'air en acceptant une tournée qui les mène à Biarritz, Monaco et Bruxelles. On n'inscrit pas « la pièce maudite » au programme, se contentant plutôt de valeurs sûres : *Nono*, *Chez les Zoaques* et *Le K.W.T.Z.* En rentrant à Paris, pour se distraire, Sacha s'offre une petite scie et découpe des silhouettes dans un mince contreplaqué sur lequel il a peint les traits de Lucien, Anatole France et Maurice Donnay.

Il ne lâche pas pour autant l'écriture et travaille avec un enthousiasme recouvré, à une nouvelle pièce, *Petite Hollande.* En attendant qu'elle soit jouée à l'Odéon, il se distrait en rédigeant le texte d'une conférence qu'il va donner, en février, au Théâtre des Arts. Une causerie restée dans les annales, car si le titre en est officiellement *L'Art birman*, il n'y évoquera ni la Birmanie, ni les trésors artistiques que l'on peut y trouver ! Le souvenir de cette « farce » l'amusera encore des années plus tard : « Je ne savais même pas où était la Birmanie, bien entendu, mais j'avais une envie folle de parodier toutes les conférences prétentieuses, assommantes qui se faisaient alors, et que faisait n'importe qui sur n'importe quoi. »

Bien entendu, le public qui s'y aventure est assez nombreux, car le nom de Sacha Guitry figure en très gros caractères sur les affiches. Public cependant non informé de l'esprit de fantaisie du conférencier. Et les surprises ne vont pas manquer !

Pour débuter, au lever du rideau, les spectateurs peuvent admirer un décor de forêt où trône une cheminée de style Louis XV. Guitry est assis derrière une table sur laquelle on a installé un magnifique service à thé. Sur scène sont alignés de nombreux petits bancs dont on se sert habituellement pour poser les pieds. D'emblée, il donne le ton :

« Mesdames et Messieurs, je suis malheureusement dans l'obligation de boire constamment du thé pour réussir à parler. Bien entendu, certaines personnes pourront trouver cela gênant, voire dérangeant. C'est pourquoi j'ai demandé à la direction du théâtre de placer devant moi tous ces petits bancs afin que je puisse les jeter à la tête des grincheux ! »

Puis il tient à souligner solennellement la présence, dans la salle, de Son Altesse le maharadjah de Mandaly et du vicomte de la Maillauderie (qui sont deux figurants déguisés).

La conférence débute alors par des divagations sur les coutumes imaginaires de ce pays, sur sa faune et sa flore, et autres curiosités diverses. Il a également demandé le concours d'un certain nombre de personnalités, comme Dominique Bonnaud[7], qui chante une mélodie birmane sur l'air de *La Petite Tonkinoise*, ou Édouard de Max[8], l'acteur célèbre, qui déclame un poème dans une langue imaginaire, dont on retiendra les vers célèbres : « Ouorum maniten kenn daî croucrou. Penna tattkari akineudan ourom. » Tiarko Richepin[9], qu'il présente comme le président de la Société philharmonique et curative du Pas-de-Calais, exécute à l'aide d'une grosse caisse, d'un chapeau chinois et de timbales, une valse birmane célèbre, *Ku*, avant que Charlotte et Lucie Pezet ne se produisent dans une danse folklorique birmane !

La folie s'empare alors de la salle. Une grande majorité des auditeurs semble prête à crier au génie, tandis qu'une petite minorité se permet de siffler. Finalement, le succès l'emporte, et Sacha redonne sa conférence à plusieurs reprises, faisant à chaque fois salle comble !

Ce que certains qualifient de « farce » prend une tout autre signification pour l'un des spectateurs présents, le jeune Jean Cocteau, venu avec des proches écouter Guitry. Car le jeune poète et futur académicien considérera par la suite que Sacha Guitry, avec sa fameuse conférence, n'est autre que le premier poète « dada[10] ». Voilà de quoi surprendre ceux qui ne voient encore aujourd'hui en Guitry qu'un monstre sacré du théâtre bourgeois...

La Petite Hollande est à l'affiche de l'Odéon fin mars. Desjardins, qui doit tenir le rôle principal, tombe brusquement malade au lendemain de la répétition générale ! Sacha doit le remplacer sur-le-champ. Et il accomplit l'exploit d'affronter la première sans même avoir répété ! Probablement un cas unique sur une scène parisienne. Il va s'en tirer gentiment : « Comment ai-je joué la comédie ? Pas bien, sans doute. Comment ai-je joué ma pièce ? Probablement pas mal. D'ailleurs, ai-je joué la comédie, ce soir-là ? Pas tout à fait. Non, pas si bête, je ne l'ai pas jouée, ma pièce : je l'ai lue. Oui, je l'ai jouée en auteur, comme si je la lisais. »

Hélas, la pièce s'arrêtera après onze représentations. Un second four pour l'auteur ! Peu importe : Sacha a décidé de ne plus s'inquiéter d'un échec, de ne plus douter, de ne plus se demander s'il a raison ou non de poursuivre cette route. Il sait qu'il a du talent, il ne lui reste donc plus qu'à s'obstiner jusqu'à la vraie réussite.

Le 22 avril, voilà une nouvelle pièce signée Guitry à l'affiche du théâtre du Gymnase. Il s'agit du *Scandale de Monte-Carlo*, ou des aventures d'un baron assez âgé, victime d'un quiproquo et que l'on va prendre pour un tricheur, ce qui évidemment peut nuire considérablement à sa réputation. Pour sauver la face, il fera croire, avec la complicité de sa femme, qu'il n'était à Monte-Carlo que pour assouvir une passion sentimentale, et installera même sa fausse et jeune maîtresse dans un petit hôtel à Paris pour donner le change avant de tomber, bien évidemment, amoureux de sa « fausse » maîtresse. La comtesse mettra un peu d'ordre dans tout cela et récupérera vite fait son mari qui coulera par la suite des jours plus paisibles en sa compagnie. Une comédie charmante avec quelques considérations assez désabusées, mais réalistes, sur le couple et la vieillesse.

L'œuvre ne plaît guère aux critiques et *Le Scandale de Monte-Carlo* ne dépassera pas les trente représentations. L'auteur, devenu fataliste, en plaisantera en affirmant que c'est déjà bien mieux que *La Clef* et *Petite Hollande* réunies !

Ces échecs successifs ont une conséquence supplémentaire sur la vie du couple : le cruel manque d'argent ! Car Charlotte et Sacha comptaient sur le théâtre pour payer leur loyer et leurs deux domestiques, sans parler d'un train de vie conséquent. Il faut donc réagir, et le jeune marié va poursuivre sa « politique » de diversification : après le théâtre, le dessin, le voilà qui s'attaque à ce que l'on nomme la « réclame » !

Une première commande lui parvient des vins Wincarnis qui sollicitent le droit d'utiliser son image, ainsi que celle de Charlotte, pour faire la publicité de leur champagne dans des journaux nationaux. Tant qu'à faire, on lui propose même d'être l'auteur de la légende de la photo qui les représente tous deux, encadrant une immense bouteille de ce vin. Quelques heures de réflexion et voilà Sacha qui adresse ses vers à son commanditaire :

« Si Chloé, tout' la nuit, adorait son Daphnis
C'est que Daphnis, le jour, buvait le Wincarnis ! »

Et c'est signé : « Sacha Guitry, honteux. »

Si cette contribution à la commercialisation du Wincarnis ne laissera pas de trace dans les annales de la publicité, il en va tout autrement de la commande qui suit. Le propriétaire de la marque de chocolat Elesca vient le trouver et lui demande de lui concocter un slogan qui fasse choc, et une illustration graphique pouvant l'accompagner. Quelques jours plus tard, le voilà qui propose un charmant dessin représentant une petite tête de clown sous laquelle on peut lire ce simple mais génial slogan : « L.S.K. C.S.Ki ». Il suffisait d'y penser ! Ce slogan et ce dessin suivront la marque pendant des décennies et seront déclinés sur les boîtes de chocolat ainsi que sur des dizaines d'objets publicitaires allant du coquetier au porte-clefs…

Ces « extras » lui donnent également le temps, en juin 1907, d'attaquer Porel (qui n'a pas tenu sa promesse de reprendre *Nono*) devant les tribunaux.

Jean Cocteau s'installe au 10 de la rue d'Anjou et passe de longues heures chez ses voisins, les Guitry. Il leur fait un cadeau très original sous la forme d'une caricature grandeur nature, dessinée sur la porte de l'appartement du couple, représentant Sacha indiquant du doigt la sonnette du logis. Une œuvre de poète, puisque la sonnette ne marche plus depuis longtemps !

La vie de bohème se poursuit gentiment et Sacha fait quelques escapades avec ses amis, comme au temps de son adolescence. Quand il ne rentre pas au bout de plusieurs jours, Charlotte adresse un télégramme aux domiciles des « kidnappeurs » de son mari : « Si décédé, prière m'avertir pour que je puisse me remarier tant que suis encore jeune et jolie. »

Après avoir vu publier *La Correspondance de Paul Roulier-Davenel* (qui deviendra par la suite un livre) en feuilleton dans *Comœdia*, l'automne promet un épisode bien moins amusant que les soirées entre copains de virée. L'armée le rattrape et lui annonce qu'il sera, sous peu, versé dans le service auxiliaire. Comme il apprend qu'il peut bénéficier d'un sursis d'incorporation s'il occupe un emploi exigeant sa présence, il saute sur l'occasion que lui propose Gémier, directeur du Théâtre-Antoine, de jouer sa pièce *Le Mufle*, et même d'y interpréter, tout directeur du théâtre qu'il est, le tout petit rôle du concierge, car, dit-il à Sacha : « J'aime cette pièce et j'ai envie d'en être ! »

Cette joyeuse comédie, racontant les aventures d'un mufle qui s'incruste chez des amis et devient l'amant de la maîtresse de maison, ce qui laisse tout loisir au mari de coucher avec la bonne, semble assez légère et frôle même parfois la vulgarité dans certaines répliques :

« Vous avez déjà servi ?, demande-t-on à la bonne.

– Non, c'est pour ça que je suis toujours jeune fille ! »

Sacha, lui, prend grand plaisir à interpréter le rôle du mufle. La courte pièce, donnée en seconde partie de programme, trouve son public et sera jouée soixante-douze fois.

Mais impossible, après cela, de retarder l'incorporation du jeune auteur dramatique à moins de trouver quelqu'un susceptible de lui donner un sérieux coup de piston. Et voilà qu'un homme providentiel accepte de voler à son secours. Il s'agit du très influent propriétaire du journal *Le Matin*, Alfred Edwards. Il embarque Sacha dans son automobile à destination du bureau du ministre de la Guerre, le fameux général Picquart !

Il n'est pas question d'obtenir que Sacha soit exempté mais simplement qu'il puisse être autorisé, à titre exceptionnel, à jouer le soir au théâtre. Le général ne promet rien, mais Edwards interprète son silence comme une approbation. Et il a bien tort !

Ayant monté au Théâtre Michel une revue excentrique, *Après*, qui ne trouve pas son public, voilà notre jeune appelé qui se présente, le 7 décembre, à la caserne Nouvelle-France, rue du Faubourg-Poissonnière, où il doit rejoindre les rangs du 23ᵉ régiment d'infanterie. On le prie aussitôt de se rendre dans le bureau du colonel Bruzon. L'accueil est bon :

« Monsieur Guitry, j'ai reçu du cabinet du ministre une note me demandant de veiller à ce que vous bénéficiiez des meilleures conditions ici.

– Je vous remercie de m'en faire part, mon colonel.

– Seulement, cette note précise bien qu'il vous est formellement interdit de vous laisser jouer le soir au théâtre. Vous verrez, vous allez vous plaire dans cette caserne, et je vais moi-même être votre guide. »

Arrivés dans la chambrée où le colonel s'extasie sur la propreté des lieux, son hôte lui fait une étrange demande :

« Mon colonel, je suis un homme marié, et j'ai donc l'habitude de dormir toutes les nuits avec ma femme, et non avec des dizaines d'hommes. Est-il possible que vous m'attribuiez une chambre individuelle ?

– Ce n'est pas l'hôtel, mon ami, mais une caserne ! Vous dormirez ici avec vos camarades. À l'armée, on fait tout, absolument tout comme les autres ! »

Voilà de quoi exaspérer le jeune soldat qui notera dans son carnet, à propos de cette expression « comme les autres », qu'il ne cessera désormais d'entendre : « Alors que, tout au long de ma vie – sans m'y appliquer, bien sûr –, je n'ai jamais voulu rien faire comme les autres et je me suis toujours félicité de ne pas être comme tout le monde ! »

Mais le colonel est bon enfant et l'on accède finalement aux desiderata du soldat Guitry. Il se voit logé à la bibliothèque de la caserne, qui dispose d'un lit, et il est exceptionnellement autorisé à prendre ses repas chez lui à la condition expresse d'être de retour, chaque soir, à la caserne pour 21 heures. De plus, il s'offre une ordonnance en la personne d'un caporal (!) ravi de lui apporter son café et d'effectuer quelques petites courses contre monnaie sonnante et trébuchante. Chargé de mettre en ordre la fameuse bibliothèque, il obtient presque chaque jour des bons de sortie pour « acheter des fournitures de bureau » signés par le capitaine Thibault qui l'a « à la bonne ». Il passe ainsi la plupart de ses journées chez lui avec Charlotte et ses amis ! Au mois de février, il obtient même le droit de passer quelques semaines à son domicile, car il se dit malade.

Mais Sacha tire trop sur la corde et le capitaine commence à penser que le soldat Guitry en prend un peu trop à son aise. Profitant de son surpoids (il pèse alors plus de 100 kg pour 1,80 m), il se fait alors examiner par un médecin militaire qui conclut à de l'endocardite et l'expédie illico à l'hôpital des Récollets où il se retrouve au milieu d'une immense salle commune ! Pris à son propre piège, il fait appel, par l'intermédiaire de Charlotte, à ses relations pour se voir offrir une chambre individuelle.

On accède à son désir en lui offrant la chambre n° 11 de l'hôpital, qui se trouve être une pièce minable, au sol de terre battue, où on a installé trois lits pour les moribonds. Un matin, au réveil, Sacha constate avec horreur que ses genoux ont terriblement enflé. On diagnostique une crise aiguë de rhumatismes due à l'humidité de la pièce. Cela aura une conséquence heureuse, puisque, dirigé vers la commission de réforme, il se voit immédiatement libéré. Mais toute sa vie ses fichus rhumatismes ne le lâcheront plus et le feront souffrir sans lui laisser de répit, malgré les nombreuses cures qu'il suivra, notamment à Dax. La farce militaire s'est ainsi transformée en drame de santé !

Revenu à la vie civile, il en profite pour donner au Théâtre Mévisto une sorte de revue dénommée un peu prétentieusement « opéra bouffe », et qu'il a eu largement le temps d'écrire pendant son service. Son complice, le beau Tiarko Richepin (l'amant de Mme Rostand !), a composé la musique de cette œuvre baptisée *Tell père, Tell fils*. Elle conte les aventures d'un Guillaume Tell, baryton, et de son fils, ténor, qui, voulant réitérer l'exploit de son père avec une flèche et une pomme, finira par tuer ce dernier en déclarant :

« Ah ! Quelle horrible histoire, pour un jeune homme ! Malgré que j'ai visé la pomme, j'ai tapé dans la poire ! » *Tell père, Tell fils* connaîtra trente-quatre représentations...

Sacha a réussi à caser *Le Mufle* aux tournées Baret pour l'été 1909. Max Dearly[11] y reprend le rôle créé par l'auteur. Sacha et Charlotte passent un été normand bien tranquille et en profitent pour jouer au casino de Trouville une petite pièce en un acte, *La 33ᵉ ou Pour épater ta mère !* (hélas, aucune trace n'en subsiste). Cet été-là, le jeune Guitry écrit également une nouvelle pièce en deux tableaux et chants pour deux de ses amis, Colette et le fantaisiste Boucot. Sous le titre *C'te Pucelle d'Adèle*, la fantaisie raconte les aventures d'une petite paysanne qui veut partir pour Paris. Ses parents, affolés, font tout pour l'en empêcher, jusqu'au jour où un stratagème est monté pour qu'ils croient entendre des voix leur annonçant que leur fille est la nouvelle Jeanne d'Arc ! Elle part donc vers Paris et ses parents attendent impatiemment de ses nouvelles... Ils en auront au bout de quatre mois, car elle revient chez eux... enceinte !

Sur une musique de Charles Bourgeois, la *Pucelle* tient l'affiche du 19 novembre au 9 décembre.

Se prévalant du succès de son exposé intitulé *L'Art birman*, Sacha est bien décidé à récidiver. Il donne donc une conférence sur la caricature, où le public est venu nombreux mais semble quelque peu déçu... La folle fantaisie du conférencier semble comme évanouie.

Le 4 décembre, il réitère l'expérience avec une causerie sur la peur et le courage... Mais il faut annuler la conférence et les suivantes – y compris la reprise de *L'Art birman* –, car elles n'attirent vraiment plus les foules. Que faire ?

Il continuerait bien à s'amuser de ses différents dons, mais Charlotte ne l'entend pas ainsi. L'argent se fait de plus en plus rare, les dettes commencent à s'accumuler, il faut absolument réagir !

Et voilà qu'une occasion, que les Guitry pensent unique et formidable, survient !

Un imprésario, bien connu sur la place de Paris, leur propose une incroyable tournée de deux mois qui va les conduire en Égypte, en Turquie, en Grèce, sans oublier la Russie et la Roumanie !

Au cours d'une soirée passée avec Antoine, ils lui font part de ce nouveau projet qui les enthousiasme. Mais le vieil ami de Sacha semble quelque peu dubitatif :

« Je connais votre Schürmann, et s'il est célèbre à Paris, c'est surtout pour le pittoresque qui accompagne tous ses projets.

– Un peu de pittoresque ne fait pas de mal !

– Écoutez, autrefois j'ai fait une des tournées Schürmann. Une tournée des casinos, précisément, et je peux vous assurer qu'elle m'a laissé un souvenir vraiment pittoresque ! Dans chaque ville où nous nous trouvions, Schürmann jouait au casino dès notre arrivée. Il y jouait le prix de location de la salle et nos cachets en essayant de nous les sauver !

– Oui, il est certain que c'est un peu spécial, nous en convenons. Nous imaginons bien que nous n'allons pas gagner une fortune avec lui. Mais cette tournée va nous mener dans des pays merveilleux et lointains, et cela pendant deux mois, tous frais payés. Une pareille occasion ne se perd pas !

– Comme vous voulez, mes enfants ! Mais je vous aurai prévenus… »

Schürmann est charmant et enjôleur. Il sait trouver les mots qui flattent le couple de comédiens. Il faut bien avouer que Sacha et Charlotte ont besoin d'encouragements en cette période de vaches maigres, et, par-dessus tout, d'espérance, véritable emprunt fait au bonheur, d'être couverts de gloire :

« Vous serez les représentants de l'art et de la culture française. J'ai loué pour vous des salles prestigieuses et toute l'aristocratie et l'intelligentsia des pays que nous allons parcourir viendront vous applaudir. Après cette reconnaissance internationale, Paris vous accueillera à bras ouverts, croyez-moi ! »

Ils veulent bien le croire, d'autant plus que Schürmann leur a vendu l'idée d'une troupe qui deviendra, après cette tournée qu'il sait triomphale, « la Troupe Sacha Guitry » !

Les voici donc quittant Paris le 10 janvier 1910 pour une première étape en Pologne, à Varsovie. Comme « salle prestigieuse », ils découvrent un modeste théâtre en bois, en pleine nature, qui n'est pas chauffé… Heureusement que les spectateurs, contrairement à nos comédiens, sont chaudement emmitouflés dans leurs pelisses ! De plus, Schürmann a engagé les comédiens les moins chers de Paris, et l'un d'entre eux, à moitié gâteux et complètement affolé, dit à Sacha, au moment d'entrer en scène : « J'ai oublié ce que l'on joue ! »

Ce que l'on joue n'est autre que... *Nono* !

À Saint-Pétersbourg, que Guitry retrouve avec beaucoup d'émotion, on se replie dans le théâtre du Conservatoire qui pourrait se révéler charmant si la salle avait été bien construite... Les premiers rangs n'entendent rien, et ceux du fond sont frappés par un écho digne des plus hautes chaînes de montagnes russes !

Puis voici Moscou... Schürmann a passé un accord avec le Club des marchands de la ville, et les représentations ont lieu dans le salon d'un appartement situé au troisième étage d'un bel immeuble. Seulement, une estrade ayant été installée dans la pièce, les comédiens, quand ils se retrouvent sur scène, doivent jouer pliés en deux pour ne pas se taper la tête contre le plafond !

Puis c'est au tour d'Odessa d'accueillir l'illustre troupe. Cette fois, l'imprésario a loué le Théâtre juif où règne la plus grande pagaille, au point que les deux pompiers qui devaient rester en coulisses se promènent au beau milieu du décor représentant la mer pendant les représentations !

C'est est trop pour notre jeune couple qui n'entend pas poursuivre plus loin cette aventure ridicule... Sacha s'en va trouver Schürmann :

« C'est impossible ! Franchement, cette tournée tourne à la catastrophe !

– Mon cher Guitry, qu'à cela ne tienne ! Si vous avez bien lu votre contrat, il est clairement stipulé que vous pourrez rompre la tournée à partir d'Odessa. Nous y sommes, alors rompons !

– Vous n'aurez pas à me le dire deux fois !

– Seulement, je n'ai plus d'argent. On doit m'en envoyer depuis Paris. Je suis donc bloqué ici. Il faut que vous avanciez l'argent des billets de la troupe, si vous voulez partir. Mais je vous rembourserai jusqu'au dernier centime sitôt que je serai rentré à Paris.

– Soit ! »

Le 28 février, tout le monde est de retour en France. Seulement, quand Sacha va prendre contact avec l'imprésario pour se faire rembourser ses billets, il apprend que ce dernier le traduit devant les tribunaux ! Le motif qu'avance Schürmann est le suivant : « Monsieur Guitry a interrompu la tournée et a ramené sa troupe à Paris sans l'en informer. » Et Sacha est condamné à lui verser des dommages et intérêts, car les juges ont cru en la bonne foi de l'imprésario pour une simple raison : c'est M. Guitry lui-même qui a payé les billets de sa poche !

Non content d'encaisser ses dommages et intérêts, Schürmann lui demande une photo de la tournée, avec une dédicace comme souvenir ! Sacha s'exécute et inscrit au dos du document : « À l'imprésario Schürmann qui m'avait dit qu'il me ferait tourner en Russie et qui m'a fait tourner en bourrique. »

Par la suite, il recevra régulièrement, avant chaque première, une demande de places provenant de Schürmann, terminant toujours ses lettres de la même façon : « N'oubliez pas que je suis votre mascotte. »

À la même époque, Lucien crée le rôle de Chantecler[12] dans la pièce éponyme d'Edmond Rostand, et fait bâtir son célèbre hôtel particulier du 18, avenue Élisée-Reclus, dont Sacha héritera par la suite...

Entre-temps, notre héros gagne son procès contre Porel et récupère le droit de pouvoir faire jouer *Nono* en d'autres théâtres parisiens. Quarante représentations de la pièce fétiche seront données cette année-là.

En mai, le cher Jules Renard meurt au terme de longues souffrances...

Sacha s'est obstiné quelque temps à donner régulièrement des conférences, mais le public s'est fait rare... Il décide donc de revenir au théâtre. À la fin d'un été studieux passé au château des Portes-Hellins, en Normandie, il a une petite provision de pièces qui ne demandent plus qu'à être jouées : *Le Veilleur de nuit*, *La Prise de Berg-op-Zoom*, *Son Dieu* (futur *Frans Hals*) et *Le Halali* (futur *Un beau mariage*). Côté littérature, il s'apprête à publier *La*

Correspondance de Paul Roulier-Davenel chez Dorbon, et rédige un petit conte que lui a commandé *Le Figaro Illustré* pour son numéro de Noël sous un titre, *Le Talisman de l'homme aux cheveux verts*, digne des romans de feu René de Pont-Jest.

L'automne qui s'annonce lui apporte de meilleures nouvelles encore... Son oncle Edmond Guitry, frère de Lucien, et quelques amis viennent de se porter acquéreurs du théâtre des Mathurins[13] et lui en offrent la direction. Enfin une situation stable ! Il y fait réaliser d'importants travaux, et Claude Monet lui donne de précieux conseils pour la décoration, qui se révèle charmante. Sacha décide de ne pas y faire jouer en priorité ses propres œuvres et programme celles de Birabeau, Duvernois et Fauchois.

Au même moment, le Théâtre Michel choisit sa pièce *Le Veilleur de nuit* pour la rentrée de janvier 1911. Marguerite Moreno ayant refusé le rôle de la bonne dite « Félonie », Charlotte saute sur l'occasion de se retrouver sur la même scène que son mari, qui interprète le rôle d'un jeune peintre prénommé Jean. Cette histoire raconte les aventures d'une femme entretenue par un homme très riche (Harry Baur[14]), qui ne peut passer ses nuits auprès de sa maîtresse puisqu'il est marié ! La maîtresse trouvant le temps bien long, et la jeunesse de Jean bien envoûtante, en fait son amant. La bonne, amoureuse de Jean, essaie d'alerter le riche protecteur de ce qui se passe. Ce dernier, loin de chasser l'amant, fait de Jean le « veilleur de nuit » de sa maîtresse, préférant savoir par qui il est trompé !

Le 2 février a lieu la première. Un seul mot : triomphe ! Le public, aussi bien que l'ensemble de la critique, s'enthousiasme pour la nouvelle pièce de Guitry. Le succès qui l'avait quelque peu abandonné depuis *Nono* est enfin de retour.

Adolphe Brisson donne le ton : « M. Sacha Guitry plaît infiniment au public : il lui plaît par ses qualités, un peu par ses défauts, par ce qu'il y a en lui de brillant, d'ironique, de gamin, d'effronté, par son laisser-aller, sa belle humeur, son extrême liberté, son irrévérence, son allure d'enfant gâté à qui tout est permis, même outrepasser légèrement les limites du bon goût. Il lui plaît également par son rare talent de comédien, talent si bien approprié à sa "manière littéraire", si étroitement apparié avec son tempérament qu'il n'a pas l'air d'avoir appris ses rôles, mais bien de les improviser en scène et de les vivre. »

Belle consécration pour Sacha, reconnu d'emblée comme un jeune auteur brillant, mais également comme un futur très grand comédien !

L'ami Léon Blum prend la plume pour lui adresser de longs compliments. Retenons cette phrase prémonitoire : « Quand vous aurez quarante-six ans, du ventre et un commencement de calvitie tardive, vous serez un grand homme, Sacha Guitry… »

Cette fois, c'est bien parti ! À nouveau des conférences, puis la reprise à la Renaissance du *Scandale de Monte-Carlo* remanié et présenté sous le titre *Le Feu de paille*. *Le Veilleur de nuit* sera joué cent soixante fois en cette année 1911. Chose extraordinaire quand on sait qu'à cette époque, une pièce qui atteignait la centième était rarissime. L'avenir est radieux et l'argent afflue enfin.

À la Renaissance on répète *Un beau mariage* qui évoque les amours d'un comte avec la fille d'un bookmaker. Ce dernier, veuf joyeux, essaie de « refiler » sa fille à un aristocrate désargenté en la dotant d'un million de francs. Le comte ne veut pas en entendre parler, avant de tomber amoureux de la fille du bookmaker et de faire finalement… un beau mariage ! Le public rit aux éclats et se montre une nouvelle fois conquis. Les critiques le sont toutefois un peu moins… Mais, cette fois, les choses ont changé ; ce n'est pas un four, mais bien un nouveau succès. Ce qui donne l'occasion à Sacha de s'exprimer dans *Gil Blas* sur ces personnages qui jugent son travail dans leurs journaux : « Quand ils parlent de moi, je les lis avec calme. À tous ceux qui me louent, je sais gré de leurs éloges. Quant aux autres, ils m'indiffèrent ; surtout quand j'ai par ailleurs l'approbation du public – la meilleure – et que je puis me dire ce que je me dis en ce moment : ma pièce marche, les spectateurs s'amusent d'un bout à l'autre de la représentation, et nous faisons le maximum. Ce qui m'attriste, chez les critiques, c'est leur habituelle incompréhension. Ils ont la prétention d'analyser notre pensée, mais, la plupart du temps, ils se trompent […]. Et puis, de quel droit s'érigent-ils nos juges ? La plupart d'entre eux s'improvisent critiques comme on devient marchands de pommade ou de macaronis. Je prétends – et je soutiendrai un de ces jours ma prétention –, je prétends que les critiques devraient être élus par les auteurs dramatiques ! »

On jouera un beau mariage quatre-vingt-seize fois.

Sacha profite de sa notoriété retrouvée pour exposer ses tableaux dans la galerie de ses amis Bernheim, au 15, rue Richepanse, d'octobre à novembre. Il s'agit d'œuvres exécutées principalement durant l'été et représentant quelques célébrités comme Hugo, Renan ou la jeune Colette, mais également une série de paysages. Ces peintures sont proposées à la vente et semblent avoir vite trouvé des amateurs.

Toujours en novembre, l'Automobile Club lui commande une courte pièce pour son gala annuel, *Un type dans le genre de Napoléon*. Basée sur une histoire de jalousie et de pardon, et du besoin qu'ont certains hommes trompés de connaître les moindres détails des infamies qu'ont pu perpétrer leurs maîtresses, le spectacle remporte un joli succès.

L'hiver passe vite entre l'écriture de sa nouvelle pièce, une conférence et une petite tournée sur la Côte d'Azur, à Nîmes et à Lyon.

Au mois de mars suivant, le Théâtre de la Comédie-Royale affiche sa nouvelle pièce, *Jean III ou L'Irrésistible Vocation du fils Mondoucet*. Les journalistes, cette fois, en parlent avant même de l'avoir vue, et se déplacent pour recevoir les confidences de l'auteur-acteur, à l'exemple du journal *Le Temps* :

« Ma comédie se déroule dans le monde du théâtre. N'imaginez pas que je me suis risqué à exposer la psychologie de ce monde-là. Une telle entreprise serait indécente. Non, j'ai voulu montrer ce qui se passe autour d'un incident de coulisses, un changement soudain dans l'interprétation d'une pièce. Il y a longtemps que je voulais faire cette pièce. Si elle réussit, je la referai ; si elle échoue, je la referai aussi. »

Cette œuvre, dans laquelle passe toute la fantaisie de Sacha (certains diront « toute la folie » de la jeunesse d'une époque que l'on dit « Belle »), est surtout une plongée bien réelle dans le monde du théâtre. Il est passionnant de découvrir, pour le spectateur qui ignore tout de ses coulisses et de ses rites, cet univers si particulier ; et l'on peut aisément penser qu'affluent dans cette pièce bien des souvenirs « vécus » par le fils ou le père Guitry. On y déguste de savoureuses caricatures de tous ceux qui peuplent l'univers théâtral. La critique n'hésite pas d'ailleurs à écrire : « La nouvelle comédie de M. Sacha Guitry a obtenu un irrésistible succès de rire. On y a ri de tous les rires, depuis les plus fous jusqu'aux plus raisonnables. On y a ri comme si la vie n'existait pas, comme si l'on n'avait jamais ri, comme si l'on n'avait pas une mauvaise action à se reprocher, pas un remords, pas un regret, pas un ami, pas un confrère. »

Jean III ou L'Irrésistible Vocation du fils Mondoucet atteint quatre-vingt-six représentations « seulement ». On pouvait, devant cet enthousiasme, en espérer plus, mais une certaine partie du public s'est peut-être confrontée avec difficulté au rythme de cette œuvre qui annonce un nouveau comique « à la Marx Brothers ».

Désormais, seul le sort de sa future pièce, *La Prise de Berg-op-Zoom*, préoccupe Sacha. Il lui faut donc trouver un directeur et un théâtre pour l'automne. Alphonse Franck, le patron du Gymnase, ne semble guère enthousiaste à la lecture du manuscrit. Il faut chercher ailleurs... Sacha a suffisamment confiance en son talent et en son étoile pour affronter l'un des plus difficiles directeurs de la place de Paris, Gustave Quinson[15], qui règne sur le Théâtre du Palais-Royal. Ce dernier a très envie de faire jouer Guitry chez lui, même si l'auteur quelque peu excentrique de *Jean III* l'inquiète. C'est dans un climat un rien tendu que se déroule la lecture. Sitôt terminée, Quinson pose à Sacha une question qui le déroute :

« Dites-moi, mais dites-moi franchement ! Pour vous, quel est le plus remarquable théâtre de Paris où un auteur de comédie puisse rêver d'être joué ?

– C'est une drôle de question, car vous êtes vous-même directeur d'un théâtre et...

– Oui, oui, je sais ! Mais répondez-moi sans tenir compte de ma qualité !

– Eh bien ! le plus remarquable à mes yeux, c'est bien entendu le Vaudeville.

– Alors, vous jouerez *La Prise de Berg-op-Zoom* au Vaudeville !

– Je ne vous suis pas ?

– Votre pièce, je la juge remarquable ! Et je veux pour elle le meilleur des théâtres. Alors je vais aller voir Porel et lui louer le Vaudeville. »

Sacha en est quelque peu abasourdi, mais, dès le lendemain, l'affaire est faite !

L'été se déroule gentiment en Normandie où le couple, entouré d'une kyrielle d'amis, se remet d'une année magnifique mais ô combien éreintante. Sacha en profite pour terminer l'écriture de *Pas complet*, comédie bouffe qui sera créée en septembre au Théâtre Marigny et affichera complet le temps de trente-quatre représentations.

Dès la rentrée, ce sont les répétitions de *La Prise*... Seulement Porel, avec lequel Sacha a fait la paix, se sent brusquement investi de la mission de metteur en scène ! Très vite, notre auteur n'en peut plus et écrit quelques lignes bien senties au propriétaire du Vaudeville : « J'ai, jusqu'ici, écrit, monté et joué moi-même mes pièces afin d'avoir toutes les responsabilités et, vraiment, le destin m'a tant de fois favorisé que je ne me sens pas le courage de lui retirer ma confiance aujourd'hui. » Et, sans plus de manières, il prie M. Porel de ne remettre les pieds dans son théâtre que le jour de la répétition générale ! Ce dernier, qui n'aime guère les manières de « ce jeune prétentieux et arriviste d'auteur », se répand alors dans le tout-Paris en racontant que la pièce sera un four redoutable, et pousse même la muflerie jusqu'à programmer une nouvelle pièce un mois à peine après la date à laquelle doit débuter celle de Sacha Guitry !

Mais Quinson reste confiant, et Sacha aussi. Et bien leur en prend, car les deux hommes rencontrent immédiatement le succès dans leur entreprise. *La Prise de Berg-op-Zoom* est jouée deux cents fois de suite au Vaudeville, et ce, jusqu'au 13 avril 1913 !

Cette œuvre, assez longue, séduit le public car il y retrouve l'influence d'Allais, Capus et Feydeau. Sacha y est éblouissant d'esprit et de trouvailles. Le critique Gaston de Palowski rend d'ailleurs un bel hommage à l'auteur : « Dès le lever du rideau, ce ne sont que trouvailles ingénieuses, qu'absurdités logiques, déconcertantes, mais qui cependant, non seulement ne sortent jamais des limites de la vraisemblance, mais correspondent exactement aux absurdités et aux illogismes de la vie de chaque jour. C'est, en ce sens, une critique de nos mœurs actuelles beaucoup plus profonde qu'elle n'en a l'air tout d'abord. [...] À chaque instant, à chaque mot, à chaque phrase, nous sentons poindre des idées nouvelles, des rapports inattendus, des associations d'idées que nous ne connaissons point. »

Ce que ne voit pas Palowski, c'est que, plus qu'une simple critique de mœurs, Guitry, tout comme l'a fait Molière en son temps, brosse non seulement de façon juste et talentueuse un portrait « instantané » de son époque, mais surtout un portrait « éternel » des rapports qui régissent la vie et les sentiments entre les hommes.

Être de son temps tout en étant de toujours : voilà la clef du succès permanent de Guitry qui, aujourd'hui encore, plus de cinquante ans après sa mort, tient toujours le haut de l'affiche et assure à ses pièces cette éternité... À l'époque de *Nono* ou de *La Prise de Berg-op-Zoom*, Sacha n'en est évidement pas conscient. Mais, vers la fin de sa vie, il saura qu'une partie de son œuvre pourra lui survivre.

À la centième de la pièce, le 29 décembre 1912, Porel, toujours aussi malin, se jette au cou de Sacha et le complimente sans fin. Il fait son mea-culpa et obtient la promesse que l'auteur lui donnera une nouvelle pièce !

Cette année 1913 qui commence est pleine de promesses. Le temps des vraies tournées, longues et bien payées, s'annonce... Ainsi, en mars et avril, le couple chéri et reconnu du théâtre parisien joue *Le Veilleur de nuit* dans le sud de la France et en Italie. En mai, à Paris, on reprend au Vaudeville *La Prise de Berg-op-Zoom*.

Les Guitry font construire une maison de vacances à Yainville-Jumièges, à laquelle on donne le nom « Chez les Zoaques ».

Et le succès donne des ailes à Sacha, car, dans l'été, il écrit deux pièces, *La Pèlerine écossaise* et *Deux Couverts*. Octave Mirbeau décide de lui rendre visite « Chez Les Zoaques ». Sitôt arrivé, il demande à son hôte de lui lire *Deux Couverts*. Quand l'auteur a terminé sa lecture, un long silence s'ensuit. Mirbeau le regarde avec un petit sourire et ne dit que deux mots en guise de commentaire :

« Encore, Sacha !

– Pardon, cher ami ?

– Oui, encore, Sacha ! Relisez-moi votre pièce ! »

À la fin de la seconde lecture, Octave Mirbeau, bien calé au fond de son fauteuil, lance :

« Magnifique ! Votre pièce, Sacha, est magnifique. Quand je dis cela, je veux dire que *Deux Couverts* est digne de la Comédie-Française, et que je vais de ce pas aller la porter à Féraudy[16] qui l'aimera autant que moi, j'en suis certain. Et vous verrez qu'il demandera à Jules Claretie [l'administrateur de la maison de Molière] de l'inscrire au répertoire ! »

Féraudy, effectivement, est emballé et devient le meilleur avocat du jeune Guitry. Claretie recevra Sacha à plusieurs reprises et lui laissera présager que sa pièce pourra effectivement prétendre être reçue à la Comédie-Française…

Un bel été pour Sacha qui met également la dernière touche à son premier ouvrage de réflexions et pensées diverses, véritable dictionnaire de sa philosophie personnelle, plein de verve et d'esprit, qui paraîtra bientôt chez Maurice de Brunoff sous le titre *Jusqu'à nouvel ordre*. Retenons un court extrait de ce texte, rare et malheureusement oublié, parfois délicieusement provocateur : « Le cœur. Quand on dit d'un homme qu'il a du cœur, on veut dire simplement qu'il est peu intelligent, incapable de prendre une initiative, pas très bien portant, ennuyeux dans la conversation. Et quand on dit d'un homme qu'il n'a pas assez de cœur, on veut tout simplement dire qu'il possède un certain empire sur lui-même, on veut dire qu'il est personnel, qu'il a de la volonté, de la sagesse, de l'intelligence, et qu'il est d'un commerce agréable. »

Après des débuts difficiles, après s'être tant cherché, après bien des échecs cuisants, Sacha a enfin une certitude : il sera non seulement un acteur, comme son père, mais, mieux encore, un acteur qui ne jouera que ses propres œuvres !

Pour fêter le temps des triomphes, Charlotte et Sacha s'installent à l'automne 1913 dans un ravissant hôtel particulier du XVIe arrondissement, au 15, villa Dupont.

Notes

1. Daniel Iffla, dit Osiris (1824-1907) : fait fortune à la Bourse de Paris et dans les chemins de fer espagnols. Il consacre une grande partie de cette fortune au mécénat, à la sauvegarde du château de la Malmaison et à la construction de plusieurs synagogues en France et à l'étranger. Il lègue ses biens aux œuvres de charité, à la ville de Bordeaux ainsi qu'à sa parente, Charlotte Lysès.

2. Edmond Sée (1875-1959) : critique dramatique très influent, il publie ses chroniques dans plusieurs journaux, ainsi qu'à la radio. Il écrit également quelques pièces de théâtre. Ami de Lucien Guitry, il appuie les débuts d'auteur du jeune Sacha.

3. Louis-Alfred Natanson, dit Alfred Athis (1873-1932) : fils d'un richissime homme d'affaires polonais, il fait partie, avec ses frères Alexandre (1867-1936) et Thadée (1868-1951), des personnalités les plus influentes des cercles intellectuels et artistiques parisiens. Il fonde *La Revue blanche* où il tient la rubrique des critiques dramatiques. Il écrit également quelques pièces de théâtre. Les investissements hasardeux de son frère Thadée ruinent cependant la famille.

4. André Antoine (1858-1943) : très influencé par les écrits d'Émile Zola et par les dramaturges scandinaves, il fonde le mouvement naturaliste du Théâtre-Libre. En 1906, il prend la direction de l'Odéon, qu'il quitte en 1914 pour devenir réalisateur de cinéma, auquel il applique ses conceptions naturalistes. À partir de 1919, il devient un critique de théâtre et de cinéma influent.

5. Firmin Tonnerre, dit Firmin Gémier (1869-1933) : ayant échoué au concours d'entrée du Conservatoire, il apprend sur le tas le métier d'acteur avant d'entrer au Théâtre-Libre d'André Antoine. À la fois acteur – il crée le rôle d'Ubu dans *Ubu roi* d'Alfred Jarry – et directeur de salles (Théâtre de la Renaissance, Théâtre-Antoine...), il fonde le Théâtre national populaire, puis termine sa carrière comme directeur de l'Odéon. En 1924, il organise le transfert des cendres de Jean Jaurès au Panthéon.

6. Josse Bernheim (1870-1941) et Gaston Bernheim (1870-1953) : à l'image de leur père Alexandre Bernheim (1839-1915), ami des peintres et possesseur d'une galerie d'art, ils ouvrent la galerie Bernheim-Jeune à Paris, où ils exposent les peintres de l'Avant-garde, de Cézanne à Modigliani en passant par Matisse.

7. Dominique Bonnaud (1864-1943) : contre l'avis de sa famille, il se lance avec succès dans le métier de chansonnier. Il participe à la création de plusieurs salles de spectacle, dont le théâtre des Mathurins et La Lune Rousse. Son succès et sa renommée lui permettent de devenir président de l'Amicale des chansonniers.

8. Édouard-Alexandre Max, dit Édouard de Max (1869-1924) : tragédien extrêmement populaire, il joue aussi bien des rôles classiques que des rôles d'avant-garde. Il tourne également pour le cinéma. Connu pour ses extravagances, il défraie volontiers la chronique, se créant ainsi un personnage.

9. François Denis Richepin, dit Tiarko Richepin (1884-1973) : commence sa carrière de compositeur d'opérettes en écrivant la partition de *Tell Père, Tell Fils*, de Sacha Guitry. Il connaît quelques succès avec ses compositions pour la scène et pour le cinéma, jusqu'à sa dernière œuvre, *L'Auberge qui chante*, créée en 1941 par André Dassary. Il tombe dans l'oubli après la Seconde Guerre mondiale.

10. Créé au Cabaret Voltaire en 1916 par des artistes réfugiés en Suisse pendant la Première Guerre mondiale, le mouvement dada, ou dadaïsme, cherche à rompre avec les traditions et les conventions établies. Privilégiant la liberté, la spontanéité et la dérision, les artistes dada s'inscrivent dans une démarche ludique, irrespectueuse et parfois absurde. Le mouvement se développe très vite en Europe, mais s'essouffle dès 1920. En 1923, la brouille entre Tristan Tzara et André Breton signe la rupture des surréalistes et la fin du dadaïsme.

11. Lucien Paul Marie-Joseph Rolland, dit Max Dearly (1874-1943) : comédien de vaudevilles et vedette du music-hall, il connaît un immense succès comique. Dès 1908, il tourne pour le cinéma et enchaîne plusieurs films prestigieux, dont *Madame Bovary*, de Renoir.

12. Pièce en vers, *Chantecler* d'Edmond Rostand évoque la vie d'une basse-cour dont le coq, envié par le dindon et courtisé par la faisane, détient le pouvoir de faire lever le Soleil grâce à son chant. Cette féerie ne rencontre pas son public lors de sa création en 1910.

13. Le 10 octobre 1898, Marguerite Deval inaugure un théâtre, rue des Mathurins, dans un ancien salon ouvert au public, qui programmait des concerts depuis 1893. Baptisé théâtre des Mathurins en 1912 par Edmond Guitry, frère de Lucien, il garde ce nom jusqu'à sa mort en 1918. En 1919, Sacha Guitry fait rouvrir le théâtre de ses débuts sous le nom de Théâtre de Sacha Guitry. La succession d'Edmond étant difficile, le théâtre change alors de propriétaire et ouvre une nouvelle fois en 1920 sous le nom de Nouveau Théâtre des Mathurins, avec la création d'*Un type dans le genre de Napoléon*, de Sacha Guitry.

14. Henri-Marie Rodolphe Baur, dit Harry Baur (1880-1943) : destiné à une carrière religieuse par sa famille, il suit des cours d'hydrographie, avant d'opter pour le théâtre. À partir de 1930, il devient l'un des acteurs les plus courus du cinéma français, étant même présenté comme le rival de Raimu. Dénoncé à tort comme juif à la Gestapo en 1942, il est torturé, puis relâché. Il décède des suites de ses blessures en 1943.

15. Gustave Quinson (1863-1943) : homme d'affaires accompli, il devient directeur du Théâtre du Palais-Royal en 1910. Il étend son influence sur les théâtres parisiens en prenant les commandes du Gymnase, du Vaudeville et des Bouffes-Parisiens. Il écrit également plusieurs pièces.

16. Maurice de Féraudy (1859-1932) : créateur et interprète régulier du rôle d'Isidore Lechat dans *Les Affaires sont les affaires*, de son ami Octave Mirbeau, il est une des figures centrales de la Comédie-Française où il entre en 1880 et dont il devient le doyen en 1929. À partir de 1919, il joue également pour le cinéma. Il est par ailleurs l'auteur de plusieurs chansons de Paulette Darty.

4

Yvonne

« – Comment les autres hommes peuvent-ils vivre sans toi ? »

SACHA GUITRY, *Elles et Toi.*

Notre jeune couple n'aura pas le loisir de consacrer tout le temps voulu à l'aménagement de « leur » hôtel particulier (en fait, ils n'occupent qu'une partie de l'immeuble). À peine un mois plus tard, une grande tournée, proposée par l'imprésario Victor Ullman, les entraîne dans un long périple de deux mois, du nord de la France jusqu'à des destinations plus exotiques, puisqu'ils vont se produire dans des théâtres de Constantinople, Athènes, à Alexandrie et enfin au Caire. Six pièces sont jouées alternativement : *La Prise de Berg-op-Zoom*, *Le Veilleur de nuit*, *Nono*, *Petite Hollande*, *Un beau mariage* et *Le Mufle*. Sitôt rentrés à Paris, ils n'ont pas le temps de défaire leurs malles, car Bruxelles les réclame pour un mois. Ils y jouent *La Prise de Berg-op-Zoom*.

Puis, en janvier, s'enchaînent les répétitions de *La Pèlerine écossaise*. Le 12 de ce mois, Charlotte réussit à entraîner son mari à la Gaîté-Lyrique, car elle veut lui faire entendre une jeune chanteuse promise au plus bel avenir et dont on lui a beaucoup, beaucoup parlé. Sacha n'est pas très chaud, mais, comme les projets théâtraux sont nombreux chez les Guitry, il est toujours bon de s'intéresser à celles et ceux qui, ayant le vent en poupe, pourraient devenir de futurs interprètes.

Sacha quitte donc sa bulle pour assister à cette féerie intitulée *Les Contes de Perrault*, et découvre, subjugué, la demoiselle de dix-neuf ans en question. Il ressent aussitôt un terrible coup de foudre ! Il vient de faire la rencontre d'Yvonne Printemps...

La jeune femme, qui a triomphé dans la revue *Ah ! Les beaux nichons !*, aux côtés de Maurice Chevalier, possède cette grâce, ce charme, ce sens de la séduction qui ne la quitteront jamais. Désormais, Sacha ne peut s'empêcher de penser à elle à chaque instant, si bien que Charlotte se rend compte du brusque changement survenu chez son mari. Changement qui se traduit par une sorte d'indifférence polie... Intuitive, comme bien des femmes, elle imagine qu'il lui cache probablement une petite aventure. Certes, il en a déjà eu d'autres, brèves, discrètes et sans importance. Mais est-ce bien la même chose ? Cette fois, cela semble plus sérieux, et du coup elle devient plus irritable, moins sûre d'elle, au point que Colette, l'amie du couple, note une « tension » inhabituelle chez elle pendant les répétitions de *La Pèlerine écossaise*.

Sacha ne veut rien dire qui puisse le trahir, et, dans le programme de la pièce, va jusqu'à livrer ses impressions de mari heureux et épanoui : « Je joue une pièce de moi, avec ma femme, avec mes amis et avec mes chiens, dans un triple décor qui représente ma maison de campagne. Étant extrêmement jaloux de mon existence privée et refusant ma porte à tous ceux qui tentent de la forcer, j'ai voulu, l'autre soir, ouvrir toutes grandes les portes de chez moi et leur montrer que ma vie, bien qu'elle passe pour être burlesque, n'est pas tellement différente de la leur. »

Dans cette pièce – écrite, rappelons-le, durant l'été précédent –, Sacha parle essentiellement de l'usure de l'amour conjugal. De là à penser qu'il met dans la bouche de ses personnages les mots que lui inspirent ses réflexions sur son propre couple, il n'y a qu'un pas que les amis du ménage franchiront aisément en assistant aux représentations de *La Pèlerine écossaise*.

Mais quand, sur scène, Philippe (Sacha Guitry) dit à Françoise (Charlotte Lysès) les phrases suivantes : « As-tu remarqué et comprends-tu que depuis quelque temps nous nous laissons aller... ? Parce qu'on vit ensemble depuis six ans, on se dit que ce n'est pas la peine de se gêner... et on a tort ! Comme on ne peut se plaire davantage, on ne se dit pas que peut-être on peut moins se plaire, si bien que le respect que l'on se doit diminue chaque jour et que la pudeur s'en va », – les intimes comprennent que le couple Guitry est probablement en crise.

Pourtant, Charlotte, elle, nie cette crise… Que son mari écrive et lui fasse jouer à ses côtés une œuvre de la sorte, ce n'est qu'un hasard ! N'est-il pas un auteur dramatique, c'est-à-dire apte à tout inventer ? *La Pèlerine écossaise* reste une œuvre de fiction, prétend-elle à ceux qui s'inquiètent pour son couple, et il est même bien possible qu'elle en soit très sincèrement persuadée !

Certains vont même jusqu'à dire qu'il s'agit d'un appel « inconscient » de Sacha adressé à sa femme. Mais, malheureusement pour Charlotte, nous n'en sommes déjà plus à ce stade, car Sacha n'éprouve plus de sentiment amoureux à son égard. Il ne voit déjà plus en elle que l'« associée », la « camarade ». Elle n'est plus la maîtresse et ne sera jamais le grand amour de sa vie !

Comme la plupart des hommes, en pareille circonstance Sacha est terriblement lâche, et se contente gentiment, en bon égoïste, de ce confort du quotidien que lui offre sa femme. Charlotte l'aime, le materne ; lui-même se laisse faire et se construit en définitive une vie assez bourgeoise, pas si différente de celle d'un « vieux couple ».

Il est vrai que ce métier le dévore, qu'il n'a guère le temps de tout remettre en cause, même si une chose commence à l'agacer quelque peu : cette façon qu'a Charlotte de revendiquer en permanence « leurs » succès et « leurs » réussites, comme si elle détenait la moitié des parts du génie de l'auteur, voire de l'acteur ! Cette façon qu'a Charlotte de suggérer : « Sacha Guitry, c'est moi ! » commence à devenir encombrante…

Pourtant, rien ne bouge, tout aurait pu continuer ainsi pendant quelques années encore si le regard de braise d'une biche de dix-neuf ans n'était venu embraser non seulement son cœur, mais toute son âme ! Sacha reste timide avec les femmes, surtout celles qu'il apprécie le plus… Mais il se trouve toujours un bon ami qui sait se dévouer pour aller expliquer à une jeune actrice qu'un auteur très en vue serait particulièrement honoré de la rencontrer pour parler… théâtre !

Ainsi la jeune Printemps vient un beau soir, suivie de quelques autres, retrouver M'sieur Guitry (comme l'appellera la mère d'Yvonne Printemps, surnommée « Mme Hiver ») dans les coulisses du théâtre pour quérir ses conseils et espérer (qui sait ?) un rôle. Tout cela reste très correct, mais Charlotte comprend pourquoi son mari est désormais, pour ainsi dire, « ailleurs ». Charlotte a du tempérament, un sacré caractère qui peut se transformer, avec la vitesse de l'éclair, en très mauvais caractère ! Les comédiens et le personnel du théâtre deviennent alors les témoins de quelques scènes privées du couple Guitry et ne perdent pas une miette de leurs échanges, une fois la porte de la loge refermée :

« Je ne t'aime pas comme cela, Charlotte ! Pourquoi es-tu imbuvable, désagréable, irritable, non seulement avec moi, mais avec tous ceux qui nous entourent ?

– Tu en connais la raison, non ?

– Ah, tu veux parler de cette petite ! Je me dois de te rappeler que c'est toi qui as désiré que nous allions la voir, non ? Et, si je me souviens bien, c'est également toi qui m'en as dit grand bien, après l'avoir vue sur scène…

– Es-tu obligé de la voir tout le temps ?

– Mais je ne la vois pas plus que cela ! Je songe à elle pour un prochain rôle, c'est vrai. Et il me semble que c'est normal de la part d'un auteur de rencontrer ses futurs interprètes. Ne t'imagine rien de mal… »

Mais Charlotte, justement, s'imagine le pire ! Et elle est bien décidée à surveiller son mari de très près, et à faire la chasse à cette fausse ingénue de Printemps. Sacha, prudent, la verra moins souvent, moins longtemps, mais surtout le plus discrètement possible. Hélas, ce mois de février 1914 ne facilite pas leur relation, car une grande nouvelle professionnelle monopolise toute son attention : il vient d'avoir confirmation que sa pièce *Deux Couverts* a bien été acceptée à la Comédie-Française, et le successeur de Claretie (brusquement décédé), Albert Carré, a souhaité le rencontrer pour mettre au point tous les détails. La conversation s'engage d'une drôle de façon :

« Mon cher Guitry, j'ai beaucoup aimé votre sketch !

– Excusez-moi, monsieur l'administrateur, mais de quoi parlez-vous ?

– Je parle de votre petite pièce. C'est d'un comique...

– Ce n'est pas vraiment ce que j'ai cherché à produire comme effet...

– Ah, tiens ! Pourtant, en la lisant, je n'ai pas cessé de me tordre, et je veux vous suggérer des comédiens qui, chez nous, pourront jouer ce type de rôles.

– Ah, je crois que nous n'avons pas le même point de vue sur ces *Deux Couverts*. Pourriez-vous me permettre de vous lire ma pièce, et de vous démontrer que ce n'est ni un sketch, ni une farce ? »

Sacha arrive heureusement à faire comprendre à l'administrateur son erreur de jugement. Ils se quittent les meilleurs amis du monde, et l'auteur obtient la distribution qu'il souhaite.

Mais une mauvaise angine, suivie d'une méchante grippe, contraignent Sacha à quitter son rôle dans *La Pèlerine*, le 27 mars. La pièce demeurant un succès, il demande à Violet de reprendre son rôle. Le lendemain a lieu la première des *Deux Couverts* à la Comédie-Française, en l'absence de l'auteur, désespérément seul au fond de son lit !

Deux Couverts brosse un portrait assez saisissant des rapports père-fils, et des conflits de générations. La brouille avec Lucien a été d'un précieux secours pour trouver l'inspiration nécessaire à l'écriture de cette histoire. L'accueil est bon. Claude Monet et Octave Mirbeau viennent voir Sacha sur son lit de douleurs pour le féliciter. Mais la maladie s'aggrave, la fièvre monte parallèlement à la folle rumeur qui court dans Paris : Sacha Guitry est au plus mal, on le dit mourant, ce n'est plus qu'une question d'heures !

Il est vrai qu'il a 41 °C de fièvre ! Ordre est alors donné aux journalistes de préparer la nécrologie de ce jeune auteur-acteur si doué, mais « devant » hélas partir si tôt !

Avec cette occasion « inespérée », Charlotte reprend la situation en mains et se montre, à son habitude, exemplaire dès qu'il s'agit de veiller sur son mari, ainsi que l'explique Colette à son amie Marguerite Moreno : « Lysès fait des prodiges, comme toute femelle dévouée sait faire. Elle passe ses nuits, joue en matinée, en soirée, déplace Sacha (!) dans son lit trente fois en douze heures. Enfin, pour qu'elle n'en crève pas, on lui impose une garde pour la prochaine nuit. »

Épuisée, Charlotte se voit obligée de se faire remplacer et cède son rôle à Renée Ludger, tandis que Sacha se remet doucement de cette épreuve en en profitant pour noter ses réflexions sur « la maladie », qui donneront lieu quelque temps plus tard à un délicieux livre qui porte ce titre. Charlotte a au moins une consolation : cette maladie a éloigné la Printemps de son cher et tendre époux, et elle imagine – bien à tort – l'épisode terminé. Installé pour sa convalescence « Chez les Zoaques », Sacha supporte mal l'atmosphère humide des lieux, ce qui lui procure de nouvelles et douloureuses crises de rhumatismes.

Le 2 août, c'est la déclaration de guerre à l'Allemagne. Bien qu'encore très fragile, Sacha prend la décision de rejoindre Paris. Sur la route, les Guitry apprennent que l'accès à la capitale est momentanément impossible. Trop tard pour faire demi-tour… Le couple a une idée : demander asile à l'ami Ajalbert, conservateur du château de la Malmaison. À ce moment précis, l'on imagine une guerre éclair, et Charlotte se verrait bien rester réfugiée dans la résidence de l'impératrice Joséphine. Pourtant, Sacha veut absolument regagner la capitale et demande alors à son frère Jean de venir le chercher en automobile. Ce dernier accourt et confie à son frère qu'il a demandé à s'engager.

Sacha est à Paris, mais les médecins ne souhaitent pas que leur malade s'y attarde et le prient avec une grande fermeté de rejoindre sa maison en Normandie. Seulement, on annonce les Allemands aux portes de Rouen ! Le voilà qui se décide, cette fois, à se réfugier à Deauville où il retrouve de nombreux Parisiens aussi célèbres que lui. On y vit presque joyeusement, dans une certaine excitation, et l'enthousiasme gagne la petite colonie quand on apprend la victoire de la Marne. Cela redonne à la fois le moral et une meilleure santé à notre héros qui, reprenant des forces, repense au joli sourire d'Yvonne. À nouveau le couple traverse une passe difficile et les scènes se succèdent, ce qui ne l'empêche nullement d'organiser une belle soirée de gala, au casino de Deauville, au profit des blessés.

Au mois d'octobre, les terribles crises de rhumatismes réapparaissent avec encore plus de force. Cette fois, Sacha et Charlotte prennent la direction du Midi et se retrouvent à Beaulieu en compagnie de Marguerite Moreno et de son compagnon, Jean Daragon. Devant son état jugé assez alarmant, les médecins lui recommandent finalement une cure à Dax. Mais Charlotte, qui vit de plus en plus mal leur crise conjugale, refuse de l'y accompagner, et c'est Daragon qui se dévoue…

À Dax, les bains de boue ne suffisent pas à soulager Sacha qui passe la plupart de son temps au lit. Quelques jours après son arrivée, sa convocation devant le conseil de réforme lui parvient. Ne pouvant bouger de sa chambre, un médecin-major, accompagné d'un gendarme, se présente à l'Hôtel des Thermes pour vérifier son état. Devant les genoux monstrueusement enflés qu'il leur montre, les deux hommes ne peuvent que constater que Sacha Guitry est pour le moment incapable de se présenter. En attendant, que faire de ce désœuvrement total ? Une seule chose : une pièce ! Et le voilà qui écrit *La Jalousie*.

Les soins prodigués à Dax ne l'enchantent guère, comme il le confie à divers intimes dans les longs courriers qu'il leur adresse : « La boue sent la merde bouillie et l'on s'ennuie plus ici certainement que sous aucun autre point du monde. »

À Charlotte, en cette période tendue, il ne veut pas donner directement de ses nouvelles. Il préfère écrire à Marguerite Moreno sans pour autant oublier de lui faire des recommandations « affectueuses » concernant sa femme : « Soigne bien Charlotte, car elle est digne de toutes les tendresses. […] Que Charlotte mange bien, dorme longtemps et ne prenne pas froid, surtout ! »

Ces minauderies n'impressionnent guère Charlotte qui pense à la séparation, et s'en est confiée à Marguerite. Cette dernière n'a pas manqué de prévenir, avec la discrétion voulue, Jean Daragon. Du coup, il donne des nouvelles de Sacha à Marguerite, et aussi quelques conseils à destination de Charlotte : « Ici, le gros et bon garçon est confiant et relativement tranquille, complètement tranquille, même, si je juge sur l'apparence. Il ne faut pas qu'il ait l'immense chagrin qu'il ne manquerait pas d'avoir. Je suis certain que Charlotte aura désormais l'existence qu'elle souhaite avoir, mais qu'elle ne casse rien ; ça n'en vaut pas la peine, et puis, le regretterait-elle, trop tard... »

Fin décembre, les deux hommes regagnent le Midi, puis, en février 1915, ils sont de retour à Paris pour les répétitions de *La Jalousie* au théâtre des Bouffes-Parisiens.

Mais Sacha n'a plus qu'une idée en tête : revoir Yvonne ! Et il revoit Yvonne...

Charlotte est dans un état terrible. Après l'excitation vient le temps de la dépression et de légers troubles de santé. Sacha, tout en répétant à ses amis inquiets : « Charlotte fait partie de moi-même », semble plus préoccupé des potins et des ragots que l'on rapporte sur son couple que des réels états d'âme de sa compagne.

Compte tenu de son état de santé, il ne devrait pas jouer *La Jalousie*. Mais Quinson se montre très convaincant. Il lui propose de ne monter sur scène que trois ou quatre fois par semaine, et lui assure que les bénéfices de ces représentations seront versés à des œuvres de bienfaisance. Sacha finit par accepter et se retrouve aussitôt au cœur d'une polémique. « Guitry est malade pour faire la guerre, mais pas pour faire le saltimbanque ! », grince-t-on dans Paris. De ce fait, il se sent dans l'obligation de s'en expliquer publiquement, le soir de la générale, avant le lever du rideau. Aux spectateurs, il déclare : « J'ai pensé que, puisque je ne pouvais faire ce que font actuellement les hommes de mon âge, j'avais le droit et le devoir de faire mon métier... Je voudrais lutter autant que je puis le faire contre l'hypocrisie, et je veux que nous soyons fiers, ouvertement, d'exercer un métier que nous avons choisi et qui n'a aucune raison de devenir inférieur parce que le pays est en guerre... »

La Jalousie est une œuvre maîtresse de Guitry. Il y démontre avec délices la façon dont un homme maladivement jaloux peut en arriver, par un comportement imbécile, à causer son propre cocufiage ! Pour ajouter au ridicule du personnage, l'auteur fait de son héros un homme totalement imbu de sa petite personne, ayant l'obsession d'obtenir la Légion d'honneur (que ses simples mérites ne lui permettent guère d'espérer sans appuis ou piston divers). Même si *La Jalousie* est une comédie, Sacha réussit avec brio à retranscrire la façon tragique dont naît et grandit ce sentiment si violent. Au point que, désirant que sa pièce reste, à l'avenir, une œuvre aussi pétillante qu'une coupe de champagne, il fera inscrire, en prologue au manuscrit, ces quelques lignes : « Je prie instamment les comédiens qui joueront dans cette pièce les rôles d'Albert et de Marthe de ne pas dénaturer ma pensée en dramatisant trop les situations dans lesquelles ils se trouvent, et, notamment, je m'adresse à ceux qui me feront le plaisir et l'honneur d'interpréter le rôle d'Albert. L'ayant joué moi-même, je me suis rendu compte qu'il était assez facile de faire partager au public ses angoisses. Je n'y tiens pas. Albert Blondel est malheureux sincèrement, il traverse une crise, mais il est dans son tort, et je préfère qu'on en rie. »

Le public ne choisit pourtant pas d'en rire, et boude curieusement cette pièce. Probablement est-ce la faute de la cabale qui se monte contre Sacha à une époque où il est de bon ton d'afficher un patriotisme exacerbé. Certains n'hésitent pas à dire : « On ne va pas voir la pièce d'un auteur qui s'est débrouillé pour ne pas aller au front ! » Cela va porter ses fruits, puisque *La Jalousie* ne connaîtra que vingt-deux représentations aux Bouffes, puis douze au théâtre du Gymnase.

Pour autant, Sacha ne se démonte pas et se consacre à deux projets passionnants. Le premier a pour conséquence de le rapprocher de l'un de ses anciens amis d'enfance, un certain Albert Willemetz, secrétaire de Clemenceau, mais avant tout poète, journaliste et futur grand librettiste !

Ce nouveau projet est surtout l'occasion, pour Guitry, de retrouver la jeune Yvonne Printemps à laquelle il destine la revue qu'il s'est mis à écrire avec Willemetz. Albert est chargé de garder le contact permanent avec Mlle Printemps, ce qu'il va s'employer à faire avec un plaisir certain, et, paraît-il, un empressement qui le conduira même à vivre une courte aventure avec la jeune artiste !

Sacha reste, pour le moment, un peu sur la réserve, car Charlotte ne le quitte pas d'une semelle. De plus, pour rester aux côtés de son mari, elle a décidé de l'aider dans l'autre projet, plus avant-gardiste, auquel il se consacre… Nous sommes au début du cinéma (muet, bien entendu...) et notre héros a compris d'emblée combien le futur Septième art peut servir de « mémoire » à l'usage des générations futures. Son idée est simple, mais préfigure en quelque sorte le documentaire historique cinématographique :

« Vois-tu Charlotte, nous qui avons la chance d'être les contemporains de grands hommes, nous avons le devoir d'enregistrer leur image mouvante. »

Et le couple s'affaire à dresser la liste de ceux qu'ils vont solliciter. Il pense tout d'abord à Auguste Rodin. Puis s'ajouteront les noms de Claude Monet, Antoine, Edmond Rostand, Saint-Saëns, Renoir, Mirbeau, Anatole France, Charles Pathé, Degas, l'avocat Henri Robert et la merveilleuse Sarah Bernhardt.

Au fur et à mesure qu'évolue le projet, Sacha se rend compte que ces images constitueront un charmant petit film que l'on pourra projeter au public, à la condition que lui-même soit présent dans la salle et puisse commenter les images. L'idée est géniale... Il ne manque plus qu'un titre. Ce sera : *Ceux de chez nous*.

Guitry apparaîtra dans certaines séquences aux côtés de ses « invités », se comportant comme un journaliste recueillant les précieuses paroles... Selon certaines sources, lors des premières projections du film, Sacha et Charlotte reconstitueront pour le public, mot pour mot, ces dialogues, inventant ainsi pour l'occasion la post-synchronisation ! *Ceux de chez nous* sera projeté à de nombreuses reprises, notamment, plus tard, sous l'Occupation, et Sacha y ajoutera même des séquences comme celle où apparaît son père avec qui il est toujours fâché au moment du tournage initial.

Les anecdotes sur ces tournages sont nombreuses... Rodin veut poser, persuadé que ce cinéma n'est qu'un appareil photographique juste sophistiqué. Monet, heureux d'être filmé dans son jardin de Giverny, demande à Sacha ce qui lui ferait plaisir :

« Oh, je serais si heureux si vous me donniez l'un de vos pinceaux.

– Mais bien entendu, Sacha, prenez-en un ! »

Et alors que Sacha choisit un des pinceaux les plus usagés de son ami, Monet l'arrête :

– Mais non ! Prenez-en un neuf qui puisse vous être utile à quelque chose !

À Camille Saint-Saëns, il propose de diriger un orchestre interprétant l'ouverture de son œuvre, *Henry VIII*. L'idée est d'offrir aux futurs spectateurs la « bande son » de l'événement en faisant venir un orchestre dans la salle pendant les projections. Il s'en ouvre au maître et le questionne pour savoir combien de musiciens seraient souhaitables pour que cela « fasse vrai ».

« Eh bien, il faut quatre-vingts musiciens pour jouer mon ouverture.

– Ah, je vois… Mais puis-je me permettre de vous poser cette question : Si je réunissais quarante musiciens de très bon niveau, est-ce que cela pourrait suffire ?

– Oui, je le pense. Mais il faut qu'ils soient très bons.

– Bien, bien, mais si je ne pouvais réunir que vingt musiciens, finalement ?

– Vingt ? Oui, vingt, mais excellents !

– Et si j'étais certain d'en trouver dix, mais les meilleurs !

– Ah, dix… Oui, pourquoi pas, mais il faut qu'ils soient formidables, alors !

– Je sais que le quatuor Capet serait honoré de vous interpréter…

– Ah, je les aime beaucoup, en effet !

– Bien qu'à mon modeste avis, le meilleur de tous serait Alfred Cortot.

– Cortot ! Mais oui, Sacha ! »

Et c'est donc le talentueux pianiste qui sera finalement chargé d'illustrer musicalement la séquence où l'on voit Camille Saint-Saëns diriger son orchestre !

Ce film est projeté pour la première fois en public le 22 novembre 1915 sur la scène du Théâtre des Variétés. Mais, comme ceux qui n'ont pas hésité, quelques mois auparavant, à douter de son courage physique, continuent de persifler et semblent mettre en cause son patriotisme même, Sacha se décide à publier un court texte dans le programme distribué aux spectateurs, venus nombreux : « La proclamation des intellectuels allemands et les monstrueuses applications de leur culture m'ont suggéré l'idée qu'il y avait peut-être un intérêt national immédiat et très grand à faire connaître davantage, tant au public de France qu'à celui de l'étranger, ceux qui contribuent magnifiquement à l'éclat du génie français. » Texte qui ne calmera guère les détracteurs du jeune auteur, convaincus désormais que, s'il se défend en affichant son patriotisme, c'est bien qu'il a quelque chose à se reprocher !

Si le couple Guitry-Lysès continue de fonctionner aussi merveilleusement sur le plan professionnel, dans l'intimité il se délabre un peu plus chaque jour… Charlotte et Sacha décident toutefois de passer l'été ensemble dans leur maison de Normandie, avant de se séparer à l'occasion d'une cure à Dax. Les douleurs persistent en effet et perturbent beaucoup Sacha dans sa vie quotidienne. Une seule chose chez lui ne faiblit pas : son ardeur au travail.

En octobre, un curieux épisode va définitivement mettre à mal le couple. Au retour de Dax, Sacha a rejoint son épouse à Beaulieu où séjourne également l'acteur Francell[1], que l'on dit très proche de Charlotte. Dans le vaste salon de la maison, Guitry se repose paisiblement dans un haut fauteuil tourné vers les fenêtres, si bien que Francell, pénétrant dans le salon, ne voit que le dossier du siège.

Stupidement, pensant Sacha absent, il lance :

« Tu es seule, Chérie ?

Une voix s'élève alors du fauteuil et dit simplement, sans colère, mais avec une froide ironie :

– Non, vois-tu, je ne suis pas seul. Ma femme est également dans la maison.

Puis, se levant et regardant Francell dans les yeux, il ajoute :

– Mais, dis-moi… Pourquoi m'appelles-tu Chéri ? Tu m'aimes donc tant que ça ? »

Francell, rouge de honte et de confusion, ne sait que répondre et préfère s'enfuir !

Charlotte, alertée, arrive. S'ensuit une explication assez rude où Sacha joue au mari trompé et, bien entendu, vertueux ! Cela laisse de marbre son épouse qui lui dit ses quatre vérités et l'accuse de vouloir la quitter, maintenant que le succès est là ! Puis viennent les paroles irrattrapables. Sacha lui déclare que sa seule maîtresse demeure sa profession, et qu'elle-même n'est que quantité négligeable par rapport à son œuvre ; Charlotte lui reproche amèrement son manque de reconnaissance, alors qu'elle l'a soigné avec un dévouement tout particulier pendant ces longs mois de maladie.

Dialogues de sourds qui, déjà, annoncent la rupture définitive… Le couple, ayant des engagements communs et quelques projets à mener à bien, décide cependant de poursuivre « officiellement » la vie commune. Ce qui ne dupe pas l'entourage…

En novembre, au Palais-Royal, Raimu remporte un joli succès dans la revue « d'actualité » de Guitry et Willemetz, *Il faut l'avoir*. Le 22 du même mois, le couple Guitry est à l'affiche dans une sorte de sketch, *Une vilaine femme brune*, aux Variétés, suivi chaque soir par la projection de leur film.

Charlotte ne fait pas mystère de ses aventures extra-conjugales et Sacha, de son côté, a déclenché l'opération « Je vais l'avoir » à destination de la belle Yvonne. Très discret pendant les mois précédents, il lui fait parvenir, avec les plus jolies fleurs de Paris, une première lettre qu'il convient de reproduire dans son intégralité, tellement elle se révèle représentative du « style Guitry » dont il use envers les femmes qui l'intéressent :

« Mademoiselle, je vous engage à venir au Théâtre des Variétés à partir du samedi 22 novembre pendant au moins une quinzaine de jours, à 5 heures 30 exactement. Un régisseur vous accompagnera sur le plateau, et un pianiste vous accompagnera sur la scène. Nous aurons, avant cette date, choisi d'un commun accord des sélections d'opérettes françaises destinées à mettre en valeur toutes les qualités vocales dont le Bon Dieu est envers vous prodigue. Vous voudrez bien en revanche ne pas refuser la somme de cinquante francs par représentation que mon administrateur vous remettra sitôt que vous serez rentrée dans votre loge. Petit Printemps, je vous baise les mains.

SACHA GUITRY.

« P.S. – Si, par exemple, ayant choisi *La Grande-Duchesse de Gerolstein*, vous entriez en scène avec le costume de la grande-duchesse, je serais parfaitement enchanté. »

Ainsi Yvonne croisera Charlotte dans les coulisses des Variétés presque chaque soir. Mais l'épouse se garde bien de montrer une quelconque hostilité envers celle qui semble tant fasciner son mari.

Au théâtre comme à la ville, Charlotte est toujours Mme Sacha Guitry, et elle entend le rester sans s'abaisser à montrer le moindre intérêt, même hostile, à la jeune actrice.

Si Sacha se fait officiellement discret, il entame clandestinement un processus de conquête romantique, car il veut se donner tout le temps nécessaire pour atteindre son objectif précis… Il ne veut pas voir en Yvonne qu'une simple maîtresse, l'aventure d'un soir. C'est beaucoup plus sérieux ! Il attendra donc…

L'affrontement que redoutaient ou espéraient certains n'aura pas lieu, et sitôt les dix-huit représentations de la revue terminées, « la » Printemps disparaît… Le couple Guitry poursuit sa carrière comme si de rien n'était. Charlotte et Sacha jouent *Nono* chez Antoine en mars et avril, puis *Le Veilleur de nuit*, de fin mai à fin juillet, au Palais-Royal. Sacha fait une nouvelle fois montre de son patriotisme en faisant don de ses droits d'auteur, pour les vingt-cinq premières représentations du *Veilleur*, aux aveugles de la guerre.

En 1916, une femme entre pour quelques semaines dans la vie du maître, puis disparaît bien vite, avant d'y revenir pour occuper un poste de confiance pendant presque vingt ans. C'est Fernande Choisel, la fameuse « baronne », secrétaire particulière et première spectatrice des œuvres de Sacha (puisqu'il les lui dictait ou les lui faisait dactylographier), et spectatrice permanente de la vie privée du grand homme, qui ressemblait assez souvent elle-même à du théâtre !

En ce printemps 1916, M. Compère – patron de l'agence de copistes qui porte son nom – demande à Fernande Choisel de se rendre aux Bouffes-Parisiens pour taper un texte dans la loge de M. Guitry tandis que ce dernier joue sur scène. Sacha, comme ses confrères, déteste laisser un de ses manuscrits « dans la nature », et préfère que le copiste ou la dactylo viennent à domicile effectuer son labeur. Son théâtre étant un peu son domicile, Mme Choisel installera donc son bureau provisoire dans la loge même du maître.

Sur un petit carnet qui ne la quitte jamais, la « baronne » note ses premières impressions : « Monsieur Guitry déborde de vie. Il est un peu brouillon. Il a une voix pas comme les autres, mais il est très sympathique. Il vient de me donner à taper une pièce qui s'appelle *Faisons un rêve*. Les gens font trop de bruit dans les couloirs. »

D'autres bruits, ceux de la rumeur publique, font bien plus de vacarme, à Paris, sur ce couple que l'on dit proche de la séparation. Fernande Choisel n'oubliera pas la façon dont Sacha lui parlera de Charlotte, ce soir-là : « Madame Choisel, vous allez voir arriver la Patronne, qui est ce soir la boniche de ma maîtresse, qui dans deux heures redeviendra ma femme et qui dans un mois, dans six, peut-être, sera… sera ce que je ferai d'elle. »

Le temps de décoder ce message un peu étrange, et voilà Charlotte qui fait son entrée dans la loge. Son mari s'adresse alors à elle :

« Charlotte, bravo ! Tout à l'heure, sur la scène, je t'ai tellement détestée que je viens de comprendre que le public, lui, a dû sentir toute la vérité de ton jeu. Je ne te dirai plus rien de gentil ce soir. Je veux continuer à te détester. La pièce n'est pas terminée. »

Charlotte ne dit rien. Elle se contente de sourire à Fernande Choisel comme si elle en avait vraiment assez des jeux et mots d'esprit permanents.

Pendant une dizaine de jours, la dactylo de l'agence Compère s'applique à son travail. Temps suffisant pour se faire une opinion sur Charlotte : « Chaque soir, il me semblait voir sur le visage de Mme Lysès le triste reflet de graves soucis. Plus de rires. Des remarques désabusées. Ses yeux un peu myopes avaient perdu leur éclat derrière les verres du face-à-main qu'elle utilisait avec distinction, avec une telle distinction que le grave Harry Baur [Il était "Monsieur" dans la pièce, c'est-à-dire le protecteur trompé et consentant] dit un jour à un jeune comédien qui, s'essayant à une révérence, venait de la réussir :

– C'est impeccable !… On dirait un coup de face-à-main de Charlotte ! »

Charlotte est soucieuse, car elle aimerait tant en avoir le cœur net : la liaison de Sacha avec « la » Printemps est-elle vraiment sérieuse. Sont-ils amants ? qui pourrait la renseigner ? Le secret est bien gardé, si bien… qu'il faudra attendre la disparition d'Yvonne Printemps pour que ses archives révèlent enfin la réalité et la date précise de leur première nuit : le 15 avril 1916. Quelques jours plus tard, Sacha écrira ces quelques lignes à son rossignol : « Le samedi

15 avril 1916, j'ai vécu entre dix heures du soir et une heure du matin des minutes inoubliables. Je ne cesse de penser un instant à cette petite chose qui est à moi et qui est en moi, et dont le nom me monte aux lèvres à chaque battement de mon cœur. Je t'aime, je t'aime, je t'aime… »

Cette fois, la grande aventure commence, et le nouvel amant a abandonné le vouvoiement et le style fraternel de sa correspondance des jours de cure pour une écriture passionnée et effrénée. Oui ! Quelques mois auparavant, il jouait encore au séducteur charmant, mais timide : « Vous ne pouvez savoir à quel point 800 kilomètres vous vont bien ! C'est une des choses les plus difficiles à porter, et vous portez la distance à ravir. » Yvonne ne lui répondait pas, car la correspondance n'était guère son fort. À la limite un télégramme, quand son prétendant s'alarme de ce silence, télégramme auquel il répond dans l'heure : « Enfin, enfin, j'ai de vos nouvelles ! Elles ne sont pas satisfaisantes, et pourtant, depuis que j'ai votre dépêche, je suis moins triste et moins inquiet. »

C'est à Dax qu'il donne à Yvonne son surnom, ce célèbre « Von » qui la suivra tout au long de leur longue idylle : « J'ai relu vingt fois votre dépêche depuis tout à l'heure ! Vous me dites : "Pensez un tout petit peu à moi, j'en ai tant besoin !" Petit Von, si fragile et si souple, je pense à vous sans cesse et je n'oublie rien, car déjà nous avons des souvenirs… »

Si Yvonne se laisse courtiser avec grand plaisir, si elle trouve cela flatteur, si elle accepte même de devenir, l'espace de quelques heures, la maîtresse du jeune et célèbre auteur, son cœur bat, en revanche, pour un autre ! Et cet homme est un héros ! C'est Georges Guynemer, l'as des as, l'aviateur qui symbolise le patriotisme et le courage de tous ces jeunes gens qui se battent contre les Allemands ! Il a vingt et un ans, une silhouette un peu frêle, mais un tel prestige qu'aucune femme ne lui résiste lorsqu'il passe ses quelques jours de permission à Paris…

Par un beau soir de printemps de cette année 1916, après qu'il est venu la voir sur scène, elle accepte avec joie un dîner chez Maxim's et devient, quelques heures plus tard, la maîtresse de l'aviateur. Sacha sera mis au courant de ce dîner… Il saura donc que son « petit Von » est courtisé par le jeune héros et demandera, avec beaucoup de tact, quelques éclaircissements à la jeune femme.

Yvonne, malicieuse, saura s'en sortir d'une phrase : « N'oubliez pas, Sacha, que vous n'êtes pas un homme libre. Je ne vous en parle jamais, ne me parlez pas de ce que je vis quand vous n'êtes pas avec moi. Laissons le temps faire son œuvre… Soyons heureux aujourd'hui d'être ensemble, et espérons… »

Sacha se le tiendra pour dit et ne reparlera pas de Guynemer. Il croit en son étoile, en cette étoile qui se nomme Von et qui devient jour après jour de moins en moins inaccessible. En cette période, il a une alliée insoupçonnée en la personne de Mme Hiver, la mère d'Yvonne, qui trouve en « M'sieur Guitry » un si bon et si prestigieux parti !

L'été arrive, puis se passe tristement pour Sacha et Charlotte. Après les tempêtes successives, une sorte de grand calme plat les frappe. Se sont-ils déjà tout dit ? C'est bien possible…

Charlotte semble plus encline à rechercher une solution moins violente que le divorce… Mais Sacha a déjà tranché. Long à se décider, il n'est pas homme à revenir en arrière, une fois la décision prise. Dans leur maison, « chez les Zoaques », il s'isole donc le plus possible, prétextant avoir besoin de beaucoup travailler pour préparer la prochaine saison. Et le dramaturge qu'il est devenu s'inspire de cette crise conjugale pour parfaire trois petits chefs-d'œuvre en quelques semaines. Ainsi, au cours de cet été particulier, Sacha mettra définitivement au point ces trois pièces : *Un sujet de roman*, *Jean de La Fontaine*, et le merveilleux *Faisons un rêve.*

Sur la première page du manuscrit original de *Jean de La Fontaine*, Sacha tracera de sa belle écriture ces quelques lignes : « Je dédie à ma femme cette comédie parce qu'il y a heureusement, entre elle et Mme de La Fontaine, la même distance qu'il y a, hélas, entre Jean de La Fontaine et moi. »

Sacha choisit sans hésitation *Faisons un rêve* pour débuter sa nouvelle saison théâtrale. Pendant tout le mois de septembre, il joue *Le Veilleur* tout en répétant sa nouveauté. Le 3 octobre, le tout-Paris assiste à la première. Raimu rejoint Charlotte et Sacha pour constituer le trio de cette fameuse comédie dont on retiendra le magnifique monologue de l'amant au second acte... et de nombreuses répliques d'une misogynie rare, mais si succulentes qu'elles feront rire des générations de spectateurs et de... spectatrices !

Bref florilège : « Être marié, ce doit être terrible. Je me suis toujours demandé ce qu'on pouvait bien faire avec une femme en dehors de l'amour. » [...] « Elles ont toujours quelque chose... On dirait qu'elles ont deux fois plus d'organes que nous ! » [...] « Elles ne font que des bêtises, quand elles réfléchissent ! »

Surprise de cette pièce : Raimu ! Jusqu'alors plus connu au music-hall, souvent cantonné dans un rôle de comique un peu grossier, il apparaît, dans cette œuvre de Guitry, comme une révélation. Ce rôle qui lui va comme un gant (et qu'il reprendra avec plaisir, en 1936, pour la version filmée de la pièce, où Jacqueline Delubac tiendra le rôle créé par Lysès) laisse présager toute la palette du jeu de celui qui deviendra un magnifique et immense comédien.

Si Sacha passe toutes ses soirées au théâtre, la plupart de ses journées sont désormais consacrées à Yvonne, et il n'essaie même plus de s'en cacher.

Charlotte, après l'accalmie raisonnée de l'été, laisse à nouveau éclater sa rancœur. Cela devient intenable, et son mari n'en peut plus, et surtout... n'en veut plus ! La décision tombe : il faut se séparer !

Pour marquer publiquement sa décision, Sacha décide qu'ils feront immédiatement loges séparées. Fernande Choisel, venue aux Bouffes-Parisiens remettre au maître quelques copies supplémentaires d'une pièce, tombe au beau milieu du déménagement : « Quand j'arrivai au théâtre, je vis la loge "envahie" par deux habilleuses qui empilaient les effets de Charlotte Lysès dans plusieurs cartons à chapeaux. Que se passait-il ?

– On a congédié la boniche, me lança-t-on.

Ainsi je ne m'étais pas trompée. Paris ne s'était pas trompé. Ça n'allait vraiment plus, et, aujourd'hui, c'était fini, ou presque. Charlotte Lysès passa dans le couloir, me fit un signe de tête, l'accompagna d'un sourire plein de tristesse et disparut parmi les machinistes et les pompiers de service. Ce fut tout ! »

Ou presque… car il reste en ce mois de novembre un problème à régler, et pas des moindres. Si Sacha a promis à la jeune Yvonne un rôle dans sa prochaine pièce, *Jean de La Fontaine*, dont la première est fixée au 17 décembre, le rôle de Mme de La Fontaine revenait à Charlotte. Que faire ?

Sacha, très ennuyé, s'en ouvre à celle qui est encore sa femme :

« Je n'ai pas imaginé cet été que cette… rupture interviendrait si vite. Ce rôle, je l'ai écrit pour toi. Et, désormais…

– Et, désormais, il y a le théâtre ! Moi, je ne suis pas surprise par ce qui nous arrive, et encore moins par le fait que cela arrive maintenant. Ce rôle, quand je l'ai lu, je l'ai tout de suite aimé. Il est bon. Il est amusant à jouer.

– Alors ?

– Alors nous ne sommes plus amants dans la vie, mais si nous restions de bons camarades de théâtre ? Rien ne nous oblige à ne plus jouer ensemble, au moins cette pièce, non ?

– Merci, Charlotte ! Oui, merci ! Ce rôle est le tien et tu y seras parfaite, à ton habitude. »

Parfaite au point d'accepter de cohabiter plusieurs semaines auprès de Mlle Printemps aux Bouffes-Parisiens, et d'entendre M. de La Fontaine (Sacha Guitry) dire à Mlle Certain (Yvonne Printemps), sur scène, qu'elle « est son rossignol » et qu'il « l'adore » !

Plus difficile encore à supporter pour Charlotte, la fameuse scène du fauteuil de l'été précédent, puisque l'auteur s'est en servi comme début à sa pièce ! C'est l'amant de Mme de La Fontaine, un certain Poignan, qui, n'ayant pas vu Jean de La Fontaine calé dans son fauteuil, se précipite vers sa femme et la tutoie… Et Sacha de faire alors le procès en règle du mariage : « D'ailleurs, c'est insensé que, après tout ce qui est arrivé, il y ait encore des hommes qui se marient !… Le premier homme qui s'est marié, Mon Dieu, il n'y a rien à dire : il ne savait pas… mais, vraiment, le deuxième est inexcusable […]. Cherchez… regardez autour de nous, voyez dans tous les mondes… et nommez-moi donc ceux qui sont vraiment heureux. Pour ma part, j'en vois peu et ne rencontre guère que des gens malheureux – par leur faute – qui se plaignent de la vie… »

Dans cette œuvre dont il n'a surtout pas voulu faire une biographie de La Fontaine, même si le grand fabuliste eut une vie sentimentale des plus agitées, Sacha se laisse surtout aller à prôner les joies du libertinage et des plaisirs fugitifs de l'amour, sans avoir à en accepter quelque contrainte que ce soit, surtout celle de la fidélité : « N'être pas l'ennemi des plaisirs de l'autre. On ne fait pas volontairement le bonheur de quelqu'un, voyons, c'est un hasard prodigieux [...]. C'est si peu de chose, quand on y pense, le plaisir ! C'est tellement fugitif et si doux !... Ah, tenez... J'aimerais mieux voler plutôt que d'empêcher deux êtres qui s'aiment de s'embrasser... »

Au moment où Charlotte doit s'éloigner, où l'avenir s'annonce bien triste pour elle, tout réussit à Sacha. Elle n'aura plus sa place dans ce triomphe. Et si l'auteur est loué constamment depuis quelques années déjà, pour la première fois les critiques parlent avec enthousiasme de l'acteur. Le redouté Adolphe Brisson ne serait pas plus louangeur s'il parlait du grand Lucien ! Cette reconnaissance de son jeu de comédien est le plus beau des cadeaux que puisse recevoir Guitry. L'écriture est certes une chose qui n'est pas facile, mais, comme le disait son père : « Bien jouer la comédie, ce n'est pas difficile, c'est impossible ! » Dans la loge où il s'est enfermé, il lit et relit les phrases de Brisson :

« Quant au talent d'acteur de Sacha Guitry, je crois superflu de le louer. Il défie toute comparaison. Il réalise la vie totale de l'être qu'il entreprend d'incarner, sa vie physique et sa vie sentimentale, les nuances fugitives de sa passion, les imperceptibles secousses de son cœur. Il y a des regards, des silences, des attitudes, des gestes inoubliables ; il y a des intonations révélatrices d'états d'âme profonds. Je n'affirme pas que le La Fontaine de M. Sacha Guitry ressemble au vrai La Fontaine ; mais je ne me figurerai plus La Fontaine que sous les traits de M. Sacha Guitry. [...] On applaudissait en lui sa jeunesse, sa verve de grand enfant gâté à qui toutes choses sont permises. Cette fois, son succès se justifie par des mérites d'un ordre plus délicat. Dans sa comédie nouvelle, si riche de substance et si pure de forme, s'épanouit cette fleur française : le goût... »

Il sait aussi, parce que tous les comédiens de la pièce sont venus l'en féliciter, que Régis Gignoux a écrit : « On s'attarde à mal conter cette pièce. On aimerait mieux confier à tout le monde : "Avez-vous vu Sacha Guitry ? C'est un génie !" »

Charlotte vit mal ces moments-là. Sacha, son Sacha, celui qu'elle a connu au temps des incertitudes, des échecs, des doutes, va donc lui échapper pour toujours ! Après les scènes, après les reproches, après les dures critiques, la voilà qui avoue son désespoir à ses proches. Tous comprennent qu'au-delà du triomphe de son compagnon, elle vient d'admettre qu'elle l'aime encore… Elle regrette d'avoir précipité la rupture, de s'être rendue si insupportable, les derniers temps.

Plus les représentations de la pièce avancent, plus il lui est difficile de se montrer, chaque soir, devant ce tout-Paris qui fait des gorges chaudes de la liaison entre Sacha et « la » Printemps. Il lui devient insupportable de sentir comme un murmure dans la salle quand Sacha Guitry dit, chaque soir, ces quelques phrases à Yvonne :

« Je ne peux rien te refuser. Mais dis-moi, je t'en supplie, dis-moi ce que tu aimes dans la vie. Je veux que tu me livres toutes tes pensées, tous tes désirs… Ah ! si je pouvais… dis, crois-tu que je puisse te rendre heureuse ?…. Quelle joie ! T'entendre un jour me dire : "Je suis heureuse !" Avoir à moi un être humain et faire son bonheur ! Mon rêve !… »

Un soir, cela devient au-dessus de ses forces. Elle se laisse convaincre par son médecin de se faire remplacer. Nous sommes au début du mois de février 1917.

Madeleine Barjac reprend donc le rôle avant que Charlotte, qui veut se montrer courageuse, ne revienne aux Bouffes-Parisiens au bout de trois semaines. Petite femme courageuse, elle s'accroche à tout ce qui lui reste de ses « années Guitry », presque jusqu'à la dernière de la pièce, le 9 avril. Mais, quelques jours avant la dernière, le chagrin est si intense qu'il lui faut renoncer et abandonner définitivement son rôle. Son rôle sur scène et son rôle dans la vie de Sacha. Une page vient de se tourner définitivement… Réfugiée chez Cocteau, elle garde encore un espoir. Peut-être que Sacha se lassera vite de cette amourette. Et l'ami Jean veut aussi y croire :

« Mais oui, ma Charlotte ! Tu verras, il la quittera bien vite. Je le connais, ton Sacha, il se lassera de cette femme qui a comme patronyme le nom d'une saison… si brève ! »

Puis Sacha déserte le domicile conjugal, laissant tout ce qui peut s'y trouver à Charlotte. Il n'emporte avec lui que quelques précieux souvenirs personnels : autographes, dessins, livres, et des albums de photographies de ses pièces.

Yvonne, de son côté, semble avoir renoncé, avec une facilité déconcertante, à son bel aviateur, pour la plus grande joie de Mme Hiver qui se réjouit de l'amour que semble lui porter « M'sieur Guitry » : « Un homme comme ça, qui a tout pour lui, et qui peut tout pour toi, ça ne se refuse pas, Yvonne ! »

Et la mère, qui veille jalousement sur sa fille, qui la réprimande dès qu'elle découche, l'encourage à accepter les propositions de « M'sieur Guitry » :

« Il a trouvé un ravissant appartement, rue Scheffer. Il veut que nous y vivions tous les deux !

– Prends, ma fille ! Tu ne regretteras pas longtemps notre entresol de la rue Lauriston, crois-moi ! »

Sacha est fou amoureux d'elle. Pourtant, parfois, il doute ! Est-elle aussi volage que certains veulent bien le dire ? Que fait-elle les soirs où elle n'est pas avec lui ? Saura-t-elle l'aimer ?

Yvonne, qui ne sera jamais une grande intellectuelle, est cependant très intuitive. Quand elle sent Sacha douter, craignant un instant qu'il s'éloigne par jalousie, qu'il se détache, qu'il mette sa fidélité en question, elle utilise l'arme favorite de son séducteur : l'écriture ! Elle se cache quelques heures, disparaît, et, le sachant fou d'inquiétude, lui écrit les mots qu'il attend : « Ma fidélité, il ne faut même pas m'en parler. J'aimerais mieux mourir que sentir d'autres mains que les tiennes s'approcher de moi. Tu m'as fait trouver mon pauvre petit tellement précieux. Sacha, mon Sacha, je t'adresse une prière tellement chaude : "Ne prends pas de grande décision avant de m'avoir revue". Tu te rends compte que je suis dans un état un peu fou. Oui, c'est de la folie, mais c'est tellement sérieux, aimé chéri. Tu m'as appelé "ma petite chose", si tout ce que je t'écris t'ennuie, il fallait pas, mais si c'est bien ça que tu voulais, alors je suis ta chose. Ta petite chose à genoux et qui crie "Je t'aime, je t'aime !"Ah, Mé-Mé, j'ai trop mal ! »

La plupart du temps, trop heureux de retrouver sa petite merveille, Sacha, s'il ne peut accourir dans l'immédiat, lui répond aussitôt par de petits mots enflammés qui ressemblent comme des frères aux dialogues de ses pièces : « Tu me dis que c'est bon d'aimer, et tu as parfaitement raison. C'est divinement bon. C'est une des raisons de vivre. Et tu as bien raison de ne pas te gêner avec moi. Vas-y ! Vas-y de tout ton petit cœur, de tout ton petit être. Nul mieux que moi ne saurait jamais apprécier ta jeunesse et ta grâce, et te respirer, parfum délicieux que j'ai ajouté à ma vie ! »

Parfois, Yvonne écrit encore – assez maladroitement, d'ailleurs – pour lui confier ses angoisses. Sacha lui a promis une nouvelle vie, mais aussi une nouvelle carrière ! Tout cela semble si beau, tellement à sa portée qu'une angoisse subite lui fait douter de tout ; d'elle, de lui, de cette histoire qui s'annonce si radieuse. Une lettre de petite fille parvient alors à Sacha : « Alors, tâche de ne pas changer, pour ne pas me faire mal. Tu sais bien, n'est-ce pas, Poupée, que j'aurais très mal. Tu veux bien me permettre d'avoir confiance ? Ma Poupée jolie, tâche, je t'en supplie, tâche d'être à moi. Et je t'écris des choses pas drôles, et mal, et je fais des fautes. C'est peut-être pour cela que tu ne m'as pas écrit. Pardon. Mets ton corps contre le mien. Serre-moi très fort. Ah ! si tu étais là. Aime-moi, c'est tout, oublie que tu es loin. Ce que je te demande, prends ma bouche, veux-tu. Ton Petit Von. »

Tout finit bien sûr par s'arranger ! Et Sacha, ce garçon si fin, si cultivé, maniant si bien la langue française, est attendri par les fautes d'orthographe et de grammaire, par les formules maladroites et puériles de ces missives. Mais il l'aime, et l'amour n'a que faire des tournures grammaticales ! Seule une chose l'agace au plus haut point : cette habitude qu'a prise Yvonne, depuis que leur liaison est devenue très sérieuse, de lui donner le surnom ridicule de « Poupée », « Ma Poupée jolie », « Ma Poupée chérie »... Dans une stricte intimité, cela pourrait encore se concevoir, mais franchement, quand Sacha retourne place Vendôme – non pas chez son père, mais chez les grands joailliers – pour choisir, en compagnie de sa future femme, quelque bijou, il bondit, autant que la clientèle et le personnel, quand la voix cristalline du rossignol s'élève dans le magasin pour dire : « Rohhh ! Tu es fou ! Oh, merci, ma Poupée jolie ! »

La « Poupée jolie » lui fait donc la leçon et décide de se faire professeur pour former son goût. Rue Scheffer, il a décidé qu'il n'y aurait que des meubles anciens. Sacha entraîne alors Yvonne chez les antiquaires pour choisir un à un les meubles et objets qui vont constituer leur nouveau petit univers. Sacha possède un goût sûr, assez classique, même s'il se laisse tenter par quelques chinoiseries ou autres bibelots parfois un peu trop exotiques. Mais c'est dans le goût de l'époque…

Il habille aussi sa nouvelle compagne dans les plus grandes maisons de couture. Il décide de tout, et Yvonne, radieuse, se laisse gâter avec joie. Une chose lui semble cependant curieuse : dans tous les magasins, Sacha négocie ouvertement les prix, demande des rabais, marchande avec insistance… puis se fait envoyer les factures avant de se décider à les acquitter avec des semaines, voire des mois de retard ! Une habitude (bonne ou mauvaise !?) qu'il a prise très jeune, et gardera toute sa vie !

Sacha passe les six premiers mois de cette nouvelle année 1917 à organiser sa nouvelle existence. Ni la guerre, chaque jour plus cruelle, ni son activité au théâtre ne semblent pouvoir le faire sortir de cette extase…

Il faut dire qu'il a enfin tout ce dont il rêve : le plus beau des métiers du monde et la femme la plus délicieuse qui soit à Paris. La gloire et l'amour sont symbolisés par ce couple dont on parle beaucoup dans les rues de la capitale, et qui apporte un peu de rêve en ces mois hivernaux si rudes. Sacha nage en plein bonheur. Il est drôle, léger, charmant, il plaisante et rit de tout… Il affiche sa joie de vivre et trouve même le temps d'écrire quelques petites choses épatantes, car rien ne lui réussit mieux que le malheur ou le bonheur « extrêmes » pour créer.

Le 15 février 1917, Octave Mirbeau meurt dans les bras de Sacha. Au théâtre, il reprend *Le Scandale de Monte-Carlo* dans une nouvelle version où débute, dans un petit rôle, une certaine Gaby Morlay. Redoutant d'être finalement « bon pour la guerre », il ne souhaite se lancer dans aucune grande création et préfère s'occuper de ses rhumatismes qui le font à nouveau souffrir. Il part pour Dax. À son retour, cette fois à peu près assuré de ne pas partir au front, il monte ce que l'on nomme un « spectacle coupé » où sont joués

Un soir quand on est seul, *Chez la reine Ysabeau* et *Un type dans le genre de Napoléon*. Mais, volontairement, il ne paraît pas sur scène aux côtés d'Yvonne, car il souhaite se « réserver » pour réaliser une rentrée quelque peu spectaculaire auprès de sa nouvelle compagne, en septembre, en jouant une œuvre importante.

Pour distraire Yvonne de cette attente qu'elle juge interminable, il accepte toutes les occasions de sortir en sa compagnie, donnant ainsi l'impression à certains de leurs amis d'exhiber un peu trop sa nouvelle conquête. Au cours d'une de ces soirées, Yvonne et Sacha s'amusent beaucoup en assistant au numéro de deux célèbres magiciens anglais, Allan et Clara Shoe. Yvonne, en vraie petite fille, bat des mains à chaque tour que réussit le couple de prestidigitateurs : « Poupée, lui dit-elle, ce serait une idée formidable, pour ta future pièce, si tu y mettais un magicien ! Je suis certaine que le public adorerait ! »

« Poupée », ne pouvant résister à aucune des demandes de son rossignol adoré, se met au travail dès le lendemain et écrit en quelques jours sa nouvelle pièce, baptisée *L'Illusionniste*.

Sacha aime épater… Son petit Von aura donc ce qu'elle souhaite, et, pour que l'illusion soit parfaite, son amoureux s'entraîne pendant des journées entières à réussir des numéros de magie assez extraordinaires, qu'il proposera sur scène. L'habilité du dessinateur, l'opiniâtreté de l'auteur, la patience de l'amoureux lui donnent toutes les qualités indispensables pour se transformer en magicien et faire d'Yvonne le témoin quotidien de ses progrès… Un matin, il s'amuse à faire disparaître des pièces de monnaie, puis apparaître de charmants poissons rouges dans le verre que Von s'apprête à boire… Il s'exerce à des numéros de cartes et attrape le virus de ces charmants petits bouts de carton – il ne le quittera plus. Des jeux de cartes le suivront désormais partout, et la consigne formelle qu'il donnera à ses domestiques au moment de préparer ses bagages, pour une tournée ou de simples vacances, demeurera la suivante : « N'oubliez-pas les jeux de cartes ! »

L'été 1917 passe vite. Il termine sa pièce, trouve le temps d'une reprise de *Jean de La Fontaine* où Madeleine Barjac remplace Charlotte Lysès, et lance une procédure d'instance de divorce.

Sacha consacre également beaucoup de temps aux répétitions de *L'Illusionniste*, car il veut qu'Yvonne y soit parfaite, même si elle n'y a pas un rôle de premier plan. Interprétant une jeune chanteuse débutante d'origine britannique, elle doit réussir à attraper l'accent anglais. Mission parfaitement réussie, car la jeune femme est elle aussi une perfectionniste. Pendant des semaines elle s'y entraîne avec ardeur, du matin au soir, ce qui déroute quelque peu les amis de Sacha. Pourquoi, disent-ils, Mlle Printemps s'évertue-t-elle à leur adresser la parole avec l'accent anglais ?

Le 28 août, aux Bouffes-Parisiens, la pièce démarre sa carrière et remporte un grand succès. Si l'histoire conte une triste et banale aventure d'un soir entre un illusionniste, Teddy Brooks, alias Paul Dufresne (Sacha Guitry), et une spectatrice (Madeleine Carlier), les désillusions d'un artiste face à l'amour, l'auteur réussit à séduire les critiques les plus durs par l'éclat de ses dialogues et la façon dont un homme, beau parleur, peut créer l'« illusion amoureuse » pour parvenir très rapidement à ses fins. Adolphe Brisson est séduit :

« Une profonde tristesse naît de cette œuvre spirituelle et amère, dénuée d'espoir, imprégnée du mépris des hommes et de la conviction que la vie morale est une hypothèse sans fondement. Le pessimisme poussé à ce degré serait affreux s'il apparaissait tout nu. Il n'apparaît pas. Des ornements délicats en pallient, en dissimulent l'horreur. Ces fleurs cachent les ruines. Cette odeur de mort jointe à ce pétillement de gaieté et à cette soif de plaisir constitue l'essence de la philosophie de *L'Illusionniste.* »

La pièce rencontre immédiatement son public. On apprécie toujours autant Sacha Guitry, la saveur si particulière de son théâtre, et l'on savoure avec délectation les apparitions de cette jeune Printemps qui a su voler le cœur de l'auteur. *L'Illusionniste* est représenté cent vingt-sept fois et achève sa carrière le 25 novembre.

Quelques jours après la première, le 11 septembre 1917, Yvonne apprend que son « premier » grand amour, Georges Guynemer, vient d'être tué au cours d'un combat aérien en Belgique. Son corps, comme les débris de son avion tombé en plein *no man's land*, ont été pulvérisés par un tir de barrage britannique. Il n'avait que vingt-deux ans… Yvonne peut lire dans la presse les vibrants hommages qui lui sont rendus, et cette citation : « Mort au champ d'honneur le 11 septembre 1917. Héros légendaire, tombé en plein ciel de gloire après trois ans de lutte ardente. Restera le plus pur symbole des qualités de la race : ténacité indomptable, énergie farouche, courage sublime. Animé de la foi la plus inébranlable dans la victoire, il lègue au soldat français un souvenir impérissable qui exaltera l'esprit de sacrifice et provoquera les plus nobles émulations. »

Le jeune héros aux cinquante-trois victoires homologuées (et qui fut abattu sept fois) restera comme le pilote français le plus célèbre de la Première Guerre mondiale.

Avec la disparition de son « Ange de la mort », Yvonne tire un trait définitif sur son passé. Peinée, mais loin d'être inconsolable, elle veut se convaincre que le destin a décidé pour elle, et que, désormais, sa vie est tout entière aux côtés de Sacha.

Après *Ceux de chez nous*, le cinéma fait un bref retour dans la vie de Guitry. Bien que le Septième art soit encore muet, il connaît déjà un grand succès. Même si Sacha n'est guère convaincu, comme la plupart de ses contemporains, que cette technologie ait un grand avenir, il répond favorablement et de bon cœur à René Hervil et Louis Mercanton, qui sont venus le chercher pour signer le scénario de leur prochaine réalisation et lui offrir un rôle, ainsi qu'à Yvonne. Il tourne donc en décembre *Un roman d'amour et d'aventures* qui sortira au mois de mars suivant au cinéma Electric. Se réservant un double rôle dans ce film, il suscite le vif intérêt des rares critiques du nouvel art qui considèrent l'œuvre comme « une véritable date dans l'histoire du cinéma ».

Là encore, il se montre un véritable précurseur : « Avec ses désinvoltures et ses impromptus, ce roman d'amour… et d'aventures représente un effort très caractéristique vers une nouvelle formule de scénario et marque, dans ce sens, un progrès décisif. […] La nouveauté réside dans la coupe des scènes, dans la conception expressive des fragments entrecroisés, dans la "touche" légère, le trait incisif, sans hachures ni bavures, l'accent bref, juste essentiel, la suppression systématique de la tirade visuelle inutile, la recherche de la force dans la concision. […] Pour la première fois, nous voyons appliquer à l'écran la technique précise et souple du croquis au trait, avec son raccourci vigoureux et sa force de suggestion. Un sourire, un froncement de sourcil, une expression cristallisée au bon moment… c'est tout, et c'est plus net et plus complet que les copieux développements et les titres les plus habituels de l'écran ; cette manière synthétique, sobre et digne crée un "style" d'une excellente tenue artistique. »

Dès les débuts du cinéma, Sacha démontre que la recherche de la nouveauté et de l'originalité est l'essence même de son plaisir de créateur. Cette véritable passion du « chercheur » va le guider dans toute son œuvre. Il est essentiel de redonner, à ce premier film muet, sa juste place dans la carrière de Guitry, car il demeure aussi important, dans l'histoire du cinéma, que le sera plus tard *Le Roman d'un tricheur*, sur lequel s'arrêtent avec raison, et désormais avec beaucoup d'insistance, les historiens du cinéma. Le génie cinématographique de Sacha débute donc, en fait, dès 1917, et se poursuivra encore longtemps, jusqu'aux extraordinaires fresques historiques de *Versailles* et *Napoléon*.

Dans les critiques, Yvonne n'est pas oubliée ; elles soulignent « la grâce délicieuse d'Yvonne Printemps, de ses exquis "premiers plans" dont l'œil s'empare comme d'un trésor dérobé, et de son sourire américain ». Hélas, il ne subsiste aucune copie de ce film…

Après avoir traversé une période de désespoir, Charlotte veut désormais se battre comme un diable au cours de la procédure de divorce. Elle réussit en premier lieu à faire apposer les scellés sur les bobines du film *Ceux de chez nous*, dont elle revendique une partie de la propriété intellectuelle. Puis elle adopte une fâcheuse tendance à se répandre dans Paris sur l'importance de sa propre force créatrice dans l'œuvre de celui qui était son mari. Elle laisse même entendre que certaines scènes de telle ou telle pièce seraient de sa main. Sacha ne désire pas polémiquer, et laisse dire. Pour être franc, pas grand monde ne porte grand crédit aux affirmations de Charlotte. Tout juste se montre-t-on intéressé quand elle prétend qu'elle n'a jamais touché de cachet, comme actrice, de son directeur de mari. Mais tout cela fait long feu, et dans les années qui suivront, Charlotte cédera de plus en plus à l'amertume… La partie la plus belle de sa vie, sentimentale comme professionnelle, est désormais derrière elle. Puis, avec l'âge, elle espérera un retour de « son » Sacha, notamment après ses ennuis au lendemain de la Libération. En attendant, elle se livre volontiers à ceux qui viennent glaner quelques informations « croustillantes » sur le brillant auteur-acteur. Et elle n'y va jamais avec le dos de la cuillère :

« Certes, certes, je l'ai trompé. Je ne le nie pas. Mais il a traîné l'histoire de notre vie conjugale, de notre existence privée, dans toutes ses pièces, en prenant bien soin qu'elle soit à son avantage. Et cette impudeur continue avec ses nouvelles conquêtes. Cet homme a mis onze ans à se faire une personnalité autre. Moi, je n'ai jamais désiré des bijoux et des fourrures. Je n'ai jamais voulu être cette femme-objet dont il a tant besoin ! J'attendais autre chose… J'ai beaucoup trop attendu, alors que lui avançait seul. Et puis, un jour, je suis restée sur le bord du chemin. Bien entendu, je connaissais ses défauts : il est égoïste, arriviste, mais il savait le faire oublier par ses côtés bon enfant, drôle, joyeux, farceur. Je ne pensais pas devenir sa victime ! Il a une hypertrophie du moi et n'a pas de cœur. Il se gâte, il se comporte depuis le départ comme un fils à papa. Tout lui est dû. Ce qui l'a rendu avare. Et il est même devenu barbant en racontant cent fois la même histoire ! »

La messe est dite.

La Lysès « enfin dehors », Lucien se prépare à la grande réconciliation avec son fils. Depuis leur brouille, le succès ne l'a pas quitté. Il demeure le plus grand acteur de son temps. Il est désormais marié, depuis 1910, avec la comédienne Jeanne Desclos[2]. Le couple cohabite gentiment, même si Mme Guitry a succombé, dès l'année suivante, au charme d'Edmond Rostand. Mais, pour « l'intérêt supérieur du théâtre », tout cela s'est passé entre gens de bonne compagnie !

Sacha ayant démontré à son père non seulement ses talents d'auteur, mais aussi d'acteur, voici que Lucien, dont on loue l'esprit pétillant, s'est mis en tête de devenir à son tour un acteur-auteur ! Il a travaillé avec acharnement à l'écriture d'une pièce, intitulée *Grand-Père*, qu'il destine au théâtre de la Porte-Saint-Martin. Bien entendu, on reçoit la pièce sans problème aucun, car l'on ne refuse rien à Lucien Guitry, et, d'autre part, toute pièce dans laquelle il paraît tient généralement l'affiche de nombreux mois.

Mais avoir un esprit vif et percutant, être irrésistible dans une conversation, aimer les grands textes, les savoir par cœur, ne garantissent pas forcément le don de l'écriture, ni celui de l'intrigue ! *Grand-Père* raconte une histoire assez fade, plus destinée à faire pleurer dans les chaumières qu'à devenir un chef-d'œuvre dramatique. L'histoire est d'une banalité assez affligeante : celle d'un grand-père qui recueille une enfant qu'il croit être sa petite-fille et qu'il va conduire jusqu'à un riche mariage. Lucien a beau tenir le rôle du grand-père, l'œuvre n'arrive guère à séduire la critique. Mais, comme son auteur est « le grand Guitry », on n'ose trop descendre la pièce dans les colonnes des journaux, et l'on se contente gentiment de conseiller au père du génial auteur de *Faisons un rêve* de s'en tenir à celui de « plus grand acteur au monde ».

Après avoir tourné sa plume sept fois dans son encrier, René Wisner signe un papier le moins méchant possible, qui fera vite comprendre à Lucien qu'il vaut mieux mettre un terme immédiat à ses ambitions d'auteur : « Si les deux premiers actes de *Grand-Père* sont un conte agréable, un peu à la manière d'Octave Feuillet ou de M. Alfred Capus, le troisième est d'un intérêt un peu moins vif : un drame tout intérieur, et que les deux premiers ne préparaient pas, en forme la trame, et l'on dirait qu'il est une rallonge mise à la pièce, et non son corollaire. Il serait puéril de rechercher les influences qui ont déterminé l'œuvre de M. Lucien Guitry. Il ne prétendait qu'à nous divertir, et il a réussi. Nous demanderons-nous si *Grand-Père* date du second Empire, plus encore que des années d'avant la guerre actuelle, et dont les auteurs furent ceux justement qui donnèrent à M. Lucien Guitry ses meilleurs rôles ? Qu'importe… M. Lucien Guitry n'aura aucun reproche à s'adresser : il s'est défendu avec une sincérité, une carrure, une maîtrise merveilleuses. »

Dans le fond, Lucien a d'autres préoccupations bien plus importantes. Si la réconciliation avec Sacha est programmée, et si Yvonne ne cesse de répéter à Sacha : « Cette fâcherie ne rime à rien. Va sonner chez ton père et tu verras qu'il ne pourra refuser de se jeter dans tes bras ! », Lucien se désespère au sujet de son autre fils,

Jean. Qu'est devenu l'aîné durant toutes ces années de gloire que viennent de traverser son frère et son père ? Pas grand-chose, ou du moins rien de bon...

Un an après la brouille de Sacha avec leur père, Jean, on l'a vu, a réussi à monter sur les planches de la Renaissance sous le pseudonyme de Lorsay (!), mais l'expérience a été de courte durée. Puis il connaît quelques problèmes de santé qui le font exempter de ses obligations militaires. Il continue à mener une vie de bamboche, se blesse dans un duel stupide, découvre alors les plaisirs de la morphine. Après quelques déboires, il s'éloigne de la France et parcourt quelques pays européens. Ses goûts l'amènent à des expériences homosexuelles assez tumultueuses, et il connaît une aventure assez longue avec le cadet des frères Rostand, Maurice. (Il semble que Jean ait été en réalité bisexuel, car on sait qu'il a eu un fils d'une certaine Gaby, en 1905. Qu'a pu devenir cet enfant, seul descendant des Guitry ? Cela reste pour l'instant un mystère.) En 1910, il revient au théâtre, cette fois sous son vrai nom. On peut l'applaudir dans une revue, *Excelsior*, de Nozière et Myrande, puis dans *L'Affreux homme*, de Maurice Vaucaire et Yves Mirande. Contrairement à son père et à son frère, il considère le théâtre comme une distraction qui lui permet de glaner quelques précieux subsides, mais il n'y met ni ardeur, ni vraie passion. Par la suite, il doit se contenter de quelques petits rôles.

En 1914, il se découvre patriote et s'engage, le 21 septembre, pour la durée de la guerre. Cela semble également le lasser (!) et il obtient une réforme l'année suivante.

Sa vie dissolue reprend alors de plus belle. En 1916, la police effectue une descente à son domicile parisien et y découvre de l'opium. Une instruction judiciaire s'ouvre et le conduit devant le tribunal correctionnel où il écope d'une amende et d'une peine de prison avec sursis. Il essaie alors d'utiliser son nom prestigieux pour s'associer avec des amis afin de monter des entreprises de spectacle. Sans succès...

On le comprend, les liens se sont donc considérablement distendus avec son père, comme avec Sacha qui aurait pourtant souhaité sincèrement l'aider, tout en redoutant que cela ne lui nuise. Avec lucidité – certains diront avec égoïsme –, il n'acceptera jamais de l'« associer » à sa carrière, préférant l'aider directement quand c'est nécessaire, mais avec grande discrétion. Il le tiendra soigneusement éloigné de sa vie, de ses succès et de ses amours. Quelques années plus tard, il le regrettera amèrement…

Pour l'heure, la création de *Deburau* occupe entièrement Sacha. Cette pièce parle de tout ce qui rassemble les Guitry père et fils : l'amour du métier, l'ambiance si particulière du théâtre, l'atmosphère dans laquelle évoluent les comédiens, mais aussi les tristes réalités de la vie de saltimbanque, le drame de la vieillesse, le renoncement et la difficulté de passer le flambeau aux nouvelles générations. Pour ceux qui connaissent les Guitry père et fils, l'émotion les tient à la gorge quand Sacha, en vers libres, évoque « la dispute avec le fils » ou « la leçon de comédie ».

C'est aussi la pièce où l'enfant gâté, devenu adulte et auteur reconnu, peut dire à son père : « Tu vois ! Maintenant, je sais… » Magnifique prétexte que cette pièce sur la vie du grand mime Gaspard Deburau[3], pour sonner l'heure de la réconciliation !

La critique est enthousiaste et unanime, hormis Colette qui, toujours amie avec Charlotte, en profite pour lancer quelques vacheries sur Sacha : « Vers libres ? Plutôt vers involontaires. M. Sacha Guitry, à qui nul ne résiste, vient de rencontrer son maître : le rythme. Encore dans toute la nouveauté d'un servage amoureux, l'auteur dramatique se laisse guider par son despote, se livre à lui, sauf de trop rares révoltes, cède à l'obsession versificatrice comme il céderait au besoin de danser. Pas une fois il ne cherchera à esquiver l'hémistiche irrésistible, le lieu commun harmonieux, la rime qui, d'être trop tôt devinée, déflore un effet savamment préparé. […] Ne tremblez pas pour le sort de la pièce : il était assuré bien avant la fin de la répétition générale. Même aux instants où l'on serait tenté de rappeler à Deburau, qui l'oublie, que le mutisme est, pour un mime, le plus intense moyen d'expression. » Puis viennent quelques autres lignes écrites pour « exécuter », par devoir d'amitié envers Charlotte : « Yvonne, Mme Yvonne Printemps, nous révèle une Dame aux camélias à laquelle nous ne prêtions peut-être pas cette gentillesse, cet embarras “jeune fille”, et d'ailleurs touchant. Elle nous montre aussi deux petites oreilles, effarées d'être nues, et un front entièrement déshabillé. Mais, surtout, elle fait voir frais, empressé, inquiet et propre à désarmer les critiques, son sourire tourné toujours vers la même personne, son sourire d'élève bien apprise et bien éprise, qui quête enfantinement l'approbation. »

Sacha n'en tiendra guère rigueur à son « amie » Colette, et, le temps faisant son œuvre, renouera des liens d'amitié avec le grand écrivain.

De *Deburau*, Sacha retiendra seulement la date du 7 mars 1918. Car la veille, l'administrateur du théâtre est venu lui dire que son père avait retenu une loge pour le lendemain. On a voulu l'offrir au grand comédien, mais il a refusé : il tient à payer sa place !

Sacha n'en dort pas de la nuit… Cette nouvelle le bouleverse et il se questionne sans fin, se demandant si Lucien a bien l'intention de venir lui-même, ou s'il a réservé cette loge pour des amis…

Le lendemain, il déjeune avec Yvonne chez Larue pour essayer de se changer un peu les idées… Mais rien n'y fait ! Il ne tient pas en place.

Il arrive très tôt au théâtre et donne l'ordre formel de ne « pas savoir qui sera dans cette loge ». L'atmosphère est terrible, car Sacha a un trac inhabituel et on se demande ce qui va bien pouvoir se passer… L'heure de faire son entrée en scène arrive enfin et il réalise une prestation époustouflante, faisant dire à Yvonne : « Il a joué Deburau comme il ne l'avait jamais encore joué. »

Le rideau tombé, Yvonne et Sacha regagnent leur loge. La porte s'ouvre et apparaît… Tristan Bernard. Il ne dit rien, mais tend un petit bout de papier plié à Sacha. Celui-ci déplie alors le message et reconnaît immédiatement l'écriture de son père : « Ta pièce est un chef-d'œuvre, et tu es admirable. Je t'attends à déjeuner demain. Viens seul ou viens avec elle. Venez donc tous les deux. – Lucien Guitry. »

Sacha passe une seconde nuit blanche ! Cette fois, il ne pense plus qu'au théâtre et aux pièces qu'il va pouvoir écrire pour son père, mais aussi au bonheur extraordinaire qui l'attend, car il sait que, bientôt, lui, Von et son père seront réunis sur les planches pour célébrer cette réconciliation tant attendue !

Notes

1. Fernand François, dit Fernand Francell (1879-1966) : après ses débuts dans *Mireille*, de Gounod, en 1906, il crée le rôle éponyme dans l'opéra *Fortunio*, d'André Messager, en 1907. Après sa carrière de ténor, il devient professeur de chant et forme, entre autres, Xavier Depraz et Tony Poncet. Il est le père de l'actrice et chanteuse Jacqueline Francell.

2. Jeanne Portier, dite Jeanne Desclos : maîtresse et partenaire sur scène de Lucien Guitry à partir de 1908, elle épouse ce dernier en 1910. Ils divorcent en 1921. Elle continue sa carrière au cinéma jusqu'en 1927. Elle se remarie et s'installe alors à Sens.

3. Jan Kaspar Dvorak, dit Jean-Gaspard-Baptiste Deburau (1796-1846) : né en Bohême, il s'installe avec sa famille à Paris en 1811 et est naturalisé français. Exerçant le métier de mime, il redonne un regain de popularité au personnage de Pierrot, issu de la commedia dell'arte. Son fils Charles Deburau reprend le personnage à sa mort.

5

Les rois de Paris

> « Non, non, n'être jamais de ceux qui haïssent. Tâcher d'être plutôt parmi ceux que l'on hait, on y est en meilleure compagnie. »
>
> SACHA GUITRY, *Toutes réflexions faites.*

Il est très exactement 13 heures, ce 8 mars 1918, quand la limousine des Guitry se gare devant le 18, avenue Élisée-Reclus. Partagé entre bonheur et anxiété, Sacha se tourne vers Yvonne :

« Von, alors, comme convenu, tu me rejoins dans dix minutes ?

– Oui mon chéri ! Et ne t'en fais pas, cela va se passer de façon épatante, tu verras ! »

La fidèle servante de Lucien guette l'arrivée de Sacha depuis un petit moment déjà ; elle lui ouvre la porte avant qu'il ait pris la peine de sonner. Il pénètre dans le hall d'entrée circulaire d'où part le fameux escalier conduisant à la galerie. Posté tout en haut des marches, Lucien contemple son fils qui entre pour la première fois dans sa demeure parisienne. Le cœur battant, Sacha monte les marches jusqu'au palier intermédiaire, tandis que Lucien les descend. Ils se rejoignent pour une longue étreinte, moment d'intense émotion tant espéré, enfin réalisé.

Le temps d'échanger quelques phrases, de commencer à parler théâtre pour masquer leur émotion, et Yvonne fait son entrée… Lucien la regarde longuement et lui sourit en lui ouvrant bien grand les bras. Il se prend immédiatement d'affection pour la compagne de son fils ; Yvonne ressentira pour sa part une grande admiration et beaucoup de tendresse pour Lucien.

Après ces effusions, il est temps de déjeuner. Lucien les convie à passer dans la salle à manger du premier étage (une merveilleuse bonbonnière décorée d'anciens panneaux de laque de chine encastrés dans les murs) attenante à la grande galerie. Le déjeuner est gai, spirituel, et l'on y parle théâtre et encore théâtre ! À la fin du repas, d'une voix émue, Lucien s'adresse à son fils :

« Sacha, hier, sur cette scène, sais-tu qui je voyais ?

– Dis-moi...

– Toi, bien sûr ! Mais à l'âge de cinq ans, à Saint-Pétersbourg. Oui, en Russie, quand je t'ai donné ton premier rôle... Oh, tu t'en souviens, bien entendu ! Eh bien voilà, la roue a tourné, et c'est toi, Sacha, qui maintenant vas me donner une pièce !

– Oui, papa ! Et avec un immense plaisir. Et je peux même te dire que cette pièce, j'ai commencé à l'écrire cette nuit.

– Et quel en sera le sujet ?

– Pasteur... papa ! Oui, Pasteur ! »

Joli mensonge, car l'idée vient juste de lui en venir. Et il n'en commencera l'écriture que quelques nuits plus tard... dans la cave de la rue Scheffer où le couple s'est réfugié pendant les nombreuses alertes au bombardement qui perturbent le sommeil des Parisiens. En effet, depuis quelques semaines, l'on craint les ravages que pourrait faire la « Grosse Bertha », canon à longue portée avec lequel les Allemands pilonnent la capitale. Fin mars, les alertes deviennent si fréquentes qu'il faut parfois interrompre la représentation de *Deburau* plusieurs fois au cours d'une même soirée.

Dans ce contexte, il devient très difficile de maintenir à l'affiche une pièce de théâtre. Sacha a beau vouloir rester optimiste, et même publier dans un journal un curieux article intitulé « L'O.D.A.D.Q. » (L'Optimiste Des Abris De Quartier), il doit se résoudre à quitter Paris, début avril, pour passer deux semaines dans le Midi.

De retour le 20 du même mois, il donne une reprise de *Faisons un rêve* au Vaudeville, en attendant qu'Yvonne soit au point pour interpréter le principal rôle féminin dans *Nono*.

La pièce débute le 25 mai. Au bout de huit représentations devant des salles presque vides, la direction du théâtre décide d'y mettre un terme, au grand dam d'Yvonne qui ne peut s'empêcher de penser que le public n'a pas compris qu'elle reprenne le rôle créé par Lysès.

Cela contrarie également Sacha qui, de surcroît, doit faire face à un article des plus calomnieux publié dans *La Rampe* :

« Ces jours derniers, sur le quai de la gare de Lyon, M. Sacha Guitry attendait, entouré de quelques amis, le départ du train de Nice. L'un d'eux s'en étonna :

– Comment, lui dit-il, vous aussi, vous vous en allez ?

– Oui, répondit joliment Sacha Guitry, mais moi, ce n'est pas pour les mêmes raisons que tout le monde.

– Vous n'allez pas chercher le printemps ?

– Non, je pars parce que j'ai peur. »

Écho bien entendu douteux, mais qui relance immédiatement la polémique sur « Sacha le planqué ». Le jeune roi du théâtre de Paris, qui s'est fait dispenser de ses obligations militaires, qui a refusé de faire la guerre, a, de plus, peur des bombardements ! L'attaque est basse, mais ravit les ennemis de Sacha au point que l'accusé se sent obligé d'y répondre quelques jours plus tard :

« La goujaterie de certains journalistes n'a jamais été aussi grande qu'en ce moment. Non seulement leurs petits papiers, où jamais un trait d'esprit ne se glisse, sont d'une bassesse sans pareille, mais encore ils sont d'un strict anonymat. Leur couardise égale seule leur stupidité… Depuis trois semaines, on me prête un mot stupide que je n'ai jamais prononcé au sujet d'un départ pour Nice où je ne suis jamais allé. D'ailleurs, sur les 1 200 000 Parisiens qui ont quitté Paris, nous sommes 3 ou 4 dont les allées et venues sont surveillées. […] Et ça se permet parfois de parler de bravoure, eux qui n'ont même pas le courage de travailler ! »

Lucien propose alors à son fils d'oublier ses soucis des derniers temps en venant passer, avec Yvonne, quelques semaines dans la villa qu'il a louée en Touraine. Rien de mieux qu'une atmosphère sereine et familiale pour terminer en toute quiétude l'écriture de *Pasteur* et de ses autres pièces en cours : *Une petite main qui se place* et *Le Blanc et le Noir*. Il va également travailler à *La Revue de Paris* qu'il écrit avec la complicité de son ami Albert Willemetz.

C'est à Luynes qu'il apprend que le divorce avec Charlotte a été prononcé le 17 juillet.

Après l'habituelle et ennuyeuse cure à Dax, le couple regagne Paris à la mi-août. Sacha n'a guère digéré l'échec de *Nono*, au mois de juin, surtout qu'Yvonne s'est persuadée qu'elle en porte seule la responsabilité. Histoire de démontrer que M. Sacha Guitry n'a peur ni de rester à Paris sous les bombardements, ni de remettre à l'affiche une pièce qui s'est plantée quelques semaines auparavant, le Vaudeville annonce une nouvelle reprise de sa pièce fétiche le 30 août. Cette fois, le public répond présent et Yvonne y triomphe près de quatre-vingts soirs d'affilée ! De plus, le journaliste Laurent Tailhade écrit une longue critique qui commence ainsi : « Entre les noms que chacun salue, il faut écrire d'abord celui de Sacha Guitry, ce Molière du XXe siècle, dont la gloire classique illuminera les générations futures, dont l'œuvre, loin de passer comme celle d'Augier, de Dumas, de tant d'autres, acquerra d'âge en âge une force nouvelle et de plus larges succès. »

L'auteur de *Nono* est aux anges. Yvonne partage ce bonheur et met toute son énergie au service de son « maître »... Car si, le soir, elle interprète parfaitement son rôle dans *Nono*, dans la journée elle répète avec enthousiasme ceux qui lui reviennent dans *La Revue de Paris*, dont la musique est signée Claude Terrasse. Dans cette suite de saynettes sans prétention, toutefois joyeuses et enlevées, Sacha adopte un procédé qui sera, par la suite, repris dans de nombreuses opérettes. Son idée est simple : faire découvrir l'envers du décor du monde du théâtre aux spectateurs du *Cid* comme à ceux de l'opérette *Véronique*. Et il va même y introduire l'actualité du jour, le 11 novembre, en demandant au comédien Georges Lemaire (qui est également son régisseur) d'entrer en scène en lisant un journal et en criant : « L'Armistice est signé ! »

Le public enthousiaste entonne alors une vibrante *Marseillaise*, reprise en chœur par tous les comédiens réunis sur la scène.

L'ivresse qui accompagne la fin de la guerre est malheureusement endeuillée par la mort, le 2 décembre, d'Edmond Rostand, véritable icône nationale – moment de grande tristesse partagé par les Guitry père et fils.

Pasteur est annoncé pour la mi-janvier. La presse parisienne évoque largement cette future création du fils Guitry, d'autant plus que le père y jouera le rôle principal. Pasteur est une personnalité sacrée dont le souvenir est encore très présent dans le cœur des Français. Il ne faut surtout pas que l'on puisse croire que la pièce de Sacha est écrite avec une certaine « légèreté ». Prudemment, l'auteur a souhaité en faire une lecture détaillée à la famille du grand homme afin d'obtenir son aval. Et, à titre de précaution supplémentaire, il désire préciser aux lecteurs du *Figaro* la façon dont il a abordé sa nouvelle création. On est loin des comédies de mœurs :

« *Pasteur*, qui ne comporte aucun rôle de femme, n'est pas une pièce contre les médecins. C'est une pièce sur Pasteur, sur le travail, sur le respect, contre la méchanceté et l'hypocrisie de ceux qui doutent toujours, par principe. C'est une pièce qui n'a que la prétention d'être sincère et de ne pas avoir trahi la mémoire d'un homme dont j'admire passionnément la vie, dont je vénère le souvenir et qu'il me serait doux d'avoir servi l'immortelle gloire dans la faible mesure, hélas, de mes moyens. »

Remarquons que dans l'œuvre de Guitry, il s'agit de la première pièce où n'apparaît aucune femme (!), mais aussi de la première œuvre réellement biographique. Un exercice nouveau, attendu avec une certaine délectation par toute la critique…

De plus, et toujours pour la première fois, Sacha a écrit pour son père.

Le pari est donc risqué, et une certaine tension est perceptible dans les coulisses du Vaudeville. Sacha ne se montre pourtant jamais nerveux, survolté ni même irritable. Il reste, à son habitude, d'un calme imperturbable, et demeure charmant, poli et courtois avec tous. Mais ses proches peuvent savoir, en observant simplement les traits de son visage, s'il traverse un moment de contrariété ou d'inquiétude. L'auteur a tenu à ce que Mme Vallery-Radot, la propre fille de Pasteur, assiste à l'une des toutes dernières répétitions de la pièce, dans les décors, avec les comédiens en costume et maquillés.

Alex Madis[1], proche de Sacha, rapporte l'anecdote suivante : « Lorsqu'elle vit Lucien Guitry faire son entrée sous les traits de Pasteur, elle ne put s'empêcher, saisie par la ressemblance, de s'écrier :

– Oh ! papa !

– Non, papa ! chuchota Sacha en posant sa main sur sa poitrine en un geste possessif. »

La première (à tous les sens du terme !) de *Pasteur* a lieu le 23 janvier 1919. On s'est arraché les invitations pour y assister.

Au lendemain de la guerre avec l'Allemagne, Sacha a choisi de faire commencer sa pièce au moment où les élèves de Pasteur attendent l'annonce de la mobilisation générale et où le grand savant décide de renvoyer à l'Allemagne son diplôme de docteur. Et elle s'achève sur une note d'espoir au moment où Pasteur, couvert d'honneurs, déclare au président de la République, en 1892 : « Je crois invinciblement que la science et la paix triompheront de l'ignorance et de la guerre, et que les peuples s'entendront non pour détruire, mais pour unifier. »

Pasteur est un magnifique succès. Les applaudissements redoublent à l'instant où Lucien Guitry, au baisser du rideau, s'adresse au public :

« Mesdames, messieurs, au moment de vous dire le nom de l'auteur de la pièce que nous avons eu l'honneur de jouer devant vous, je me sens pris par une émotion que je vous supplie de comprendre et d'excuser. Il me serait impossible de placer devant ce nom le mot de "monsieur". Je ne vous dirai donc pas qui est l'auteur de cette pièce. Mais je vous devrais la plus grande joie de ma vie si vous vouliez bien me permettre de vous le montrer. »

Et Lucien de se diriger vers les coulisses pour y chercher son fils, encore plus ému que le père.

Deux des plus grands spécialistes du théâtre, Edmond Sée et Antoine, partagent non seulement l'émotion des Guitry et de toute la salle, ce soir de première, mais signent des articles élogieux sur le jeu de Lucien.

Edmond Sée ouvre le bal : « Cette fois, nous n'avons pas seulement goûté Lucien Guitry, incomparable virtuose, dans ses exercices de charme et de puissance ; nous avons vu agir, senti penser et vivre Pasteur, chercheur indomptable, tendre brave homme, patriote naturel ! Au dénouement, alors qu'un comédien grimé en président Carnot parlait à Pasteur, et que ce dernier l'écoutait, tremblant, les yeux perdus, éloigné de sa propre gloire, et comme au seuil, déjà, de l'éternité, Guitry nous a bouleversés par l'expression de son visage blême, l'étirement presque mystique de ses traits, la lumière de ses yeux visionnaires. Ce fut simplement admirable ! »

Antoine prend le relais : « Le théâtre tout entier, c'était le masque de l'interprète, d'une beauté incomparable. Le silence de Guitry au quatrième tableau, lorsque le docteur relève la gravité de sa maladie et laisse prévoir une fin possible, s'égale aux plus grandes beautés que j'aie pu contempler chez Salvini dans *Othello*, ou chez Mounet-Sully pour *Œdipe roi*. Je ne parle du prodigieux arrangement physique de Lucien Guitry, qui a enthousiasmé la salle dès son entrée, que pour rappeler à beaucoup de nos comédiens combien l'aspect extérieur du personnage, le soin extrême de sa composition, sont nécessaires. Du reste, pour les jeunes gens qui se préparent au théâtre, voici la plus complète et la plus féconde leçon qu'ils puissent recevoir. Les gens qui virent Lucien Guitry dans *Pasteur* sauront désormais ce qu'est un grand comédien. »

Sacha et Yvonne ne faisant pas partie de la distribution, ils décident de partir, début février, se reposer quelques semaines sur la Côte d'Azur, ce qui signifie, pour Sacha, cet infatigable travailleur, écrire une nouvelle pièce dont le sujet sera Béranger. Moment idéal aussi pour annoncer, par lettre, à son ami Willemetz son grand projet à venir : « Garde-moi ta journée du 10 avril, garde-la moi du matin au soir… car le soir ce sera la centième de *Pasteur*, et le matin ce sera notre mariage ! »

Fin mars arrive cependant au Cap-d'Ail une nouvelle contrariante : Lucien a développé un monstrueux furoncle sous le bras qui le fait tant souffrir qu'il va probablement être obligé d'arrêter les représentations de *Pasteur*, au mieux quelques jours après la centième. Il s'agit donc de trouver au plus vite une pièce pour y succéder. Après ce triomphe, Sacha ne veut pas se contenter d'une reprise et annonce qu'il rentre aussitôt à Paris avec une nouvelle œuvre dans ses bagages. Cette pièce, il la commence en montant dans le train du retour pour Paris. À l'arrivée, le premier acte est terminé et le second presque achevé. Vingt-quatre heures plus tard, le 4 avril, l'œuvre est bouclée. Le lendemain, il distribue les rôles, convoque les comédiens et en fait la lecture. Nous sommes un samedi... Le lundi commence la répétition du premier acte et l'objectif – qui sera tenu – est d'en achever les répétitions pour le 10 avril, jour de la centième de *Pasteur* et du mariage de l'année...

Ce jour-là, la future secrétaire de Sacha, Mme Choisel, est dans la foule qui se presse pour assister à la cérémonie civile : « Tous les jours, je lisais attentivement les journaux pour savoir la date exacte de la cérémonie. Enfin on l'annonça : le 10, à la mairie du XVIe arrondissement. Je voulais les voir. Dès 10 heures, je montai la garde devant la grande entrée de l'avenue Henri-Martin.

« Mme Sarah Bernhardt, emmitouflée de chinchilla, Lucien Guitry et sa deuxième femme, Mme Jeanne Desclos, Tristan Bernard, Eugène Fasquelle[2], Albert Willemetz, je les ai tous vu arriver bien avant les nouveaux époux. Yvonne Printemps portait une large cape gris perle, et M. Sacha Guitry était strictement vêtu de noir. Le soir, j'appris par les journaux qu'un des témoins, M. Georges Feydeau, était arrivé en retard, ce qui avait contrarié Yvonne Printemps. »

On est, cette fois, bien loin du mariage fantaisiste avec Charlotte ! Les gazettes ont toutes dépêché des « envoyés spéciaux » pour couvrir ce grand événement mondain qui s'achève par un superbe déjeuner.

Le soir, les mêmes convives se retrouvent au Vaudeville, pour la centième de *Pasteur* dont la dernière est annoncée pour la semaine suivante, le 15 avril.

Ce jour-là, Lucien ouvre son cœur à Sacha :

« Tu m'as écrit un rôle magnifique avec *Pasteur.* J'aurais tant aimé la jouer encore quelques semaines devant des salles archicombles, comme ce fut le cas jusqu'à ce soir.

– Tu auras bientôt l'occasion de remonter sur scène dans une pièce de ton fils ! Je te le promets, et j'ai déjà mon idée...

– Alors, si tu as ton idée, moi, je vais te dire mon envie.

– Oui, papa ?

– Je crois qu'il temps que les deux Guitry se retrouvent sur la même scène, comme au temps du Théâtre Michel, à Saint-Pétersbourg… Qu'en penses-tu ?

– Que tu as raison, papa ! »

Mais, pour l'heure, Sacha, accompagné d'Yvonne et de Jean Périer, succède à Lucien sur la scène du Vaudeville avec sa dernière création, *Le Mari, la femme et l'amant*. L'auteur, malicieux, se sert de son récent mariage et du triomphe de *Pasteur* pour tenter un coup « publicitaire ». Dans tous les journaux, il a longuement expliqué les conditions « extrêmes » dans lesquelles il a dû écrire cette pièce !

Et, bien entendu, on l'attend au tournant… Car si personne n'a encore eu le privilège de voir *Le Mari, la femme et l'amant*, Paris bruisse déjà de rumeurs que colportent les habituels camarades jaloux et autres frustrés qui ne le lâchent pas de leur vindicte. « Guitry a bâclé sa dernière pièce », disent les plus gentils, tandis que les autres préviennent : « Il croit qu'il peut continuer ses blagues de potache et présenter n'importe quoi au public ? À se moquer pareillement du monde, il va s'offrir un four dont, cette fois, il ne se relèvera pas. » Enfin, dans le milieu « bienveillant » des acteurs et directeurs de théâtre, on explique à qui veut l'entendre que « la soudure » entre une pièce de la force de *Pasteur*, avec Lucien comme interprète, et sa nouvelle œuvre, forcément légère, au thème tout à fait banal, passera mal.

Le soir de la première, le 9 avril 1919, Sacha a bien conscience qu'une partie importante de l'assistance lui est hostile. On vient assister à une défaite, voire peut-être pire… à une curée !

Mais voilà que, dès les premières répliques, tout le public éclate de rire. C'est gagné avant même que ne s'achève le premier acte. Dès le lendemain, le critique Abel Hermant rend justice à l'auteur : « Les sujets de comédies ne sont pas plus nombreux aujourd'hui qu'hier, mais il en est quelques-uns d'éternels, et l'affaire des hommes de talent est de leur donner un air de nouveauté. M. Sacha Guitry a eu parfaitement raison de ne point travestir par un titre ingénieux ou ambitieux la banalité voulue du thème qu'il lui plaisait de choisir. Il y a mis sa signature, elle suffit. Elle est partout. La moindre réplique est de lui et ne saurait être que de lui. [...] M. Sacha Guitry doit bien s'amuser aussi quand on le félicite, ou quand on lui reproche d'être revenu, après *Pasteur*, à un genre léger qui a fait sa renommée et sa fortune. De quel droit prétend-on le limiter ? Il n'est heureusement pas homme à s'émouvoir beaucoup des conseils, et il est dorénavant assez maître de sa destinée pour se permettre toutes les fantaisies, même les plus graves, et toutes les récréations. La souplesse de son talent n'est peut-être pas la seule raison du succès qui le suit toujours dans ses tentatives les plus diverses et les plus hardies : s'il peut tout oser, c'est que, même dans le scabreux, il a le goût de la mesure. »

Et ce seront les vacances qui mettront un terme à la pièce après cent onze représentations ! Ce dont toutefois ne parlent jamais les critiques, c'est du mécanisme qui permet à Sacha d'« écrire » une pièce en trois ou quatre jours... En fait, l'auteur possède la faculté assez étonnante de mettre en place dans sa tête l'ensemble de la trame de sa future œuvre, de dresser la liste et le caractère de chacun de ses personnages et d'imaginer toutes les situations qu'ils auront à affronter. Parfois, il met cela par écrit sous forme d'un tableau de quelques pages. Tout au long de la journée, quelles que puissent être ses occupations, il pense à cette intrigue qui est en train de prendre forme, doucement mais sûrement. Il n'hésite pas à noter une réplique qui lui vient à l'esprit, sur n'importe quel bout de papier qui passe à sa portée, et, après une gestation qui peut aller de quelques semaines à quelques mois, il se décide enfin à débuter l'écriture de la pièce, ou, comme il le fera plus tard, à dicter des actes entiers à sa secrétaire tout en jouant au billard !

Les vacances qui suivent le triomphe de sa dernière œuvre, il veut les consacrer à tenir la promesse faite à son père : écrire cette pièce qu'ils joueront à deux – et même à trois, car Yvonne y tiendra un rôle charmant. « Tu as raison, papa ! », a-t-il dit à son père quand ce dernier lui a confié son envie de le voir composer une nouvelle œuvre et la jouer à ses côtés. Cette pièce va s'appeler *Mon père avait raison*. Dès le mois de septembre, le bouche-à-oreille fonctionne parfaitement. On ne parle que de cela : les Guitry vont jouer ensemble ! Et les rumeurs recommencent de plus belle : « Pour servir le père, le fils va nous servir un drame noir », ou : « Pour servir le fils, le père va se desservir lui-même en se lançant dans la comédie légère ». Mais les pires commentaires viennent de ceux qui connaissent bien l'histoire des rapports entre père et fils : « Sacha va mettre en scène sa propre histoire avec son père et essayer de régler, par la thérapie du théâtre, leur contentieux. »

Foutaises que tout cela, une fois de plus !

L'auteur n'a qu'un but : écrire une belle œuvre, une sorte de réflexion philosophique sur le seul amour durable et éternel, celui des parents pour leurs enfants, et, dans le cas qui l'intéresse, sur la seule chose qui doit vraiment compter dans la vie d'un père : faire de son fils un homme heureux ! Ce bijou, ce chef-d'œuvre est sans conteste l'une des pièces les plus fortes et les plus marquantes de tout le théâtre de Guitry. Probablement la meilleure définition de *Mon père avait raison* est-elle de la plume d'Alex Madis qui la qualifie de « tragédie légère ». On y rit, bien entendu, car les mots d'auteur fusent, mais on se surprend aussi à ressentir beaucoup d'émotion. Le souffle du génie accompagne les spectateurs tout au long de ce chef-d'œuvre. Le personnage du père est bien entendu largement inspiré par la personnalité de Lucien. Sacha a su retranscrire le regard que son propre père porte sur la vie. C'est l'hommage qu'il veut rendre à ce personnage si original et attachant. D'ailleurs, des répétitions, Sacha dira : « Elles furent délectables. Chaque réplique échangée nous faisait sourire, nous rapprochait. Ou plutôt me rapprochait de lui. Il disait ce qu'il pensait, ce qu'il avait toujours pensé. Ce sont des moments qu'on ne vit qu'une fois, et nous le savions tous les deux. » Par le titre même de la pièce, il désire aussi tout simplement dire à son père : « Oui, nous nous sommes parfois heurtés, même de façon violente. Je n'ai pas toujours compris, au moment où tu me le disais, ce que tu me disais, mais tu avais raison ! » Ce n'est donc pas un contentieux que règle Sacha dans sa pièce ; c'est tout simplement une déclaration d'amour filial à son père, en retour de l'amour qu'il a reçu et désormais compris. Sacha est un homme heureux et c'est la pièce de la reconnaissance envers un père qui a su faire de lui l'homme qu'il est devenu.

Si *Mon père avait raison* est d'emblée un succès, l'importance fondamentale de cette pièce dans l'œuvre de Guitry, la maturité nouvelle qu'il vient d'acquérir ne semblent pas transparaître dans les commentaires des critiques. Seul, probablement, Antoine comprend que Sacha vient de prendre un tournant essentiel dans sa carrière d'auteur : « Sacha Guitry prend définitivement la tête de la production contemporaine avec une maîtrise que laissait prévoir tout ce qu'il avait donné jusqu'à présent. Rien ne pousse spontanément, et les œuvres marquantes ne sont que des résultantes ; l'influence de Jules Renard, évidente ici en certaines parties, révèle la chaîne ininterrompue, tout un travail inaperçu, comme souterrain, reliant les incessantes évolutions de notre littérature dramatique. De temps en temps, une pièce résume toute une période, marquant plus profondément lorsque l'heure est venue, et cette heure a sonné avec l'œuvre nouvelle de Sacha Guitry. »

Opinion confirmée, avec le recul, par l'historien du théâtre et spécialiste de Guitry, Jacques Lorcey : « C'est une œuvre spirituelle, profondément française et de la qualité la plus haute. *Mon père avait raison*, qui procure au spectateur l'émotion délicieuse d'une révélation capitale, est de tous les temps – et d'ailleurs très en avance sur son époque, comme le prouvera son éclatante reprise de 1978, et celles qui suivirent. Cette pièce constitue peut-être le chef-d'œuvre absolu de Sacha Guitry. Elle demeure le modèle du genre. »

La pièce connaîtra cent vingt-deux représentations, jusqu'au 19 janvier 1920. Durant cette période, Sacha reste très actif et travaille à sa nouvelle création, *Béranger*. Chaque jour il en parle à son père, si bien que Lucien lui fait une proposition inattendue :

« Tu sais, j'aime beaucoup *Béranger*. Et je t'avoue que si tu me proposais le rôle de Talleyrand, eh bien, je dirais oui !

– Ce serait un grand bonheur pour moi. Seulement, le rôle est court et je ne sais si tu…

– Il est parfait comme cela et ne le rallonge surtout pas pour moi ! Je le jouerai comme tu l'as écrit, et j'y trouverai un grand plaisir. »

Le succès de *Mon père avait raison* semblant ne pas devoir avoir de fin, Sacha décide tout simplement de mettre un terme aux représentations, ce qui surprend non seulement les directeurs du théâtre, mais aussi la presse. Il s'en justifie en donnant une interview à Gaston Lebel : « On m'a demandé de divers côtés pourquoi j'ai interrompu les représentations de *Mon père avait raison*, alors que la pièce était encore susceptible de fournir une carrière égale à celle qu'elle a eue. Je vais vous en donner les raisons : c'est d'abord parce que je n'attends pas le déclin de mes pièces pour les remplacer sur l'affiche (cela me permet de les reprendre, le cas échéant) ; ensuite parce que *Béranger* était prêt, et que j'ai toujours hâte de produire ma dernière œuvre devant ceux que j'aime, c'est-à-dire le public. »

C'est à cette même époque qu'Yvonne, de son côté, va mettre un terme à la fidélité conjugale qu'elle semble avoir jusqu'alors scrupuleusement respectée. Sacha désirant que son épouse pose pour une série de photographies de qualité afin d'illustrer diverses publications, il la confie à un ami personnel, Jacques-Henri Lartigue[3]. Le jeune photographe accepte avec enthousiasme, car il est secrètement épris d'Yvonne depuis qu'il l'a vue dans une revue à l'Alcazar, avant même qu'elle ne rencontre Sacha. Comme Jacques-Henri est aussi un peintre talentueux, et plaît autant à la femme qu'au mari, l'on convient très vite qu'il serait également judicieux qu'il en profite pour réaliser son portrait… nue ! Yvonne passe de longs après-midi dans l'atelier de Lartigue, et ce qui devait se produire… arrive ! Cette liaison s'arrêtera dès la fin des séances de pose, mais elle reprendra à plusieurs reprises par la suite. Très discret, Jacques-Henri Lartigue restera l'ami de Sacha dans les années à venir, et l'amant cohabitera même avec le couple à l'occasion de vacances… On se croirait dans une pièce d'un certain Guitry !

Après le fabuliste, avec *Jean de La Fontaine*, le mime, avec *Deburau*, et le scientifique, avec *Pasteur*, Sacha, cette fois, s'attaque avec *Béranger* à l'univers de la chanson du XIXe siècle. Personnage célèbre en son temps, il est déjà bien oublié quand l'auteur décide de lui consacrer une pièce. Pourquoi donc Sacha le ressort-il ainsi de l'oubli ? La raison en est très simple… Pour offrir un joli rôle à Yvonne Printemps qui va lui permettre d'enchanter le public de sa voix si subtile tandis qu'il donnera un rôle à sa mesure à son père

(« On ne voyait que lui ! » confiera Sacha à ses amis) et interprétera lui-même le personnage attachant de Béranger.

Cependant, les critiques, habituellement favorables à Sacha, semblent se lasser quelque peu... Cette nouvelle pièce ne sent-elle pas le réchauffé ? Fernand Gregh ne mâche pas ses mots : « Surtout, ne croyez pas que *Béranger* n'ait pas réussi et que nous nous soyons ennuyés une seconde à la Porte-Saint-Martin ; non, *Béranger* est un succès, et c'est ce qui me désespère pour le Sacha Guitry de notre attente et de notre avenir. Car il sera de moins en moins sévère à son propre égard, s'il est assuré de tirer de n'importe quel sujet une pièce qui tienne l'affiche une centaine de fois. [...] Monsieur Hertz peut aller se promener pendant dix ans en laissant le père et le fils exploiter son théâtre. Quand il reviendra, il les retrouvera toujours applaudis et ayant fait leur fortune et la sienne. Quelle tentation, pour Sacha Guitry, de ne plus demander d'efforts, de ne plus chercher hasardeusement le neuf, le vrai, le beau ! Il est si bon de se contenter de ses lauriers, surtout lorsque, avec, on peut faire un excellent pot-au-feu ! Il est si dangereux de poursuivre le mieux, quand on tient le bien ! [...] Le public, lui, suit sa pente, comme l'eau. Il aime le film, il aime l'esprit, il aime le talent, il aime votre père, il vous aime ; il trouve tout cela habilement réuni dans une pièce, il y court. Mais, en sortant – car il est naïf, mais il n'est pas sot –, il se dit : charmante soirée, mais un peu vide. Il reviendra à votre prochaine pièce, parce qu'elle sera encore charmante et qu'on y passera encore trois heures des plus agréables [...]. Il ne verra plus en vous qu'un amuseur alors que vous auriez pu être un entraîneur, et un créateur. »

À la cent huitième, Sacha prend la décision de mettre fin à la carrière de *Béranger*. Il en aurait bien prolongé les représentations sur la scène du théâtre de la Porte-Saint-Martin, mais une série de conflits avec Henri Hertz[4] l'incite à en accélérer la fin. En fait, Hertz, également directeur du théâtre de l'Ambigu, a un contrat bien distinct avec chacun des Guitry, et ne souhaite pas les voir jouer de nouveau ensemble. Un Guitry dans chacun de ses théâtres lui assure des recettes maximales, alors que deux dans le même ne lui permettent pas de doubler le nombre de fauteuils dans la salle. De plus, il s'était déjà opposé à l'arrêt si rapide de *Mon père avait raison*... Rien ne va plus entre Hertz et les Guitry !

Si bien qu'un soir, dans la loge des deux comédiens, l'administrateur du théâtre, qui était venu de la part de Hertz annoncer à Sacha une quelconque décision impérative, s'entend répondre :

« Puisqu'il agit de la sorte, vous direz à M. Hertz que je n'irai pas à son enterrement !

– Non, Sacha, non !, rétorque Lucien. Je n'aime pas que tu parles ainsi de notre directeur... Vous direz à M. Hertz que nous irons bien volontiers à son enterrement ! »

Tout est dit, et les Guitry reprennent leur liberté, Hertz acceptant que la prochaine pièce de Sacha ne soit pas créée chez lui.

Du coup, la presse s'empare de l'affaire avec une rare délectation. L'auteur-acteur qualifie Hertz de personnage « triste », et Hertz répond qu'il a mis dehors ce Guitry « sinistre, avec sa supériorité constante et universelle », se moquant de surcroît de l'exposition de ses tableaux dans un cabaret, L'Araignée, au mois de mars précédent.

Pour ne pas laisser le dernier mot à Hertz et ridiculiser son ancien directeur, Sacha concocte une réplique en vers qu'il fait paraître dans le journal *Comœdia* :

« Il me trouve "sinistre" et blague ma peinture !
Il s'étonne, bien sûr, qu'on fasse trois métiers,
Lui qui ne fiche rien pendant des mois entiers,
Lui qui ne peut parler que de sa nourriture
Et des gros sous qu'il a – vous pensez, la peinture !
Oui, c'est un directeur habile de province.
Il compose une troupe avec quatorze francs.
Les acteurs ont chacun six rôles différents
Et le travail est grand si le salaire est mince !
Oui, c'est un directeur habile de province... »

Et, pour faire la nique à M. Hertz, Sacha se lance dans un quatrième métier en devenant directeur d'une revue littéraire et artistique au curieux titre, *Le Courrier de Monsieur Pic*, revue luxueuse et plaisante où ses proches acceptent de donner chaque mois un texte sous la forme d'une lettre imaginaire qu'aurait reçue le fameux

Monsieur Pic. Au sommaire du premier numéro, on découvre les noms des correspondants célèbres de Pic, dont bien entendu Lucien Guitry, mais aussi Tristan Bernard, Courteline, Claude Farrère, Sem, Henry Bataille. Viendront s'y ajouter au fil des mois Anna de Noailles, Porto-Riche, Dorgelès, René Benjamin, Willemetz. On y publiera aussi des textes inédits de Mirbeau, Renard ou Allais. Financée par Serge Sandberg, cette revue ne connaîtra que neuf numéros, Sacha ayant un peu de mal à se plier à la rigueur d'une publication aussi régulière. Un abandon bien regrettable, car on peut aisément imaginer l'intérêt patrimonial qu'aurait pu représenter cette revue si elle s'était poursuivie sur plusieurs années…

Après les déboires avec Hertz, Yvonne et Sacha quittent Paris pour aller donner une série de représentations – qui se révéleront triomphales – à Londres. Dès l'arrivée en gare de Waterloo, c'est un accueil royal ! Les journalistes et les « fans » du couple célèbre envahissent le quai et leur offrent des fleurs. Ils logent dans une extraordinaire suite de l'Hôtel Savoy et, au lendemain de leur arrivée, Lady Cunard[5] donne une réception privée dont ils sont les hôtes d'honneur.

Au théâtre, à partir du 10 mai, ils interprètent plusieurs œuvres de Sacha : *Nono*, *La Prise de Berg-op-Zoom*, *Jean de La Fontaine* et *L'Illusionniste*. Lucien est également de la fête, puisqu'il les rejoint du 17 au 20 mai pour donner quatre représentations exceptionnelles de *Pasteur*. À partir du 31, on affiche *Mon père avait raison*. Le lendemain, les souverains britanniques font aux Guitry le grand honneur de leur présence. À l'entracte, le roi et la reine viennent les saluer dans leur loge et leur font de grands compliments.

Beau succès et geste généreux : Sacha donne, le 4 juin, une matinée au profit de l'Hôpital français de Londres.

De retour en France, Yvonne et lui emménagent dans une vaste demeure située dans le XVIIe arrondissement, au 30, rue Alphonse-de-Neuville (actuelle rue Alfred-Roll). Et pour célébrer son départ de la direction du théâtre des Mathurins, Sacha y donne seize représentations de *Nono*, en juin, avec Yvonne.

Le couple quitte Paris vers la fin juin pour prendre des vacances bien méritées. Il s'installe tout près de Paris, au Clos du Belloy, au Mesnil-le-Roi, près de Saint-Germain-en-Laye et de Maisons-Laffitte. Sacha y peaufine sa future pièce, *Je t'aime*, et se laisse pousser la barbe, car il prétend que pour jouer le rôle du jeune architecte romantique qu'il s'est attribué, la barbe est un accessoire essentiel ! Yvonne, toute à son bonheur, passe ses journées à chanter et s'occupe du jardin. Lucien et des amis proches les rejoignent régulièrement pour des déjeuners et des dîners charmants. C'est la maison du bonheur…

Pourtant, un drame affreux va mettre fin à ces journées enchanteresses. Le 12 septembre, un coup de téléphone prévient Sacha que son frère Jean vient d'être victime, la veille, d'un grave accident d'automobile dans les environs de Deauville. Le porteur de cette mauvaise nouvelle, M. Sapène, voisin de villégiature, dirige le journal *Le Matin*, et ses collaborateurs viennent de l'avertir de l'accident. Il sait pertinemment que Jean n'a pas survécu, mais il ne peut se résoudre à le dire à Sacha. Il lui avoue seulement qu'une issue fatale est à redouter.

Une décision s'impose alors : regagner Paris au plus vite ! On pense pouvoir y obtenir des informations précises. En cours de trajet, Sacha, qui redoute d'apprendre une terrible nouvelle à son arrivée, se remémore ces dernières années… Après sa condamnation en justice, Jean a fait à nouveau un peu de théâtre, mais sans grand succès. Il n'a pu compter ni sur l'aide de son père, avec lequel il était brouillé, ni sur celle de son frère, qui ne lui a pas tendu la main secourable qu'il espérait. En 1919, Jean rencontre une star du cinéma, Musidora, qui le choisit comme partenaire pour son nouveau film, *Vicenta*. Là encore, le succès le fuit… Pourtant, ces tout derniers mois, les choses semblaient aller vraiment mieux. D'une part, il commercialisait du champagne avec un certain succès, et Henri Letellier, le puissant propriétaire du *Journal*, venait de l'engager comme secrétaire particulier.

À leur arrivée rue Alphonse-de-Neuville, Jean Vautrin, le secrétaire de Sacha, leur apprend la terrible nouvelle et leur explique les conditions de l'accident : Jean accompagnait son patron pour un déplacement à Deauville en automobile quand soudain le ressort arrière droit de la voiture s'est brisé, provoquant le déplacement de l'essieu et le déboîtement de l'arbre de cardan, qui s'est planté dans le sol. L'automobile, devenue folle, a fait une série de bonds très violents et les passagers ont été projetés contre les parois. La tête de Jean a heurté le cadre en cuivre de la glace arrière et il a perdu connaissance.

Il était déjà bien tard dans la journée et, après bien des déboires, le blessé a enfin été conduit chez un médecin de Deauville qui a diagnostiqué aussitôt une fracture du crâne. De plus, son monocle lui est entré dans la tête. Transféré dans une clinique, il s'y est éteint quelques heures plus tard.

Sacha est effondré. Il pense aussitôt à Lucien, parti depuis quelques jours donner une série de représentations de *Pasteur* à Bruxelles. Il demande alors à Jean Vautrin de se rendre à Deauville pour y chercher le corps de son frère, et annonce à Yvonne qu'ils partiront le soir même pour Bruxelles afin d'y soutenir Lucien lorsqu'il apprendra la nouvelle qui peut lui arriver d'un instant à l'autre. Sacha redoute que son père s'effondre en apprenant la mort de Jean. Craintes fondées puisque Lucien, peu de temps avant d'entrer en scène, a reçu un télégramme provenant d'Alfred Bloch, de la Société des auteurs : « Suis de tout cœur avec vous dans le grand malheur qui vous frappe. » Phrase terrible, car Lucien imagine évidemment que l'un de ses deux fils est probablement mort ! Mais lequel ? Il ne peut joindre Paris, et il lui faut attendre le second télégramme, à sa première sortie de scène, pour savoir. Télégramme cette fois signé de Sacha : « Serons, Yvonne et moi, dans tes bras demain à 7 heures. »

Réfugié dans son hôtel, Lucien passera la nuit à pleurer. Le lendemain, Sacha et Yvonne l'y retrouvent. En prenant son père dans ses bras, il lui murmure à l'oreille : « Je te jure qu'il n'a pas souffert. » Puis, « comme des automates, comme des somnambules, nous nous sommes mis à parler de n'importe quoi, d'une migraine qu'avait Yvonne, de la lenteur des trains… »

Les trois Guitry reprennent le train pour Paris. Sacha demande à son père :

« Tu veux me laisser faire et ne t'occuper de rien ?

– Décide de tout. Je t'obéirai. »

Le corps de Jean est ramené à Paris en fin de journée dans la maison de Lucien dont il n'avait jamais franchi le seuil. Le père et le frère le veillent toute la nuit. Le lendemain matin a lieu l'enterrement, suivi dans l'après-midi d'une messe dite à Saint-Pierre-du-Gros-Caillou, dans la plus stricte intimité, les journaux étant dans l'ignorance du lieu où se déroule la cérémonie.

« Et, puisque mon père m'avait dit qu'il m'obéirait, le soir même des obsèques, à 6 heures, nous l'avons conduit à la gare du Nord comme si c'était la chose la plus naturelle du monde, et, dès le lendemain, il reprenait les représentations de *Pasteur* », expliquera Sacha.

Lucien est brisé par ce drame et ne s'en remettra jamais. Ce fils qu'il a mal aimé deviendra son tourment permanent. Durant les cinq années qui lui restent à vivre, il ne quittera pas le deuil et ne portera plus jamais aucun bijou. Chaque semaine, parfois à plusieurs reprises, il se rendra sur sa tombe et n'aura jamais le courage de prononcer le nom de son fils disparu, même devant Sacha.

Sur le plan professionnel, après les déboires avec Hertz, Sacha a signé avec Franck[6], au théâtre Édouard-VII, pour toutes ses futures créations (ce théâtre porte aujourd'hui le nom de théâtre Édouard-VII – Sacha-Guitry).

L'auteur-acteur a fait ses comptes et constate devant la presse que *Je t'aime* sera sa quarante-quatrième pièce jouée. Il avoue qu'il a toujours autant le trac et que cela se traduit par une interminable nuit blanche, la veille de la première. Il raconte également aux journalistes posséder dans ses tiroirs deux autres pièces, *Le Comédien*, qu'il destine à son père, et *La Guêpe*. Et quand on lui demande à quoi il a consacré ses loisirs, durant le dernier été, il répond avoir réalisé dix-huit tableaux, tous des portraits, dont ceux d'Yvonne, de Lucien et de Claude Monet.

Je t'aime débute sa carrière le 12 octobre. Un succès et un chef-d'œuvre sont les termes qui conviennent. Chaque soir, Sacha déclare en public sa flamme à Yvonne à qui il a d'ailleurs dédié le manuscrit. Si l'on voulait raconter la pièce, il suffirait de dire que c'est l'histoire d'un homme et d'une femme qui s'aiment pendant cinq actes. Et leur amour sera assez fort pour échapper à un monde où les faux-amis et les pique-assiettes ne manquent pas. C'est un Guitry léger, avec toutefois un petit soupçon de désillusion sur les hommes, qui s'inscrit dans la lignée de Musset et de *On ne badine pas avec l'amour*, un Guitry du bonheur d'aimer et d'être aimé. Aurélien Lugné-Poe écrit : « Le charme vrai, unique de *Je t'aime*, c'est que les deux héros agissent comme s'ils étaient seuls. Être plus de deux... la moindre confidence, et fini l'amour... Le lien avec les autres, quel qu'il soit, le tue. Tout ce qui est en dehors de lui le tue. »

Si son aspect physique intrigue Régis Gignoux – « Est-ce parce qu'il est l'apôtre du bonheur, retrouvant le chemin du paradis terrestre, que M. Sacha Guitry porte une barbe d'évangéliste ? » –, Georges Bourdon, quant à lui, s'attarde avec grande intelligence sur le seul jeu de l'acteur. Pour lui, Sacha ne joue pas, il « est », ce qui en fait un cas unique dans le monde des acteurs. Voilà le premier critique à vraiment s'intéresser, à disséquer même ce qui fait la particularité sur scène d'un Sacha Guitry, qu'il accuse même d'avoir « un certain mépris pour l'art du comédien ». Rien, en tout cas, ne pourra être plus juste que l'analyse de Bourdon : « Alors, que fait-il ? Eh bien ! Il parle. Il parle tout uniment, tout simplement, d'un débit rapide, comme une petite rivière moirée qui, sans cascades et presque sans plissements, se hâte sous le soleil ; il s'assoit quand il en a envie, il rit s'il ne peut retenir le jaillissement d'un rire, et s'il s'arrête un instant de parler, c'est que vraiment le mécanisme des mots s'est interrompu dans son esprit. [...] Mais de ce langage coloré, souple et vivant, à l'appel de cette voix tendre et cadencée, que de prestiges prennent, comme hier, leur envol ! C'est l'Amour, la Poésie, l'Esprit, la Grâce, la Jeunesse ; et c'est aussi de la philosophie, de l'observation, une sorte de lyrisme désenchanté et de pessimisme gai, quelque chose d'indéfinissable et de nouveau, d'original et de profondément humain. C'est tout cela que l'acteur Sacha Guitry porte dans son jeu, et c'est bien à lui, et son bien ne doit rien à personne, et qu'il soit tranquille : il n'est pas prêt d'être imité. »

Yvonne n'est pas en reste dans cette avalanche de louanges. Adolphe Brisson, qui la suit depuis ses débuts, s'extasie sur la façon dont Sacha a su modeler son jeu de scène, lui permettant ainsi de passer du music-hall à la difficile école du théâtre véritable : « La merveille, c'est qu'il soit parvenu à former à côté de lui une élève qui l'égale… Quelques années ont suffi, Mlle Yvonne Printemps a profité des leçons et de l'exemple. Elle joue comme elle respire, sans effort apparent. Elle joue vrai ; elle est le personnage même et non l'actrice chargée d'un rôle. Pas une minute de défaillance ou d'oubli. Quand, à la fin, blottie contre la poitrine du cher mari, elle boit ses paroles, elle a dans ses yeux une ineffable expression de respect et de tendresse. Oh ! Comme elle admire son maître ! »

Au mois de novembre 1920, un jeune chroniqueur totalement inconnu publie dans le journal *Bonsoir* : « Un placet à M. Sacha Guitry pour qu'il coupe sa barbe. » Ce « garnement » n'est autre que Marcel Achard[7], futur ami de Sacha et futur académicien, qui dira : « Je ne place rien au-dessus de *Je t'aime* ! » Pièce jouée cent quinze fois jusqu'au 16 janvier 1921 !

Quelques jours avant la fin de *Je t'aime*, Sacha accroche ses tableaux réalisés l'été précédent dans la galerie des frères Bernheim, grands marchands d'art. L'exposition dure huit jours et Sacha en profite pour expliquer que cela doit rester un simple passe-temps, certes amusant pour lui, mais qu'il ne pense pas avoir spécialement de talent.

Cela lui donne également l'occasion de dresser un inventaire de sa propre collection de tableaux pour un journaliste curieux. Il dénombre un portrait d'Yvonne Printemps par Vuillard, deux dessins de Degas, une étude d'Ingres, un crayon de Renoir, deux paysages de Jongkind, une aquarelle de Cézanne, une vue de la Tamise de Monet et une esquisse de Delacroix. Il avoue enfin qu'il aime les impressionnistes, « d'un amour jaloux ».

Lucien, qui ne faisait pas partie de la distribution de *Je t'aime*, en a profité pour répéter sa nouvelle pièce, *Le Comédien*, spécialement écrite pour lui par son fils. Elle est à l'affiche à partir du 23 janvier au théâtre Édouard-VII. C'est une œuvre assez curieuse, où l'auteur a abandonné son habituelle ironie, son esprit si pétillant, son humour légendaire pour bâtir un texte où Lucien Guitry campe une sorte de « statue du Commandeur ». Il dira d'ailleurs du *Comédien*, en évoquant son père : « Cette pièce est toi-même ! »

Certains vont s'étonner que ce comédien si parfait sur scène, si adulé par son public, devienne, dans les scènes évoquant sa vie privée, un homme se comportant comme un mufle avec les femmes. Lucien, quant à lui, ne voudra pas se reconnaître dans *Le Comédien*. À bien des reprises, il précisera que la pièce de son fils est une œuvre de pure fiction, et qu'il n'a que peu de choses en commun avec le personnage principal…

Mais Sacha n'avait-il pas composé inconsciemment un portrait quelque peu caricatural de son père ? Cela n'empêchera pas Lucien de fêter publiquement l'anniversaire de son cher enfant par une « lettre ouverte » publiée dans *Le Gaulois* :

> « Mon si aimé petit,
>
> Voilà donc tes trente-six ans révolus […] !
>
> Ainsi, le petit bonhomme blond or filé que Maupassant et moi portions endormi dans nos bras à tour de rôle sur la route qui ramène à Étretat, c'est celui qui a écrit cette énorme histoire, ce drame déchirant et comique : *Pasteur* ; c'est celui dont, le fameux soir de la répétition générale, je n'ai pu dire le nom aux gens bouleversés, et c'est cet enfant que je leur ai montré avec une si fière joie […]
>
> Fier ! Ai-je entendu ce mot proféré par des bouches et des voix amies : premier sentiment que j'éprouve. […] Mais, d'abord, et avant tout, c'est la joie de voir au théâtre un homme tel que toi. Il n'est pas question de moi dans tout cela. Moi, ma joie, mon bonheur (et dire que je te dois de pouvoir encore parler de mon bonheur !…), c'est pour moi, ça me regarde. Mais ce que je considère, c'est ton œuvre, disons-le donc, qui pénètre ce théâtre si nouvellement et si opportunément. […]
>
> Molière !… Oh ! que je le vois… nanti d'une autorisation de venir sur terre pour quelques heures. […] Il s'inclinerait, souriant et recueilli, devant chacun, aurait un mot aimable pour tous et en particulier. […] À toi il ouvrirait les bras et dirait simplement : Sacha ! »

Le Comédien est programmé jusqu'au 10 avril. Pendant ce temps, Sacha reprend au théâtre Sarah-Bernhardt, pour quarante-sept représentations, *La Prise de Berg-op-Zoom*. Mais, dès le mois de mars, les répétitions du *Grand-Duc*, sa nouvelle pièce, occupent les après-midi de la famille Guitry, à laquelle s'est jointe Jeanne Granier[8].

Journées merveilleuses pour l'auteur : « Nos représentations furent un enchantement, c'est-à-dire que si nous avons mis un mois et demi à travailler, il faut bien compter quinze jours pendant lesquels ces répétitions ne furent que de joyeuses réunions. C'est inouï de penser ce qu'à nous cinq nous avons pu évoquer de souvenirs, narrer d'anecdotes... Que de fois nous avons interrompu nos répliques pour écouter Jeanne Granier qui s'installait au piano et qui chantait tout son répertoire d'opérettes !... Un régal ! »

Cet enchantement, Sacha va en faire, par la suite, la règle d'or de toutes ses répétitions. Les centaines de comédiens qui ont eu la chance de jouer à ses côtés, aussi bien au théâtre que, plus tard, au cinéma, garderont tous un souvenir impérissable de l'atmosphère si particulière qu'il donnait à ces séances de travail. À tous propos Sacha avait une histoire, une anecdote à raconter, ou le portrait d'un de ses amis, ou de ceux de son père, à brosser. Dans ce temple sacré que représentait une scène de théâtre ou un plateau de cinéma, Sacha disait sa messe, la messe de l'admiration !

Ainsi Sacha s'asseyait au milieu de ses comédiens et, en merveilleux conteur, faisait revivre les maîtres et les grands moments du passé. Tous pouvaient l'écouter des heures durant. C'était sa façon à lui de leur dire : « Vous faites le plus beau des métiers du monde. Vous faites partie d'une famille magnifique dont vous devez être fiers. Nous sommes tous les enfants de Mirbeau, de Rostand, de Madame Sarah ou de Lucien Guitry. Aimez-les comme ils vous auraient aimés ! »

Le Grand-Duc ne restera pas comme une œuvre majeure de Sacha, mais bien plus comme un aimable divertissement rappelant le vaudeville. Cela n'empêchera pas la pièce d'atteindre la centième.

Au mois de juin parvient une nouvelle qui peine terriblement les Guitry. Georges Feydeau, interné depuis de longs mois à Rueil, vient de s'éteindre. On surprendra Sacha pleurant à chaudes larmes à son enterrement. Il a perdu non seulement un ami, mais l'un des auteurs contemporains qu'il admirait le plus.

Ce même mois, toujours soucieux de diversification, il accepte la proposition d'Arthème Fayard de collaborer à une nouvelle formule de revue littéraire baptisée *Les Œuvres libres*, en se voyant octroyer la responsabilité de sélectionner les pièces qui y seront publiées. Il retiendra pour le premier numéro *Le Grand-Duc.*

L'été arrive et Lucien saisit l'occasion pour se séparer définitivement de Jeanne Desclos. Le couple Guitry choisit de se rendre à Dinard, puis à Royan – chez les Willemetz – pour leurs vacances. Sacha en profite pour lire un amoncellement de bouquins qu'il a mis de côté depuis plusieurs mois, tant sa vie parisienne est trépidante. Au hasard d'une de ses lectures, il tombe sur un conte de Henri Duvernois[9], *Morte, la bête*, qui déclenche son enthousiasme. Il veut en faire une pièce et Duvernois donne aussitôt son accord.

Yvonne se confie à la femme d'Albert : « Voilà, c'est reparti ! Tu parles de vacances ! Sacha écrit du matin au soir. Hier, il n'a même pas pris le temps de déjeuner. Il ne voit même pas la lumière du jour, il reste enfermé dans la maison, comme collé à sa table de travail. »

En quelques jours, la pièce, *Jacqueline*, est achevée. Il lui faut l'avis de son père, à qui elle est destinée. Il lui fait parvenir le manuscrit. Lucien dévore la dernière création de son fils et lui écrit aussitôt :

> « Mon cher et grand petit,
>
> Ta pièce est splendide et d'une hauteur et d'une vérité inégalables, uniques. C'est formidable et bien partout. Voilà… Tu as fait un chef-d'œuvre de noblesse et de générosité, en vérité. Je t'embrasse tendrement, et Yvonne aussi… »

Pleinement satisfait des compliments paternels, il peut enfin profiter des derniers jours au bord de la mer avant de rejoindre, en compagnie d'Yvonne, son père à Bruxelles pour donner une série de représentations de quatre de ses pièces : *Nono*, *Mon père avait raison*, *Le Grand-Duc* et *Faisons un rêve.*

En novembre, le couple Guitry reprend cette dernière pièce à Paris, tandis que Lucien crée *Jacqueline* à l'Édouard-VII.

Nouveau succès (cent dix-huit représentations) où, une fois encore, Sacha et Lucien démontrent tous leurs talents. Le critique Pierre Brisson (qui deviendra plus tard le « meilleur » ennemi de Sacha…) est séduit par la vision dramatique, brusque et rapide, qu'il a employée pour adapter ce conte de Duvernois : « L'action se déroule, sobre, forte, ramassée. C'est une succession de scènes pathétiques où la vie est comme enserrée, où l'âme humaine, avec ses douleurs, ses incertitudes, son égoïsme cruel, est mise à nu. Une émotion profonde vous étreint. Il y a un frisson qui ne trompe pas… On se trouve en présence d'une œuvre de grande lignée. »

Le journaliste Henri Bidou, quant à lui, essaie de percer le secret qui fait de Lucien Guitry le plus grand des comédiens français : « Observez ses yeux. Il n'y a pas un regard inutile, et vous savez toujours où va ce regard presque invisible au fond de ce trou d'ombre que fait l'orbite maquillée en brun. Ce regard, vous ne pouvez plus le perdre de vue. Tantôt il rêve, tantôt il se pose avec force. La pensée n'est plus qu'un rapport entre les objets considérés, et tout le jeu du comédien une suite d'idéogrammes. »

Enchanteurs que ces Guitry, rois du théâtre parisien ! Évidemment, cela ne manque pas de provoquer de sérieuses jalousies, au point que certains auteurs voudraient obtenir que l'on interdise de jouer en même temps à Paris plusieurs pièces d'un même dramaturge ! On voit qui est visé…

Sacha reste toujours très sollicité et l'on se bat pour obtenir sa participation à une fête de charité, à un gala ou à un événement national comme la retransmission de la première émission de T.S.F. depuis la tour Eiffel, ce 22 décembre à 15 heures, pour qu'il y raconte quelques anecdotes théâtrales.

Moins d'un mois plus tard, le 17 janvier 1922, à l'Opéra de Paris, pour fêter le tricentenaire de la naissance de Molière, Sacha et Yvonne créent un charmant à-propos en vers libre, *Chez Jean de La Fontaine*. Le président de la République, Alexandre Millerand, leur fait l'honneur de sa présence.

Puis ce sont des vacances dans le Midi, tandis que Lucien s'offre la joie de jouer *Le Misanthrope*. Il tient son fils au courant de cette entreprise : « Oui, les recettes sont belles et significatives, et la joie des gens est étonnante ! »

Sacha, qui n'a pas de nouvelle pièce à monter, se résout à reprendre *L'Illusionniste*, sans grand enthousiasme toutefois. Cette reprise connaît d'ailleurs un succès mitigé. Rien de plus salutaire pour motiver Sacha qui écrit en quelques jours *Une petite main qui se place…* Le 4 mai, la pièce peut débuter sa carrière à l'Édouard-VII.

C'est une farce ou un vaudeville sans prétention, mais qui remporte d'emblée un grand succès et connaîtra cent soixante représentations. Gérard Bauer écrit : « On nous demanderait : "Pourquoi aimez-vous ce théâtre ?", que nous répondrions comme d'une femme aimée : "Je ne sais pas pourquoi !... Je l'aime, voilà tout." »

Ce succès est suivi d'une nouvelle série de représentations à Londres pour les trois Guitry, avant de goûter aux joies des vacances et... du travail. Sacha s'est mis en tête d'écrire une comédie musicale afin qu'Yvonne y trouve un rôle à sa mesure. Il en a déjà trouvé le titre : *L'Amour masqué*. Il lui faut maintenant dénicher un compositeur de talent. C'est finalement André Messager[10] qui est choisi. L'homme n'a pas un caractère des plus faciles, et si Sacha l'a fait venir sur son lieu de villégiature, à Royan, c'est pour suivre de près son travail. Messager fulmine et peste à longueur de journée à propos de Sacha, comme il le confie dans une lettre adressée à un proche : « Je vous assure que la collaboration avec Sacha n'est pas toute de roses. Je ne connais personne plus rebelle à la musique, mais qui ait en même temps des idées aussi préconçues sur les moyens d'expression dont elle peut disposer. Dans le fond, il ne sait pas du tout ce qu'il veut, mais il le veut avec entêtement. Inutile de vous dire que je ne tiens aucun compte de ses billevesées. Je vais mon chemin et, que ça lui plaise ou non, je m'en moque éperdument. »

Les sujets d'incompréhension ne vont qu'en se multipliant au fil des jours, surtout quand Sacha explique à André Messager qu'il tiendra le premier rôle masculin dans la comédie musicale, mais qu'il ne chantera pas une seule parole :

« Je sais que vous trouvez cela assez unique ! Mais je pense que je vais susciter beaucoup d'intérêt en jouant dans une comédie musicale sans chanter. Au moins les critiques pourront écrire, avec raison, que je suis nul en... chant !

– Mais, Sacha, vous plaisantez !? Et puis, qui vous dit que vous êtes aussi mauvais que vous voulez bien le dire ? Tenez, je vais me mettre au piano. Je vous demande juste de laisser une note, n'importe laquelle, sortir de votre bouche.

– Iiiiiiiih !

– Ah, là, je le reconnais, vous venez de chanter une note qui n'est pas sur le clavier ! »

À la fin du séjour, pour détendre l'atmosphère un peu pesante, et dans le but de dérider ce vieux monsieur renfrogné, Sacha décide de jouer à l'impertinent :

« Mon cher Messager, ne me cachez pas plus longtemps la vérité !

– Quelle vérité ? Que voulez-vous dire ?

– Eh bien, ma grand-mère et vous... Est-ce vrai ?

– Pardon ?

– Eh bien, je pense que ma mère était votre fille !

– Quoi !?

– Oui, je vous trouve parfois tellement emmerdant que je me demande si nous ne sommes pas parents ! »

L'impertinence provoquera un grand éclat de rire de Messager !

À l'automne, Sacha, qui a passé une partie de ses vacances à peaufiner sa pièce, *Un sujet de roman*, va rendre visite à la grande Sarah Bernhardt pour lui proposer le rôle principal. Être joué par son père est un bonheur de tous les moments, mais espérer que la plus grande des actrices françaises accepte son manuscrit serait la plus belle des choses au monde !

Madame Bernhardt écoute Sacha sans dire mot. À la fin de la lecture, elle n'en prononce qu'un seul... théâtral : « Oui ! »

Du coup, Paris ne parle plus que de ce projet ! Sarah accepte même de recevoir des journalistes à qui elle confirme son intention de créer *Un sujet de roman* : « C'est une pièce admirable, l'une des plus belles que Sacha ait écrites... Elle est moderne, absolument, cruellement moderne. [...] C'est une chose tout à fait nouvelle, et vous savez combien il est difficile de trouver du nouveau, un cas encore jamais traité. C'est une œuvre à la fois dramatique et réelle, qui prend un caractère shakespearien parce que, à côté d'un réalisme effroyable, elle revêt une surprenante force dramatique, avec une intensité prodigieuse dans l'étude des êtres. Le dénouement est entièrement imprévu. Le quatrième acte ménage au public un très grand étonnement. Jamais on n'avait imaginé un dénouement semblable ! »

Novembre est marqué par la disparition d'Alfred Capus et la création de la pièce de Sacha, *Le Blanc et le Noir*, avec Raimu, comédie légère et grave à la fois où un mari cocu devient le père d'un bébé noir, car sa femme l'a trompé avec un ténor d'origine africaine. Un texte qui a mal vieilli ; le racisme qu'on pourrait aujourd'hui y trouver est le reflet d'une époque où les noirs sont dénommés « nègres » et où l'on présente des « sauvages africains » dans des enclos à l'occasion des expositions coloniales ! Sacha, par la suite, s'en rendra probablement compte, car il refusera la réédition du texte de cette pièce (qui deviendra toutefois un film en 1931).

Lucien, de son côté, reprend *Pasteur* avec toujours autant de succès.

Mais ce qui occupe Sacha, dès le début décembre, ce sont les répétitions d'*Un sujet de roman* avec Madame Sarah. Ni Sacha ni Yvonne ne jouent dans cette pièce, mais cette dernière ne manque pas une répétition et elle livre, avec enthousiasme et ferveur, ses commentaires aux journalistes : « Nous n'avons pas assez d'énergie pour écouter Mme Sarah. Elle atteint, par sa simplicité et son émotion, les limites du sublime. [...] C'est émouvant : ces deux grands artistes (l'autre étant Lucien...) répètent sans s'inquiéter de l'heure qui passe, ils ne pensent qu'à leur travail et paraissent oublier leur fatigue. Dès qu'un acte est fini, Mme Sarah s'écrie le plus souvent : "Si nous recommencions ?" »

Autre spectateur passionné de ces répétitions, René Benjamin[11], écrivain, journaliste et ami de Sacha, qui note : « Sacha ne jouait pas. Il suivait de la salle, sans souffler mot, ému de ses interprètes, il s'effaçait devant son père qui s'effaçait devant Sarah Bernhardt ; et elle, comme eux en plein travail, était très humble ; c'était à qui se donnerait le plus et le mieux. Pas de trace de cette vanité proverbiale chez les comédiens ; rien de petit ; la seule forte passion du métier et le désir ardent d'employer tous ses dons. »

Moments d'exception et d'histoire que savoure Sacha. Seule ombre au tableau : la mémoire quelque peu défaillante de Mme Sarah qui, à soixante-dix-huit ans, oublie quelques répliques, ce qui la met dans une colère terrible : « Non, non ! J'ai mal répété ! Je suis très mécontente, inutile de me détromper ! »

Le 18 décembre, jour de la générale, la grande actrice arrive au théâtre vers 17 h 30. Immédiatement, elle gagne sa loge, quand, une heure plus tard, on l'entend appeler au secours. La tragédienne s'étouffe. La voici victime d'une syncope ! On la ramène chez elle où Sacha accourt aussitôt. Ayant repris ses esprits, mais alitée car incapable de tenir debout, elle déclare à son auteur : « Oh ! mon cher petit ! Te faire ça, à toi ! » Puis elle fond en larmes...

On a annulé au dernier moment la générale. C'est la consternation. Sacha a beau lui promettre que l'on attendra le temps qu'il faut pour qu'elle se rétablisse, elle se montre consternée et pourtant veut encore y croire :

« Il paraît que je me suis écriée que je ne voulais pas mourir comme Molière... Et vous voyez, à présent, je suis rétablie. Mon fils fronce le sourcil et me déclare qu'il faut que je prenne un long repos : cela, jamais ! Vous savez bien que, pour moi, le repos, c'est la mort ! »

Les jours passent et Sarah ne se remet pas suffisamment pour que l'on puisse envisager son retour au théâtre. Et comme chaque jour qui passe se traduit par une perte sèche pour le théâtre, on décide de la remplacer par Henriette Rogers. Sacha, profondément attristé, va lui annoncer cette rude nouvelle. Elle n'a qu'une phrase :

« Je veux savoir exactement à quelle heure le rideau se lèvera, car, de mon lit, je jouerai mon rôle ! »

Le 4 janvier 1923 a lieu la générale. La pièce surprend, car Sacha a livré là un drame angoissant, presque sinistre. On est loin du théâtre auquel il a habitué son public ; celui-ci découvre ici le portrait d'un écrivain qui cherche dans sa vie la plus intime ses sources d'inspiration, qui est prêt à bien des concessions pour conserver sa petite gloire, et qui vit un drame conjugal profond et sans espoir.

Si Lucien est fabuleux, si les dialogues sont brillants, l'originalité même de l'œuvre, sa noirceur, son « sadisme » désorientent à la fois le public et la plupart des critiques. On n'y retrouve pas le Guitry que l'on aime ! Au bout de quarante représentations, on doit retirer *Un sujet de roman* de l'affiche. Sacha pourra toutefois se consoler en lisant la critique de Claude Farrère : « La plus belle pièce, à mon goût, de toute l'œuvre de Sacha Guitry. Parce que la plus cruellement humaine. »

L'auteur qui aurait tant aimé qu'*Un sujet de roman* soit aussi unanimement salué que *Mon père avait raison* comprendra alors que le drame noir n'est pas « envisageable » dans son théâtre. Sans états d'âme, il y renoncera et il ne lui restera plus qu'à se montrer philosophe en lisant ces quelques lignes de Pierre Veber : « Nous vivons à une époque où le pire triomphe, où le meilleur est contesté par ceux-là mêmes qui devraient le signaler. J'estime qu'*Un sujet de roman* est néanmoins une très belle pièce, très émouvante, très originale, et j'espère qu'elle aura la réussite qu'elle mérite. Sinon, ce serait à désespérer du théâtre. »

Il faudra attendre 1999 pour que Michel Aumont remporte un triomphe dans cette pièce (plus de deux cents représentations) avec laquelle il sera récompensé du Molière du meilleur comédien. Sacha avait raison…

Quelques jours de vacances pour se remettre de toutes ces émotions, et voilà notre couple prêt pour sa rentrée parisienne, le 15 février, avec *L'Amour masqué*, une jolie comédie musicale aux allures d'opérette plaisante et divertissante. Il faut dire que le compositeur choisi par Sacha, André Messager, n'est autre que celui qui signa la musique de la célèbre opérette *Véronique* ! Cette addition de talents laisse donc prévoir un grand succès sur scène et quelques dizaines de milliers de 78 tours reprenant les airs les plus délicieux de cette œuvre : *J'ai deux amants*, *Viens, s'il est vrai* ou *Depuis l'histoire de la pomme…*

Cet *Amour* sert magnifiquement Yvonne Printemps. Le critique Gérard d'Houville ne s'y trompe pas : « Mlle Printemps a la plus belle voix qu'on puisse entendre et la plus naturelle, le timbre le plus frais, le plus juste, la diction la plus simple, la plus nette, la plus claire. Elle chante avec une facilité, une liberté, une allégresse ravissantes ; c'est pur, c'est éclatant, c'est tendre et gai, c'est la jeunesse même et son appel. En écoutant ses chansons avec une sorte d'émerveillement devant tant de dons et de grâce, on songe à des jardins, à des rosiers, à des sources, à des oiseaux, à tout ce qui embaume, séduit et désaltère, à tout ce qui monte, vibre et s'envole librement dans la clarté. »

J'ai deux amants chante chaque soir Yvonne dans *L'Amour masqué*. Mais elle se contentera d'un seul pendant toute la durée du spectacle, et dans les mois qui vont suivre, en ayant une faiblesse pour un des jeunes acteurs qui n'a certes qu'un tout petit rôle, mais de grandes qualités physiques ! Il s'agit d'un fort beau jeune homme, Henri Garat[12], qui va devenir l'un des acteurs les plus populaires du cinéma d'avant-guerre. Ses yeux bleus ont envoûté Yvonne qui met au point un habile stratagème pour le retrouver dans un petit hôtel discret de Saint-Lazare, deux à trois fois par semaine. Pour échapper aux soupçons que pourrait avoir son mari sur ses absences, elle demande à Sacha, très occupé à son bureau par son travail, de lui laisser l'usage de la voiture et du chauffeur pour faire des courses dans les grands magasins. Son mari y consent bien volontiers, et l'encourage même à acheter toutes ces babioles dont raffolent les femmes. Invariablement, elle donne l'ordre au chauffeur d'arrêter la Cadillac devant l'entrée principale des Galeries Lafayette, boulevard Haussmann. Puis elle s'engouffre dans le grand magasin et en ressort aussitôt par une autre porte, parcourant quelques centaines de mètres pour rejoindre Henri Garat et passer une heure dans ses bras ! Puis elle refait le chemin inverse, entre à nouveau aux Galeries, fait quelques emplettes dans les rayons et ressort, les bras chargés de paquets, par l'entrée principale où l'attend le chauffeur. Le tour est joué, et l'alibi en or ! Le système marche si bien qu'elle l'utilisera tout au long des années suivantes, car elle multipliera désormais les aventures…

Au théâtre, le couple donnera cent dix représentations de *L'Amour masqué*, et devant le triomphe continu de cette comédie musicale, il se fera remplacer pour soixante-deux autres par Jean Worms et Marthe Ferrare.

Lucien, qui ressent les premiers symptômes de la maladie qui l'emportera, n'est pas en état de se rendre à la première. Prétextant un furoncle mal placé, il demande à Sacha de lui échanger ses places contre une baignoire grillagée, au fond de la salle, pour ne pas être vu du tout-Paris. À la fin de chaque acte, il fait porter un mot à Sacha et Yvonne par une « complice », laissant ainsi croire qu'il est bien présent. Sacha ne découvrira le subterfuge qu'après sa mort : « Il avait eu, vers 8 heures du soir, une crise très forte, et pendant cette crise il avait préparé d'avance les trois billets que j'avais reçus. Il les avait fait porter au théâtre à notre amie par son mécanicien qui lui avait expliqué l'usage qu'elle devait en faire. »

Rétabli, Lucien pourra toutefois assurer, dès le mois de mars, une série de représentations de *Tartuffe*, tandis que se meurt Sarah Bernhardt. Elle décède après une longue agonie à la fin de ce mois de mars.

En mai, le couple Guitry rejoint Londres pour l'habituelle saison anglaise et joue *Mariette ou Comment on écrit l'histoire*, *Un sujet de roman*, *Nono*. Lucien trouve le courage de les y rejoindre pour jouer avec eux *Le Veilleur de nuit*.

Le 3 octobre, Sacha se voit décoré de l'ordre de la Légion d'honneur. Il en est fait chevalier dans la promotion qui porte par une heureuse coïncidence le nom de… Pasteur !

Puis c'est une reprise, le temps de soixante représentations, de *L'Amour masqué* à partir du 18 novembre, tandis que Lucien crée *Le Lion et la Poule* à l'Édouard-VII. Il y incarne le personnage d'un baron qui ne peut se résoudre à vieillir et court toujours après l'amour, comme l'écrit René Wisner : « L'amour est tragique dans cet accouplement de forçats où les vingt ans de l'un rencontrent les soixante-dix ans de l'autre, où tous les deux tirent sur la même chaîne, et ne s'arrêtent de marcher du même pas pénible que pour s'épier avec rage et constater qu'ils sont deux esclaves. Après tout, qu'est-ce donc, le jeu de l'amour ? deux haines sur un même oreiller. »

Après une honnête carrière (soixante-dix représentations), *Le Lion et la Poule* quitte l'affiche, tandis que dans un autre théâtre, celui de l'Étoile, commence *L'Accroche-cœur*, qui débute sa carrière le 21 décembre 1923. Un journaliste a la bonne idée de demander aux maîtres comment se sont passées les représentations : « Nous avons répété à l'Édouard-VII. Lorsqu'on nous téléphonait d'ici que la scène était libre, on montait en voiture : on répétait pendant le trajet… et on enchaînait ici, et quand les ouvriers occupaient la scène, on remontait répéter chez moi. Nous avons, Yvonne et moi, une scène assez particulière qui se passe dans un restaurant. Je me demande encore ce que les maîtres d'hôtel ont pu penser en nous entendant la répéter quand nous dînions dehors – exprès – pour mieux travailler la vérité. »

Sacha a choisi un cadre assez sombre, peuplé de voyous, de gigolos et de « poules », mais se refuse à nous livrer une pièce sinistre, comme la mode de l'époque le voudrait. Bien au contraire, et une fois de plus, il en prend le contre-pied, comme nous le révèle Gaston de Pawlowski : « Des filles, un marlou, des pantins de casinos, le Théâtre-Libre lui-même, malgré toute sa crudité, ne peut nous les représenter qu'à la façon triste dont les auteurs naturalistes se les imaginent. Combien nous préférons les mêmes personnages parés de la rosserie et du scepticisme élégant de Sacha Guitry ! L'auteur nous les représente comme nous nous les représentons nous-mêmes en souriant ; il atteint par là une vérité beaucoup plus profonde, plus agréable et plus spirituelle, une vérité qui est là où elle doit être au théâtre : dans notre imagination, comme dans une fable de La Fontaine ou dans un conte de fées. »

Le temps de reprendre deux de ses créations, et voilà que le 5 mai, dans le même théâtre, s'affiche *La Revue de printemps*, dont le coauteur n'est autre que le cher Albert Willemetz.

On compare, dans la presse, cette magnifique revue aux ballets à grands spectacles que Louis XIV pouvait donner à Versailles ! Rien de moins…

Cette fantaisie-revue en trois actes et dix-neuf tableaux nous entraîne dans l'histoire de France. S'y mêlent aussi bien Henri II et Louis XIV qu'Yvette Guilbert, sans oublier Toulouse-Lautrec ou les Dolly Sisters. La chanson française y tient la première place (malheureusement, le texte de cette œuvre joyeuse et un peu folle semble avoir à tout jamais disparu).

À la mi-juillet, *La Revue de printemps* s'interrompt pour les vacances. Après un périple qui les mène de Vichy à Luchon en passant par Royan où un bain de mer provoque chez Sacha une double névrite qui l'oblige à rester allongé pendant plus d'une semaine, notre couple regagne Paris à la fin du mois de septembre et remonte sur les planches, dès le 2 octobre, pour donner plus d'une soixantaine de représentations de leur revue à laquelle Sacha a ajouté quelques nouvelles scènes écrites pendant l'été.

Lucien, de son côté, joue Arnolphe dans *L'École des femmes*, puis *Le Misanthrope* à l'Édouard-VII.

Le début du mois de décembre voit la création d'*Une étoile nouvelle* : une comédie faite de sketchs, qui se veut « policière », et que l'on doit en toute honnêteté qualifier de simplement « gentillette » ! Certains critiques s'en rendent d'ailleurs compte et ne l'envoient pas dire à l'auteur qui n'apprécie guère la chose, au point de vouloir jouer les procureurs dans le *Candide* daté du 18 décembre. Pierre Brisson et Henri Béraud en prennent pour leur grade, car Sacha s'est mis en tête de devenir critique des critiques ! Au lieu de laisser dire, Guitry veut se battre ! Mais avec certains d'entre eux, dont la plume est brillante, le combat devient rude, et ils n'hésitent pas, poussés par leurs patrons, à répondre de façon virulente à Monsieur Guitry ! L'article de *Comœdia* du 20 décembre, signé Henri Béraud, est resté célèbre par sa férocité : « Voilà-t-il pas notre Narcisse Guitry tout entier, tel que ses ennemis le représentent, occupé à se sourire, entre un lotus et un nénuphar, dans l'insondable étang de sa fatuité ? On lui dit cinquante-sept fois : "Vous êtes un grand acteur comique." Cela ne lui fait rien, parce que cela est tellement conforme à sa "vérité" qu'il ne l'entend pas. Un soir on lui dit : "Vous avez fait de meilleures pièces." Alors il tend la plus fine oreille du monde, il voit à merveille et se fâche au cramoisi. Ces alternances de surdité et de vigilance prêtent à rire, et M. Sacha Guitry ferait peut-être bien de méditer les avis de Bergson sur le comique involontaire. Il est vrai qu'un si ombrageux a chez lui quelque excuse, et d'abord les flatteries d'un père qui n'a pas toujours raison… »

Et Sacha, bien évidemment, de lui répondre deux jours plus tard : « Il critique ma pièce, je peux bien, il me semble, critiquer son article. Est-ce que je n'ai pas le droit, moi aussi, de dire "la vérité" ? Il n'aime pas ma pièce ? Eh bien, moi, je n'aime pas son article. Ce n'est pas moi qui ai commencé. »

À Henri Béraud d'insister cette fois, et là où ça fait mal, sur le couple que forment ces rois de Paris, père et fils : « Je n'ai aucunement raillé la piété filiale et la tendresse paternelle de MM. Guitry. Nul n'y songe ici. Chacun pense au contraire que l'affectueuse collaboration de ces deux hommes de théâtre est aussi touchante que précieuse. Toutefois, on a pu rire de voir MM. Guitry qui ne se quittent pas, s'écrire, comme ils le faisaient il y a pas longtemps par la voie des journaux. [...] Il nous impute à excessive familiarité de l'appeler par son tout petit nom. Sa modestie seule l'empêche de savoir que le tout-Paris se permet, sans relâche, cette privauté... »

Ainsi, en ces derniers jours de décembre, malgré ces polémiques continuelles, la dernière année du « parfait bonheur » des Guitry père, fils et femme s'achève. Car l'année 1925 qui s'annonce sera celle d'un terrible malheur...

Notes

1. Alex Madis (1886-1968) : d'origine grecque, sa passion pour la littérature française l'amène à Paris où il écrit des pièces de théâtre. Parallèlement, il mène une carrière de journaliste et critique de théâtre et devient directeur de la revue *Paris-Théâtre*. Grand admirateur du travail de Sacha Guitry, il en écrit une biographie en 1950 et réalise plusieurs interviews du Maître.

2. Eugène Fasquelle (1863-1952) : après un début de carrière à la Bourse, il évolue dans le domaine de l'édition, publiant de grands noms tels que Zola, Rostand, Clemenceau, Pagnol, Jarry... Ami d'Émile Zola, il en est l'exécuteur testamentaire. Son fils lui succède à la tête des éditions Fasquelle qui fusionneront avec Grasset en 1959.

3. Jacques-Henri Lartigue (1894-1986) : peintre de formation, il se consacre à la photographie en y apportant une démarche artistique. Connu comme photographe de presse et de mode, il réalise le portrait officiel du président Valéry Giscard d'Estaing.

4. Henri Hertz (1875-1986) : journaliste et écrivain fréquentant les cercles dadaïstes et surréalistes, il est par ailleurs cofondateur du Comité d'action France-Palestine, et est, à partir de 1925, secrétaire général de la section française du Congrès juif mondial. Il reçoit en 1928 le prix Mallarmé pour son œuvre d'écrivain.

5. Nancy Cunard (1896-1965) : fille de lord Cunard, riche propriétaire de la compagnie maritime Cunard, elle rejette les pressions familiales et devient une activiste politique luttant contre le fascisme et la ségrégation raciale aux États-Unis. Écrivain et poète, elle appuie les mouvements dadaïstes et modernistes.

Après plusieurs séjours en hôpital psychiatrique, on la retrouve ruinée, alcoolique et malade, vivant dans la rue, à Paris, où elle meurt après avoir été transportée à l'hôpital Cochin.

6. Élie-Alphonse Franck (1862-1932) : brillant directeur de théâtre, il parvient en 1920 au poste de directeur de l'Édouard-VII où il accorde une grande place aux œuvres de Sacha Guitry. Brouillé avec ce dernier, il est condamné en 1931 à lui verser une forte indemnité. Affaibli et malade, il meurt quelques mois plus tard.

7. Marcel Augustin Ferréol, dit Marcel Achard (1899-1974) : passionné par le théâtre, il s'essaie ponctuellement au métier d'acteur et de réalisateur de cinéma, mais c'est l'écriture de pièces de théâtre qui lui vaut un grand succès. Très apprécié de ses pairs, il est élu en 1959 à l'Académie française.

8. Jeanne Granier (1852-1939) : fille de la comédienne Irma Granier, c'est dans le répertoire de l'opérette qu'elle se fait connaître. Malheureusement, en plein succès, sa voix lui fait défaut. Elle s'oriente alors, sur l'insistance de Lucien Guitry, vers le théâtre où elle réussit à se faire une place.

9. Henri-Simon Schwabacher, dit Henri Duvernois (1875-1937) : après des débuts de journalistes, il se fait connaître pour ses romans, ses pièces de théâtre et ses opérettes. Apprécié du grand public comme des milieux intellectuels, il reçoit en 1933 le Grand Prix de littérature de l'Académie française.

10. André Messager (1853-1929) : chef d'orchestre réputé, il compose également pour le théâtre, le ballet et l'opéra, avec succès. Directeur de l'Opéra-Comique en 1898, il est nommé codirecteur de l'Opéra de Paris en 1914 et est élu à l'Académie des beaux-arts en 1926.

11. René Benjamin (1885-1948) : journaliste travaillant notamment pour *L'Action française*, il écrit plusieurs pamphlets contre la démocratie, et des biographies de Charles Maurras et Maurice Barrès. Il reçoit le prix Goncourt en 1915 pour son roman, *Gaspard*. Inquiété à la Libération, l'académie Goncourt le tient à l'écart.

12. Émile-Henri Garassu, dit Henry Garat (1902-1959) : après des débuts sur scène dans des revues au Casino de Paris et au Moulin Rouge, il devient très vite un jeune premier très apprécié. Il enchaîne les tournages en France et aux États-Unis. Ruiné, cocaïnomane, il part en 1944 suivre en Suisse une cure de désintoxication. Oublié, il tente – sans succès – d'effectuer un *come-back* dans les années 1950.

6

La fin d'un monde…

> « Se séparer, ce n'est pas quitter quelqu'un,
> C'est se quitter tous les deux. »
>
> SACHA GUITRY, *Quadrille.*

Cette année 1925 a mal commencé… Brusquement, le 1er février, Sacha connaît quelques problèmes de santé qui nécessitent une hospitalisation immédiate, suivie d'une légère intervention chirurgicale. Ce qui conduit bien évidemment la direction du théâtre Édouard-VII à interrompre les représentations d'*Une étoile nouvelle*.

Sitôt sorti de clinique, il part se reposer au Cap-d'Ail, tandis que les critiques, hostiles à l'auteur, en profitent pour laisser entendre que cette « maladie » est avant tout « diplomatique », et permet de retirer ce fiasco de l'affiche !

Campagne de presse stupide, puisque la pièce a connu la plus forte recette moyenne de toutes les comédies jamais jouées à l'Édouard-VII ! Mais, comme Sacha a déclaré la guerre à bon nombre de critiques, ceux-ci ripostent et les récriminations de l'auteur, depuis son exil azuréen, ne calment pas les choses…

Du coup, Lucien est venu au secours de son fils en acceptant de reprendre *Le Tribun* à l'Édouard-VII.

Enfin rétabli, Sacha est de retour en mars à Paris pour la répétition de sa nouvelle pièce, *On ne joue pas pour s'amuser*, qu'il va interpréter aux côtés de son père et d'Yvonne : nouvelle histoire se déroulant dans le milieu du théâtre et contant les aventures d'un débutant qui, à défaut de rencontrer le succès, découvre l'amour… Une œuvre assez moderne où le Maître parle du mélange parfois difficile d'un métier et de l'amour au sein d'un couple, comme le relève Henry Bidou : « Un échec comporte presque toujours une perte de prestige. L'amour a besoin d'admirer pour persister. Le monde moderne, qui est de plus en plus celui du travail, pour les femmes comme pour les hommes, verra, entre les époux, entre amants, des conflits d'amour et d'amour-propre froissés, des faillites d'affection, des ruptures même, surgis des aléas de la carrière entreprise, lorsque le couple comprendra deux êtres laborieux. »

La première a lieu le 26 mars, et si Lucien semble un peu fatigué, tout se déroule toutefois pour le mieux – ce, jusqu'au 9 mai… Le 10, Lucien, qui la veille a dégusté une centaine d'escargots de Bourgogne au cours d'un seul repas, se sent subitement mal. Le docteur Thiroloix, médecin des Guitry, diagnostique un risque de périphlébite et ordonne à son patient de se coucher aussitôt. Continuer à jouer la comédie est bien entendu exclu !

Sacha est terriblement inquiet, d'autant plus que des problèmes cardiaques viennent compliquer la maladie de son père, quelques jours plus tard… Thiroloix prie un grand cardiologue de se déplacer au chevet de Lucien. La consultation terminée, ce dernier prend son confrère et Sacha à part, et leur déclare sans plus d'ambages : « On peut s'attendre, mes pauvres amis, à ce qu'il fasse "couic" à tout moment ! »

La mort dans l'âme, comprenant que son père ne pourra plus remonter sur scène, Sacha accepte qu'il soit remplacé par Henry Krauss, qui reprend son rôle dès le 16 mai.

Lucien a compris que sa fin est pour bientôt et prend immédiatement ses dispositions. Son pressentiment est d'ailleurs confirmé dès le 25 par Thiroloix qui s'en ouvre à Sacha :

« La jambe de votre père est envahie par un œdème. Je n'ai plus beaucoup d'espoir. Il faut être courageux, Sacha. Je crois que ses jours sont vraiment comptés. »

Les journées qui suivent ne voient guère d'amélioration, d'autant moins que Lucien ne veut plus se soigner. Pourtant, le 30, il accepte à nouveau de se soumettre au traitement de Thiroloix, et fait même quelques projets de vacances avec son fils. C'est décidé : ils prendront ces vacances d'été à Rueil ou au Vésinet. Se sentant subitement mieux, Lucien convie même pour le lendemain Sacha et Yvonne à dîner, avant le théâtre.

Dès leur arrivée à Élisée-Reclus, la fidèle Élise annonce à Sacha :

« Monsieur, votre père est debout. Il s'est levé ! »

Le temps de gagner l'étage, et voilà Lucien les accueillant à bras grand ouverts :

« Ah, mes enfants, je me sens décidément mieux ! Je voulais même vous faire la bonne surprise d'enfiler mon smoking pour le dîner ! »

À la fin du repas, Lucien demande sa cassette où sont enfermés ses bijoux. Il s'adresse à son fils :

« Cette épingle de cravate m'a été offerte par l'empereur de Russie, ton parrain. Mais je te préviens que ce gros saphir est un faux.

– Mais, que veux-tu que cela me fasse ?

– Je te dis juste ça comme ça... »

Puis c'est l'heure de se rendre au théâtre. Sacha a décidé de revenir après la fin de la représentation pour embrasser son père. À son arrivée, Lucien dort. S'étant agenouillé près de son lit, il le regarde dormir. Soudain, son père se réveille :

« Vous avez fait une bonne recette ?

– Oui, presque le maximum.

– C'est bien, très bien. »

Et, au moment où Sacha quitte sa chambre, Lucien, pensant aux nombreux projets de son fils, dont il ne cesse de parler, lui glisse dans un murmure :

« Fais *Mozart* ! »

Le lendemain, tandis que Sacha est au Vésinet afin de dénicher une location pour l'été, Lucien, qui se sent décidément mieux, demande, vers 16 heures, qu'on lui serve son déjeuner. Il engloutit un plein saladier de pommes de terre, quand, brusquement, il se met à suffoquer. Thiroloix est appelé au secours du malade qui souffre horriblement. Le médecin lui fait une ultime piqûre. Dans un souffle, Lucien murmure : « Cette fois, c'est fini... Et Sacha ? »

Lucien Guitry, le plus grand des comédiens français, s'éteint à 18 h 15. Son fils arrive une heure plus tard, fou de chagrin. Il savait la fin de son père proche, mais ne pouvait y croire.

Puis c'est le défilé des intimes. Fedor Chaliapine dit à Sacha :

« Voilà… voilà… On donne tous les soirs un peu de son cœur au public… et le public qui vous voit passer dans la rue demande : "Combien gagne-t-il, chaque fois qu'il joue ?" »

Le 4 ont lieu les obsèques de Lucien. Des centaines de Parisiens suivent le convoi. Trois chars mortuaires sont nécessaires pour porter les fleurs. Lucien a formellement interdit que l'on prononce des discours. Seul le grand Antoine a le droit de dire cette simple phrase : « Au nom des Comédiens français, je salue le plus grand des comédiens. »

Dans la presse, Gaston de Pawlowski résume en une phrase la modernité du comédien : « C'est que Lucien Guitry avait tout vu, tout compris ; aucun milieu social ne lui était étranger. Son long séjour en Russie lui avait permis d'étudier minutieusement, comme dans un bref raccourci, toutes les traditions d'une société périmée, et toutes les aspirations du monde futur. »

Cette disparition, finalement très soudaine, va plonger Sacha dans un profond désarroi, lequel va se traduire par une envie de se réfugier dans le « cher passé ». Bien entendu, la vie continue et les projets ne manquent pas, mais, désormais, il aura tendance à s'isoler de ce monde qui va trop vite, qui court à sa perte et qui lui semble moins intéressant que celui des temps bénis de l'adolescence.

Son cercle d'intimes aura désormais du mal à s'agrandir, et il se refusera de plus en plus à sortir dans Paris et à accepter ces invitations qui affluent de toutes parts.

Plus que jamais il conçoit son bonheur au milieu d'un univers intime et protecteur : une vie qui se partage entre les longs moments de travail chez lui et les représentations au théâtre. Pour être heureux, prétend-il, il convient de bien choisir son métier et sa femme. Cela lui suffit, et le reste ne présente que peu d'intérêt à ses yeux. Ce repli, cet enfermement volontaire, ce refus de profiter des plaisirs légers de l'existence, de se montrer dans les cocktails, d'accepter les déjeuners en ville et autres mondanités, deviendra, au fil des ans, de plus en plus pesant pour Yvonne. Elle est jeune, belle, fringante, et justement adore tous ces plaisirs de l'existence que Sacha fuit... Cette cage dorée dans laquelle il va tenir enfermé son « rossignol » deviendra si étroite que le bel oiseau souhaitera un jour s'en envoler pour ne plus jamais y revenir... Mais, pour l'instant, Yvonne prend son mal en patience, convaincue, comme le seront toutes les épouses de Sacha, qu'il est tellement gentil et attentionné qu'il acceptera de changer pour lui faire plaisir.

Pour l'heure, Sacha rassemble le plus de documents possible sur son père, sur son héros. Lucien, poussé par Sacha, avait d'ailleurs l'intention d'écrire ses souvenirs de théâtre. Un premier manuscrit existe, et les deux hommes y avaient déjà beaucoup travaillé. En souvenir du père, le fils va le transformer en biographie et proposera bientôt un énorme ouvrage en hommage à Lucien Guitry. Ce livre, il le voudra si somptueux qu'aucun éditeur ne voudra courir le risque de l'éditer, et Sacha le publiera finalement à compte d'auteur. En cette année 1925, il entreprend donc ce travail de bénédictin avec grande ferveur.

Ayant hérité de l'hôtel particulier du 18, avenue Élisée-Reclus, Sacha fait part à Yvonne de son intention de s'y installer. Cependant, le couple, désirant y faire des aménagements importants, n'y logera qu'à partir de 1927.

Il désire également exaucer le dernier vœu de son père en écrivant une pièce sur Mozart ; il consacre une grande partie de cet été de deuil à achever cette œuvre. André Messager, qu'il a pressenti pour composer la musique de la pièce, s'étant finalement récusé, il demande à Reynaldo Hahn[1] de bien vouloir se charger de ce travail. En septembre, il choisit de reprendre *Nono* à l'Édouard-VII, ne souhaitant pas créer de nouvelle pièce avant *Mozart*.

À cette époque, le couple Guitry traverse quelques sérieuses turbulences. D'une part, Sacha et Yvonne sont victimes l'un après l'autre de la grippe, ce qui va entraîner l'interruption de *Nono* ; d'autre part, certaines mauvaises langues prétendent qu'Yvonne a eu quelques faiblesses pour son partenaire Pierre de Guingand. Colette écrit à ce sujet ces quelques mots à Marguerite Moreno : « Le ménage Sacha et la santé des deux conjoints me semblent en loques. »

Toutefois, les choses semblent se remettre en ordre et le « ménage Sacha » se lance de manière effrénée, dès le début du mois de novembre, dans les répétitions de *Mozart*. L'Édouard-VII peut afficher la première pour le 2 décembre.

Magnifique réussite que ce *Mozart* ! Merveilleux Sacha Guitry qui a compris l'enchantement que procure la musique de ce génie. Il en dit d'ailleurs la chose suivante : « Lorsqu'on vient d'entendre un morceau de Mozart, le silence qui lui succède est encore lui. » La critique, cette fois, dépose les armes et se range à l'avis du public qui fait un triomphe à cette pièce nouvelle. Oui, Lucien avait vu juste : Sacha devait faire *Mozart* !

Jane Catulle-Mendès ouvre le bal des louanges : « Un enchantement parfait, un camaïeu de grâce... On ne saurait imaginer plaisir plus total et délicat... Avec un art non pareil, l'auteur a fait choir le rideau sur un tableau d'une mélancolie sœur de celle de Watteau, exquise, troublante et dont le drame reste souriant, dissimulé, ne laissant rien percevoir que des scintillements qui peuvent être de bijoux aussi bien que de larmes... »

Et si, dans cette vie un peu idéalisée de Mozart, certains vont toutefois trouver (très discrètement...) que la musique de Reynaldo Hahn, mélangée à celle de l'immense compositeur, est peut-être de trop, tous s'accordent à dire combien Yvonne Printemps interprète à merveille son rôle : « Si grand qu'ait été le triomphe de Mme Yvonne Printemps, il fut encore en dessous de son talent. Vocalement, Mme Yvonne Printemps est l'être le mieux doué qui soit. La voix pure, expressive, conduite avec une science des nuances et un sentiment musical d'une étonnante virtuosité, nous a tenus haletants et ravis. Son *Mozart* est l'incarnation vivante de la ravissante statue de Barrias. Tout est juste : le geste, l'allure, l'éloquence du regard et de la parole. On est conquis par l'adorable et le génial adolescent que crée la grâce d'Yvonne Printemps. Il est modeste, enjoué, galant, tendre, ardent, douloureux à faire tourner toutes les têtes, à enflammer tous les cœurs », écrit Paul Grégorio.

Henry Malherbe surenchérit : « Elle est Chérubin même, et c'est grand dommage que nous ne puissions l'entendre dans ce rôle à l'Opéra-Comique, où elle ferait fureur. Sa voix, qui est la plus jolie du monde et dont les notes graves sont rondes et sonores, est nuancée avec l'art le plus subtil et le plus juste. »

Sacha est heureux de cet accueil. Mais ce qui fait sa joie et sa plus grande fierté, ce n'est rien d'autre que le triomphe de son interprète. Comme si la grande réussite du duo Lucien-Sacha se transformait tout à coup en un nouveau couple tout aussi célèbre et désormais tout aussi « inévitable »...

Ce triomphe commun, après la petite crise conjugale de l'automne, ressoude les liens qui les unissent. Sacha couvre Yvonne de bijoux et tous deux formulent des vœux pour que 1926 soit une année moins difficile que celle qui vient de s'écouler.

En janvier, devant cinq cents élèves parisiens, de première et de seconde, rassemblés à la Sorbonne pour réfléchir à leur future orientation scolaire et professionnelle, Sacha Guitry prononce un discours brillant dans lequel – lui, l'ancien cancre ! – leur dispense quelques précieux conseils : « On vous apprend beaucoup de choses... presque trop. Pour la plupart, vous pouvez vous en rapporter à vos maîtres et à vos parents. C'est parfait. Mais attention ! Il y a votre métier ! Ah ! votre métier, il faut le choisir vous-mêmes, n'écouter que vous, et ne croire que vous ! Ayez de la volonté. On vous donnera beaucoup de conseils. N'en suivez qu'un : celui de votre cœur. Il faut prendre un métier que vous adorez ! Mais il y a encore plus important que votre métier ! Il y a le choix de votre femme ! Ah ! Dieu ! Ne vous trompez pas ! »

Un Sacha une fois encore fidèle à ses principes. Autre principe auquel il est fermement attaché depuis la fin de la guerre qui l'a choqué par son ignoble boucherie : il ne veut plus entendre parler de l'Allemagne. Deux guerres avec ce pays en moins de cinquante ans ont convaincu Sacha que ce pays est l'ennemi d'avant-hier et d'hier, mais aussi, probablement, celui de demain ! Avec la plus grande des fermetés, il refuse donc de s'y produire et interdit également que l'on y joue ses œuvres.

Un petit complot fomenté par Gémier et Courteline s'est mis en place pour essayer de convaincre l'auteur de se laisser fléchir et d'accepter, au « nom de la paix » et « du rapprochement des peuples », de revenir sur ses principes. Courteline se fend même d'une lettre : « Je pense que Gémier est dans le vrai quand il estime que la paix tend à remplacer la guerre, que l'imbécile “loi du plus fort” a suffisamment fait ses preuves, qu'il faut en finir avec elle et qu'elle doit céder le pas à la “loi du plus sage”, et probablement du plus doux, car c'est d'elle que demain sera fait. Je pense donc, mon cher Sacha, que vous ne devriez perdre aucune occasion d'aider, dans sa marche en avant, le vrai qui veut remplacer le faux, le bien qui veut remplacer le mal. Ne le croyez-vous pas aussi ? »

Rien à faire ! Guitry reste inflexible, et l'affaire remontera jusqu'au plus haut sommet de l'État, puisque Raymond Poincaré, devenu président du Conseil en juillet 1926, le convoquera quelques mois plus tard pour lui dire :

« Monsieur Guitry, je suis d'autant plus étonné de votre attitude qu'elle est de nature à nuire aux intérêts de notre pays.

– Eh bien, Monsieur le président du Conseil, vous croyez peut-être aux bons sentiments de l'Allemagne. Très bien. J'en prends acte. Mais moi, voyez-vous, je n'y crois pas un instant ! Ah, s'il y avait un jour une statue de Molière sur une place de Berlin, alors j'y croirais peut-être… »

Et Sacha maintiendra son interdiction.

Mozart poursuit sa carrière triomphale… On en fête la cent trentième le 28 mars. Le 9 avril, au Théâtre Marigny, a lieu la première d'une revue de Sacha et d'Albert Willemetz, *Vive la République !*, avec Raimu qui y remporte un beau succès. Les auteurs y font la satire d'une République française en mauvaise santé, et celle des mœurs qui régissent le monde du spectacle. Moment plein d'humour quand il évoque cette folle envie d'être moderne à tout prix, en proposant la création d'une salle de théâtre si avant-gardiste que même les spectateurs seront payés !

Quelques jours avant la dernière de *Mozart*, le 1er juin, Sacha et Yvonne célèbrent le premier anniversaire de la mort de Lucien. En hommage, les proches se réunissent en fin de matinée au cimetière Montmartre sur la tombe du comédien. Le théâtre Édouard-VII fait relâche en ce jour du souvenir, mais une matinée privée de *Mozart* est offerte aux artistes dramatiques. On a fleuri de roses rouges la loge de Lucien, ainsi que son buste placé dans le foyer du théâtre.

Un ruban entoure ce buste, sur lequel on peut lire : « À celui que nous aimions tous. » Harry Baur, président de l'Union des artistes, fait un discours, et Yvonne fond en larmes dans les bras de son mari.

Moments d'émotion, mais qui font sourire et même rire dans certains milieux parisiens où l'on accuse Sacha « de faire et de mettre en scène son cirque, une fois de plus... »

Le 13, c'est donc la dernière de *Mozart*, et, dès le lendemain, tous les comédiens partent pour l'Angleterre afin d'y donner vingt-huit représentations exceptionnelles de la pièce. Le roi et la reine y assistent et complimentent longuement les artistes.

Durant ce séjour, un grand imprésario américain, Albert Woods[2], débarque un soir au théâtre et propose à Sacha une tournée aux États-Unis où l'adaptation de *Mozart* est déjà un succès. Sacha, qui n'aime guère les longs voyages, hésite, puis finit par accepter l'offre assez fabuleuse de l'entrepreneur de spectacles. Ils partiront pour l'Amérique à la fin de l'année !

Ce nouveau projet ne permet pas de mettre en chantier une nouvelle pièce pour la rentrée parisienne. Sacha en profite alors pour remanier *Deburau* afin qu'Yvonne y tienne un rôle plus important, et le 7 octobre, cette reprise débute une courte carrière au théâtre Sarah-Bernhardt, tandis qu'une nouvelle revue Guitry-Willemetz, *À vol d'oiseau*, est proposée le 12 novembre à l'Édouard-VII.

Malicieusement, l'auteur fait démarrer l'action de la revue dans un Paris devenu ennuyeux que M. et Mme Guitry vont quitter pour un tour du monde en avion... Détail amusant quand on sait que Sacha n'acceptera pas une seule fois dans sa vie de monter à bord d'un quelconque « oiseau de fer » !

Après soixante-quatre représentations de *Deburau*, il est grand temps de se préparer au « voyage aux Amériques » dont le départ est fixé au 14 décembre.

C'est en train, depuis la gare Saint-Lazare, que l'on part pour les États-Unis ! Un départ très officiel que Sacha juge « miteux », car il confie aux journalistes qu'il aurait aimé partir en bateau depuis Paris ! Cependant, il faut rejoindre Cherbourg, et le chemin de fer est indispensable, ne serait-ce que pour trimballer toute la tribu Guitry. Non seulement les chiens d'Yvonne, deux femmes de chambre, près d'une centaine de tenues différentes, mais aussi tous les artistes et tous les décors !

À Cherbourg, tout ce petit monde embarque sur le *Léviathan*, et le 17 ils donnent une soirée de gala à bord au profit des matelots.

Le 21 décembre, c'est l'arrivée dans le port de New York ! Immédiatement, Sacha désire voir le théâtre dans lequel ils vont se produire : The Channin's Theater. Au fronton du bâtiment, en lettres de feu immenses, on peut lire « The Guitry's ». Sacha sourit et demande à Yvonne admirative : « Tu ne trouves pas que cela fait "troupe d'acrobates" ? »

Le 27 débutent les représentations de *Deburau* (deuxième acte) et de *Mozart*. Ils joueront également *L'Illusionniste*, toujours devant des salles combles. Sacha donne également une conférence sur le métier d'acteur et l'art du comédien dans une ambiance très « Actor's studio ». On les convie à de nombreuses réceptions, et le grand Toscanini[3] offre sa baguette de chef d'orchestre à Sacha.

Mais ce dernier, toujours aussi jaloux et méfiant, ne laisse pas une minute de répit à Yvonne qu'il poursuit même, un matin, en pyjama, dans la rue, en bas de leur hôtel…

Après New York, c'est au tour de Montréal, puis de Boston, de les accueillir, avant leur retour sur les rives de l'Hudson pour y jouer notamment *Le Lion et la Poule*.

Le succès a bien été au rendez-vous de cette tournée, même si l'on prétend que l'imprésario, le cher Al Woods, a perdu de l'argent dans cette affaire. En tout cas, cela ne l'empêche pas de se montrer satisfait de toute la publicité que lui a procuré cette tournée des « Guitry's », et il offre à Sacha, en guise de cadeau d'adieu, une somptueuse montre en platine incrustée de diamants, qui, comble du luxe à cette époque, fonctionne jusque dans l'eau. Sacha ne peut s'empêcher de commenter :

« Et il me le prouve en la plongeant lui-même dans un verre d'eau que j'allais boire. Je le remercie et lui dis combien ce magnifique cadeau me touche ; mais, entre nous, avouez que c'est une drôle d'idée de donner à un homme qui s'embarque pour six jours une montre qui peut continuer de marcher dans l'eau ! »

Le 4 mars, après deux mois et demi en Amérique, le couple est de retour à Paris, accueilli à la gare par une flopée de journalistes auxquels il confie ses impressions et livre quelques anecdotes sur Chaplin, qu'ils ont rencontré et qui a joué une pièce pour eux seuls ainsi que pour quelques amis. Sacha s'extasie également sur un autographe de Mozart qu'un vieux collectionneur a tenu à lui offrir.

Une semaine plus tard, ils sont les invités de marque du Club américain de Paris et y donnent une causerie sur leurs impressions de voyage, puis ils partent se reposer quelques jours dans la très belle villa « Gioia Mia » dont Sacha est propriétaire au Cap-d'Ail. S'inspirant probablement de quelque rite monarchique, « M. Guitry » a demandé à son personnel de hisser sur le toit de cette villa, dès leur arrivée, un pavillon maculé sur lequel sont brodées en fil d'or leurs deux initiales… « The Guitry's circus » commenteront une fois de plus les méchantes langues !

De retour à Paris, ils s'installent enfin au 18, avenue Élisée-Reclus, dans cet hôtel particulier construit pour Lucien. D'importants travaux y ont été réalisés et Sacha a fait recouvrir de boiseries les murs en stuc de la galerie qui va devenir son bureau et son musée personnel. Une superbe salle de bains vert et or, dans le goût Art déco, a spécialement été conçue pour Yvonne.

Mais il faut penser au théâtre avant toute chose… Sacha, qui travaille partout et tout le temps, et qui cette fois a eu un peu plus de temps qu'à l'accoutumée pour écrire, vient d'achever un nouveau chef-d'œuvre : *Désiré.* À cette occasion, entre dans la vie de l'auteur une merveilleuse comédienne, Pauline Carton[4], dont il a entendu parler par l'une de ses amies – cette dernière en avait entendu dire le plus grand bien par sa bonne qui l'avait vue au théâtre… justement dans un rôle de bonne !

Pauline Carton répond à la convocation de Sacha et tombe tout de suite sous son charme : « Nous répétions *Désiré* dans une ambiance de détente, de joie absolue, alors qu'en fait il s'arrangeait pour obtenir exactement ce qu'il voulait. En nous mettant à l'aise, il tirait de nous des ressources insoupçonnées. Il lui arrivait souvent de nous inviter chez lui et d'entamer la conversation sur un sujet quelconque. Soudain, et sans avertissement, il enchaînait sur une réplique de la pièce en répétition ou même en cours de représentation. Nous répondions, et ce procédé donnait un naturel prodigieux. »

On a tout dit, et écrit bien des choses, sur *Désiré*, œuvre remarquable, trésor d'observation, notamment sur le monde parallèle des gens de maison. Un portrait si authentique de leurs façons d'être, de parler, sur leurs tics et leurs petites manies, si bien que la propre bonne de Sacha lui dira, après avoir vu la pièce : « Oh ! Ce que je pense ?.... Que Monsieur écoute donc aux portes ! »

Un portrait à la fois tendre et cruel, non seulement de ceux qui servent, mais aussi de ceux qui sont servis. Deux mondes très éloignés, qui sont pourtant bien obligés de vivre ensemble et qui ne tarissent pas de critiques les uns sur les autres !

Cette pièce, par son rythme, par son florilège de mots d'esprit, par la question qu'elle pose sur les préjugés tenaces des classes sociales aisées, va séduire un public plus jeune, y compris parmi la critique. Celui qui va devenir l'un des très grands ennemis de Sacha, Henri Jeanson, avoue alors toute son admiration pour *Désiré* : « C'est exquis et ce n'est rien, et c'est parce que ce n'est rien que c'est exquis, mais cet exquis rien, c'est quelque chose de très bien, savez-vous. Et quel dialogue !... Un feu d'artifice dont chaque fusée, se fixant au ciel, deviendrait une étoile. Et c'est joué... Ah, comme c'est joué ! C'est joué par Sacha et Yvonne. Par Yvonne qui a tant de charme, de spontanéité, de grâce ; par Sacha qui a tant de grâce, de spontanéité, de charme. Il s'est mis dans le tablier de son rôle avec une aisance que je lui envie, et il tient le plumeau aussi bien que la plume... Son théâtre ne sera jamais poussiéreux !... »

Désiré illustre l'art « définitif » de Guitry sur scène. L'acteur Sacha est tout simplement prodigieux... Et il sera difficile de jouer le personnage de *Désiré* après lui, tant il va marquer des générations de spectateurs grâce à l'adaptation cinématographique qu'en fera le Maître quelques années plus tard. Son jeu d'acteur est à couper le souffle, et tous les critiques de l'époque le soulignent avec justesse, à l'exemple de Robert de Flers : « La solennité cérémonieuse, traversée de brusques familiarités, la tenue aussi triste qu'un dîner en ville, le garde-à-vous de gala alternant avec certaine manière de s'asseoir, les genoux écartés et les bras ballants, rien ne manque à cette parfaite composition. M. Sacha Guitry a, si je peux dire, inventé là les gestes types du domestique. Mais il invente d'après nature. Jamais il n'est apparu comédien aussi original et aussi complet. »

Et puis, d'une certaine façon, il fait sien l'adage qui veut qu'il n'y ait pas de sots métiers, ainsi que le note André Lang : « Quand, avec un sérieux magnifique, il dispose le couvert et que, le dîner fini, il passe le balai mécanique sur le tapis en faisant le tour de la table, ne l'entendez-vous pas dire : "Tout est beau dans un métier, lorsqu'on l'aime. Ceux qui tentent de vous prouver le contraire en de longs discours ne sont ni des apôtres ni des philanthropes, ni même des 'frères', mais seulement des paresseux." »

Cette perfection dans la façon dont Sacha tient le rôle du maître d'hôtel va jouer un tour à l'un des invités « pique-assiettes » qui se pressent dans un grand restaurant parisien où l'on fête le succès de la pièce, le soir de la première. Sacha est venu en tenue de scène, c'est-à-dire en *Désiré.* Dans le tumulte qui règne, cet homme ne reconnaît pas Sacha et lui lance : « Hé ! larbin, où sont les toilettes ? »

Et le « larbin Guitry » de répliquer avec un discret sourire :

« Au fond de la salle, monsieur. Vous verrez une porte avec l'inscription Gentlemen. Vous pourrez y entrer quand même... »

L'histoire fait le tour de Paris, tout comme une autre... mais plus fâcheuse, cette fois ! On a prié notre célèbre auteur de jouer le rôle du commissaire-priseur dans le cadre d'une soirée au bénéfice des « Gueules cassées[5] », le maréchal Joffre ayant décidé de mettre aux enchères l'ordre du jour de la bataille de la Marne signé de sa main. Sacha a tout de suite donné son accord, mais les « vieilles histoires » sur son attitude pendant la guerre font aussitôt leur réapparition sur fond de protestations d'associations d'anciens combattants. Un certain Pierre-Plessis écrit même : « Pour clore ce triste incident, dont sa vanité est cause, je conseille à M. Sacha Guitry – en mémoire de l'argent qu'il gagna pendant la bataille – d'acheter ce souvenir à prix d'or et de l'offrir aux "Gueules cassées" pour leur maison de retraite. »

La soirée au Claridge sera émaillée de quelques incidents, et Sacha s'adjugera cet inestimable souvenir pour la somme de 100 000 francs.

Désiré connaît quatre-vingt-seize représentations et reprendra à la rentrée, puis ce sera une reprise de *Jean de La Fontaine*, jusqu'en janvier 1928.

Désiré est aussi l'occasion, pour Yvonne, de se rendre coupable d'un exploit qui demeurera dans les annales du Théâtre. Sacha ayant eu vent qu'elle s'aventurait à recevoir un jeune homme dans sa loge pendant qu'il était en scène (elle n'a pas un rôle qui exige sa présence durant toutes les scènes de la pièce), il la prie de bien vouloir lui rendre le service suivant :

« Vois-tu, Von, quand je joue *Désiré* seul en scène, je me sens un peu angoissé, sans ta présence à mes côtés. C'est curieux, mais c'est ainsi... J'ai besoin, pour ce rôle qui est difficile à jouer, de savoir que tu es tout près de moi. Alors, vois-tu, je t'ai fait installer un fauteuil derrière le décor, et par le trou qui permet au régisseur de savoir ce qui se passe sur scène, tu pourras m'observer, et cela me rassurera de te savoir là... »

Yvonne n'est pas dupe et trouve la ruse grossière. Mais elle ne veut pas le montrer et accepte la demande. Cependant, pour ne pas attraper mal dans les coulisses, elle exige que l'on installe autour de son fauteuil un paravent qui la protégera des courants d'air. Et, tout en observant son mari par le trou du régisseur, elle accueillera son amant dans son abri et sur son fauteuil pour échanger quelques longs baisers brûlants ! Façon très « printanière » de se venger de la jalousie maladive de son mari !

Sacha a passé son été à écrire une nouvelle pièce, *Un Miracle*, que ni lui ni Yvonne ne joueront, car la pièce est donnée au Théâtre des Variétés à partir du 6 décembre. Pour le rôle principal, un jeune acteur qui vient de quitter la Comédie-Française, un certain Pierre Fresnay[6], est choisi. Sacha ne peut évidemment se douter un seul instant que ce « gamin » lui volera, quelques années plus tard, sa chère Yvonne. Cette dernière assiste à plusieurs répétitions, mais ne semble pas remarquer ce jeune premier qui, très intimidé, ose à peine adresser la parole à Mme Guitry !

Pierre Fresnay, déjà très « vieille France », adresse une lettre pleine de compliments à Sacha après l'avoir remercié avec effusion : « Je ne sais, à vrai dire, de quoi vous remercier le plus : du rôle magnifique que vous m'avez confié, ou de l'affectueuse cordialité avec laquelle vous m'avez encouragé depuis que nous répétons, ou encore de la joie que j'ai eue à vous voir travailler et à travailler près de vous. »

Cette pièce entre opérette et vaudeville remporte un succès certain, même si les critiques restent plus réservés : « J'aime trop les pièces de Sacha Guitry et leurs dessous de poésie cachée et de philosophie secrète pour apprécier celle-ci autant que les autres dont j'ai si souvent raffolé. Mais je constate son succès et l'excellence de la troupe hors pair qui l'interprète, l'esprit de certains mots, l'amusement de son dialogue au joli tour. Libre à moi de préférer cependant les vraies pièces de Sacha, celles-là qu'il aime assez, lui aussi, pour les jouer lui-même. »

Pas facile, effectivement, après le chef-d'œuvre de *Désiré*, d'enthousiasmer à nouveau les journalistes. D'autant qu'une pièce de Guitry, sans Sacha comme interprète, laisse les spectateurs comme… orphelins. Phénomène qui perdure (!), car ceux d'entre nous qui connaissent bien le Guitry acteur (grâce à ses films) gardent immanquablement dans leur mémoire son jeu, sa voix si particulière, et ont du mal à apprécier de la même façon son théâtre « dit » par d'autres ! (Finalement, ne devrait-on pas conseiller aux jeunes générations d'aborder « Guitry auteur » sans « Guitry acteur », et de ne le rencontrer au cinéma qu'après avoir vu son théâtre joué par des acteurs contemporains ?)

L'année 1928 débute par une exposition de toiles d'écrivains à la Galerie des Trois-Magots. Sacha accroche ses œuvres à côté de celles de Cocteau et de Paul Valéry, notamment. Puis la vie théâtrale reprend le dessus avec la suite des représentations de *Désiré*, puis une reprise de sa pièce *Le Mari, la femme et l'amant*. Au début du mois de juillet, c'est un court séjour à Londres, qui ne peut compenser la tournée annulée du mois de mai suite à un refus de la Censure ! En effet, *L'Amour masqué* a été refusé par lord Chamberlain, qui a jugé certaines scènes trop osées. Malgré de nombreuses interventions de toutes parts, le représentant de la perfide Albion (!) se refuse à revenir sur sa décision. Sacha déclare sobrement aux journalistes très intéressés par cette affaire de censure d'un grand dramaturge français : « Venant d'un pays ami comme l'Angleterre, cette décision est pour moi une cause de tristesse plutôt que de ressentiment. Oui, c'est pour moi un vrai chagrin, un gros chagrin. J'ai joué douze pièces en Angleterre, parmi lesquelles *Nono* dont la situation me paraît plus risquée que celle de *L'Amour masqué*, et jamais il ne fut question de censure pour moi. »

Quelques interlocuteurs privilégiés peuvent parfois se glisser dans la galerie de travail du Maître, avenue Élisée-Reclus, et entamer avec lui une conversation à « bâtons rompus » sur les secrets de la création... Assis confortablement dans une bergère profonde, la cigarette dans la main gauche, la droite laissée libre rythmant la musique de ses phrases, Sacha se lance alors dans d'intéressantes explications :

« Je sais que l'on me critique, car l'on trouve mon théâtre en dehors des normes et des codes établis ! Oui, mon cher ami, si un auteur de roman, un poète veut s'offrir le luxe de construire son œuvre comme il l'entend, un auteur dramatique doit, selon une tradition poussiéreuse, se conformer strictement à un canevas qui devrait rester pour toujours figé ! Étonnant... non ? Le principal reproche que l'on me fait est de présenter des pièces qui n'ont pas de sujet. C'est d'ailleurs probablement vrai, car pour moi le sujet d'une pièce est sans importance ! Ce n'est pas le sujet d'une pièce qui fait son succès et donne envie de la lire ou de la revoir. Oh non ! On voudrait que mes pièces soient construites avec des techniques dignes de celles du bâtiment. Eh bien, je m'y refuse ! Oui, car voyez-vous, je ne réfléchis jamais au sujet d'une pièce, bien souvent l'idée m'en vient de façon imprévue. Oui ! C'est une idée qui me fait faire une pièce, jamais un sujet arrêté. Souvent, par exemple, dans une conversation, une simple phrase me donne l'envie d'en tirer une pièce. J'ai ainsi mon point de départ, et tout va s'emboîter magiquement jusqu'à la dernière réplique, qui d'ailleurs pourra être cette phrase entendue dans cette conversation dont je vous parlais. Ah, bien sûr, pour certains, ce n'est peut-être pas une façon très catholique d'écrire du théâtre ! Et cela peut se comparer à la façon dont les impressionnistes, que j'admire tant, peignent leurs tableaux. Un peintre impressionniste se fout du sujet de son tableau, car justement son tableau bouleverse tous les codes établis. Et qui pourrait s'en plaindre ? Et Molière, notre maître à tous, n'est-il pas le premier à avoir choisi des sujets d'une indigence extrême, et à avoir fait peu de cas des dénouements de ses pièces ? »

Mais l'important est de produire. Sacha ne peut s'en passer et le court été 1928 est consacré à adapter sa pièce, *Mariette ou Comment on écrit l'histoire*, en une charmante comédie musicale. Du travail sur mesure pour servir Yvonne et répondre au souhait du compositeur Oscar Straus qui a demandé à Sacha un livret... Chose faite avec la « complicité historique » de Napoléon III ! Pierre Veber, du *Petit Journal*, est sous le charme : « Un ouvrage amusant, désordonné, très original, qui nous porte de 1848 à 1928 ; une espèce de grand sketch en quatre tableaux, où Sacha Guitry a réussi une fois de plus le tour de force de nous divertir en se divertissant. Ce n'est plus du théâtre ; supposez un résumé d'un tas d'attractions curieuses où la comédie historique se mêle à la parodie, où l'on entend le prince Jérôme chanter ses objurgations au prince-président à la veille du coup d'État ; nous sommes en pleine fantaisie, et tout est permis. Je vous assure que des historiens officiels en risquent de plus fortes ! »

Voilà de quoi réjouir l'auteur...

Après la comédie musicale, Sacha se lance dans une féerie en dix-huit tableaux sur Charles Lindbergh[7], rendant ainsi un hommage au peuple américain et à l'accueil qu'il y a reçu. Ce qui l'a le plus frappé au cours de son séjour, c'est l'amour que ce peuple porte à la France, au point d'avoir été convié dans des maisons où tous les tableaux sont l'œuvre de peintres français. Il a aussi beaucoup aimé leur faculté « toute neuve d'émotion », et cette façon qu'ils ont de vénérer notre vieux pays. Pour les décors et les costumes, Sacha a fait appel au grand Cappiello et a choisi rien de moins que le théâtre du Châtelet !

Charles Lindbergh connaît quatre-vingt-huit représentations. Sacha n'a pas forcé sur son talent, ni pour l'intrigue ni pour les dialogues. Une « opérette » gentillette, sans plus, mais il est vrai qu'on ne lui demandait pas autre chose !

Le début de l'année 1929 entraîne les Guitry sur la Côte d'Azur. Sacha doit profiter de ce séjour pour jeter sur le papier quelques idées pour sa prochaine production, une pièce sur l'histoire nationale qu'il veut tout simplement intituler *Histoires de France*. Cette pièce lui a été demandée par le grand Antoine qui vient de se voir confier la direction du futur théâtre Pigalle, dont le commanditaire n'est autre que M. de Rothschild. De retour à Paris, et en attendant la fin des travaux du théâtre Pigalle, le couple Guitry fait une reprise de *Mariette*, toujours au théâtre Édouard-VII.

Un soir, une triste conversation va mettre fin aux excellents rapports qu'entretenaient Sacha et le directeur de ce théâtre, Alphonse Franck :

« Mon cher Franck, nous partirons en juin, Yvonne et moi, faire une tournée en Angleterre.

– Mon cher Sacha, je ne pense pas que cette idée soit bonne, car cela signifie que vous devriez interrompre *Mariette* bien trop tôt, et…

– Ma décision est prise, et j'ai déjà accepté cette tournée !

– Vous pouvez accepter ce qui vous chante, mais un contrat existe entre vous et moi, et je ne pense pas que vous l'ayez oublié. Contrat qui stipule bien que vous ne pouvez faire de tournées qu'avec mon accord !

– Et… ?

– Mon accord, je vous le refuse !

– Très bien, alors je m'en passerai ! »

L'affaire ira très loin, puisque Franck refusera de laisser les décors de la pièce partir pour l'Angleterre. Sacha saisira alors le juge des référés et obtiendra gain de cause. Du coup, Franck fera un procès à Sacha, et Sacha à Franck, l'un et l'autre se réclamant 2 millions de dommages et intérêts !

Les Guitry partiront à la date prévue en Angleterre jouer *Mariette*, puis *Mozart* au His Majesty's Theatre, du 3 juin au 13 juillet.

Quand il réside à Paris, le couple mène grand train. Pas moins de six domestiques s'occupent d'Élisée-Reclus (sans compter ceux travaillant à l'année dans la maison du Cap-d'Ail). De plus, Sacha s'est assuré les bons services d'un ami d'enfance, Paul Dufrény, comme secrétaire. Cela ne l'empêche pas de « voler », en cet été 1929, Mme Choisel à l'agence Compère (en lui offrant 400 francs de plus par mois). Il s'assure ainsi à domicile une collaboratrice capable de dactylographier ses manuscrits et d'organiser avec professionnalisme son secrétariat et ses archives. Fernande Choisel est ravie de cette offre et devient une observatrice de premier plan. Dans son petit carnet, elle note ses impressions sur l'homme qu'elle redécouvre et sur le célèbre couple qui fait tant parler dans Paris : « C'est à ce moment que je compris combien il était un merveilleux comédien, qui jouait sans cesse, dans les moindres moments de sa vie. Son rêve, et il m'en parlait souvent, était d'avoir un théâtre dans sa maison. Ainsi, il aurait pu jouer dès son réveil et, le soir, monter tranquillement se coucher. Il ne plaisantait pas en me disant cela. Il le pensait sincèrement.

« Yvonne Printemps, elle, se laissait vivre en respectant le programme qu'il lui avait composé. Car même dans ce domaine, il voulait tout contrôler. Dans cette maison, de la cave au grenier, tout était signé de lui, et je doute que cela ait pu changer. Il écrivait ses pièces, recevait, s'inquiétait du prix des poireaux, choisissait son boucher, son marchand de fruits comme il faisait ses mises en scène... et personne ne pouvait l'induire en erreur. Il lui était possible de penser à plusieurs problèmes à la fois, d'y trouver les solutions à la même seconde.

« Il n'avait pas fait construire une scène dans la galerie, mais toute la maison a été son théâtre, et il avait l'œil du maître particulièrement perçant. Par exemple, une simple visite à la cave et il savait que la réserve de champagne diminuait anormalement... »

Le 7 octobre, dans un Théâtre Pigalle enfin achevé, Sacha et Yvonne vont pouvoir s'affairer à la générale d'*Histoires de France*. Antoine, qui s'est vu reprocher d'avoir accepté des cachets trop élevés pour le couple Guitry, a démissionné de ses fonctions directoriales et quitté les lieux bien avant l'été. Le nouveau directeur,

Philippe de Rothschild, fils du propriétaire de ce théâtre, lui a succédé et a maintenu les Guitry avec les mêmes cachets !

Le public convié à cette soirée montre un snobisme qui ne manque pas d'étonner Fernande Choisel : « Un public spécial, trié sur le volet. Un public qui ne manifestait que du bout des doigts, qui n'applaudissait que par des rutilements de bijoux et des étalages de grands couturiers. Un public intelligent, aussi, donc réservé.

« J'allais voir le patron dans sa loge. Il me regarda d'un œil en veilleuse :

« – Brillant, mais pas tout à fait comme je le voulais. Moi, je m'en fiche... Mais les autres, ceux qui m'entourent, ils ont besoin de plus d'encouragements. C'est guindé... trop guindé ! Au fait, ils me boudent peut-être un peu, ils me jalousent... Ils auraient aimé voir un moins jeune inaugurer ce théâtre... Je m'en fiche... »

Et Sacha de confier à un ami également présent : « À mon entrée en scène, j'ai senti une telle hostilité que j'ai été guéri de mon trac en une seconde et je me suis demandé si Yvonne n'allait pas s'enrhumer avec une atmosphère si fraîche. »

Ce manque d'ardeur du public s'explique probablement par la façon dont Sacha a traité, avec une certaine légèreté, l'histoire de France en voulant organiser ce voyage dans le passé à travers les petites... histoires. Maurice Rostand, fils de son ami Edmond, poète, écrivain et chroniqueur à ses heures, n'est pas le moins lucide des témoins : « Lui, l'audacieux par excellence, le briseur de moules, l'enfant terrible, il accepte les personnages de l'Histoire avec leurs figures de chromos ! Pas un n'est vu avec cette inimitable originalité qui est une des richesses de son vrai théâtre, et voilà peut-être ce qui empêche Sacha, lorsqu'il touche à des sujets de ce genre, d'y demeurer lui-même : il n'ose pas. Profond anarchiste des sentiments, psychologue terrible, même lorsqu'il prétend n'être qu'adorable, il redevient, dès qu'il touche aux grandes figures de l'Histoire, un touchant candidat au certificat d'études. »

Texte un peu « vachard », mais réaliste ! Oui, Sacha ne peut donner la même dimension, la même profondeur, quand il s'essaie à la reconstitution historique, à la comédie musicale, à la féerie ou à l'opérette. Le malheur est justement que l'on attende cela de lui, toujours ! Une fois de plus, nous avons la démonstration de la façon typiquement française (et qui n'a guère changé !) de vouloir absolument classifier les écrivains ou les artistes dans un genre bien défini et... définitif !

Sacha est certes le roi d'un genre dans lequel il excelle, mais il a aussi envie de s'offrir parfois le droit d'être un autre. Comme il aime dessiner, il aimerait également pouvoir jouir du « droit » d'écrire l'Histoire sous l'angle de l'anecdote ! Mais on le lui refuse... si bien qu'il s'obstine ! De toute façon, le succès étant au rendez-vous, rien ne saurait l'en dissuader, et cette envie de rendre hommage à sa patrie, à sa chère France, en commettant des scénarios historiques où la petite histoire tient le premier plan, ne fera que croître au fil des années et aboutira, finalement, à des œuvres cinématographiques mythiques telles que les *Napoléon* ou le très fameux *Si Versailles m'était conté...* qui enthousiasmeront les Français !

Par ailleurs, Sacha, qui gagne beaucoup d'argent – et de plus en plus –, n'économise guère. Lui qui se montre si regardant sur le prix des poireaux (en fait, il refuse de se laisser arnaquer, ce qui lui vaudra une réputation d'avare) ne connaît pas de limites quand il s'agit d'offrir une nouvelle pièce de collection à sa maison-musée : « Pour Sacha, c'était la grande période de l'hôtel des ventes. Il se tenait au courant de toutes les collections qui allaient être dispersées aux enchères, et faisait des apparitions très remarquées à la salle Drouot. Se frayant un chemin dans la foule des amateurs, il gagnait les premiers rangs et faisait signe au commissaire-priseur. C'était un divertissement pour lui. Il allait encore ajouter une pièce rare au décor de sa maison. Il soutenait les enchères avec une véritable passion, et les habitués savaient qu'il était difficile de lui tenir tête. Les tableaux et les autres objets qui l'intéressaient ne pouvaient pas avoir de prix maximum. Les cotes officielles ne l'arrêtaient pas. Pas d'argent pour le percepteur, mais tout pour ses collections :

« – Je me fiche du percepteur, Madame Choisel... Ce n'est pas lui qui, avec mon argent, aurait acheté à l'État ce Renoir ou ce Monnier par exemple... Moi je les ai, ces trésors de l'Art... Je me fiche du reste... Le percepteur ?.... Pourquoi le percepteur ?.... Que je sache, Louis XIV, lui, n'a jamais demandé des impôts à Molière... »

Et les habitués de Drouot aiment à observer le « jeu » de Sacha qui n'hésite pas, quand l'objet de ses désirs est proposé à la vente, à lever bien haut la canne dont il s'est muni, ne consentant à l'abaisser que lorsque le trésor lui est enfin attribué !

Et le percepteur peut bien attendre, comme souvent le commissaire-priseur qui doit user de patience avant de voir arriver le chèque de règlement. Mme Choisel a beau s'y employer du mieux qu'elle peut, elle s'entend répondre par son patron :

« Allons, Madame, me faire signer un chèque pareil un jour où le temps est si maussade, si triste… Je n'en ai pas le cœur ! »

Et si, le lendemain, le beau temps est au rendez-vous, et qu'elle revient à la charge :

« Vous êtes cruelle ! Venir me parler d'argent avec si un beau soleil ! Oh non… »

Précisons également que Sacha Guitry se constituera, au fil des ans, une exceptionnelle collection de pièces d'or anciennes dont la valeur se monterait, de nos jours, à plusieurs centaines de milliers d'euros…

La rentrée de cette année 1929 se fera au théâtre de la Madeleine dont les deux directeurs, André Brulé et Robert Trébor, ont flairé le « bon coup » lorsque Sacha s'est fâché avec Franck. Le théâtre vivotait gentiment, mais l'arrivée de M. Guitry leur promet un avenir des plus radieux. D'ailleurs, ils lui offrent un pourcentage supérieur à celui qu'il recevait à l'Édouard-VII, ainsi qu'une très officielle codirection.

Sacha leur propose *La Troisième Chambre* (qui n'est autre que la chambre du palais de justice où se règlent les divorces…) dont la première a lieu le 31 octobre. Cette pièce est une œuvre commune de Sacha et d'Albert Willemetz, dont le dernier assumera seul la paternité, car son ami considère qu'il en est le véritable auteur. Les Guitry ne font pas partie de la distribution, car *Histoires de France* marche du feu de dieu au théâtre Pigalle, et ce, jusqu'au 30 janvier, alors que *La Troisième Chambre* termine sa carrière le 9 mars 1930.

Son départ fracassant de l'Édouard-VII, son contrat avec le théâtre Pigalle et celui qu'il vient de signer avec la Madeleine commencent à agacer sérieusement la Société des auteurs qui lui reproche d'être « partout en même temps ». Et voilà que ces messieurs envisagent de lui interdire de faire jouer plus d'une pièce par an à Paris ! Sacha est même la principale préoccupation de l'assemblée générale de la Société des auteurs où se pressent des centaines de ses confrères pour la plupart tristement inconnus ! Et comme il n'est pas homme à refuser la confrontation, il demande à prendre la parole afin de leur dire leurs quatre vérités. Il est cinglant :

« Je vois la passion qui vous anime. Et je me rends compte, en vous écoutant, qu'au pays de Molière, vous vous apprêtez à interdire à un auteur de faire jouer ses pièces. Ce que pense la Société des auteurs de mon propre cas, voyez-vous, m'indiffère, car jamais je n'ai eu besoin d'elle pour m'aider à trouver un théâtre. Et je n'ai toujours pas besoin d'elle pour m'interdire de continuer à en trouver ! Cependant, si vous arriviez à obtenir que l'on applique votre ridicule demande dans nos théâtres, je vous annonce que loin de vous poursuivre devant les tribunaux, je me permettrai alors de proposer à mes directeurs de sortir de mes tiroirs les quelques dizaines de pièces inédites que mon père, Lucien Guitry, m'a laissées en mourant, et que j'encouragerai ma femme, Yvonne Guitry, à proposer les quelques autres dizaines de pièces qu'elle est en train d'écrire au public parisien. Et comme ces pièces sont magnifiques, je suis certain que tous les théâtres les prendront ! »

Les vieilles barbes ne sont pas dupes du stratagème, mais comprennent immédiatement combien le ridicule pourrait s'abattre sur la Société des auteurs. Le projet est bien vite – et définitivement – abandonné.

Sacha, pour le moment, ne souhaite pas revenir vers le théâtre dramatique, et il crée avec Yvonne une nouvelle revue, en mars, intitulée *Et vive le théâtre* ! Albert Willemetz en est une fois de plus le coauteur. Cette œuvre charmante est un joyeux fourre-tout. Les auteurs y ont fourré l'histoire des cent dernières années du théâtre, une critique de la vie quotidienne, une charge contre le cinéma et la critique, et le spleen qui s'empare d'un homme dont la jeunesse est derrière lui. À l'habitude, si la critique boude, le public accourt.

Sacha s'obstine et... jubile !

À la même époque, Henri Lavedan, ancien journaliste, auteur de théâtre comblé (académicien depuis 1898), ami de Lucien Guitry qui fut l'un de ses interprètes, demande à rencontrer Sacha dans sa loge après une matinée. À peine est-il accueilli à bras ouverts par le fils de son ancien ami qu'il lui tient un discours des plus inattendus :

« Mon cher Sacha, quand un auteur souhaite faire partie de notre illustre maison du quai Conti, il est d'usage qu'il fasse ce que l'on appelle des visites de sollicitations. Vous devez connaître le principe ! Eh bien, aujourd'hui, je me dis qu'un peu de fantaisie dans les habitudes ne peut que nous faire du bien, et c'est moi, au nom de quelques-uns de mes confrères, qui vous fais cette visite. L'Académie vous attend et, si vous le voulez bien, j'aimerais que vous acceptiez de venir me rencontrer dès demain, chez moi, pour que je vous en dise un peu plus. »

Sacha Guitry est quelque peu abasourdi par cette annonce et promet bien évidemment de se rendre à l'aimable invitation.

Le lendemain, à l'heure dite, avenue Duquesne, il se présente chez Henri Lavedan qui, conformément au protocole académique, le reçoit dans son bureau en frac. C'est qu'à l'Académie on ne plaisante pas avec les traditions… !

Sacha est non seulement flatté par ce qu'il a cru comprendre la veille, mais surtout très curieux de savoir ce qui se trame. Son hôte ne se fait d'ailleurs pas prier pour lui en dire un peu plus :

« Je ne vais pas vous faire attendre plus longtemps. À ce jour, onze académiciens, dont j'ai l'honneur de faire partie, désirent que vous nous rejoigniez. Et comme nous savons que vous n'êtes pas un homme à solliciter ce genre d'honneur, nous avons décidé de prendre les devants. Bien entendu, avant d'aller plus loin, car nous espérons rassembler la plupart des académiciens sur votre nom, nous souhaiterions savoir si vous accepteriez de nous rejoindre. »

Voilà qui n'est pas pour déplaire au Maître qui avoue bien spontanément, lui, l'ancien cancre, ne jamais avoir pensé revêtir l'habit vert. Toutefois, cette perspective ne pourrait que l'enchanter !

L'amical complot se met alors en place et, quelques jours plus tard, il est invité à déjeuner chez la sœur du baron Henri de Rothschild (le commanditaire du théâtre Pigalle), Mme Hayen, pour y rencontrer quelques personnalités en vue de son élection. Il se trouve ainsi en présence d'une belle brochette d'académiciens, dont André Chaumeix[8], Pierre de Nolhac[9] et Georges Lecomte[10].

Le déjeuner est charmant, et les neufs académiciens présents se retirent, au moment du café, dans un petit salon avec Sacha.

Tous lui confirment leur intention de voter en sa faveur, tout en lui assurant qu'il obtiendra, d'après leur sondage interne, une confortable majorité.

Puis l'un des académiciens lui précise la chose suivante :

« Mon cher ami, je tiens à vous faire part de la seule condition que nous mettons à votre arrivée dans notre maison !

– Je vous écoute, mon cher maître...

– Bien entendu, sitôt que vous serez académicien, vous vous engagez à ne plus jouer au théâtre. Vous le comprendrez : un des nôtres ne peut siéger quai Conti l'après-midi et se produire sur les planches, le soir ! »

En entendant ces paroles, Sacha réplique alors aussitôt :

« Renoncer à jouer, à monter sur les planches, moi, le fils de Lucien Guitry ? Non, messieurs, cela n'est pas sérieux ! Je suis certes flatté que vous ayez voulu accueillir parmi vous l'auteur Guitry. Mais, pour moi, voyez-vous, l'art du comédien est égal à celui de l'auteur ! Que serait le plus grand des auteurs de théâtre sans des comédiens pour donner vie à ses pièces ? M'interdire de jouer est un sacrifice auquel je ne suis et ne serai jamais prêt à consentir ! Franchement, ce geste serait indigne de ma part. »

Non sans gêne, tout ce petit monde se sépare. Sacha a renoncé à son immortalité et finalement ne s'en porte pas plus mal.

Les académiciens, bien assis sur leurs positions, commentent alors le refus de Sacha :

« J'ai pris beaucoup de plaisir à voir Guitry jouer *Désiré*. Mais vous imaginez l'un d'entre nous portant l'habit vert, le troquant le soir pour enfiler celui d'un maître d'hôtel ! »

Et l'autre de renchérir :

« Et pire encore s'il lui venait l'idée d'écrire un rôle d'académicien et de se servir de son costume sur scène ! »

L'affaire venant aux oreilles de quelques journalistes, et Sacha ne désirant aucune forme de polémique, il se contente de commenter sobrement, mais non sans humour, cet épisode :

« On m'a tout simplement proposé de troquer tous mes costumes de scène contre l'habit d'académicien. Je n'ai pas cru devoir accepter ce marché de dupe. »

Sacha se console également de cette aventure en pensant qu'il a un terrible précédent contre lui : Molière n'a pas non plus siégé sous la Coupole !

Cette affaire Guitry, dont s'empare gentiment la presse, va donner un coup de vieux à l'institution du quai Conti. Décidément, les académiciens ne sont pas de leur temps (on retrouvera ce même type de commentaires, quelques dizaines d'années plus tard, pour l'élection manquée de Charles Trenet). Les journalistes les plus malicieux font également remarquer que lorsque l'Académie refuse un fauteuil à Molière, elle serait tout prête à l'offrir à l'auteur d'une biographie… sur Molière !

Sacha gardera toutefois un magnifique souvenir de cette période. Au moment où l'académicien Henri Bergson[11], immense philosophe, apprendra que l'on songe à Guitry pour devenir l'un des leurs, il fera preuve d'une attention unique : il détournera la règle qui veut que tout prétendant adresse à chacun des académiciens trois de ses livres édités, accompagnés d'un envoi, en faisant lui-même parvenir à Sacha trois de ses propres ouvrages avec la dédicace suivante : « Un admirateur ». Ému aux larmes, Guitry se rendra immédiatement au domicile de l'académicien pour le remercier chaleureusement de cet hommage inhabituel et lui dire simplement :

« Peu importe que je sois maintenant de l'Académie ou que je n'en sois pas. Votre voix me suffit. »

Au mois de mai, son livre-hommage à son père, *Lucien Guitry raconté par son fils*, est publié à compte d'auteur. L'ouvrage de grand luxe, comptant plusieurs centaines de pages, est chargé d'émouvants souvenirs et de nombreuses photographies. Une partie du tirage a été financée grâce à une souscription lancée auprès des vieux amis de Lucien et de Sacha. Le reste est stocké dans les caves d'Élisée-Reclus et servira essentiellement de cadeau pour des intimes. Chaque exemplaire numéroté est généralement signé par Sacha et comporte un long envoi.

En cette année 1930, le cinéma parlant, qui vient de faire son apparition, intéresse au plus haut point Sacha. Non qu'il ait l'intention de succomber aux offres que certains producteurs sont prêts à lui faire, mais plutôt pour le débiner dès que quelqu'un ose aborder la question et lui conseiller de transposer à l'écran certains de ses succès théâtraux les plus importants ! Ses arguments lui semblent frappés au coin du bon sens, et il ne cesse de les répéter à la baronne (surnom affectueux dont il affuble Fernande Choisel, par référence à la baronne... de Choiseul !) :

« Oui, Madame, vous pouvez me parler du cinéma parlant. Parlant certes, mais dans la salle aussi... car les spectateurs n'ont pas le respect du travail des acteurs qu'ils voient s'agiter sur l'écran. Au théâtre, les comédiens travaillent devant leurs yeux pour leur unique plaisir. Et ce travail ils le respectent, car ils savent que l'on ne dérange pas ceux qui travaillent. Au théâtre, même quand une pièce a certaines faiblesses et que les spectateurs s'ennuient, ils acceptent de le faire en silence, car ils ont du respect pour ces femmes et ces hommes qui leur donnent le meilleur d'eux-mêmes.

« Oui, au théâtre, les comédiens travaillent devant les yeux du public, alors qu'au cinéma il y a longtemps que leur travail est terminé et qu'ils sont passés à autre chose. Et cela, le public n'en est pas dupe, et il n'a que peu de considération pour le spectacle qu'on leur montre. Alors, vous verrez que le public du cinéma parlant n'hésitera pas à commenter, d'ailleurs de façon souvent drôle et spirituelle, les mauvaises répliques des acteurs. Car il faut bien dire que les dialogues de ces films ne seront probablement pas très littéraires, et que l'obscurité encouragera le plus gouailleur des spectateurs à lancer des mots drôles qui feront rire ses voisins et bientôt toute la salle !

« Bien sûr, on me rétorquera que le cinéma parlant fera encore plus de progrès dans les années à venir, qu'il sera bientôt en couleurs et probablement en relief, et qu'un jour on aura même l'illusion de se croire au théâtre ! Alors, si le cinéma parlant n'a comme ambition que de tuer le théâtre, je ne me vois pas participer à ce massacre. »

Sacha changera vite d'idée, mais, pour le moment, il veut encore résister à cette forme de progrès qui lui fait certainement un peu peur. Il prédit dès cette époque une guerre entre le théâtre et le cinéma, et veut se convaincre que l'un tuera définitivement l'autre... puisqu'il n'y a pas de place pour les deux. Quelques années plus tard, il verra à quel point il s'est trompé : tout en restant le roi du théâtre, il sera devenu l'un des réalisateurs les plus populaires de France, élargissant encore sa popularité et son prestige.

Pourtant, le temps des grandes créations théâtrales semble comme mis entre parenthèses. Sacha est davantage porté à des reprises de ses anciens succès, pour la Madeleine, qu'à la poursuite effrénée de l'écriture. Curieuse année où il se saoule d'occupations diverses (galas au profit d'œuvres charitables, participation à des émissions de radio, interviews à de nombreux journalistes, etc.), mais où l'ardeur créatrice semble s'être éloignée de lui. C'est que, contrairement à ceux qui ne peuvent créer que dans la douleur, Sacha, lui, aime le faire dans le bonheur ! Et son bonheur lui semble des plus fragiles, car il se rend compte que quelque chose a changé chez Yvonne... Fernande Choisel l'a d'ailleurs finement analysé : « Elle semblait lasse. Elle avait passé la journée à ranger sa garde-robe, à lire, à téléphoner à ses amies, à lire encore, et à chanter. Elle sortait rarement sans Sacha... pour ne pas le contrarier. Elle savait qu'il n'aimait pas beaucoup cela... Et cela la contrariait, car elle n'était pas du tout comblée par les somptueux cadeaux que Sacha lui faisait. Elle avait gardé des goûts très simples. Elle avait des bijoux, alors elle les mettait. Elle avait des manteaux de fourrure, elle les portait... avec chic, il faut le dire. C'est tout. Elle n'était pas la femme qui ne vivait que pour cela. Pour être pleinement heureuse, il lui manquait les occasions de faire exploser son caractère qui recélait un côté midinette. Elle aimait flâner sur les boulevards, faire du lèche-vitrines, entrer dans les grands magasins et s'acheter des colifichets inutiles. Elle voulait oublier qu'elle était Yvonne Printemps et, par-dessus le marché, Madame Sacha Guitry. »

Sacha est, lui aussi, trop fin pour ne pas comprendre cela. Cependant, il a organisé sa vie, même la plus intime, selon des règles immuables. La fantaisie, qui a souvent une place primordiale dans ses comédies, n'en a guère dans son existence. Il vit en reclus à

Élisée-Reclus. Ses journées, il les passe à travailler, à recevoir, et le soir... il travaille encore en jouant au théâtre. Une fois de retour chez lui, il s'enferme dans sa galerie-bureau, écrit, lit ou passe des heures à réorganiser une vitrine, à réfléchir à la façon d'accrocher un nouveau tableau.

Yvonne s'ennuie, elle s'ennuie même terriblement. Elle en a assez de vivre en constante représentation, et le confinement à Élisée-Reclus a pour elle des allures de prison. Yvonne étouffe ! Ce qui l'a amusée, ce qui l'a flattée, aujourd'hui la déprime et bientôt l'exaspérera au plus haut point. Cette ambiance particulière des journées « guitryennes » lui donne des envies de fuite, même si cette ambiance fascine l'entourage de Sacha, en tout premier lieu sa secrétaire : « Chez Sacha, écrira la baronne, je n'ai jamais connu des journées sans visite. Mon carnet de rendez-vous était plein, en dehors des heures que le patron se réservait pour les sorties qu'il avait à faire. Cet incessant va-et-vient ne le gênait nullement dans son travail. Pour lui, c'était même un excitant, car il jouait en recevant, il parlait de ses dernières idées, les discutait, et ne se privait pas, en pleine réception, de m'appeler pour me dicter quelques répliques à placer dans "la prochaine". C'était cela, son travail. Pour faire vivre ses personnages, il devait voir vivre des personnes de qualité, car son auditoire a toujours été d'une qualité exceptionnelle. Je ne crois pas qu'il ait existé, ces dernières années, un salon plus fermé et en même temps mieux rempli que celui de l'avenue Élisée-Reclus. On n'y entrait que sur titres, pas des titres sur papier, non, des titres qui avaient été authentifiés par la valeur de ceux qu'ils couvraient. »

Oui, tout cela, ce théâtre permanent, voulu et merveilleusement rodé, lasse Yvonne et la conduit à s'épancher auprès de sa meilleure amie, Jeanne Willemetz, au cours de la longue conversation téléphonique qui les réunit chaque matin. Jeanne raisonne Yvonne et l'implore de ne surtout pas prendre une décision qu'elle pourrait regretter par la suite ! Chaque couple connaît des moments de flottement, et nul ne peut imaginer que la formidable réussite du couple Guitry puisse brusquement se transformer en mauvaise comédie !

Sacha a toutefois le pressentiment que le danger est grand. Il va donc faire des efforts pour consacrer plus de moments privés à Yvonne, mais, là encore, tout est trop « organisé » et manque finalement de spontanéité, d'intimité, de tendre complicité. Sacha réagit avec maladresse, mais cette maladresse est touchante, et Yvonne s'en rend compte. Son mari lui offre encore plus de bijoux, organise son emploi du temps pour mettre au point quelques escapades répétées sur la Côte d'Azur. Yvonne semble s'en contenter et s'étourdit de sorties dans les casinos et les cabarets à la mode... Mais cela ne change rien au fond, et, de retour à Paris, la farandole des liaisons d'un jour ou de quelques semaines reprend de plus belle. Yvonne n'y trouve certes pas de l'amour, mais l'enivrante sensation que des hommes s'intéressent à elle en tant que femme, en tant que maîtresse.

En septembre, pour la rentrée de la Madeleine, Sacha a confié à Charles Boyer et à Madeleine Renaud les rôles de *La Pèlerine écossaise*, avant de reprendre avec Yvonne *Le Veilleur de nuit*, puis *La Jalousie*. Cette dernière pièce séduit tout à la fois le public et la critique qui semble non seulement la redécouvrir, mais s'attarde sur la profondeur du théâtre de Sacha, à l'exemple de Lugné-Poe : « L'autre soir, tandis que nous écoutions le premier acte de la comédie de M. Sacha Guitry, nous songions une fois de plus combien sont vaines et risibles toutes les petites histoires de décor, de machinerie et d'éclairage, les pièces coupées en morceaux, les scènes tournantes, montantes, pivotantes et disparaissantes, les décors qui s'abattent sous nos yeux, la machine à fabriquer les images, toute cette basse cuisine mécanique qui coûte fort cher, qui ravale l'art dramatique et qui le détourne de son objet. L'art dramatique, c'est cela, c'est cet acte de M. Sacha Guitry, qui permet de rappeler une fois de plus la définition du grand auteur espagnol Lope de Vega : deux tréteaux, quatre planches, deux acteurs et une passion... »

Pour *La Jalousie*, Sacha a engagé un jeune comédien plein de talent et de beauté, Maurice Escande[12]. Il joue dans la pièce le rôle de Marcel Lezignan, et bientôt dans la vie celui de l'amant d'Yvonne ! Performance d'autant plus exceptionnelle que Maurice Escande n'est généralement attiré que par les garçons ! Mais

Yvonne ne s'arrête pas à ce genre de considération, et elle a vite fait de convertir le jeune Maurice aux bonheurs de la bisexualité. Escande en gardera un souvenir impérissable et avouera, bien des années plus tard, que cette liaison fut une vraie et réelle passion, et que s'il n'avait pas eu une immense admiration et un grand respect pour Sacha Guitry, il aurait tout fait pour lui enlever Yvonne Printemps !

Sacha ne sait plus quoi imaginer pour faire plaisir à Yvonne ; il accepte alors de revoir sa position « définitive » sur le cinéma parlant, car sa femme souhaite qu'il s'intéresse à cette activité naissante dont elle lui parle en permanence. Probablement a-t-elle déjà compris que les films parlants et musicaux pourront conquérir de nouveaux spectateurs par millions ! Après une visite dans les studios de la société Paramount, à Joinville, Sacha finit par accepter la proposition des producteurs Pierre Braunberger et Roger Richebé d'adapter une de ses pièces à l'écran, à la condition de ne pas avoir à diriger cette adaptation ni d'y jouer. L'accord, financièrement très intéressant pour Sacha, est vite conclu, et son choix se porte sur *Le Blanc et le Noir*. Marc Allégret[13] se voit confier la réalisation. Raimu est choisi pour tenir à l'écran le rôle qu'il avait tenu au théâtre. Ce film sera aussi l'occasion de donner son premier vrai rôle à une des plus grandes stars du cinéma de l'après-guerre : Fernandel. Il va y jouer le personnage d'un chasseur d'hôtel, puceau, de dix-sept ans (alors qu'il en a déjà vingt-sept !).

Fernandel se souviendra pour Max Favalelli de cette première rencontre avec le Maître : « Nous voici dans l'hôtel particulier. Un valet en gilet rayé me prend le pardessus. Un maître d'hôtel nous fait gravir l'escalier et nous entrons dans le bureau où Sacha a tous ses trucs et ses machins. Son musée. Le maître s'habille. Il s'excuse. J'étais impressionné et je ne reposais sur mon siège qu'une demi-fesse réticente et timide. Enfin, il fit son entrée et, pour la première fois, j'entendis le violoncelle de la voix fameuse. Robe de chambre, jabot et manchettes qui voletaient sous mon nez, Sacha, à ma vue, esquissa un sourire. Il faut dire qu'à cette époque, j'étais comme un échalas. Because la sobriété de mes menus. Un fil. Un squelette de rascasse. Alors mon visage en paraissait encore plus long. J'avais le menton qui traînait au ras du tapis. Ajoutez que j'étais en deuil. Je venais de perdre mon pauvre père. Alors imaginez cette aiguille à tricoter vêtue de noir ! Et, pour tout arranger, j'avais le melon. Ça se faisait à cette époque. »

En ce début de l'année 1931, Sacha est nommé officier de la Légion d'honneur et, poursuivant ses envies de reprises pour la Madeleine, il programme *Nono*. Comme il a pris grand plaisir à travailler avec Maurice Escande, il lui propose d'y jouer le personnage de Jacques Valois. Mais Escande, qui a de plus en plus de mal à « assumer » sa liaison avec Yvonne, refuse l'offre de Guitry et préfère faire sien ce proverbe de Napoléon : « La seule victoire de l'homme en amour, c'est la fuite ! »

Sur les conseils de ses amis Brulé et Trébor, Sacha fixe alors son choix sur le jeune homme du *Miracle* : Pierre Fresnay ! Et c'est ainsi que ce dernier revient en scène... et que tout va commencer avec Yvonne.

Pour répéter *Nono*, on ne dispose que d'une dizaine de jours. Aussi Sacha, qui travaille déjà à sa future grande pièce, décide que les répétitions auront lieu chez lui. Pierre Fresnay passe donc tous ses après-midi avenue Élisée-Reclus, dans la galerie du Maître, en compagnie d'Yvonne... Il se produit alors un coup de foudre extraordinaire, du moins pour Pierre qui tombe « instantanément » amoureux de Mme Guitry. Yvonne, quant à elle, trouve le jeune Pierre très mignon, mais ne le voit alors que comme un nouveau trophée à accrocher à son tableau de chasse. Elle ne peut alors imaginer que leur amour durera quarante ans !

Pierre, s'il est subjugué par Yvonne, s'il pressent déjà qu'elle sera la femme de sa vie (il est à ce moment-là marié avec la comédienne Berthe Bovy[14]), ne peut imaginer un seul moment faire le premier pas... Il est timide, et, de plus, comme Maurice Escande, son admiration et son respect pour Sacha Guitry lui interdisent tous travaux d'approche. Il faudra qu'Yvonne, un soir, en sortant de scène, l'embrasse avec passion sur la bouche, pour que la liaison s'engage entre eux deux.

Ainsi Yvonne, qui n'a pas renoncé « physiquement » à Escande, qu'elle continue à rencontrer discrètement de temps en temps, va entamer une liaison régulière avec Pierre Fresnay dans un petit meublé très discret. Cette vie entre son mari et ses deux amants va lui demander des trésors d'imagination... Sacha est à la fois triste, mais aussi méfiant, car il se doute que quelque chose de préoccupant se passe.

Yvonne change... Son apparente insouciance et sa joie de vivre semblent s'étioler jour après jour, comme l'a observé Mme Choisel : « Elle allait et venait sans un regard, sans un sourire. Dès qu'elle était seule et ne se croyait pas vue, elle reprenait un peu de son rayonnement. Quand elle venait dans mon bureau, elle avait l'air d'une femme qui a besoin de se confier, de libérer son cœur d'un poids insupportable. »

Il lui faut donc ruser. Ainsi, après le stratagème des grands magasins, la voilà qui change de méthode en profitant du fait que sa mère habite depuis peu à quelques centaines de mètres à peine de l'avenue Élisée-Reclus, avenue de La Bourdonnais : « Son amour grandit brusquement pour sa mère. Si elle s'était écoutée, elle aurait passé ses journées avenue de La Bourdonnais. Elle y allait souvent... et parfois, pendant qu'elle y était, je rencontrais sa mère qui faisait des courses dans le quartier... », raconte Fernande Choisel.

Sacha est de moins en moins crédule, mais a décidé une fois pour toutes que tant qu'il n'a pas de preuves d'une éventuelle tromperie, il lui faut poursuivre la route comme si de rien n'était.

Pour lutter contre son chagrin, il reprend le collier et propose à son public une nouvelle pièce, *Frans Hals ou l'Admiration*. La première a lieu le 28 mars à la Madeleine avec... Pierre Fresnay dans le rôle du peintre Adrien Van Ostade. Décidément, Sacha s'attache beaucoup, lui aussi, au jeune comédien, ce qui tend à prouver qu'il ignore encore tout de ce qui se trame derrière son dos.

Frans Hals est bien entendu une pièce sur l'admiration. Lui qui aime tant admirer (et qui ne déteste pas l'être) est un expert en la matière ! L'auteur, comme souvent en période d'intense travail, y a vraiment mis son meilleur. Cette pièce en vers libres sera cependant un tantinet inaccessible à son public habituel, et ne connaîtra qu'un succès moyen. La critique l'a d'ailleurs compris, à l'exemple de Paul Reboux : « C'est l'œuvre d'un artiste à l'âme élevée, d'un grand cœur, et d'un technicien de théâtre qui est devenu supérieur à sa technique. C'est l'honneur de la France que de compter encore, parmi tant de marchands de pièces, un homme de cette classe-là. Inutile de dire que vous irez voir *Frans Hals* et qu'il faut que vous y preniez du plaisir. Il le faut dans l'intérêt de votre dignité intellectuelle. »

Comme l'œuvre est courte, Sacha en profite pour proposer dans le même programme une autre courte pièce, *Sa dernière volonté ou l'Optique du théâtre*. Deux actes assez faciles, mais qui peuvent contenter un public à la recherche d'un Guitry plus léger. On notera avec malice que Sacha a confié dans cette pièce le rôle du mourant à Pierre Fresnay…

La vie suit son cours. *Faisons un rêve* succède à *Frans Hals* (cette fois, sans Fresnay…), et le 21 mai, le cinéma Olympia affiche le film *Le Blanc et le Noir*. En lisant la critique d'Émile Vuillermoz, Sacha comprend que le cinéma peut aller plus loin dans l'exploration de l'âme humaine et dans la connaissance d'un auteur que le théâtre : « Les spectateurs, qui croyaient connaître à fond un artiste comme Raimu, se sont aperçus que la salle obscure apportait une quantité de révélations sur un artiste à l'égard duquel ils semblaient avoir épuisé les ressources de leur admiration. Pendant deux heures, ils ont pu vivre avec lui dans une intimité beaucoup plus grande que celle que donne la scène. Ils ont été en contact direct avec un homme en liberté, et non pas avec un comédien doublement emprisonné dans un rôle et une prison de toile peinte. Cet homme, ils l'ont regardé à la loupe, ils ont étudié au microscope ses moindres expressions de physionomie. En vérité, ils le découvrent. Et comme il a le plus grand talent, ils éprouvent une impression irrésistible. »

À la fin de la saison théâtrale, même les journalistes trouvent Yvonne changée ! Elle n'est plus la même, elle semble si lasse… Pour faire taire toute rumeur, l'artiste leur répond en mettant tout cela au compte d'une grande fatigue physique : « Il est né heureux ; il est né triomphant !… Il ne peut pas soupçonner qu'il y ait même des êtres plus inquiets… Pourvu qu'il joue, qu'il travaille !… Je n'en peux plus… On a trop joué, cette année… Je voudrais aller, avec ma chienne Pépée, me reposer dans une ferme où il n'y aurait que des vaches laitières et des paysans muets ! »

Les Guitry partiront bientôt en vacances au Cap-d'Ail, puis les poursuivront à Royan. Sacha en profitera pour écrire quatre petites pièces : *Chagrin d'amour*, *La S.A.D.M.P.*, *Monsieur Prudhomme a-t-il vécu ?* et *Villa à vendre*. Pour cette dernière pièce, Sacha est à la recherche d'une jeune actrice pouvant jouer avec l'accent anglais. Il va la trouver : elle se nomme Jacqueline Basset et sera bientôt connue sous le nom de Jacqueline Delubac, la future et troisième Mme Sacha Guitry !

Notes

1. Reynaldo Hahn (1875-1947) : né d'un père allemand et d'une mère vénézuélienne installés à Paris, il entre au Conservatoire de Paris afin de devenir chef d'orchestre et compositeur. Également professeur de musique et critique musical, il se fait connaître grâce ses opérettes écrites pour Yvonne Printemps et Arletty. Réfugié à Monte-Carlo pendant la guerre parce que juif, il devient directeur de l'Opéra de Paris à la Libération.

2. Albert H. Woods (1870-1951) : immigré d'origine hongroise, il devient producteur et fait fortune en important aux États-Unis les pièces à succès de Londres et de Paris. Il organise également des tournées d'artistes européens en Amérique. Établi à New York, il possède plusieurs théâtres sur Broadway.

3. Arturo Toscanini (1867-1957) : né à Parme dans une famille farouchement républicaine, il étudie le violoncelle au Conservatoire. Il découvre le métier de chef d'orchestre par accident en remplaçant un chef malade lors d'une soirée au Brésil. À partir de 1899, et régulièrement jusqu'en 1929, il est directeur musical de la Scala. Fuyant le fascisme, il s'installe à New York. Célèbre pour son caractère difficile et ses colères légendaires, il est reconnu pour son talent et est invité à diriger les orchestres les plus prestigieux d'Europe et des États-Unis.

4. Pauline Aimée Biarez, dite Pauline Carton (1884-1974) : son physique ingrat lui permet de collectionner les rôles de soubrettes au théâtre et au cinéma. Sa rencontre avec Sacha Guitry en 1927 et les affinités professionnelles qui se développent entre eux lui permettent de développer son jeu au travers de rôles très variés. Connue pour son caractère fantasque, elle vit à l'hôtel toute sa vie durant et, à sa mort, lègue son corps à la médecine.

5. L'association des « Gueules cassées » est fondée par Bienaimé Jourdain et Albert Jugon, deux anciens mutilés de guerre. Elle réunit les blessés de guerre, notamment ceux qui ont été défigurés et qui se sentent mis à l'écart

dans la France d'après-guerre. Après des débuts financièrement difficiles, l'association est financée par la Loterie nationale.

6. Pierre Jules Louis Laudenbach, dit Pierre Fresnay (1897-1975) : neveu de Claude Garry, de la Comédie-Française, il bénéficie de son appui pour commencer une carrière sur les planches. Passant très vite au cinéma, il incarne Marius dans la trilogie de Pagnol, tout en continuant de réserver une place importante au théâtre. Ayant tourné pour la compagnie allemande Continental et ayant été décoré de la Francisque, il est emprisonné plusieurs mois à la Libération. Compagnon et grand amour d'Yvonne Printemps, il repose à ses côtés au cimetière de Neuilly.

7. Charles Lindbergh (1902-1974) : passionné d'aviation, il est le premier à réaliser la traversée de l'Atlantique sans escale, en avion, à bord du *Spirit of Saint Louis*. Devenu riche et célèbre, il est la cible de malfaiteurs qui kidnappent et tuent son enfant malgré le paiement d'une rançon conséquente. Le crime est considéré par les journaux de l'époque comme l'« affaire du siècle ». Affichant une proximité avec le régime nazi, il est tenu à l'écart des opérations militaires américaines pendant la guerre. Ses Mémoires, qu'il rédige après-guerre, lui valent le prix Pulitzer.

8. André Chaumeix (1874-1955) : journaliste, il est élu en 1930 à l'Académie française dont il est alors considéré comme le membre le plus influent.

9. Pierre Girault de Nolhac, dit Pierre de Nolhac (1859-1936) : historien et poète, il est conservateur du château de Versailles, puis directeur du musée Jacquemart-André. Il est élu à l'Académie française en 1922.

10. Georges Lecomte (1867-1958) : romancier et dramaturge, il est élu à l'Académie française en 1924 et en devient le secrétaire perpétuel en 1946.

11. Henri Bergson (1859-1941) : philosophe, ses écrits ont un très grand retentissement. Reçu à l'Académie française en 1914 alors que le Vatican met à l'index trois de ses ouvrages, il reçoit le prix Nobel de littérature en 1927. Ardent défenseur de la paix, il renonce à se convertir au catholicisme par solidarité avec les juifs victimes de l'antisémitisme. Un prêtre catholique célèbre néanmoins ses obsèques.

12. Maurice Escande (1892-1973) : entré à la Comédie-Française en 1918, il en devient le doyen en 1956, puis l'administrateur général en 1960. Particulièrement actif au théâtre comme au cinéma, il transmet également son savoir, formant des acteurs comme Michel Bouquet ou Claude Piéplu.

13. Marc Allégret (1900-1973) : amour de jeunesse d'André Gide, il accompagne ce dernier au Congo en 1927 et y tourne un documentaire, début d'une carrière prolifique de réalisateur. Il est par ailleurs le frère du

cinéaste Yves Allégret, premier époux de Simone Signoret, et l'oncle de Catherine Allégret.

14. Berthe Bovy (1887-1977) : fille de Théophile Bovy, journaliste et dramaturge belge, elle est poussée par celui-ci dans le monde du théâtre. Installée à Paris, elle entre en 1907 à la Comédie-Française où elle crée *La Voix humaine* de Jean Cocteau en 1930. Elle joue également dans plusieurs films. En 1923, elle épouse en troisièmes noces Pierre Fresnay, de dix ans plus jeune qu'elle.

7

Jacqueline ou l'âge d'or

> « Bien entendu, sois de ton temps,
> Car on n'est pas de tous les temps
> Si l'on n'a pas d'abord été de son époque... »
>
> SACHA GUITRY, *Frans Hals.*

Sacha sait ! Oui, il sait qu'Yvonne a une liaison sérieuse. Il ne peut l'ignorer, mais, pour le moment, il ne veut pas se l'avouer. Yvonne a revu Fresnay et, cette fois, les choses sont bien engagées. Pour la première fois de sa vie, elle ressent une vraie passion pour un homme. Il est tellement différent de Sacha, et puis elle pense avec raison qu'elle pourra le dominer, qu'il sera à ses pieds, ne résistera à aucun de ses caprices, ne dirigera pas sa vie comme tente de le faire son mari. Cet homme nouveau ne lui offre pas que son cœur, mais aussi son âme...

En cet automne 1931, Sacha s'octroie alors le droit de regarder ailleurs. Et ses regards se portent sur cette jeune comédienne qu'il vient de rencontrer par le plus grand des hasards. Ayant joué dans *Étienne* au théâtre Saint-Georges, et tourné dans le film *Marions-nous*, elle vient juste de faire la connaissance de Trébor, l'un des directeurs de la Madeleine. Il sait que Sacha cherche sa jeune Anglaise et pense aussitôt que cette Jacqueline pourrait tout à fait lui convenir. Elle possède une beauté et une élégance typiques des femmes des années 1930, avec ce look à la garçonne qui demeure irrésistiblement féminin. Elle a du chien, la petite Jacqueline !

Il propose alors à son auteur et acteur fétiche de la recevoir, et Sacha la rencontre dans sa loge. Jacqueline a déjà vu Sacha sur scène, mais n'éprouve ni trac ni fascination devant ce « monstre » qu'elle admire, certes, mais trouve cependant âgé. Jacqueline n'a que vingt-quatre printemps, Sacha en a quarante-neuf…

Lui est séduit et l'engage aussitôt. Elle passera cependant, pour le principe, une audition à l'issue de laquelle son nouveau patron lui lâchera ces mots laconiques : « Mademoiselle, nous répéterons… beaucoup. »

Début novembre commence le nouveau spectacle qui suit la reprise de *Faisons un rêve*. Jacqueline se voit confier le rôle d'une vedette américaine de cinéma dans *Villa à vendre*. Dans ce « sketch » assez court, la jeune Delubac s'en sort bien. En seconde partie, Sacha joue avec Yvonne *Monsieur Prud'homme a-t-il vécu ?*, un hommage à Henri Monnier[1] et à la difficulté de créer une œuvre. Dans cette pièce brève, Yvonne Printemps tient le rôle de Caroline. Sacha, qui a eu le temps de se faire à l'idée que son mariage est désormais un naufrage, ne peut toutefois se résoudre à parler franchement à « Von », à lui poser les vraies questions qui pourraient se révéler embarrassantes, et à entendre les réponses qui le seraient tout autant. Alors, une fois de plus, le théâtre va lui servir d'exutoire et, chaque soir, devant le public, il fait dire à Caroline ce qu'Yvonne pense de la situation et qu'elle n'ose lui avouer dans l'intimité :

« Nous ne nous aimons plus… Vois comme nous nous regardons. Oh, nous nous aimons bien, sûrement, juste assez pour trouver le départ cruel, mais pas l'absence. Parce qu'on s'est aimé tout de suite, tu m'as épousé. C'est une folie, voyons ! Tu aurais dû en épouser une autre et me prendre pour maîtresse ! Ton travail passe avant tout. Je ne le comprends pas depuis très longtemps, mais je suis en train de vraiment le comprendre. »

Dans la même soirée, le couple joue également *La S.A.D.M.P.* (« Société Anonyme Des Messieurs Prudents »), petite œuvre lyrique sans prétention qui permet cependant à Yvonne de laisser une fois encore éclater son talent, et à son mari de vaguement… chan-

Lucien Guitry.

Lucien Guitry avec son fils Sacha, en Russie, 1890.

Sacha Guitry vers 1910.

Avec son épouse, l'actrice Charlotte Lysès,
devant la pyramide de Gizeh, 1913.

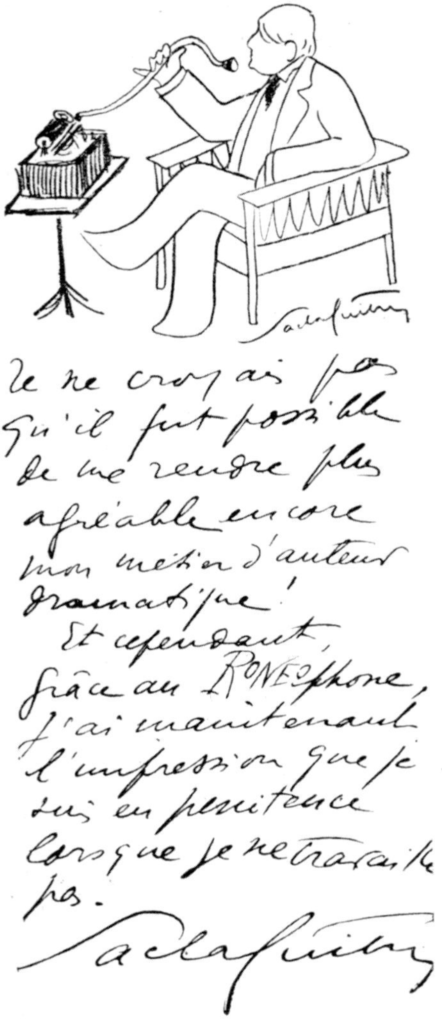

Publicité pour le Ronéophone.
Dessin de Sacha Guitry avec son portrait.

Sacha Guitry vers 1920.

Dans sa loge, à Amiens.

Mariage de Sacha Guitry avec Yvonne Printemps, 1919.
À droite, Tristan Bernard et Sarah Bernhardt, témoins ; à gauche, Lucien Guitry.

Sacha et Yvonne dans l'intimité.

Sacha Guitry dans son salon chinois, rue Alphonse-de-Neuville.

© Hachette Livre.

L'hôtel particulier du 18, avenue Élisée-Reclus à Paris.

© Keystone Frane / Eyedea.

Sacha Guitry vers 1927, sur la terrasse de son hôtel particulier.

Le Nouveau Testament, 1936.

Affiche publicitaire, dessin et slogan de Sacha Guitry.

Sacha Guitry dans sa pièce
Mariette, ou comment on écrit l'histoire,
dans le rôle de Napoléon III.

Lucien et Sacha au cours d'une répétition de *Mon père avait raison.*

Le célèbre costume de velours qu'il portait chez lui.

Au théâtre de la Madeleine, avec Jacqueline Delubac dans *Le Mot de Cambronne,* 1936.

Mariage de Sacha avec Geneviève de Séreville, à Fontenay-le-Fleury, le 5 juillet 1939.

Sacha Guitry, au cours d'une vente aux enchères de ses œuvres pendant l'Occupation, signant un exemplaire de son livre, *Des goûts et des couleurs*.

Sacha cinéaste.

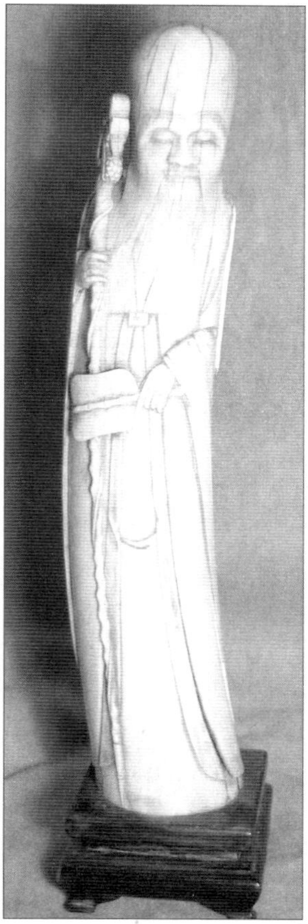

© Philippe Salquain.

Sacha Guitry avait choisi
d'installer sur son bureau,
cette statuette en ivoire
d'époque Ming.
Elle a été à offerte à l'auteur
de ce livre.

Dessins de Sacha Guitry pour *Pasteur.*

© Sipa Press / Lido.

Dessinant chez lui.

© Keystone Frane / Eyedea.

Avec sa femme Lana Marconi, à Londres, au théâtre d'Hiver.

© TCD Prod. DB.

Dans son film, *Si Versailles m'était conté*, 1954, il y joue le rôle de Louis XIV.

Chez lui, à Paris, avec un portrait de sa mère, 1955.

Maurice Utrillo peignant sur la butte Montmartre avec Sacha Guitry et Paul Fort.
Utrillo peignit une toile pour le film, *Si Paris nous était conté*, 1955.

Sur le tournage du film *Napoléon*, 1955.

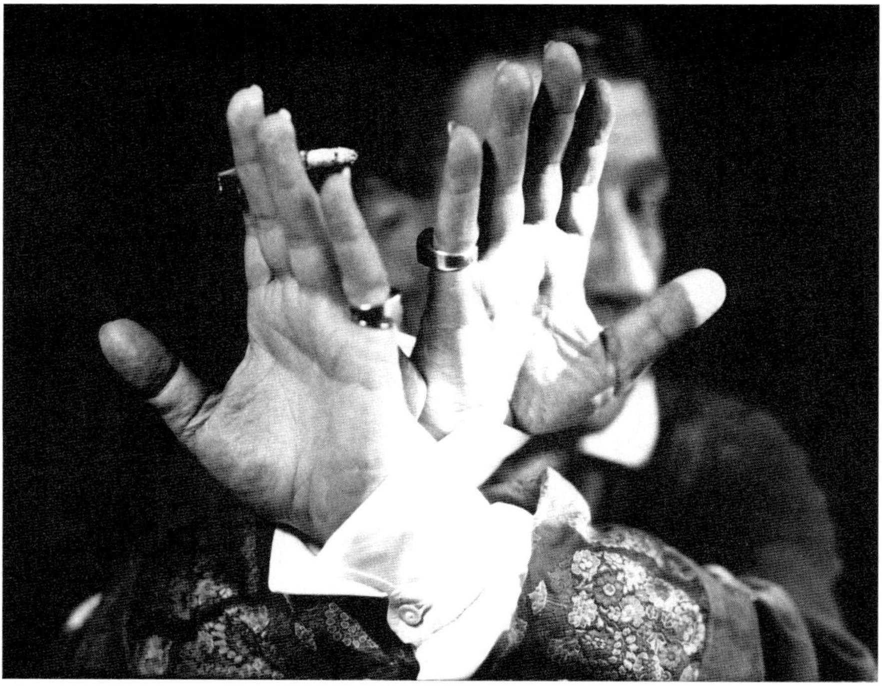

Plaire à tout le monde, c'est plaire à n'importe qui.

S. Guitry

tonner ! Sacha y joue le rôle d'un comte campagnard, et sa composition bluffe tous les critiques, à l'instar de Lugné-Poe : « Mais la merveille de la soirée, la composition devant laquelle tous les acteurs doivent s'incliner, est celle du vieux marcheur de la *S.A.D.M.P.*, l'opéra bouffe, celle du vicomte ; il a quatre-vingts ans, le crâne superbement chauve, et le visage d'un gris terreux. Tout autour du crâne, au ras du cou, de petites boucles blanches tels des tampons d'ouate hydrophile, les sourcils sont blancs, genre ouate également, et, sous le nez, deux virgules de petite moustache blanche, d'un effet irrésistible. Une patte semble folle dans un pantalon à carreaux noirs et blancs. Un veston bleu foncé et un chapeau haut de forme gris, aux angles arrondis… Pour aller visiter sa belle, il tient dans un papier dentelé, qui pourrait être celui d'un gigot, des fleurettes multicolores. Sa canne renferme une épée, celle de nos grands-pères, et la voix… ah ! la voix de Sacha jouant au gâteux ! Tous les cercleux de Paris l'applaudiront ! »

Voilà le digne fils de son illustre père !

D'ailleurs, en ce mois de novembre, Sacha a décidé d'offrir à tous les Parisiens le buste en bronze de son père exécuté de son vivant par M. Röthlisberger, et qu'il avait précieusement installé dans le hall d'Élisée-Reclus. Lucien Guitry accueillait ainsi chaque visiteur. Désormais, le buste sera installé sur la voie publique, sur une stèle de marbre blanc, à l'angle même de l'hôtel particulier. (Il s'y trouve toujours et demeure le seul vestige de la maison des Guitry, impitoyablement rasée quelques années après la disparition de Sacha.) Une cérémonie, où se presse une foule de personnalités, a lieu à cette occasion. L'ami Tristan Bernard prononce les mots qui s'imposent : « Lucien Guitry, nous entendez-vous ? Comme personne, à ce sujet, ne nous a fourni de précisions, pourquoi ne choisirions-nous pas l'hypothèse la plus agréable ? Je pense que vous êtes là et que cette âme si merveilleusement douée est une âme encore ! […] La providence a voulu, Lucien Guitry, que vous nous laissiez un fils, qui, auteur et acteur, fut l'illustration de votre idéal, le prolongement de votre œuvre et de votre pensée. L'écrivain qu'il est vous associe à sa gloire plus durable. Le destin a placé à côté de ce monument un garde étincelant, et l'affreuse nuit, refoulée par la lumière, n'a qu'à passer au large. »

Puis le ministre de l'Instruction publique conclut cette émouvante cérémonie – où Yvonne ira de sa petite larme – par la phrase définitive : « Guitry n'a pas été seulement un grand, un très grand acteur, disons avec Antoine et la justice : le plus grand ! Il est et il restera l'Acteur. »

Et la vie reprend… Yvonne, qui n'a pas spécialement apprécié la « petite Anglaise » de Sacha, la voit s'éloigner avec un certain plaisir du théâtre de la Madeleine et de son mari au soir de la dernière, le 24 décembre. Car si elle confie de plus en plus souvent à Jeanne Willemetz son envie d'en finir avec Sacha, elle n'a pas encore pris sa décision et ne peut tolérer qu'une jeune « ambitieuse » puisse prendre une place quelconque dans l'existence de son époux.

Une tournée en Italie constitue donc un charmant prétexte pour s'éloigner de Paris, et les Guitry prennent le train pour aller découvrir le pays de Mussolini que, curieusement, Sacha désire rencontrer un peu comme on irait au zoo voir un fauve réputé dangereux.

Pour cette tournée, ils ont inscrit à leur répertoire *Faisons un rêve*, le deuxième acte de *Mariette*, et *Chagrin d'amour*. Le périple les conduit d'abord à Milan, puis à Florence, et se poursuit à travers les villes les plus importantes du pays.

Ils sont reçus en audience par Mussolini que Sacha trouve assez séduisant et très… travailleur ! Il confiera à un journaliste l'étrange atmosphère de cette rencontre : « Je n'avais rien à lui dire, aucune question à lui poser, mais j'avais désiré le voir. Il le comprenait bien, du reste, et ne s'en étonnait pas. Oui, j'avais tout simplement désiré le voir, parce qu'il y a des hommes qui sont aussi intéressants à regarder qu'un portrait de Memling ou qu'un beau paysage. »

Le duce lui offre d'ailleurs son portrait photographique avec cette dédicace : « À Sacha Guitry, en signe de profonde admiration et sympathie. »

Une heureuse nouvelle est parvenue au Maître durant son séjour italien : la Comédie-Française a inscrit *La Jalousie* à son répertoire. La tournée, aussi triomphale que les tournées anglaises, s'achève à la mi-janvier, et, au retour, ils s'arrêtent au Cap-d'Ail pour quelques jours de vacances.

Sacha est-il si naïf qu'il ne sache pas pour qui bat le cœur de cette Yvonne qui lui échappe ? Ou est-il machiavélique au point de vouloir faire de l'amant supposé de sa femme un proche ? En tout cas, il choisit Pierre Fresnay pour une reprise de *Jean III* au Théâtre Michel. Et il s'en explique même dans la presse : « Pierre Fresnay jouera le rôle que j'ai créé. Il le jouera avec cette jeunesse, cette franchise, cet éclat, avec, en un mot, ce talent sans rouerie, sans procédé, qui lui assure une place si belle parmi les meilleurs comédiens de Paris. Il sera mieux encore : il entraînera ses camarades dans un mouvement ordonné dont *Jean III* a le plus absolu besoin. »

Cependant, Sacha, resté volontairement éloigné de Paris, écrit pour son prochain spectacle trois courtes pièces dans lesquelles il a l'intention de faire passer de nouveaux messages à Yvonne. Et, à propos de message, il en a trouvé un, le jour de son anniversaire, le 21 février, distraitement oublié par Yvonne, mais qui ne lui était nullement destiné. Il peut lire sur ce petit bristol : « Je t'aime, je t'adore ! »

À son retour dans la capitale, Sacha ne laisse toujours rien voir et reprend *Faisons un rêve* et la deuxième partie de *Mariette* en compagnie d'Yvonne, à la Madeleine.

Le 14 mars, il propose ses trois nouvelles courtes œuvres : *Les Desseins de la providence*, *Le Voyage de Tchong-Li* et *Françoise*. Dans celle-ci, Sacha joue le rôle de Jean, premier mari de Françoise (interprétée par Yvonne), qui, n'ayant pas supporté le départ et le remariage de sa femme, a tenté de se suicider. Avant de mourir, il désire la revoir une dernière fois… Occasion pour Sacha de dire sur scène ce qu'il n'a pas eu le courage ou bien même la simple envie de lui avouer dans la vraie vie :

« C'est mal de t'avoir prise à moi… Toi aussi, c'est mal d'être partie… Mais toi, tu ne peux pas savoir ce que c'est, pour un homme, un petit être comme toi… Lui, il savait. Les hommes savent bien ce que c'est !… C'est très précieux, une femme !… […] Toi, puisque tu es partie, c'est que tu n'étais pas heureuse… et puisque je faisais tout au monde pour te rendre heureuse… c'est que je m'y prenais mal… Donc, tu as une excuse. Mais lui… Pourquoi a-t-il fait ce qu'il a fait ?

Hein… ? Quand j'ai vu qu'il commençait à tourner autour de toi… car, tu sais, on voit toujours tout… on en voit plus souvent qu'il n'y en a… mais ce qu'il y a, on le voit toujours… Eh bien, à ce moment-là, j'ai voulu être plus malin que les autres. Au lieu de l'empêcher de venir à la maison… j'ai voulu en faire mon ami ! »

Nouvelle démonstration de ce qu'avait pu dire autrefois Charlotte Lysès : effectivement, Sacha se sert de sa vie la plus privée pour fabriquer les pièces de son théâtre. Et, en lisant ces répliques, et avec ce que l'on sait, on peut même penser qu'il n'ignore pas que Pierre Fresnay est l'homme avec qui elle le trompe… Et l'on peut même avancer qu'il a fait sienne la stratégie de son personnage Jean quand il dit : « J'ai voulu être plus malin que les autres. Au lieu de l'empêcher de venir à la maison… j'ai voulu en faire mon ami ! »

Pourtant, Sacha n'est pas homme à accepter la défaite qui s'annonce sans répliquer ! Et cette « réplique » n'est autre que Jacqueline, qu'il commence à fréquenter avec un certain entrain. Et le voilà qui se met à adopter la philosophie extraconjugale d'Yvonne, à penser que le couple Sacha-Yvonne étant une telle réussite professionnelle, il est possible de se faire à l'idée que chacun vive sa vie de son côté tout en continuant à former, pour la galerie, ce couple idéal et désormais légendaire.

Et d'ailleurs, à l'occasion d'un dîner donné en l'honneur des Guitry, le 15 avril, à l'hôtel George V, Sacha, qui a tenu à en rédiger personnellement le menu, a fait malicieusement voisiner ces deux plats :

« Consommé Jacqueline
Salade de Printemps »

Avec comme dessert : la Bombe illusionniste !

De cette soirée Fernande Choisel notera : « Nous avions le cœur serré en les regardant. Nous savions que c'était certainement le dernier repas qu'ils présidaient face à face. Tout allait craquer. Yvonne avait respiré une bouffée de liberté… Sacha, lui, était toujours à ses mots, et entretenait son cercle. Il savait qu'il avait le remède souverain contre la souffrance : les applaudissements. »

Mais, cette fois, il vient de provoquer publiquement Yvonne avec ce « consommé Jacqueline », cependant qu'une série d'incidents va lui permettre d'acquérir la certitude que Pierre Fresnay est bien le rival annoncé.

Comme Guitry se montre de plus en plus méfiant et semble déjouer certaines des ruses d'Yvonne pour rejoindre Pierre Fresnay, il devient plus délicat, pour le couple illégitime, de se rencontrer aussi souvent qu'ils le souhaitent. Fresnay, qui fut long à se décider à « ne plus pouvoir vivre sans Yvonne », ne supporte plus désormais de passer une journée sans voir, ne serait-ce que quelques instants, sa dulcinée. Alors, quand Yvonne ne peut s'échapper une petite heure, Pierre se rend au Champ-de-Mars, sur lequel donne la façade principale de l'hôtel particulier des Guitry, et, comme un collégien, monte dans les branches d'un arbre pour guetter une apparition d'Yvonne.

Un soir, le valet de chambre des Guitry aperçoit une curieuse lueur dans l'arbre qui fait face à la chambre de Madame. En approchant de la fenêtre pour mieux observer, il se rend compte qu'un homme y est caché, et que la lueur provient de la cigarette qu'il fume. Ouvrant la porte-fenêtre pour accéder à la terrasse et chasser l'importun, il entend alors un énorme fracas de chaises... Pierre Fresnay est redescendu de sa cachette à toute vitesse au risque de se casser la figure... Ambroise a cependant le temps d'apercevoir sa silhouette qui disparaît bientôt au loin... Sacha, mis au courant de l'incident, interroge son domestique et constate que la silhouette décrite correspond en tous points à celle de Fresnay.

Une autre fois, c'est Paul Dufrény, le secrétaire de Sacha, qui entend le klaxon d'une voiture garée non loin du Champ-de-Mars. Il est intrigué par ce klaxon qui semble jouer un code étrange, et s'approche de la voiture qui démarre alors brusquement en trombe. Il a cependant le temps de relever le numéro d'immatriculation, et, ayant des amis à la préfecture, il apprend bien vite que ce véhicule appartient à une dame, une certaine Berthe Bovy, épouse Fresnay !

Informé de ce nouvel incident, Sacha ne veut toujours rien dire à Yvonne. Il sait fort bien que cela ne servirait à rien. Mais, un matin, on le prévient que Berthe Bovy le demande au téléphone. Ayant accepté de lui parler, il entend la comédienne lui dire cette phrase pénible :

« Je viens d'apprendre, et j'en ai maintenant l'absolue certitude, que nous le sommes tous les deux... par eux deux ! Je ne voulais pas que vous l'appreniez, dans quelques jours, par quelqu'un d'autre ! »

Sacha n'a d'autre réaction que de s'intéresser encore un peu plus à la jeune Delubac et de mettre à l'affiche *Désiré* et *Villa à vendre*, à partir du 28 mai, avec Jacqueline. Yvonne n'apprécie guère cette cohabitation théâtrale, d'autant moins que son mari l'a informée qu'il a également engagé la jeune comédienne pour la tournée d'été.

Comme les répétitions ont lieu l'après-midi à la Madeleine, Sacha passe désormais beaucoup de temps avec Jacqueline. Or, justement, un de ces après-midi, lors de la répétition, Sacha pose affectueusement son bras sur l'épaule de la jeune comédienne au moment même où le rideau de fond de scène s'écarte et qu'apparaît une Yvonne hurlante qui se précipite sur lui pour le gifler ! Jacqueline s'enfuit aussitôt tandis que retentit dans tout le théâtre les « hululements lugubres de Phèdre-Yvonne », comme dira Mlle Delubac !

Une explication houleuse a lieu. Dispute qui se conclut à l'avantage de Mlle Printemps, car Jacqueline se voit remettre dès le lendemain un court message du régisseur : « Spectacle annulé. Veuillez trouver ci-joint chèque. » Sous la pression de son épouse, l'auteur a retiré de l'affiche *Villa à vendre* ! Mlle Delubac est donc priée de déguerpir, et vite fait !

Il est vrai qu'Yvonne a du tempérament, et encore suffisamment de pouvoir sur son mari pour qu'il cède à son ultimatum. Certains proches pensent d'ailleurs que le couple est peut-être sauvé, même si Fernande Choisel, plus lucide, écrit : « Tous les deux, ils n'étaient pas de ceux qui aiment à se torturer en reprenant les problèmes sentimentaux à zéro. Ils avaient pris leur décision, chacun de son côté, sans baroud d'honneur. »

En rentrant chez elle ce soir-là, Jacqueline pense qu'elle ne reverra certainement jamais Sacha Guitry. Pourtant, deux jours plus tard, un coursier lui apporte une lettre du Maître et un écrin renfermant une montre en platine et diamants que Jacqueline qualifiera de « consolation genre grande maison » ! Elle savoure la charmante missive qu'elle garde précieusement, mais renvoie la montre…

Trébor, qui a présenté Jacqueline à Sacha et qui constate, dépité, les ravages supposés que cette jeune femme a fait dans le cœur de Sacha (et visiblement pas informé de l'épisode de l'écrin et de la montre), décroche son téléphone pour dire à la demoiselle : « Une briseuse de ménage, vous m'entendez ! Une beauté du Diable ! Une gitane ! Allô ! Allô ! Ne coupez pas ! Vous me retrouverez toujours sur votre route ! Et pas en ami ! »

Mais Sacha poursuit sa cour et invite Jacqueline à déjeuner. Le rendez-vous est fixé avenue Pasteur où Sacha passe prendre la jeune femme en Cadillac. Direction Le Café de Paris. Sacha lui récite du Baudelaire :

« Bizarre déité, brune comme les nuits,
Au parfum mélangé de musc et de havane… »

Ce moment charmant est suivi de dizaines d'autres… Presque chaque jour, Sacha l'ensorceleur enlève celle qu'il commence à aimer et l'emmène déjeuner : Maxim's, La Tour d'Argent, Laurent, Lucas-Carton, Le Doyen… Jacqueline est sous le charme. Et quand il ne peut déjeuner avec elle, il lui fait savoir qu'il ne pense… qu'à elle ! Le matin, elle reçoit des fleurs, à midi des fruits. Quand il lui fait porter du raisin, c'est dans un bol de cristal avec des ciseaux d'argent. Dans l'après-midi, on lui porte un parfum de sa part : L'Heure bleue. Parfois, ce sont des livres : surtout les siens ! Et parfois même, une paire de draps de soie rose, avec ce mot : « Pour que vous vous endormiez dans ma pensée, presque dans mes bras. »

Mais, un jour qu'ils déjeunent au Doyen dans un cabinet particulier, la porte s'ouvre brusquement et voilà qu'apparaît « Phèdre-Yvonne » ! Sacha se lève de table et va l'accueillir, les bras grands ouverts, comme si de rien n'était. Yvonne semble très perturbée et tremble de tous ses membres. La voilà qui essaie d'ouvrir son sac à main. Mais le fermoir du sac se bloque et elle n'y arrive pas. Jacqueline pense alors qu'elle va en sortir un revolver !

Sacha veut agir, éviter le drame, et attrape le bras d'Yvonne qui s'acharne sur cette maudite fermeture. Mais le geste est relativement brusque, et le diamant que porte Yvonne à l'un de ses doigts tombe de sa monture. Sacha n'a plus qu'à se baisser pour ramasser la pierre, mais sa femme se met alors à crier : « Non ! Non ! Surtout pas toi… Tu pourrais me le voler ! »

Jacqueline est atterrée, et, pour couronner le tout, le sac s'ouvre tout seul… Il est désespérément vide !

Tout cela ne peut plus durer. Nous sommes au mois de juillet et Yvonne se décide à franchir le pas, comme le raconte non sans émotion la baronne : « Tout était fini, sans bruit, sans éclats de voix. J'assistai à cette conclusion sans pouvoir dire un mot. J'avais trop de peine pour essayer de plaisanter, essayer de faire revivre la maison comme elle vivait quand j'y étais entrée. De temps en temps, Yvonne reprenait des refrains… elle ne pouvait changer sa nature… mais il y avait quelque chose de brisé dans sa voix. Un beau jour, elle décide d'aller s'installer à l'hôtel George V. La veille au soir, le dernier lien s'était rompu. Sur le pas de la porte, les larmes aux yeux, elle me dit : "Madame Choisel, la vie est bien trop compliquée pour qu'on puisse vraiment l'expliquer… Il restera quand même un souvenir de moi, dans cette maison… Vous savez, cette jupe que je portais le jour où il me vit pour la première fois et qu'il a gardée comme une relique…" Puis, avant de sortir : "Madame Choisel, veillez bien sur lui… et, surtout, talonnez-le pour qu'il prenne ses médicaments… Tenez, voici la liste…" La porte s'ouvrit. Nous étions le 17 juillet. Les derniers flonflons d'un bal de quartier entrèrent dans la maison. Le rossignol reprit son vol. Le patron fit venir des emballeurs qui empaquetèrent avec le plus grand soin le portrait que Vuillard avait fait d'Yvonne et qui trônait sur la cheminée. Le tableau alla au grenier. Nous étions tous tristes. »

Sacha n'a pas voulu assister au départ de celle qui reste « son grand amour ». Une courte période de dépression, ou du moins de grande mélancolie, va suivre. Pendant une semaine, il reste enfermé chez lui à relire le petit mot que lui a laissé Von : « Sacha, mon Sacha, tu es parti, sans un petit mot, sans rien. Pourquoi ? Tu avais été si gentil, ce tantôt… C'est affreux… Je pars tout à l'heure… J'ai mal, j'ai trop mal. La vie est dure, dure… Sacha, vous êtes unique au monde !… » Et, sans fin, il écoute sa voix sur les 78 tours où sont gravés tous ses refrains.

Seul témoin de ces jours d'une grande tristesse, Fernande Choisel : « Il était secoué, c'est indiscutable. Mais il est de ceux qui n'avouent rien qui puisse porter atteinte au personnage qu'ils se sont construit à force de travail et de volonté. Il continuait à jouer en maquillant seulement ses sentiments, en forçant ses plaisanteries, et, pourquoi ne pas l'écrire, ses pitreries. Il colmatait les brèches, et pas une fois, une seule, il n'a laissé percer son émotion. »

Sacha est donc seul. Mais il passera toutefois le week-end suivant avec Jacqueline à Versailles, au Trianon Palace. Avant de partir la rejoindre, il tente une dernière fois de sauver sa belle histoire... Il adresse un petit mot touchant à Yvonne : « Ne te compromets pas. Réfléchis. Et je crois que dans quelques semaines, peut-être, nous reprendrons la vie commune. Garde et conserve la voiture. »

Avec Jacqueline il use pourtant des grands moyens... Comme la demoiselle arrive à Saint-Lazare depuis Deauville, il loue au PLM un wagon spécial pour les conduire tous deux... à Versailles ! La plus belle suite du palace est mise à leur disposition pour leur première nuit. Contrairement à la légende que font courir bien des mauvaises langues sur sa virilité en citant la phrase de Jules Renard – « L'homme est comme un temple, quand la colonne est brisée, les femmes n'y portent plus leurs dévotions » –, Sacha se révèle un amant formidable, tout en douceur, ce qui séduit Jacqueline et la conduit au nirvana : « Illustrissime et vénéré Sacha, la nature vous a comblé de dons précieux. Merveilleux ! Il faut vous résigner. Nulle femme n'approchera de vous qui ne se sentira prendre quelque pouvoir. Vous lui appartiendrez, puisque vous lui plaisez. [...] Votre peau ambrée attise la convoitise... Il n'est jusqu'à votre aphrodisiaque corpulence pour évoquer Byzance et ses folles orgies... Les folles orgies de Byzance ! En avez-vous entendu parler, Monsieur Sacha Guitry ? »

De retour de ce week-end enchanteur, mais ne voulant cependant pas précipiter les choses, Jacqueline ne se voit confier que le rôle d'une visiteuse, certes assidue, mais rien de plus, selon la baronne : « Jacqueline Delubac vint de plus en plus souvent. Ils sortaient beaucoup ensemble, dans la Cadillac dont les portières avaient été débaptisées... en attendant le prochain couronnement. Elle était jolie, agréable, pleine de jeunesse, intelligente. On la devinait bonne, juste et très équilibrée. »

Et puis, Sacha veut garder une place pour un éventuel retour d'Yvonne. D'ailleurs, le 23 juillet, il lui confirme par lettre qu'elle reprendra son rôle dans *Mozart*, à la Madeleine, du 15 au

25 septembre. Il lui confie même la direction des répétitions. Puis il lui promet de lui écrire une pièce sur mesure, *Déjazet*, qu'il imagine éventuellement jouer avec elle. Il lui confirme enfin qu'elle pourra occuper sa loge habituelle.

Et Sacha le magnifique ne peut s'empêcher d'ajouter ces quelques mots autographes au bas de la lettre dactylographiée qu'a tapée Mme Choisel : « Tu sais quels sentiments inaltérables j'ai pour toi. »

Jacqueline a bien compris que tout peut encore basculer, ainsi qu'elle le racontera dans un charmant petit ouvrage : « Le vrai couple de théâtre, c'est celui qui ne fait pas vrai, Sacha-Yvonne ! Ils se sont séparés ? Aucune importance ! Une brouille de théâtre ! Sacha se garde de détromper. »

Finalement, Sacha entraîne Jacqueline en vacances à La Baule. Il y a loué une maison et ils y passent tout le mois d'août. Mais il faut bien rentrer à Paris, et le Maître décide de s'installer avec elle… mais à l'hôtel ! Pour le moment, Sacha n'est pas prêt à installer Jacqueline dans les meubles d'Yvonne… Ils choisissent l'Élysée-Palace.

Côté théâtre, les choses vont très mal, car l'acteur fétiche de la Madeleine a décidé qu'il ne pouvait plus jouer dans ce théâtre qui lui rappelle trop de souvenirs. Panique chez Brulé et Trébor qui essaient de tout faire pour ramener Sacha à la raison. Mais leur codirecteur est buté et, après les tentatives de conciliation, viennent les menaces :

« De toute façon Sacha, nous avons un contrat avec toi.

– Oui, et alors ?

– Alors tu es tenu !

– Oui, je suis tenu de le déchirer ! Et je vais le faire. Un contrat est fait pour être déchiré, sinon pourquoi en avoir fait un ? »

Situation inextricable qui conduit les deux hommes à poursuivre Sacha devant les tribunaux. Yvonne, elle, reprend *Mozart* à la Madeleine, et le Maître lui envoie de magnifiques fleurs accompagnées de ce mot : « À mon admirable interprète, avec émotion. » Aux journaux il transmet ce texte de Gabriele D'Annunzio écrit pour Lucien Guitry et qu'il dédie à Mlle Printemps : « Artiste incomparable qui, par son intelligence, égalait et dépassait ses auteurs dans des interprétations profondes comme des révélations. »

Sacha ne se plaît plus à Paris. Il entraîne donc Jacqueline dans une tournée à travers la France et la Suisse, puis accepte une tournée à Londres. « On jouera *Désiré* ! », dit-il à Jacqueline.

Le Savoy accueille le couple. Une magnifique suite, avec vue sur la Tamise, leur est offerte, et le chef, français, baptise, en hommage au Maître, son nouveau dessert du nom de Désiré.

Au théâtre, Jacqueline jouera la bonne, et des rôles secondaires dans les autres pièces proposées au public anglais : *La Pèlerine écossaise* et *La Jalousie*, où Madeleine Renaud reprend le rôle d'Yvonne.

Un soir, en scène, un bruit terrible se fait entendre en coulisses. Cela perturbe Jacqueline qui oublie sa réplique et dit à Sacha :

« Tiens, voilà Madame qui se déshabille ! »

Avec un malicieux sourire, il réplique :

« Elle doit probablement retirer son armure ! »

Rires dans la salle... Jacqueline et Pauline Carton, en proie à l'hilarité, doivent quitter la scène. Et Sacha improvise alors avec brio pendant de longues minutes...

De retour d'Angleterre, Sacha juge qu'il est encore trop tôt pour regagner sa maison de Paris. Pourquoi ne pas s'octroyer quelques jours de « vacances » supplémentaires ? Et les voici à Pau, puis sur la Côte basque. Après un court passage à Paris, résidant toujours à l'hôtel, ils repartent en tournée dans le nord de la France et en Belgique, mais, cette fois, avec une pièce unique, *Mon double et ma moitié*, accompagnée d'une conférence sur... l'amour !

Loin de Paris, trop loin d'Élisée-Reclus, le manque de travail se fait sentir ! Cette fois, il est temps de regagner le sanctuaire et d'organiser l'entrée officielle de Jacqueline dans cette maison où ne régna jusqu'ici qu'une seule femme, Yvonne.

Le changement est immédiatement perceptible, et Mme Choisel est la première à s'en rendre compte : « Jacqueline Delubac avait la tête bien sur les épaules. Issue de la grande bourgeoisie lyonnaise, elle en avait hérité le solide bon sens bien connu. Avec elle, rien ne traînait. Elle n'avait pas besoin de multiples consultations avant de prendre une décision. Elle la prenait au moment voulu, et toujours avec raison. L'organisation de la maison passa vraiment sous son contrôle. Le personnel dépendait directement d'elle. Elle inspectait tout pour que rien ne soit négligé. Tous les soirs, la cuisinière venait lui soumettre un menu-suggestion pour le lendemain. Jacqueline s'y intéressait. Elle n'ignorait pas combien Sacha était gourmet et gourmand. Il ne tolérait sur sa table que des aliments de première qualité, présentés et préparés avec un soin de tous les instants. Alors Jacqueline passait ses menus à la loupe et finissait souvent par y ajouter ou des pointes d'asperges, ou du blanc de poulet, ou telle sauce dont il était friand. »

Petit à petit, la vie joyeuse reprend sa place dans une maison sur laquelle semblait s'être abattue une chape de plomb depuis le départ d'Yvonne.

Premier souci de Sacha : enfiler ce costume de velours vert qu'il ne quitte que rarement quand il est chez lui, et s'affairer à remettre de l'ordre dans ses vitrines emplies de trésors. S'étant réapproprié son domaine, il ne lui reste plus, enfin, qu'à se remettre au travail après plus de six mois d'une vie où l'écriture semblait ne plus l'intéresser :

« Madame Choisel, chère Madame Choisel, baronne de Choisel, nous avons perdu assez de temps comme cela ! Oui, vraiment ! Vous allez chercher dans vos tiroirs et dans vos armoires... mais je sais que vous n'avez pas besoin de chercher quoi que ce soit, car tout est classé magnifiquement, toutes les notes que j'ai pu vous dicter ces derniers temps. Je les veux toutes. Car, dans ces notes, il y a des dizaines d'idées de pièces qui se bousculent... Et contrairement à ce que disent certains – et je sais qu'ils le disent en se frottant les mains –, je n'en ai pas fini avec le théâtre ! Bien au contraire... je commence !

« Armez-vous de courage, Madame, sortez vos blocs et vos crayons, et mettons-nous au travail sans tarder ! Laissez-moi juste le temps de changer ce tableau de place. Ce petit Renoir mérite un autre voisinage, non ? »

Le bonheur est donc de retour avenue Élisée-Reclus, mais pour peu de temps ! Car si Sacha est déjà passablement agacé par la façon dont la presse parisienne s'est emparée de la ruine de son ménage, il apprend que bien pire encore se prépare... Un certain Alfred Savoir[2], auteur de pièces à succès, profite du drame privé de

Guitry pour faire jouer aux Mathurins une œuvre humoristique, La *Voie lactée*, mettant en vedette un certain Jimmy Till, roi du théâtre, entouré de deux femmes, caricatures d'Yvonne Printemps et de Jacqueline Delubac. En dehors des nombreuses allusions aux déboires conjugaux de Sacha, et autres cocufiages, le portrait de Guitry que s'applique à brosser Alfred Savoir est particulièrement méchant... À un certain moment, l'action se déroule dans un théâtre où Jimmy assiste à un spectacle avec un ami qui a dû lui payer sa place. Le directeur du théâtre demande à l'ami en question si Jimmy n'est pas assez riche pour se dispenser d'être ainsi entretenu : « Il gagne des millions, voyons ! Mais quand il était jeune et pauvre, il ne pouvait pas payer... Alors il a pris l'habitude et il ne l'a pas perdue... Il est un peu comme les souverains... » Puis l'ami conseille de ne jamais parler d'un autre acteur, aussi talentueux soit-il, devant Jimmy : « Si tu en dis du bien, il ne sera pas content... Si tu en dis du mal, tu n'en diras jamais assez. Ne parle pas des auteurs morts, non plus... ou alors, depuis très longtemps... et qui n'ont pas de statue ! »

À Jimmy maintenant d'évoquer sa soif de gloire : « Non, je ne suis pas dupe, mais si ces hommages, ces suffrages que je méprise, qui m'offensent et qui m'écœurent, venaient à me manquer, je crois que j'irais les mendier jusque chez le chasseur du théâtre ! »

Et c'est au tour du personnage d'Yvonne de confier les raisons de son envie de liberté : « La semaine dernière, à la représentation de l'Union des Arts, je trônais près de toi, dans l'avant-scène, avec tous mes bijoux, j'avais l'air d'une idole. On me regardait et je devinais la secrète pensée de chacun : "Sous cette zibeline sans prix, sous tous ces bijoux, cette reine, cette déesse a mal à l'estomac pour avoir l'air si misérable." Et j'aurais voulu me lever et crier : "Je suis saine, ce n'est pas la colique, mais je m'embête, je m'embête à crever !" »

Sacha et Jacqueline sont ulcérés par cette attaque en piqué dont tout Paris parle, surtout que Harry Baur, le grand comédien, a accepté de jouer dans la pièce le rôle de Jimmy, et a fait réaliser une réplique exacte de la robe de chambre de Guitry comme costume de scène. Sacha ne peut contenir sa rage : « Harry Baur a osé ! Oui, il a osé se foutre ainsi de moi et se produire sur scène dans ma robe de chambre ! Ah, voilà la reconnaissance de ce voyou à qui j'avais donné un rôle principal dans *Le Veilleur de nuit* ! C'est immonde… »

Sacha ne veut cependant pas accorder plus d'importance à cette triste affaire. Il ne se risquera pas à un procès et se contente de mettre Harry Baur sur sa liste noire personnelle. Il laisse dire, se préoccupe avant tout de travailler à ses prochaines créations, et de soigner la petite Jacqueline qu'il emmène en vacances au Cap-d'Ail. Ils passent sur la Côte d'Azur, loin du Paris de *La Voie lactée*, de longues semaines que Sacha met à profit en donnant quelques conférences, histoire de ne pas perdre le goût du contact avec le public, et en jouant aussi quelques extraits de pièces.

Dans la thébaïde du Cap-d'Ail rebaptisée Les Funambules, la grande affaire reste la prochaine rentrée théâtrale où le tout-Paris guette celle qui va succéder officiellement à « la Printemps » ! Au tout début du mois de mars 1932, il est grand temps de regagner Paris pour mettre en répétition *Châteaux en Espagne…*

Sacha ne signe pas là une de ses pièces les plus remarquables, mais un sympathique vaudeville où un homme vole la femme de son pire ennemi après avoir gagné dans une tombola le droit de dîner avec elle ! S'ensuit une aimable idylle entre les deux jeunes gens, puis un voyage en Espagne, ayant pour but de tester la résistance de leur nouvel amour. Bien entendu, à la fin de la pièce, ce couple fera l'amer constat qu'ils ont bâti des châteaux en Espagne et se séparera. Mais le sujet même de la pièce n'est guère important ! Le public parisien se presse avant tout au théâtre pour contempler celle que l'on annonce déjà comme la future madame Guitry !

Jacqueline le sait ; elle sait également qu'on va la comparer à Yvonne. Avec le même sérieux qu'elle mit autrefois à bûcher ses baccalauréats, elle travaille son texte en s'enfermant de longues heures dans sa chambre. Et, pour se détendre, elle fait un tour à la cuisine, reprenant ainsi ses fonctions de maîtresse de maison, ayant l'œil à tout.

Mais, plus les jours passent, et malgré toute la gentillesse dont Sacha fait preuve à son égard, plus l'angoisse devient forte et lui fait craindre de ne pas être à la hauteur… Et Sacha n'hésite pas à jouer avec l'événement, puisqu'il a mis dans la bouche du personnage qu'il incarne cette drôle de phrase, quand Jacqueline entre en scène :

« J'espère que ça ne vous ennuie pas… que j'aie bon goût ! »

Le public se montre amical, voire très chaleureux avec l'auteur-acteur, comme le soulignent les journalistes à l'instar d'Édouard Bourdet : « Lorsque M. Sacha Guitry parut, le soir de la répétition générale, la salle entière éclata en applaudissements. Non pas cette salve d'applaudissements qui accueille un acteur connu à son entrée en scène, mais des applaudissements prolongés, insistants, qui marquent une intention et contiennent une allusion. Visiblement, le public entendait témoigner sa sympathie au célèbre auteur-comédien à propos de certains événements récents de sa vie privée, et cette manifestation spontanée, voire un peu indiscrète, avait quelque chose d'émouvant. »

À la fin de la première représentation, les amis se pressent dans la loge et Sacha ne cache pas son bonheur :

« J'ai rarement été aussi ému, aussi touché par l'accueil du public. Voyez-vous, mon plaisir est double, car j'ai été applaudi dès mon entrée sur scène par amitié, par fidélité… comme si le public voulait me témoigner sa profonde sympathie. J'en aurais pleuré… Et puis, à l'instant, ces mêmes applaudissements revenaient pour me dire cette fois : "Bravo, on a aimé votre pièce !" »

Autre motif de satisfaction : la Comédie-Française, qui a reçu sa pièce *Adam et Ève*, écrite pour Sarah Bernhardt et Lucien Guitry, et qui ne fut jamais jouée, en donne une série de représentations à partir du 10 mai, tandis que *Châteaux en Espagne* poursuit avec succès sa carrière. Dans cette œuvre inédite, Sacha montre Adam en vieillard s'interrogeant sur le malheur des hommes et leur incapacité au bonheur. Et comme Adam ne se souvient pas d'où il vient, et qu'il constate que le monde va à sa perte, la loi du plus fort risquant d'y régner en maître, il a l'idée d'« inventer » Dieu pour essayer de ramener les hommes à la raison et leur faire ainsi craindre le châtiment après la mort ! Ève, qui connaît pourtant la « supercherie », finit elle aussi par y croire, et dit : « Si c'était vrai ? »

Une jolie histoire qu'il faut prendre avec beaucoup de recul et pas mal de philosophie, mais qui déclenche l'hydre des plus fidèles abonnés de l'illustre maison ! Déjà, accueillir le théâtre de Guitry chez Molière leur semble étrange, mais oser de surcroît jouer une pièce où l'on se moque de la religion est considéré comme inadmissible ! Il faut dire que la pièce est jouée avec une gravité qui trouble les spectateurs, et que cette œuvre, digne du théâtre de Capus ou d'Allais, aurait mérité une mise en scène plus légère…

Mademoiselle Delubac est devenue quant à elle, en quelques semaines, une vraie star, et le jour de son anniversaire, aux côtés des nombreux cadeaux que lui a préparés Sacha, elle découvre, surprise et heureuse, ceux du président de la République, du roi d'Angleterre, de l'empereur de Chine, de Chamberlain et de Greta Garbo ! Rien de moins… (En fait, il s'agit d'une adorable fantaisie de Sacha qui a ainsi signé de nombreux bristols accompagnant des renards gris-bleu, un poudrier clouté d'émeraudes, entre autres merveilles !)

Châteaux en Espagne s'arrête le 18 juin. Mais, devant ce succès, il est convenu que l'on reprendra la pièce à la rentrée. Sacha est aux anges. Non seulement sa nouvelle pièce fonctionne parfaitement, son public lui reste fidèle, mais il a démontré à ce Paris qui se moquait du plus célèbre cocu de France (on disait d'Yvonne qu'elle avait une vie « et Fresnay ») qu'il a de nouveau une femme sublime à ses côtés. Jacqueline Delubac sera d'ailleurs reconnue quelque temps plus tard comme l'une des femmes les plus élégantes du monde par un grand magazine américain !

Dans son hôtel particulier, Sacha a fait séparer la grande chambre de Lucien en deux par une élégante cloison. Chacun des amants en occupera une, celle de Jacqueline étant de style Louis XVI, décorée de dessins originaux de Fragonard et de sanguines de Watteau.

Mais il est temps de songer aux vacances d'été, et le couple part pour La Baule s'installer dans une maison de location. Cependant, la longue période de farniente est bien finie, et le joyeux vacancier ne pense plus qu'au travail, comme le rapporte la baronne qui se voit convoquer avec blocs et bagages dans la station balnéaire : « Je débarquai donc à La Baule. Jacqueline Delubac vint à ma rencontre :

« – Baronne, vous ne savez pas ce qui vous attend. Depuis notre arrivée, il ne fait que mijoter des scènes. Tout est prêt... Si j'ai bien compris, il y en a plus d'une dizaine qui vont vous tomber sur le bloc.

« ... Je le rejoignis dans la salle de jeux où se trouvait un billard. Il s'essayait au rétro et au carambolage avec l'air inspiré d'un grand champion :

« – Salut à vous, baronne de Choisel... C'est ici que nous allons travailler... Vous compterez les points en même temps que vous ferez des fautes dans tout ce que je vais vous dicter... J'ai plein de pièces dans la tête... Je ne sais pas combien... Si j'arrive à ne pas mélanger les actes, les pièces, les scènes et tout le reste ; je vous ferai un cadeau... Au fait, non... c'est déjà vous faire un cadeau que de vous inviter en vacances.

« Il se mit à rire, me fit un clin d'œil :

« – Nous allons tout mélanger, le meurtre, le rapt, la fille de joie, le flic maquereau, le Corse de l'Armée du Salut, le ministre capable, le fabricant des trous de gruyère, le père incestueux et son fils, petit, qui est aussi son petit-fils...

« – Monsieur, je ne vous comprends plus... Vous ne m'avez pas fait venir ici pour me dicter des cochonneries ?....

« – Des cochonneries ?.... Des cochonneries ?.... Voyons, baronne de Choisel, vous n'êtes pas chez Alfred Savoir, ici !

« J'étais rassurée. Le patron venait tout simplement de s'offrir une minute de détente, pour voir mes réactions. J'avais réagi comme il l'attendait. Il était content. [...]

« En quelques jours, devant le tapis du billard qui semblait les fasciner, il me dicta cinq pièces, complètes, sans retouches à faire, bonnes à présenter au public. J'insiste, car cela peut paraître incroyable. Il lorgnait les billes d'ivoire, se mettait à quatre pattes pour prendre l'angle, changeait de position... mais dictait, dictait toujours ! »

De La Baule, fin juillet, Sacha rapporte cinq pièces : *Le Renard et la Grenouille*, *Un tour au paradis*, *Maîtresses de rois*, *Ô mon bel inconnu* et *Florestan Ier, prince de Monaco.* Il tient également à célébrer le premier anniversaire de leur week-end au Trianon Palace de

Versailles en offrant à Jacqueline un diamant qui possède le même nombre de carats que celle-ci a de printemps !

Le mois d'août les conduit dans bien des villes à travers une tournée des casinos où Sacha donne une conférence sur les femmes et l'amour, illustrée d'extraits de quelques-unes de ses pièces.

Comme convenu, *Châteaux en Espagne* est de nouveau à l'affiche à partir du 5 octobre, tandis que trois jours plus tard, au théâtre des Bouffes-Parisiens, débute une nouvelle pièce du Maître, *Ô mon bel inconnu*, avec, dans un des rôles principaux, Simone Simon qui vient du cinéma et que Sacha, non sans malice, présente ainsi : « Elle n'a jamais joué, n'a pas encore chanté, et elle ne savait rien faire il y a un mois. » Ce qui démontre une nouvelle fois ce que le Maître pense du cinéma et de ses acteurs... avant qu'il ne change bientôt d'avis !

Cette comédie conte les aventures d'un bon bourgeois qui se sent brusquement persécuté par tous ceux qui l'entourent, tout cela sur fond musical. Ni Sacha ni Jacqueline ne figurent dans la distribution de la pièce, puisqu'ils jouent *Châteaux en Espagne*. On notera qu'Arletty tient le rôle de la petite bonne.

La critique réagit favorablement à cette nouvelle œuvre et s'attarde tout particulièrement sur le mariage des textes de Sacha et de la musique de Reynaldo Hahn : « Sans doute parce que Sacha Guitry n'a pas la fâcheuse expérience de quelques fauteurs de livrets, et que la musique est pour lui, à chaque rencontre, une chose nouvelle dont il s'émerveille, il la sert, peut-être à son insu, mieux que d'autres, avec des soins plus tendres et une fraîcheur d'esprit plus entière. Il lui donne, dans la comédie, une place qui, par nature, lui revient, et d'instinct trouve, entre le dialogue parlé et le chant, un parfait équilibre. Comme la poésie s'y glisse sans en avoir l'air d'y être et sans qu'on soit surpris de l'y rencontrer, la musique, à sa suite, s'insère dans ce dialogue qui a tous les caractères du quotidien, dans ces couplets scintillants d'esprit mais faits de mots pareils à tous les mots, comme s'il était bien naturel qu'elle y fût et comme si, privés l'un de l'autre, paroles et son devaient paraître dépouillés de leur vrai sens et du plus secret. S'il y eut jamais accord entre l'auteur de la pièce et le musicien, c'est bien ici. »

Malgré le départ d'Yvonne, Sacha n'a pas voulu renoncer à écrire des revues ! Mais, comme les rapports avec son « rossignol » se sont totalement dégradés pour de sombres histoires d'argent liées au divorce, il lui faut trouver une nouvelle tête d'affiche, car ce n'est pas Jacqueline qui va se coller au chant… Il choisit donc Cécile Sorel pour être la vedette de *Maîtresses de rois*, une suite de cinq tableaux historiques qui vont s'intégrer dans la revue *Vive Paris* du Casino de Paris.

Sorel est un phénomène ébouriffant qui séduit Sacha, comme il le confie à ses proches : « Je l'aime parce que c'est une grande travailleuse, et que de surcroît elle demeure d'une modestie rare. Sa simplicité, sa gentillesse, son envie de bien faire me donnent envie de travailler avec elle. Jamais elle ne parle de son talent, qui est grand, jamais elle ne médit de qui que ce soit. J'admire son intelligence et cette faculté de ne pas se contenter d'être bonne, mais de vouloir, et de réussir, chaque soir, à être exceptionnelle ! »

Le triomphe de la revue va durer deux années. C'est dans celle-ci qu'après avoir dû descendre un gigantesque escalier, elle lance au public, de cette voix aux accents uniques : « L'ai-je bien descendu ? »

Châteaux en Espagne achève sa carrière fin octobre, et Sacha décide de reprendre une des pièces qu'il avait jouée avec le plus d'amusement : *L'Illusionniste*. Nouvelle occasion de proposer au public stupéfait un Sacha Guitry en étonnant magicien. Fernande Choisel en reste stupéfaite : « Il avait une dextérité surprenante. Il "palpait" les cartes, les faisait disparaître, les étirait à la manière d'un soufflet d'accordéon… »

Il est bien loin, désormais, le temps du farniente et des tournées faciles et lointaines ! Sacha a faim de théâtre ! À la Michodière il propose dès le 6 novembre deux des nouvelles comédies qu'il a écrites à La Baule : *Le Renard et la Grenouille* et *Un tour au paradis*. Il choisit comme comédien Jean Périer pour la première, et Victor Boucher pour la seconde. Dans *Un tour au paradis*, Sacha nous conduit dans le monde du spiritisme et des rêves et s'intéresse au dialogue possible avec l'au-delà. *Le Renard et la Grenouille* nous offre une originale histoire entre une femme de petite vertu, largement entretenue, et un très riche industriel qui lui offre le mariage sous le régime de la communauté ! La grue accepte et, une fois les papiers signés, apprend que son futur mari est ruiné et qu'il sera heureux de partager ainsi le gros pécule qu'elle a pu se constituer... Telle est prise qui croyait prendre !

Et puis vient le temps de la création de *Florestan Ier*, dès le 9 décembre. Cette revue s'inspire de la vie et des amours de Florestan Grimaldi, prince de Monaco au XIXe siècle. Pour interpréter ce personnage, Sacha a choisi un ancien amant d'Yvonne, Henri Garat. Richard Heymann, qui en a signé la musique, se fait démolir par la critique : « Elle est d'une vulgarité choquante... aussi plate et fade que vilaine et surannée. Une écœurante banalité dans l'épanchement mélodique. Aucune modulation ingénieuse. Un abus de rythmes à deux et trois temps. Une harmonisation, une orchestration bâclées. Un emploi excessif et puéril de la harpe. En somme, le triomphe de la routine... Il y a bien peu de rapports entre l'esprit du librettiste et celui du compositeur de *Florestan Ier*. M. Richard Heymann s'essouffle à courir avec sa guitare derrière M. Sacha Guitry. »

Une mauvais critique qui va faire les délices de Sacha, d'Albert Willemetz (auteur des paroles des chansons) et de Richard Heymann, quelques mois plus tard, car une des chansons de ces trois complices, *Amusez-vous*, va devenir une scie populaire que chantera toute la France. Et il se vendra des dizaines de milliers de ce 78 tours où l'on peut entendre le célèbre refrain interprété avec une voix de titi parisien par Henry Garat :

« Amusez-vous, foutez-vous d'tout,
La vie, entre nous, est si brève,
Amusez-vous, foutez-vous d'tout,
Prenez la vie par le bon bout. »

Le début de l'année 1934 est marqué par une première affaire judiciaire. On se souvient que Sacha avait quitté la Madeleine, au moment de sa séparation avec Yvonne, sans motif sérieux. Il est donc condamné à exécuter son contrat, assorti d'une forte amende.

Les directeurs de « son » théâtre renoncent à l'amende en question en augmentant le pourcentage du Maître qui n'a plus qu'à revenir sereinement à ses anciennes amours… Puis ce sont quelques vacances au Cap-d'Ail, et une tournée qui mène Sacha et Jacqueline en Italie et en Suisse.

La seconde affaire se déroule en février. Voulant accélérer la procédure de divorce qui l'oppose à Yvonne, il accueille favorablement la décision du tribunal qui, dans un premier temps, décide de revoir à la baisse la pension de Mlle Printemps, la faisant passer de 12 000 à 6 000 francs. Mais la discussion porte sur des choses plus importantes, car Yvonne réclame les cachets des rôles que son mari lui a offerts pendant quinze ans. Aussi bizarre que cela paraisse, Mme Sacha Guitry n'a quasiment jamais reçu d'argent pour jouer au théâtre. Bien entendu, elle n'avait absolument aucun frais, puisque Sacha réglait toutes ses factures, et de surcroît lui offrait des bijoux d'une valeur considérable à chaque nouvelle pièce. Mais les avocats d'Yvonne ne l'entendent pas de cette oreille et réclament un arriéré de cachets assez extravagant. Ils semblent mettre en doute le fait que tous ces fabuleux bijoux proviennent de sa seule générosité. Yvonne, de son côté, déclare : « M. Guitry a de fâcheuses absences de mémoire. Il a “oublié” de me verser mes cachets, comme il oublie de payer aux antiquaires les objets anciens qu'il leur achète. »

Il n'en faut pas plus pour qu'elle s'attire cette réponse cinglante de l'« accusé » Guitry : « J'ai sans doute des trous de mémoire, car je ne me souviens pas que les si beaux bijoux qu'arbore Mlle Printemps aient fait partie de la dot que lui avait remise Madame sa mère ! »

Du coup, devant les demandes d'Yvonne qu'il considère comme inadmissibles, Sacha se cabre et conte au tribunal qu'il a déjà été bien bon de rendre ses bijoux à Mlle Printemps, car elle les avait oubliés en partant de chez lui et qu'elle a été obligée d'envoyer sa bonne les lui réclamer. De plus, il révèle qu'il avait laissé bien volontiers sa femme partir avec les deux tableaux de Watteau qu'elle aime tant, mais que, désormais, face à son comportement, il exige leur restitution. Le ton continue à monter de la sorte entre les deux parties, puis, Sacha et ses avocats sortent leur dernière carte en demandant au tribunal d'ordonner une enquête sur la conduite de Mlle Printemps durant les dernières années de leur union !

Voilà qui fait frémir Yvonne, qui ne veut pas que ses nombreuses escapades et autres coucheries soient dévoilées en public et puissent nuire à sa réputation et à celle de Pierre Fresnay.

Ainsi, pour éviter cette enquête, les avocats de Sacha obtiennent cette lettre de Mlle Printemps : « Sacha, il est bien inutile que nous fassions procéder à cette enquête, puisque je ne puis, en effet, que reconnaître que j'ai rompu les liens qui nous unissaient. » Les avocats ont bien joué, car Yvonne plaide coupable, et, de plus, le tribunal juge l'enquête finalement utile ! Le jugement de divorce – qui n'interviendra qu'au mois de novembre – donnera entière satisfaction à Sacha. Il pourra y lire les choses suivantes :

> « Attendu qu'il résulte de l'enquête que la dame Guitry a entretenu avec le sieur P.F. des relations plus que suspectes et nettement injurieuses pour son mari ; que ce fait justifie la demande en divorce formée par Guitry.
>
> « Attendu qu'il résulte tant des trois témoins entendus à la requête de la dame Guitry que des témoins entendus à la requête du sieur Guitry, que celui-ci vit avec la demoiselle D. ; que si les relations qu'il entretient avec cette personne n'ont commencé qu'en août 1932, après que sa femme eut quitté le domicile conjugal, ce fait n'en constitue pas moins un manquement à la foi conjugale de nature à justifier la demande en divorce de la dame Guitry.
>
> « Attendu que le régime de la séparation de biens n'exclut pas l'établissement de comptes entre les parties lors de la dissolution du mariage, mais attendu qu'il n'est nullement établi qu'en l'espèce, la liquidation doive faire apparaître la dame Guitry comme créancière de son mari et surtout pour des sommes importantes ;
>
> « Qu'il ne saurait donc être question d'allouer à celle-ci une pension alimentaire quelconque, alors surtout qu'artiste dramatique du plus grand talent connu, et justement appréciée comme telle, tant en France qu'à l'étranger, elle tire de l'exercice de son art des ressources largement suffisantes pour qu'il lui soit inutile d'obtenir des avances sur ses reprises éventuelles.
>
> « Pour ces motifs, prononce le divorce d'entre les époux Guitry-Wigniolle aux torts respectifs de chacun d'eux. »

Du coup, l'« artiste dramatique du plus grand talent connu et justement appréciée comme telle tant en France qu'à l'étranger » gardera tous ses bijoux, mais n'aura droit à aucune pension alimentaire et se verra dans l'obligation, de surcroît, de rendre à son ex-mari les deux Watteau !

Elle fera également un dernier cadeau à Sacha – cet ultime billet qu'il recevra d'elle (après un second procès en 1937…) : « Sacha, je reconnais désormais que je n'ai plus absolument rien à te réclamer pour quelque cause ni à quelque titre que ce soit. »

Sacha ne parlera plus d'Yvonne, si ce n'est pour répéter toujours à ceux qui se risquaient à évoquer cette période de sa vie : « Ce fut une telle réussite ! » Pourtant, il ne l'oubliera jamais et quand il se séparera de ses deux futures femmes, il ordonnera que l'on aille chercher au grenier le tableau de Vuillard représentant Yvonne, et qu'on le raccroche dans la galerie…

Il gardera toujours une grande nostalgie de cet amour, au point qu'un jour, bien après la guerre, un journaliste demandant au Maître de signer son livre d'or personnel subira une grande déconvenue. Sacha ayant aimablement prié le quémandeur de lui laisser quelques heures ce livre d'or afin qu'il puisse trouver tout le temps nécessaire pour y coucher quelques phrases flatteuses, le journaliste se présente comme convenu au rendez-vous. Sacha, après l'avoir aimablement salué, lui remet le livre d'or fermé, sans un mot de plus. Le journaliste se retire aussitôt, et, impatient de savoir ce que le Maître a pu écrire, se précipite sur la page destinée à l'envoi. Et là, stupéfait, il constate que la page est demeurée totalement blanche. Interloqué, il essaie de comprendre la raison de ce geste étrange, car Sacha Guitry semblait avoir pris beaucoup de plaisir à leur entretien. Se confiant alors à un proche du Maître, il obtiendra la réponse à sa question : « Monsieur Guitry a voulu, avant d'écrire quelques lignes, feuilleter votre livre d'or. Et il a découvert, quelques pages avant celle qui lui était destinée, la page où figurent les signatures de Mlle Printemps et de Pierre Fresnay ! Il l'a donc aussitôt refermé… »

En ce printemps 1934, il commence à publier ses « mémoires » dans le journal *L'Excelsior*, et poursuit, avec Jacqueline, leurs tournées en Italie et en Suisse en y mêlant des jours de vacances et de découvertes culturelles. Il ne peut toutefois résister à l'envie de faire venir madame Choisel trois jours pour lui dicter une nouvelle pièce, *Son père et lui*, consacrée à Mourguet, le père du célèbre Guignol lyonnais, tout en évoquant également la vie de l'inventeur Jacquard. L'œuvre est représentée à l'Opéra de Lyon du 12 au 14 mars, et il y invite Mme Choisel ! Aux journalistes, il déclare : « Ce travail m'a profondément intéressé. J'ai fait cette pièce en trois jours, ils vont la jouer trois fois : nous serons quittes ! »

La longue tournée se prolonge avec Mme Choisel dans ses bagages, car il lui dicte ses « mémoires »... Et comme le spectacle composé séduit tant la province, Max Maurey, directeur des Variétés, a l'intelligente idée d'adresser à Sacha un télégramme ainsi libellé : « Pourquoi ne comprenez-vous jamais Paris dans vos itinéraires de tournées ? Ce spectacle, dont on me dit merveille, pourquoi ne viendriez-vous pas le jouer aux Variétés ? Mon théâtre est libre du 10 au 25 mai. Télégraphiez-moi que je puis compter sur vous. » En retour, Max Maurey reçoit ce télégramme : « Comptez sur moi le 10 et indiquez-moi un bon hôtel où je puisse descendre. À vous des deux mains. »

Le succès sera tel que le spectacle, qui comporte une conférence et deux petites pièces, se poursuivra jusqu'au 15 juin...

Jacqueline, qui veut du neuf pour leurs vacances d'été, entraîne Sacha à Biarritz dans la villa de Mme de Castries, Calaoutça. Sacha a loué à cette amie de Jacqueline ce petit domaine proche du lac Marion, où il va aimer s'enfermer dans le petit bureau-bibliothèque pour y travailler une grande partie de la journée. Il faut dire qu'il n'apprécie que modérément la nature, et qu'il déteste plus que tout s'installer à l'extérieur pour travailler... Il a même la manie de faire tirer les rideaux pour écrire à la lumière des lampes... Feux du théâtre ! La maison, décorée par Jean Hugo, enchante Jacqueline qui aime se promener dans le vaste jardin en contemplant les innombrables massifs d'hortensias.

À Biarritz, les Guitry ont une invitée, Pauline Carton, elle-même née dans cette ville. Dans cette station balnéaire toujours très en vogue en ces années d'avant-guerre, Sacha met la dernière main à une de ses pièces les plus réussies, *Le Nouveau Testament*. Pauline peut vérifier que le Maître est à la hauteur de sa réputation pour ce qui est de son incroyable facilité d'écrire. Un matin, les deux femmes partent se promener tandis que Sacha entame le deuxième acte du *Nouveau Testament*. À midi, quand elles rentrent pour déjeuner, l'acte est terminé et l'auteur peut leur en faire lecture !

Biarritz possède une autre qualité aux yeux de Guitry : la ville peut s'enorgueillir de proposer à sa clientèle deux casinos ! Et Sacha adore le jeu ! Il va donc y passer la plupart de ses soirées... Et voilà de quoi lui inspirer, alors qu'il vient d'achever, en quatrième vitesse, son *Nouveau Testament*, l'idée d'écrire un roman (le seul de son œuvre) qu'il va intituler *Mémoires d'un tricheur*.

Le 2 octobre a lieu la première parisienne du *Nouveau Testament* (une avant-première s'étant déroulée à Amiens), une des plus magnifiques pièces de Sacha. De cette histoire de testament ouvert presque par erreur, ce qui provoque des situations terribles parmi ses plus proches, Sacha se régale... et nous sert ce « drame » d'une façon si comique que l'on s'émerveille de la première à la dernière réplique. Le public ne va pas s'y tromper, puisqu'elle sera jouée cent trente fois, jusqu'en janvier 1935, et poursuivra sa carrière (sans Sacha ni Jacqueline) jusqu'en avril de la même année.

Sacha espère que ses *Mémoires d'un tricheur* intéresseront un grand éditeur. Pourtant, il semble que personne ne se bouscule pour le publier dans le petit monde de l'édition parisienne. Finalement, c'est Emmanuel Berl[3], directeur de l'hebdomadaire *Marianne*, qui le publie dans ses colonnes. Ce roman d'une fraîcheur étonnante conte les aventures et mésaventures d'un homme qui joue sa vie comme on joue sur le tapis vert : le hasard décidera en bien ou en mal !

Avant de devenir le film culte qu'il demeure (sous le titre *Le Roman d'un tricheur*), ce livre merveilleux finira par trouver un éditeur grâce à l'acharnement d'Emmanuel Berl qui le recommandera à Grasset. Bien des années après la disparition de Guitry, Berl confiera à Patrick Modiano (dans une série d'entretiens) : « Ce n'était pas si mal, et personne à la *NRF* n'a voulu en convenir. Je ne leur demandais pas d'être des fanatiques de Guitry, mais au moins d'admettre que leur puritanisme "rive gauche" leur faisait commettre des injustices ! »

Vers la fin de l'année est annoncé le mariage prochain d'Yvonne et de Pierre Fresnay. Sacha va donc penser à épouser Jacqueline...

Auparavant, il participe le 17 novembre au banquet qui célèbre les cinquante ans du lycée Janson-de-Sailly à la porte duquel il avait été mis pour n'avoir pas voulu faire ses cent lignes de punition, ce qui lui donnera l'occasion de composer un célèbre poème pour l'occasion. Un poème de juste... cent lignes, se terminant ainsi :

« Vous aviez à faire cent lignes
Vous n'avez pas voulu les faire, c'est indigne !
Et vous ne rentrerez ici, vous m'entendez,
Que quand vous aurez fait vos cent lignes. Sortez !
Il disait vrai. Je les ai faites !
Et puisque de Janson nous célébrons la fête,
De Janson dont, moutard,
J'avais été mis à la porte,
Mes cent lignes, les voici donc : je les apporte
Avec quarante ans de retard ! »

L'année 1935 commence de façon charmante avec une œuvre lyrique que Sacha a donnée à l'Opéra-Comique, *Mon ami Pierrot*. Samuel Barlow en a fait la partition.

Suivent les habituelles vacances sur la Côte d'Azur. Comme le succès du *Nouveau Testament* a été immense, « les Guitry » acceptent de jouer cette pièce à Monte-Carlo et à Nice, dans des décors bricolés, car les vrais sont encore utilisés à Paris...

Mais voici que Jacqueline pousse Sacha à bouleverser ses habitudes ! Incroyable, quand on connaît le côté « vieux garçon » de M. Guitry ! Lui qui aime une vie organisée comme un horaire de chemin de fer (de l'époque !), où peu de choses sont livrées à l'improvisation, va accepter de partir (probablement pour la première fois, selon nos recherches...) aux sports d'hiver ! Direction Caux-sur-Montreux, puis la déjà célèbre station de Gstaad. Le couple a invité deux amis, Arletty et le compositeur Adolphe Borchard[4]. Sacha a beau regarder la neige avec curiosité et méfiance, il va finir par s'y hasarder, pour la plus grande joie de Jacqueline.

Pour autant, il ne renonce pas au travail, car il termine sous les flocons deux pièces : *Quand jouons-nous la comédie ?* (qu'il destine à André Luguet), puis *La Fin du monde*. Du coup, il convie la baronne à les rejoindre d'urgence. Fernande Choisel laissera quelques lignes sur ces vacances improvisées, mais charmantes : « Ce séjour à Gstaad fut tout simplement merveilleux. Arletty était le boute-en-train. Elle passait ses journées à chahuter, à faire des farces, à se rouler dans la neige, à démontrer qu'il faisait bon vivre. Jacqueline, en général calme et pondérée, se mit de la partie, et Sacha orchestra ce ballet qui laissa incrédules les serviteurs stylés de l'hôtel. Deux victimes, heureuses, de ce déchaînement de bonne humeur : Borchard et la baronne. Nous faisions les frais de tous les coups montés. »

À propos de coup monté, le Maître, de retour à Paris, en organise un joli en épousant Jacqueline le lendemain du jour où il apprend que le divorce avec Yvonne est devenu définitif ! On se dispensera de publier les bans, et le 21 février (jour anniversaire de Sacha), à 11 heures, à la mairie du VIIe arrondissement, Jacqueline dit « oui » à Sacha. Les témoins sont Albert Willemetz, Francis de Croisset, Max Maurey et Tristan Bernard. Puis le couple rejoint le Ritz où est donné un déjeuner, « officiellement » d'anniversaire, en présence de nombreux amis qui ignorent tout de la cérémonie du matin. Au dessert, Sacha leur dit :

« Comme vous le savez, je fête mes cinquante ans, Jacqueline en a vingt-cinq. Il était donc normal qu'en ce jour elle devînt ma moitié. Avant de venir vous rejoindre, nous avons fait un petit crochet par la mairie. Et voilà ! »

Le voyage de noces se passera au Cap-d'Ail, et, pour agrémenter les choses, le Maître offrira à sa nouvelle épouse une tournée d'un mois avec le *Nouveau Testament* !

Jacqueline exerce une influence positive sur son nouveau mari. D'une part, elle s'évertue avec succès à le faire maigrir, à s'habiller mieux (en abandonnant les vêtements à la mode de l'époque de son père !), et, femme de son temps, elle est arrivée à le convaincre que le cinéma a fait suffisamment de progrès depuis *Ceux de chez nous* pour qu'il y revienne… en maître !

Sacha va donc donner au cinéma une de ses pièces. Ce sera *Pasteur*. Comme une pièce se joue en deux heures, et qu'il souhaite tourner ses films avec la même simplicité qu'au théâtre, le tournage de ce film ne prendra que huit jours ! Un exploit…

On filme donc quasiment la pièce comme elle fut jouée, y ajoutant seulement quelques extérieurs. Sacha tiendra le rôle de Pasteur.

Trouvant le métrage un peu court (75 minutes), il en tourne immédiatement un autre (de même durée), *Bonne Chance*, où cette fois apparaît Jacqueline. Il nous faut nous attarder quelque peu sur ce film de Guitry qui, dans la grande série qui suivra, n'est pas simplement tiré d'une pièce de théâtre, mais constitue une œuvre originale, annonciatrice de son style cinématographique si personnel…

Le film s'ouvre sur un générique très original. La voix off de Pauline Carton, qui incarne la mère de l'héroïne, répète « Bonne chance » alors qu'à l'écran, des villageois entonnent un chœur, avant que n'apparaisse le carton-titre. L'histoire est celle d'une jeune lingère (Jacqueline Delubac) qui, s'apprêtant à épouser un homme rustre et grossier, partage un billet de loterie avec un peintre d'une quarantaine d'années (unique rôle cinématographique dans lequel Sacha Guitry chante et danse !). Avec les gains, ils partent tous deux en voyage dans une succession de moments plaisants, légers et pleins de gaieté. Le peintre semble rajeunir aux côtés de sa jeune compagne, et la couvre d'attentions. Cette dernière se rend compte de l'amour qu'elle lui porte, rompt avec son fiancé et se marie finalement avec son protecteur.

Ce film, frais et spontané, est une fantaisie d'amour que Sacha Guitry offre à sa nouvelle femme. C'est avec tendresse qu'il traite ses personnages qui virevoltent dans des situations mettant en avant le plaisir de vivre et toute la philosophie de Sacha. Quant au rythme enlevé et primesautier, qui ne s'embarrasse pas d'artifices techniques, il sert un texte et un jeu délicieux, parfois un peu loufoques. Tout l'esprit du film se retrouve dans cette tirade : « Pour retrouver sa jeunesse, il n'y a qu'à recommencer ses folies. »

Afin d'occuper le mois de mai, Sacha donnera quelques conférences radiodiffusées sur le *Poste Parisien*, mais, au grand désespoir de Jacqueline, se fera porter pâle pour le voyage inaugural du *Normandie* au cours duquel est projeté *Pasteur* (notons que ce film sera projeté pendant une bonne vingtaine d'années dans les écoles pour enseigner aux enfants qui fut le grand savant…).

Quant au public de Sacha, il réclame une série de représentations supplémentaires du *Nouveau Testament*. Ce privilège lui est accordé du 15 au 29 juin au théâtre de la Madeleine, définitivement redevenu le théâtre de Sacha Guitry, pour la plus grande joie de ses directeurs !

Et puis, comme au temps d'Yvonne, une saison anglaise s'annonce du 1er au 13 juillet au Daly's Theatre où seront représentés *Le Nouveau Testament*, *Mon double et ma moitié*, *Un homme d'hier* et sa causerie *Les Femmes et l'Amour*.

Jacqueline a aimé leurs vacances de l'année précédente à Biarritz, alors on y passera le mois d'août ! Toujours à Calaoutça, avec d'innombrables soirées autour des tapis verts. Le 13 août, ils présentent les films *Pasteur* et *Bonne Chance* au casino sous les ovations du public, avant la projection parisienne qui a lieu le 20 septembre au cinéma Colisée.

Le lendemain, au Théâtre de Paris, a lieu la première de la pièce qu'il a écrite pour André Luguet : *Quand jouons-nous la comédie ?* Marguerite Moreno, l'amie de Colette et de Charlotte, y tient le premier rôle féminin et en profite pour se réconcilier avec Sacha. Il s'agit d'une œuvre dans laquelle le Maître évoque un couple de chanteurs d'opéra qui va se tourner vers le théâtre et qui, malgré une vie privée chaotique, décidera de rester officiellement uni et de poursuivre leur belle histoire commune afin de demeurer l'exemple d'une « réussite » aussi bien professionnelle que sentimentale… Exactement ce que Sacha n'a pu parvenir à faire avec Yvonne ! Hélas, la pièce ne rencontrera pas son public et ne dépassera guère les vingt représentations…

C'est donc un four, et Guitry, pour éviter aux autres le plaisir d'en faire des gorges chaudes, les devancera en faisant publier une lettre ouverte au directeur du Théâtre de Paris : « Le public n'est dupe de rien et… ne croit jamais ce que l'on raconte au sujet des pièces dont on suspend brusquement la carrière. Eh bien ! Puisqu'il ne croit jamais ce qu'on lui dit, disons-lui que ma pièce *Quand jouons-nous la comédie ?* quitte l'affiche parce qu'elle ne fait pas d'argent… »

En revanche, à la Madeleine, le succès est bien là ! Sacha y propose une nouvelle pièce, *La Fin du monde*, qui se veut une satire amusante des déboires de l'aristocratie fin de race et surtout ruinée… Oui, la fin d'un monde, certes… mais qui n'en finit plus de mourir ! On y retrouve Sacha et Jacqueline, lui en vieil aristocrate qui, pour éviter la saisie par un huissier, transforme sa demeure en chambres d'hôtes, et elle en cocotte entretenue. Le public aime cette pièce, de même qu'une grande partie de la critique. Mais d'autres critiques, dont Pierre Brisson, massacrent le spectacle et annoncent la fin du règne de ce Guitry poussiéreux sur le théâtre :

« La comédie que vient de nous offrir M. Sacha Guitry obtient un succès marqué. La salle, le soir de la première, se pâmait de réplique en réplique. Et ce succès m'a paru plein de mélancolie. Mon Dieu, oui ! La pièce peut amuser : elle peut amuser à la façon des plus vieilles comédies du plus vieux répertoire. Il semble que M. Sacha Guitry pense à reculons, et c'est cela que je ne lui pardonne pas. Pourquoi ce retour à un système de conventions périmées ? Pourquoi surtout cette résurrection de personnages dont les contemporains d'Édouard Pailleron commençaient déjà à pressentir la fatigue ? Personnages qui ressemblaient à un paquet de ficelles : le vieil abbé type Constantin, la vieille marquise au franc langage, la vieille cuisinière amoureuse, le jardinier naïf qui cultive des fleurs de théâtre. Où reconnaître en cela l'air du temps, et même l'air de M. Sacha Guitry, cette liberté de forme et d'invention qui donnaient tant d'accent et un accent si neuf aux gaietés de sa jeunesse. Ce qui m'inquiète, c'est de ne sentir, dans cet ouvrage farci d'artifices, mais après tout sans importance, aucune trace de lassitude. On y retrouve M. Sacha Guitry plein d'allégresse, l'œil frais, la mine heureuse, la démarche alerte, satisfait de l'existence, satisfait de son théâtre, dans cet état d'euphorie, enfin, où les dons prennent toute leur vitalité et qui devrait nous annoncer une œuvre de premier éclat. Faut-il en conclure que l'horizon de l'auteur se ferme, qu'il rompt avec son temps et qu'il respire à l'aise dans la poussière des vieux décors ? J'ai peine à le croire. Mais alors, je ne m'explique pas cette main tendue vers les ancêtres et cette recherche d'un succès truqué qui prend la valeur d'une abdication. »

Pour bien commencer l'année 1936, rien ne vaut le cinéma !

Le Nouveau Testament ayant été le succès théâtral de l'année, Sacha va en réaliser la version filmée. Sept jours seront nécessaires à ce tournage. Sept jours de bonheur qui font dire à cet ancien ennemi du Septième art : « C'était tellement agréable que j'y aurais passé mes nuits ! »

Sacha fera simplement prolonger le décor de la pièce à la Madeleine (le salon et l'entrée de l'appartement que l'on ne voit pas sur scène) et tournera quatre petites séquences extérieures pour réaliser un petit bijou qui reste un délice à regarder aujourd'hui encore.

Le 13 janvier, l'Union des Arts[5] fait de Sacha Guitry son président. Puis arrive le temps de nouvelles vacances à Gstaad, ce qui met un terme provisoire aux représentations de *La Fin du monde* au bout de la cent seizième représentation (elles reprendront à leur retour et se poursuivront jusqu'à la cent soixante-dix-septième, en mars).

Le 15 février, *Le Nouveau Testament* sort sur les écrans, tandis que son auteur prépare la version cinématographique de son roman *Mémoires d'un tricheur*, qui va devenir *Le Roman d'un tricheur.* Sacha réfléchit à la meilleure façon de porter ce roman au cinéma. Et il lui vient l'idée géniale de ne pas écrire des dialogues pour les différents personnages qui y apparaîtront (à part la scène avec la vieille comtesse), mais d'utiliser un procédé totalement original : la narration par une voix off. Et ce sera Sacha, bien entendu, cette voix-là. Il sera très fidèle au texte de son roman, même s'il y ajoute quelques scènes et en retire des descriptions qui pourraient se révéler ennuyeuses…

Bien entendu, certains qualifieront cette technique étonnante de « film muet sonorisé », et accuseront le Maître d'être vieux jeu, alors qu'il fait preuve là d'un modernisme qui séduira bien de futurs grands cinéastes ! Ainsi aussi bien Orson Wells que François Truffaut expliqueront que ce film aura considérablement influencé leurs propres œuvres… François Truffaut déclarera bien des années après la disparition de Guitry : « Si l'on accepte comme définition d'un chef-d'œuvre : une œuvre qui a trouvé sa forme parfaite et définitive, ceux qui auront vu *Le Roman d'un tricheur* ne me contrediront pas lorsque j'affirme que Sacha Guitry a réalisé un chef-d'œuvre. »

Le générique, quant à lui, est également une réussite originale, car Sacha utilise tout d'abord un jeu de cartes pour faire apparaître les lettres qui composent le titre, puis filme les principaux acteurs dans les coulisses des studios, puis les techniciens, et apparaît enfin, assis derrière son bureau directorial, le producteur Serge Sandberg[6].

Les critiques cinématographiques de l'époque se ligueront pour la plupart pour démolir le film : Guitry n'est qu'un amateur, un amuseur pour petits bourgeois, un cinéaste vulgaire. Décidément… Seul André Maurois montrera de l'enthousiasme, lors de la sortie du film, en comprenant immédiatement tout l'intérêt du Guitry narrateur, et en mettant en évidence son charme envoûtant et diabolique :

« J'ai écouté son *Roman d'un tricheur* avec plaisir, non point tant pour les faits contés que pour la perfection avec laquelle était lu ce récit. Voilà mon premier point. Et le second ? Le second, c'est que Sacha est un grand acteur et que, vertu infiniment rare et précieuse, il dit juste, avec une infaillible sûreté. Le mauvais acteur gâte les plus beaux textes par le manque de naturel. Il cherche à "mettre le ton", écrase les mots d'accents inutiles, multiplie les coups de cymbales, les trémolos et les finesses. […] Quand Sacha joue, le mouvement des phrases est si parfaitement lié aux mouvements du corps que le texte semble inventé au moment même où il est prononcé. Les vers prennent, en passant par sa bouche, souplesse et spontanéité. […] Ma troisième raison, c'est qu'un grand acteur, s'il est auteur dramatique, fait le plus achevé des hommes de théâtre, comme l'ont montré d'illustres exemples. Le théâtre, art fort différent de celui du romancier, vaut par le mouvement, par la surprise, par l'émotion suspendue, par l'idée suggérée, mais non exprimée, que devinent en même temps tous les spectateurs. Or, Sacha est le plus fertile inventeur de surprises. Voilà cent pièces qu'il nous donne, et la veine en demeure aussi riche. Voyez comme, en *Le*

Roman d'un tricheur, il a sans efforts renouvelé toute la technique du récit filmé. »

À la Madeleine, il s'offre une reprise de *Mon père avait raison*, reprenant non sans émotion ce succès où le père et le fils triomphèrent. Une façon aussi, pour Sacha, d'avoir confirmation que son théâtre ne vieillit pas, comme l'écrit Pierre Scize : « Ce grand feu d'artifice, nous l'avons retrouvé intact ! » Et la pièce remporte autant de succès que lors de sa création. Ceux qui ne l'ont jamais vue veulent la découvrir, et ceux qui l'ont vue veulent la revoir !

En mai, dans *Paris-Soir*, il revient sur ce cinématographe dont il disait jadis pis que pendre. Pour justifier son brutal retournement, il explique assez longuement que le cinéma l'intéresse quand il peut en fixer lui-même les règles, car il trouve que le cinéma « aux règles définies » ne lui apporterait absolument rien ! Oui, il fait du cinéma avec ses pièces qu'il ose filmer comme il l'entend, et le succès, voire le triomphe que lui font les spectateurs lui donne envie de persévérer. Il n'est pas sot, explique-t-il avec malignité, que des acteurs qui ont joué cent fois une pièce sur une scène de théâtre soient de meilleurs interprètes que ceux qui n'ont jamais joué leurs rôles avant que ne tourne la caméra… Ne pas avoir de règles, se foutre de la technique, travailler à l'instinct, voilà sa façon de faire et de réussir ! Mais attention ! Ce n'est pas une école qu'il prétend fonder, c'est simplement sa façon toute personnelle de faire.

Après la dernière de *Mon père avait raison*, des camions viennent chercher les décors de la pièce au théâtre et les transportent aux studios d'Épinay. Cette pièce va elle aussi devenir un film !

Georges Champeaux va se ranger du côté des rares critiques qui se mettent à soutenir le travail cinématographique de ce Guitry qui va de succès en succès : « D'aucuns croiront peut-être devoir noter que cet ouvrage n'a exactement rien de cinématographique. Mais qui ne voit que cette critique porte en elle le plus précieux des éloges ? En violant les règles les plus élémentaires du cinéma et en s'interdisant systématiquement la plupart des facilités qu'il offre, M. Sacha Guitry trouve le moyen de surclasser – et comment ! – nos cinéastes les mieux cotés. C'est sans doute que Sire le Mot, comme dit M. Baty, demeure plus puissant que Sa Majesté l'Image. Ou que nos cinéastes ne sont pas tellement forts en cinéma. »

Le cinéma l'amuse comme un jouet tout neuf, mais il ne néglige pas le théâtre, d'autant moins que sa prochaine pièce sera exactement la centième de sa production ! Quel sujet choisir ? Il pense à ce que lui avait autrefois conseillé Edmond Rostand : écrire une pièce autour du mariage, du général Cambronne avec une Anglaise ! Il achève ce travail en vers avant de partir, cette année encore, en vacances pour Biarritz. Mais ces jours enchanteurs dans le joli domaine de Mme de Castries cachent mal le malaise que commence à ressentir Jacqueline. Fernande Choisel, qui fait partie du voyage, ne s'y trompe pas : « Jacqueline commençait à comprendre qu'elle ne pourrait que très difficilement, sinon pas du tout desserrer l'étau qui la retenait dans sa chambre, dans les couloirs, dans cette galerie, dans cette Cadillac. Elle ne parlait presque plus. Elle se renfermait, glaçait son extérieur, lançait quelques réflexions qui ne laissaient rien présager de bon… Ces vacances arrivaient toujours au bon moment où les nerfs de toute la maison étaient à fleur de peau. Elles évitaient beaucoup d'accrochages. Jacqueline se retrempait dans la pinède, Sacha et moi nous nous remettions au travail sur un rythme cependant moins forcené. »

Le 1er août, Sacha apprend qu'il est élevé au grade de commandeur dans l'ordre de la Légion d'honneur. Pour un journaliste qui lui demande ses impressions, il écrira un poème sur cette cravate, qui se termine ainsi :

« Elle est très douce, elle est très forte, et je m'en flatte,
Car en la recevant, monsieur, j'ai tout à coup
L'impression que mon pays me saute au cou. »

En exclusivité, le 9 août, il présentera son film, *Le Roman d'un tricheur*, au casino, agrémenté d'une conférence sur le jeu, le théâtre et le cinéma. Le 18 septembre, *Le Roman d'un tricheur* commence sa carrière cinématographique… Immense triomphe ! Serge Sandberg, lors d'une émission de télévision, bien après la mort de Guitry, en conservera un souvenir ému et amusé : « Nous étions revenus en quelque sorte au temps du muet – et les gens de cinéma en ont fait des gorges chaudes ! On disait : “Sandberg est devenu fou !” Or, en réalité, nous avons fait le premier film international : le commentaire de Guitry a été doublé dans toutes les langues, et le film s'est présenté ainsi, dans chaque pays, comme un film national !... »

La veille de la première officielle de sa centième pièce, Sacha donne un dîner privé auquel il convie cent amis (citons Albert Willemetz, Mme Courteline, Arletty, Max Maurey, Francis de Croisset) au Cercle Interallié, suivi d'une représentation du *Mot de Cambronne*, qui s'affichera à la Madeleine dès le lendemain, en compagnie d'une autre œuvre de Sacha, *Geneviève*, nom dont il a rebaptisé son ancienne pièce, *L'Avocat général* (Pourquoi choisir comme titre *Geneviève* ? Pressentiment du prénom de la quatrième Mme Guitry ?).

Sacha Guitry a donc écrit *Le Mot de Cambronne* à partir d'une anecdote qu'Edmond Rostand lui avait racontée vingt-cinq ans auparavant : le général Cambronne avait épousé une Anglaise ! C'est un merveilleux sujet de comédie, en vers, bien entendu, pour contraster avec la trivialité du mot lui-même. Cambronne (joué par Sacha Guitry) et sa femme Mary (Marguerite Moreno) forment un vieux couple. Monsieur court après la bonne, mais la seule obsession de Mary est de savoir quel est le fameux mot que son mari a bien pu dire à ses compatriotes. Tout le monde en parle sans le prononcer, notamment la préfète (Pauline Carton) qui se permet de tenir, chez les Cambronne, des propos vulgaires, parce qu'après tout, ce n'est pas dans cette maison qu'on y trouvera à redire. Finalement, c'est la servante qui prononce le fameux mot, seule réplique de Jacqueline Delubac de toute la pièce.

Ce n'est pourtant pas une comédie légère sur un thème proche de la vulgarité ; l'humour de cette pièce repose autant sur les dialogues spirituels que sur cette description de la vie d'un couple sur le déclin. Pour cette centième pièce, Sacha s'offrira, histoire de célébrer l'événement, un prologue plein d'esprit. Extrait :

« ... Oui, cent... déjà ! Qu'on ne m'en garde pas rancune.
Oh ! J'eusse préféré cent fois n'en faire qu'une,
Et que ce fût *Le Misanthrope* – Tiens, pardi ! »

Quant à *Geneviève* ou *L'Avocat général*, il s'agit d'une pièce dont les trois derniers actes se situent dix-huit ans après les deux premiers. Gilbert Laurent (Sacha Guitry), impitoyable avocat, a une liaison avec Marie-Jeanne (Jacqueline Delubac), une danseuse nue de Casablanca. Des années plus tard, Gilbert Laurent dirige l'accusation contre une jeune femme accusée de meurtre, dont il apprend qu'elle est sa fille et celle de Marie-Jeanne (jouée alors par Edmée Favart). Le meurtre lui rappelant sa propre histoire, l'avocat s'enflamme tant au cours du procès que la jeune femme est relaxée.

En cette année cinématographiquement si riche, il tourne en neuf jours un autre des grands classiques de son répertoire, *Faisons un rêve*. Comme la pièce est jugée un peu trop courte, Sacha a l'idée de proposer un prologue sous forme de réception mondaine. Et voilà qu'apparaît à l'écran une pléiade d'artistes de grand talent dont Michel Simon, Victor Boucher, Claude Dauphin, Marguerite Moreno, Yvette Guilbert, pour n'en citer que quelques-uns... Ils échangent des mots d'esprit, florilège de l'humour de Sacha. Un ravissement... ! Jacqueline Delubac y remplace Yvonne aux côtés de Sacha et Raimu. Le résultat est brillant, et un homme de théâtre comme Antoine s'en émerveille : « Sacha Guitry a réalisé là un miracle qu'on ne reverra peut-être pas de longtemps. *Faisons un rêve* porte absolument comme au théâtre, et chaque réplique passe dans l'auditoire avec une sûreté magistrale. »

Georges Champeaux s'attarde sur la fascination qui happe chaque spectateur devant un Sacha Guitry sur grand écran (fascination qui n'a pas diminué avec le temps... !) : « Et comme M. Sacha Guitry acteur joue et dit admirablement son texte ! Je ne me lasse pas d'admirer, avec la chaleur de son timbre, ces élans et ces cassures brusques, ces notes sombrées et ces éclats, cette alternance du chant et du débit le plus familier, d'un mot tout cet art de mise en valeur du verbe qui fait penser au rubato des bons interprètes de Chopin. Parbleu, le monologue aurait pu durer une heure : je l'aurais encore trouvé trop court. [...]. Ce qu'on n'a pas encore suffisamment marqué, c'est l'importance du cas cinématographique Sacha Guitry dans le problème général de la culture. À l'heure où le Parisien informé met au-dessus de tout des films comme *L'Extravagant Mr. Deeds* et *My Man Godfrey*, quand l'humour américain fait chaque semaine de nouveaux adeptes, M. Sacha Guitry est le seul auteur – le seul – qui défende à l'écran les droits de l'esprit français. *Faisons un rêve* ou les Champs-Élysées vainqueurs de Broadway ! »

Quant au jeune Marcel Achard, il comprend mieux que quiconque, et bien avant tous les autres, le génie cinématographique de Guitry : « Sacha Guitry, avec *Le Roman d'un tricheur*, avait réussi avec un éclat exceptionnel un film cent pour cent cinéma. Le maître du dialogue avait renoncé au dialogue et avait décidé d'être spirituel en images. Avec *Faisons un rêve*, il tient la gageure contraire. Il renonce absolument au cinéma et, armé de sa seule parole, entreprend de faire un film. Et Sacha Guitry prouve une fois de plus qu'au cinéma, surtout, il n'y a pas de règles. Il n'y a que des bons et des mauvais films. Il est bien vrai que de tous les films présentés dans le monde entier jusqu'à ce jour, *Faisons un rêve* est peut-être le plus anticinématographique. [...] Ce n'est pas du cinéma, c'est vrai. »

Quelle année ! Le 19 novembre, c'est au tour du *Mot de Cambronne* d'être immortalisé par le cinéma. Le film, tourné en un seul jour (le décor fera un aller-retour entre la Madeleine et les studios dans la journée !), reprend la vigueur de la pièce grâce à un montage rapide et à de nombreux changements de plans. En utilisant trois caméras, l'une filmant un plan d'ensemble et deux chacun des deux interlocuteurs (technique qui sera reprise plus tard par la télévision), Sacha Guitry permet de capter la fraîcheur du jeu théâtral avec des scènes jouées d'un seul tenant, contrairement aux habitudes du cinéma.

Et voilà ce qui devait arriver : Sacha ne pense plus qu'au cinéma ! *Geneviève* et *Le Mot de Cambronne* quittant l'affiche au bout de cent dix représentations en janvier 1937, les Guitry partent pour le Midi où le Maître va avoir tout loisir de se consacrer à son prochain grand film : *Les Perles de la Couronne*. Cette fois, il ne s'agit pas de filmer une de ses pièces, mais de concevoir ce que l'on peut qualifier de « superproduction », avec un « super-producteur », Serge Sandberg, capable d'investir des dizaines de millions de francs dans cette œuvre. Le tournage du film va prendre plusieurs mois, car le résultat va se révéler à la hauteur des espérances de Sandberg et de son budget.

Jean Martin (Sacha Guitry) est un historien qui se penche sur le mystère de sept célèbres perles offertes jadis par Clément VII à sa nièce Catherine de Médicis. Si quatre d'entre elles sont conservées avec les bijoux de la Couronne anglaise, les trois autres ont disparu. Son but est alors de retracer l'histoire de ces perles afin de les retrouver avant les envoyés du roi d'Angleterre et du pape. Le film permet ainsi une succession de saynettes historiques couvrant plus de quatre cents ans d'Histoire, de la cour de François Ier à l'exil de l'impératrice Eugénie. Comme si elles étaient maudites, les perles portent malheur à leurs propriétaires dans une succession de tragédies. Véritables personnages centraux du film, elles font le lien entre les différentes époques et les personnages historiques incarnés par le panthéon des acteurs du moment (Sacha Guitry, Pauline Carton, Arletty, Raimu, Cécile Sorel…), parfois cantonnés à de simples rôles muets. Le casting est même international, puisqu'il compte de grands noms des théâtres anglais et italien. Le film est d'ailleurs tourné dans les trois langues. Sacha Guitry incarne dans ce film plusieurs rôles, dont ceux de François Ier et de Napoléon III. Il prend beaucoup de soin à restituer la personnalité de ces grandes figures, de la même manière qu'il a porté une grande attention aux costumes et aux décors pour lesquels il a fait appel aux plus grands. Pour ce film, Sacha Guitry s'est aussi adjoint en tant que « second metteur en scène », les talents de Christian-Jaque lequel a apporté son savoir-faire technique en matière de réalisation.

Les Perles de la Couronne est la première grande fresque historique de Sacha Guitry. Son souci n'est pas tant l'exactitude du détail historique que la volonté de retranscrire l'atmosphère d'une époque, et de faire revivre les grands personnages de l'Histoire auxquels il n'oublie pas d'ajouter des artistes (comme Jean Clouet, le Titien ou Hans Holbein). Sa motivation est de montrer *le spectacle* de l'Histoire !

À grand film de Guitry, grande distribution ! Dans la salle, le soir de la première : Albert Lebrun, président du Conseil, Léon Blum, Jean Zay ! Un triomphe, et une simple phrase de satisfaction du président du Conseil : « Le film a duré deux heures ? Ce n'est pas possible ! »

L'ensemble de la critique cinématographique, cette fois, s'extasie. Ils voulaient du cinéma, on leur a donné du *grand* cinéma ! Louis Chéronnet va plus loin en relevant ce que Guitry apporte de nouveau à la technique cinématographique : « Il ne faudra jamais retirer à M. Sacha Guitry ce titre de gloire d'avoir inventé le style narratif qu'attendait, entre autres choses, l'écran parlant. [...] Sacha Guitry joue avec la parole comme les grands metteurs en scène du muet jouaient autrefois avec l'image. Pour elle, il invente des effets de gros plan, de surimpression, d'enchaîné qu'il sait combiner avec le rythme de la photo animée de façon surprenante. Il apporte à cette technique qu'il a créée ses dons inimitables de conteur. »

Avant l'été, le Maître écrira et donnera quelques représentations à la Madeleine d'une revue publicitaire, *Crions-le sur les toits*, créée pour une œuvre de l'école HEC, au Théâtre des Champs-Élysées, et sponsorisée par toutes les grandes maisons commerciales.

L'été entraîne le couple à Évian pour une cure, puis, en compagnie d'Arletty, ils partent offrir quelques galas en Autriche tandis que Sacha écrit une nouvelle pièce, *Quadrille*.

Tout est pour le mieux, si ce n'est que le syndrome « Printemps » frappe à nouveau à la porte d'Élisée-Reclus. Jacqueline étouffe. Cette vie l'emprisonne, et Sacha redouble de méfiance et de vigilance à son encontre, alors que l'on ne saurait, cette fois, rien reprocher de sérieux à la jeune femme. Fernande Choisel ne peut que le déplorer : « Jacqueline n'entendait pas baisser d'un ton la voix de son caractère. Le problème de la liberté se posa à nouveau. Les goûts divergeaient. Elle lui reprochait son intransigeance, sa séquestration dans cette maison-musée, la manie qu'il avait de porter certains habits de son père. Elle ne semblait pas disposée à faire partie de sa légende, de celle qu'il était en train de bâtir. Elle n'écoutait plus... C'était grave. »

Toutefois, au théâtre, le couple fait corps pour la création de *Quadrille*, le 21 septembre, à la Madeleine. *Quadrille* est avant tout une histoire de badinage amoureux, mais c'est également l'occasion, pour Sacha Guitry, de faire part d'une manière un peu cynique des blessures que peuvent infliger les femmes. Philippe de Morannes (Sacha Guitry), directeur de journal, s'apprête à épouser la comédienne Paulette Nanteuil (Gaby Morlay) qu'il fréquente depuis des années, mais cette dernière succombe aux charmes de l'acteur hollywoodien Carl Herickson (Georges Grey). Philippe, trahi, se sépare de Paulette qui tente alors de se suicider. Désemparé, il demande conseil à Claudine André (Jacqueline Delubac), amie du couple, qui lui suggère d'épouser Paulette. Le jour du mariage, Paulette s'enfuit avec Carl ; Philippe se console alors en épousant Claudine. Cette comédie permet à Sacha Guitry d'écrire des dialogues à l'humour grinçant et de construire des personnages d'une manière très fouillée, y compris les seconds rôles (la femme de chambre jouée par Pauline Carton). Le rythme, d'abord lent, avant une accélération des événements qui emporte les personnages malgré eux, est à l'image de la danse dont la pièce emprunte le nom.

La pièce sera jouée cent soixante-dix-huit fois jusqu'en février, plaisant bien plus au public qu'à la critique. Seule Colette se montre vraiment une inconditionnelle : « Quant à lui-même, de qui nous croyions tout connaître, il s'est surpassé. Certains couplets sur le cocuage furent, accent et texte, du bien grand théâtre. »

Ce soir de la générale de *Quadrille*, le baron Max Fould-Springer est venu saluer Sacha dans sa loge et lui présenter la toute nouvelle Miss Cinémonde, âgée de seulement vingt-trois ans. L'auteur-acteur est séduit par cette femme-enfant. Geneviève est sous le charme : « L'image du vieux monsieur s'estompe, puis disparaît définitivement. Je suis fascinée… Ses yeux ne quittent pas les miens. Ils sont très clairs, très bleus. J'entends des mots que je n'écoute pas. Je suis subjuguée. J'ai perdu pied. »

Coup de foudre réciproque : ils se promettent de se revoir très vite…

Notes

1. Henry Monnier (1799-1877) : caricaturiste des mœurs de son époque, il crée le célèbre personnage de monsieur Prudhomme, image du bourgeois parisien de la Restauration. Acteur à l'occasion, il écrit également pour le théâtre.

2. Alfred Poznanski, dit Savoir (1883-1934) : d'origine polonaise, il poursuit des études de droit à Montpellier. Préférant l'écriture, il est l'auteur de nombreuses pièces pour le théâtre. En 1927, il s'associe à Frederick Lonsdale et à Owen Davis pour former un « conseil d'auteurs » dont le but est de fournir des scénarios pour le cinéma.

3. Emmanuel Berl (1892-1976) : écrivain et philosophe, fonde en 1932 l'hebdomadaire *Marianne* et convainc l'éditeur Gaston Gallimard de publier le livre de Sacha, *Mémoires d'un tricheur*. Ce dernier sera le témoin de la compositrice et chanteuse Mireille lors de son mariage avec Emmanuel Berl. Bien qu'il ait rédigé les discours de Pétain en juin 1940, Berl, comme beaucoup de Juifs, est obligé de se cacher sous l'Occupation.

4. Adolphe Borchard (1882-1967) : pianiste de formation, il est très apprécié pour ses interprétations de Chopin et de Beethoven. Également compositeur, il crée la bande originale de dix-huit films, de 1931 à 1943, notamment pour Sacha Guitry dont il devient l'ami et le compositeur « attitré ». Ils se brouillent néanmoins au moment de l'arrestation de Sacha à la Libération.

5. Fondée en 1913 par la comédienne Rachel Boyer (1864-1936), pensionnaire de la Comédie-Française, l'Union des Arts a pour but de venir en aide aux artistes nécessiteux et à leurs familles. Reconnue d'utilité publique en 1914, elle tire ses ressources de subventions, de cotisations et de dons, mais aussi de galas et de manifestations artistiques qu'elle organise.

6. Serge Sandberg (1879-1981) : né en Lituanie russe, il s'installe en 1900 à Paris comme traducteur de russe pour la société Pathé. Il fait alors carrière comme producteur de films et directeur de salles de cinéma. Il produit les films de Sacha Guitry de 1936 à 1939.

8

Drôle d'Occupation

« Quand on cite mes péchés, j'ai toujours peur
Qu'on oublie les principaux ! »

SACHA GUITRY, *Mozart*.

Les proches ont compris : le couple Guitry vit ses derniers moments. Au mois de décembre 1937, après avoir tourné *Désiré* pour le cinéma, Sacha a acheté une très jolie propriété proche de Paris (à Fontenay-le-Fleury), le château de Ternay. Il n'a même pas pris le soin de consulter Jacqueline. Ce futur décor servira de cadre à ses prochaines amours...

En janvier, le couple passe cependant quelques jours ensemble sur la Côte d'Azur et participe à quelques galas. Sacha s'est résigné à l'idée que Jacqueline parte, et il s'y prépare même, car il n'admet guère qu'elle prenne plaisir à fréquenter le duc de Westminster, aristocrate milliardaire qui la courtise ouvertement.

Mais la crainte maladive de se retrouver seul le reprend. Il s'occupe alors de Geneviève avec ce charme envoûtant et inusable qui le caractérise. Il s'est mis en tête de lui faire répéter sa pièce *Je t'aime* à la Madeleine, et puis, un beau jour, il la convie à franchir la porte d'Élisée-Reclus et lui fait les honneurs de ses collections. Jacqueline fait une courte apparition au cours de cette visite, puis s'échappe aussitôt, prétextant devoir sortir. Sacha ne peut s'empêcher de commenter ainsi les choses :

« Oui, oui, c'est ça, va chez ta mère... comme d'habitude ! »

Il faut dire que Mme Basset s'est installée depuis quelque temps dans un appartement situé exactement en face de l'hôtel particulier des Guitry (au 15). Les rapports ne furent jamais vraiment bons entre le gendre et la belle-mère, comme le rapporte Jacqueline : « Si au moins elle avait l'habileté de passer inaperçue ! Au contraire, tout lui est motif à prendre le contre-pied de Sacha. Sacha est coupable de lui avoir volé sa "petite fille". [...] Je lui rends justice. Il a tout fait pour la conquérir, en vain. »

Au théâtre, comme à chaque période sentimentalement difficile, il se contente d'une reprise : ce sera *Le Comédien*, tandis qu'il travaille pour le cinéma à un nouveau film historique, *Remontons les Champs-Élysées*.

Le Comédien, rôle dévolu à son père, ne l'empêche pas de tenter le pari de cette reprise, tout en déclarant, avec un amour filial inaltérable : « Que les personnes qui ont vu mon père jouer cette pièce me fassent la grâce de rester sur leur impression. »

La critique, généralement bonne, semble penser que le jeu plus « moderne » de Sacha, recherchant moins les effets, est meilleur que celui de Lucien, ainsi que le souligne Edmond Sée : « Il m'a semblé que je découvrais l'œuvre pour la première fois, qu'elle était parée d'une grâce, d'un attrait nouveaux, avait un ton, un accent, des qualités tout à tour spirituelles, émouvantes, voire profondes qui m'avaient échappé lors de la création au théâtre Édouard-VII. »

Si tout est pour le mieux au théâtre, à la ville, plus rien ne va dans le couple Sacha-Jacqueline. L'un comme l'autre sont constamment sur les nerfs, si bien que Sacha – qui n'est pas homme à mettre sa femme à la porte – décide de fuir ! Presque au dernier moment, il annonce qu'il part seul en vacances en Suisse. Officiellement, du moins, puisque Geneviève fait partie de ses bagages. Jacqueline reste seule à Élisée-Reclus avec la baronne qui écrit, stupéfaite : « Sacha me téléphona souvent pour prendre de mes nouvelles. Il ne demanda jamais à parler à Jacqueline. Elle commençait à s'inquiéter de cette absence. C'était l'époque de Munich. La situation internationale s'aggravait. Elle en était très ennuyée. Elle sentait que nous marchions vers la guerre. J'essayais de détourner toutes ses questions. Je faisais de pieux mensonges pour respecter les tacites consignes du patron :

« – Je ne sais pas, Madame. C'est étonnant que Monsieur Guitry n'ait pas téléphoné. Mais ne vous faites pas de souci. Il ne saurait tarder…

« Ou encore :

« – Monsieur Guitry vient de me téléphoner. Il était très pressé. Il a mâché le nom de la ville où il se trouve. Je n'ai rien compris.

« Jacqueline n'était dupe qu'à moitié. »

Retour à Paris et, en mai, Sacha reprend le chemin des studios, cette fois en compagnie de Geneviève à laquelle il va confier un rôle dans son nouveau film, *Remontons les Champs-Élysées*. Jacqueline y sera également, mais un *modus vivendi* entre les deux époux implique que les deux dames n'auront ni à jouer ensemble, ni même à se croiser.

Un beau jour, pourtant, une belle frayeur s'empare du plateau, comme s'en souvient Mme Choisel : « Sacha avait deux voitures, une Cadillac et une Renault. Il utilisait la Cadillac, et Jacqueline le rejoignait au studio dans la Renault. Un jour, il me téléphona de Joinville pour que je lui apporte immédiatement un plan de mise en scène qu'il avait oublié sur son bureau. Je me fis donc conduire aux studios dans la Renault. La voiture avait à peine franchi les grilles de Joinville qu'il y eut comme un vent de panique dans les rangs des acteurs qui bavardaient sur le carreau. C'était la minute de pause. Le patron était dans sa loge avec Geneviève. Tout le monde savait, comme tout le monde savait que la Renault signifiait Jacqueline Delubac. Heureusement, pas ce jour-là… »

L'été, après avoir joué un à-propos à l'Élysée, *Dieu sauve le Roy*, devant le président de la République et les souverains britanniques, Sacha décide de partir en Hollande, ce pays qui, jeune homme, l'a tant marqué lors de son voyage avec son père. Sa compagne de voyage se nomme Geneviève. Jacqueline, cette fois, est définitivement sortie de sa vie.

Le voyage est bref et la suite des vacances passe par une visite aux Willemetz. Geneviève, brillante observatrice, comprend la force des sentiments qui lient son futur mari et Albert : « Mais il y avait plus que Sacha et Albert… il y avait aussi, ce qui était plus rare,

Albert d'abord et Sacha. Je savais que Sacha aimait Albert. Je comprenais aussi qu'il l'aimait comme homme de théâtre. Il lui exposait ses plans, ses idées, acceptait ses conseils. Nous écoutions, Jeanne et moi, avec attendrissement leurs dialogues interminables, leurs projets invraisemblables, leurs rires. Et j'étais touchée par cette admiration totale, et même, dirai-je, cet amour pour Sacha. »

Puis ce sera l'Autriche et Salzbourg. Ils écoutent Wagner et rencontrent Chaliapine. À Vienne, Sacha s'amuse même à faire de la figuration dans le film de Lubitsch, *La Huitième Femme de Barbe-Bleue*.

En septembre, il faut bien rentrer à Paris. À Élisée-Reclus où l'atmosphère est irrespirable. Jacqueline, qui sait que la séparation est imminente, n'a toutefois guère goûté les escapades hollandaise et autrichienne. Sacha se dit fatigué, malade, et part diplomatiquement se réfugier à l'Hôpital américain de Neuilly pour y vivre pleinement sa maladie imaginaire. On prétend même qu'il se maquille le visage en blanc pour entrer dans le rôle !

Et comme sortie honorable, il imagine une cure à Vichy, qui lui permet de reculer l'inévitable décision. Mais, à la mi-octobre, il faut bien cette fois prendre ses responsabilités. Sacha et Jacqueline se mettent alors d'accord et il part s'installer à l'hôtel George V, le même que choisit Yvonne lorsqu'elle quitta Élisée-Reclus.

Mais on voit encore les Guitry sur scène dans *Un monde fou* : lorsqu'un psychanalyste (André Lefaur) accueille chez lui un ingénieur (Sacha Guitry) pour le séparer de sa femme (Elvire Popesco), parce que chacun nuit à la santé mentale de son conjoint, c'est le point de départ d'une série de quiproquos entre les patients et les relations extraconjugales du couple qui se croise dans le cabinet du thérapeute. Cependant, au-delà de cette succession d'épisodes de vaudeville, Sacha Guitry raconte l'histoire d'un couple qui, au bout de dix ans, ne s'aime plus. Le thème de l'usure du couple, cher à l'auteur, est cette fois abordé sous l'angle de la folie et de la fatalité. Sa réflexion sur le mariage reste cependant la même : s'il n'y a pas d'amour, mieux vaut une rupture que continuer en faisant semblant tout en étant malheureux. Ce traitement plus sombre est le reflet de son regard d'homme mûr sur sa propre rupture sentimentale d'avec Jacqueline Delubac, à qui il réserve un rôle travesti.

Le 15 décembre, Jacqueline a traversé la rue. Elle logera désormais, pour quelque temps, en face de l'hôtel particulier de Sacha, chez sa mère. La baronne notera ceci : « Elle était très calme, mais très décidée. Elle restait la femme pleine d'équilibre qui sait prendre ses décisions et les respecter. » Mais le couple, en instance de divorce, continue cependant tous les soirs à jouer ensemble à la Madeleine, avant que Jacqueline ne se fasse remplacer, le 17 janvier 1939.

Le 1er décembre a eu lieu la sortie nationale de *Remontons les Champs-Élysées* où Sacha campe un professeur qui s'avère être le descendant d'un bâtard de Louis XV, de Marat et de Napoléon, racontant l'histoire des Champs-Élysées à ses élèves en s'attardant particulièrement sur la romance entre Louis XV et sa jeune maîtresse (Geneviève de Séréville). À travers ce récit, c'est toute l'histoire de la France des deux derniers siècles qu'il retrace. Ce film est un hommage de Guitry aux grandes figures du passé, mais aussi à la jeunesse à laquelle il accorde une place prépondérante. L'invention de la famille du professeur (dont les membres sont successivement incarnés par Guitry lui-même), aux origines illustres et au destin profondément lié à l'Avenue, permet à Guitry d'aborder l'Histoire sous un angle romanesque et de créer un lien entre les différents épisodes historiques. Les effets spéciaux contribuent également au spectacle. Ces effets reposent en grande partie sur des astuces et des machineries que Guitry a ingénieusement adaptées à partir de celles utilisées au théâtre au temps d'*Histoires de France*.

Remontons les Champs-Élysées laisse indifférents bon nombre de critiques qui ne veulent pas s'attarder sur cette nouvelle veine qu'exploite Sacha : les films historiques. Pourtant, l'un d'entre eux, qui sévit au journal *L'Humanité*, Louis Chéronnet, est loin de penser que l'on puisse rire de tout, même avec esprit et légèreté : « Avec cette optique-là, montée sur sa caméra, il n'y a pas à s'étonner de voir l'auteur de *La Prise de Berg-op-Zoom* enregistrer la Révolution de 1789 en 100 mètres de pellicule, sous la forme d'exploits grand-guignolesques d'une réunion de canailles de bas étage et de mégères en délire, et réduire 1848 à une sorte de monôme d'imbéciles voulant détruire Paris parce qu'un coup de feu a été tiré au hasard. »

Sacha a déjà décidé que la quatrième Mme Guitry sera Geneviève. Dès le mois de décembre, il lui a dit de considérer désormais Ternay comme « sa » maison. Pourtant, cela ne l'empêche guère de s'offrir une courte aventure, au même moment, avec une jeune femme qui aspire à devenir actrice. Elle le sera sous le nom de Simone Paris, et devra ce pseudonyme de théâtre à Sacha qu'elle n'oubliera pas dans ses mémoires très intimes : « Il commence à me dévêtir… et là commence mon plaisir… Quelle lenteur, quelle subtilité, quel cérémonial… le “déshabillage” devenu soudain œuvre d'art… et tout cela accompagné de caresses savantes et raffinées… Sacha… La volupté amoureuse […]. On jurerait que Sacha a fait son éducation auprès des geishas ! »

Il confirmera toutefois très vite ses fiançailles avec Geneviève, mais continuera sa liaison avec Simone, car les deux jeunes et belles femmes jouent ensemble plusieurs pièces de Sacha en ce printemps ! Le Maître se montre aussi machiavélique que le fut Yvonne à son époque !

En mars, le 23 exactement, Sacha et Geneviève sont à Londres. Ils sont logés dans une somptueuse suite du Savoy. Sacha parle la langue de Shakespeare « à la manière d'un étudiant un peu fantaisiste », selon Geneviève. À l'India Office, devant Leurs Majestés George VI et Elizabeth, ils jouent une courte œuvre du Maître, *You're telling me*, en compagnie de sir Seymour Hicks. Cette inoubliable manifestation d'amitié franco-anglaise est donnée en l'honneur du président de la République Albert Lebrun (qui, le 14 juillet suivant, les conviera à assister au défilé militaire depuis la tribune officielle). À l'entracte, les Guitry sont présentés à Leurs Majestés. Geneviève ne peut oublier le côté fantaisiste, qui contribue tellement au charme de son époux, en évoquant cette soirée :

« “Oh ! Majesté, quelle grâce vous avez ! Ah ! Permettez-moi de vous le dire… Vous êtes ra-vi-ssante ! Et quel sourire exquis ! Votre charme, et votre goût aussi, ont conquis tout Paris ! Ah ! Vous êtes une reine… comme hélas on n'en fait plus de nos jours ! Ah oui !

L'Angleterre a bien de la chance… (se tournant vers le roi) et Sa Majesté le roi votre époux… aussi !" Il salue ensuite la reine et lui baise respectueusement la main. Elle sourit, heureuse ! »

Le 31 mai, aux studios Pathé de Joinville, débute le tournage de *Ils étaient neuf célibataires*. Ce même jour, un imprésario qui travaille pour la Scala de Milan lui fait parvenir la lettre suivante :

> « Cher Monsieur,
> « Encore une fois, on me relance très énergiquement pour Berlin. On me donne même une date ferme en me priant de vous la proposer : celle du 8 octobre, pour quinze jours, etc. »

Et Guitry de noter : « Ma réponse encore une fois fut négative. »

L'année précédente, un autre imprésario, un certain Mulhenhausen, lui avait proposé un million de francs pour quinze apparitions d'un simple quart d'heure sur la scène du théâtre la Scala, à Berlin. Il s'était empressé de refuser cette offre alors qu'il devait de l'argent aux impôts.

Si Sacha n'a pas été élu à l'Académie française, une autre académie veut de lui ! Le 28 juin, il est élu à l'académie Goncourt. À cette occasion, il dit un long poème à la radio dénonçant le régime d'Hitler en mots peu aimables… Il brosse, quelques années avant Chaplin, le portrait d'un clown ridicule, mais sachant manier avec un talent tout particulier l'art de la communication. Puis il met en garde ses auditeurs en les avertissant que ce « Micromégas » n'est pas qu'un simple bouffon ridicule, mais probablement un être extrêmement dangereux.

C'est à René Benjamin que Sacha doit cette élection (en guise de remerciements, il sera d'ailleurs choisi par le couple pour être le témoin de Geneviève à leur mariage). Sacha a longtemps hésité avant de présenter sa candidature. Il n'est pas homme à intriguer, à se compromettre ni à faire des grâces… Et puis, il est d'un tempérament un peu trop égocentrique. Il est à peu près certain d'avoir une majorité d'académiciens avec lui, mais il sait aussi qu'il pourra compter sur de farouches opposants au sein des Goncourt : deux académiciens nommés Lucien Descaves[1] et Jean Ajalbert.

Les critiques commencent à fuser ! Lucien Descaves déclare : « Notre académie, de par le testament des Goncourt, est faite pour faciliter le travail des écrivains pour qui la vie est difficile. Elle a généralement élu des auteurs sans popularité et sans fortune… Je voterai pour un "homme de lettres" vivant uniquement de sa plume, avec une constante dignité et sans le secours d'aucun adjuvant, théâtre ou cinéma. »

Une vraie campagne de presse est également mise en branle par le patron d'un grand quotidien, Pierre Brisson, directeur du *Figaro*. Lui qui fut un jeune critique adulant Sacha Guitry s'est transformé, avec les années, en ennemi acharné et irréductible. L'occasion est trop belle, et Pierre Brisson en profite pour venger l'un de ses collaborateurs, André Billy, critique littéraire, qui est candidat à l'académie Goncourt face à Sacha, et qui n'obtiendra alors qu'une voix, celle de Descaves… Il faut dire que le commentaire de Sacha le concernant – « Une voix, c'est déjà quelque chose » – n'était pas fait pour arranger les choses.

La polémique passée, une nouvelle pièce, *Florence*, occupe l'esprit de Sacha qui profite du mois de juin pour s'y consacrer, tandis que Geneviève prépare l'organisation de leur futur mariage. Les amis du couple reçoivent un petit poème de Sacha en guise de carton d'invitation :

« Que nous importe votre mise,
Soyez ou non en tra-la-la
Venez même en bras de chemise,
Le principal pour nous c'est que vous soyez là. »

Bien que déjà trois fois marié et trois fois divorcé, Sacha réussit le tour de passe-passe d'obtenir une cérémonie à l'église. Certains journaux ne goûtent guère la chose : « L'ostentation déployée autour du mariage religieux de M. Sacha Guitry, plusieurs fois divorcé et auteur de pièces au moins légères, pour ne pas dire faisandées, est assez scandaleuse. Mais le scandale n'en retombe point sur l'Église : c'est M. Guitry qui doit en assumer tout le poids, y compris celui du ridicule. Car, n'ayant jamais jusqu'à présent reçu la bénédiction nuptiale, M. Sacha Guitry n'était, aux yeux de l'Église, qu'un célibataire célébrant son premier mariage. Devant la loi civile, il est divorcé ; devant la loi ecclésiastique, il n'a jamais été marié : il a simplement vécu en concubinage plus ou moins légal et plus ou moins public. »

Après les festivités et quelques jours de repos, il est temps de repartir sur les routes. Les mariés entreprennent alors une tournée des casinos qui doit débuter à Deauville. Au programme, une reprise de *Faisons un rêve* et *Deux Couverts*. Sacha propose également une causerie sur le théâtre et l'amour.

Les Guitry arrivent donc à Deauville et descendent au Normandy. Pendant le déjeuner, Geneviève est demandée par téléphone et apprend la mort de son père. Conscient de l'immense chagrin de sa femme, Sacha veut cependant qu'elle joue le soir même et lui enseigne les lois qui régissent sa nouvelle profession : « Notre métier comporte de graves obligations à l'égard du public qui, lui, ne doit jamais connaître ce qui se passe de douloureux dans notre vie privée. Je t'en supplie, mon amour, comprends-moi, c'est si important pour ton avenir. Il faut te donner corps et âme à ce nouveau métier, qui doit t'absorber complètement. Fais-le aussi pour moi, je t'en conjure. Songe qu'ayant toujours donné l'exemple, il m'est impossible de rompre avec ce qui a été toute ma vie ! »

Belle déclaration d'amour à son métier. Le soir, après la représentation, dans leur chambre, il lui en fera une bien plus personnelle : « Mon amour chéri, cette journée tragique restera inoubliable pour moi, car tu m'as donné la plus grande preuve d'amour que l'on puisse donner à un être, et ton courage, qui n'a pas failli, a forcé – je dois le reconnaître – mon admiration ! »

Trois jours d'interruption, et la tournée se poursuit : Saint-Just-en-Chaussée, Châtelguyon, Vichy, Vittel, Annecy, Aix-les-Bains et Évian…

Le 1er septembre, la guerre est déclarée. Sacha est dans son domaine de Ternay. Il téléphone immédiatement chez lui, à Paris, à sa secrétaire : « Alors, vous êtes au courant ? C'est encore une der des der. Elle était dans l'air depuis longtemps. C'est comme la grippe. Maintenant c'est nous qui l'avons… »

Sacha reste à Ternay avec Geneviève et il se rend tous les après-midi à Paris pour régler ses affaires. La guerre a une conséquence inévitable : les théâtres ferment leurs portes. La guerre est une affaire sérieuse ! Le théâtre ne l'est plus, et puis il y a le couvre-feu. D'autre part, les Français n'ont pas le moral. Sacha est furieux. Pourquoi doit-on réagir de la sorte ? Fermer les théâtres, se confiner chez soi, est-ce la solution ?

Il ne le pense pas et confie à tous ses interlocuteurs qu'un pays comme la France ne peut faire preuve d'un pessimisme permanent. La France doit réagir, vivre pour tout simplement espérer survivre.

On trouve là le thème récurrent de la pensée de Sacha. Le théâtre est une fête, un rêve, un plaisir. Il est indispensable au moral. Et dans toute période difficile, il faut préserver en premier son moral. Et puis, la France est pour lui le premier pays du monde. La France doit toujours donner l'exemple. C'est un grand pays qui doit donc tenir son rang. Garder la tête haute en toutes circonstances, faire comme si. Et ce qu'il veut voir appliquer à la France, il se l'appliquera d'ailleurs au moment de son arrestation et de son incarcération. Sacha Guitry se conduira alors comme s'il était la France. Mais Guitry n'est-il pas un peu la France ? Il doit bien souvent le penser.

Les amis continuent de défiler à Élisée-Reclus et ne parlent que de la guerre. Cela rend Sacha bougon, lui qui ne veut traiter que de théâtre. Et il refuse de se résigner à cette fermeture des théâtres :

« Mais enfin, pourquoi devrait-on se plier à ce couvre-feu ? Si nous ne pouvons plus jouer au théâtre le soir, eh bien, jouons les après-midi ! Est-ce interdit ? Non ! On joue bien dans les stades l'après-midi, justement… Ce qui peut marcher pour le football peut fonctionner pour le théâtre ! Je vous en fais le pari… »

Sacha connaît aussi l'avidité légendaire des directeurs et associés de son théâtre de la Madeleine, André Brulé et Robert Trébor. Il se dit qu'avec cette drôle de guerre qui s'éternise, on va bien l'autoriser à reprendre les représentations. Dans cette hypothèse, il se met au travail et dicte en quelques jours trois nouvelles pièces à Mme Choisel : *Une paire de gifles*, *Une lettre bien tapée* et *Fausse Alerte*, qui ont un point commun : elles ne comportent qu'un acte pour pouvoir être jouées dans le cadre d'une programmation plus courte.

Sacha est un homme têtu et il arrive à ses fins. La Madeleine va rouvrir ses portes. Enfin ! Les représentations commenceront, fait exceptionnel, à 18 h 45. Le Maître n'a qu'une exigence : que les recettes servent à l'achat d'une voiture ambulance pour la Croix-Rouge.

Dans la première pièce, *Une paire de gifles*, une seule réplique fait allusion aux événements du moment et à la difficulté de trouver une nourriture aussi abondante que quelques mois auparavant. L'amant, joué par Sacha Guitry, reproche à sa maîtresse les privations qu'il endure pour la gâter : « Et mes œufs frais… dont je me prive depuis des semaines ! » Dans la deuxième, aucune allusion. En revanche, dans la troisième, dont un rôle sera d'ailleurs tenu par la compositrice et chanteuse Mireille, épouse d'Emmanuel Berl, le sujet même est inspiré par les événements. La pièce se passe en effet dans une cave pendant une alerte aérienne où des voisins se retrouvent. Dans ce texte, on découvre même un propos quelque peu défaitiste et qui pourrait laisser présager la victoire de l'Allemagne et la suite des événements :

« Gaby (Morlay) : Aller – s'il le fallait un jour ! – vers le Sud-Ouest.

– Elvire (Popesco) : Se retrouver dans le Midi, si tout va bien de ce côté… »

Mais l'objectif est avant tout de pouvoir offrir la voiture ambulance. Une soirée de gala est donnée en avant-première, avant les vingt-trois représentations que connaîtra le spectacle. C'est un triomphe ! Pour réunir les fonds nécessaires à l'achat de l'ambulance, une vente aux enchères suit le spectacle. Sacha se porte acquéreur du dernier lot de la vente pour que l'on atteigne la somme suffisante.

Il pense d'ailleurs que lui et ses camarades pourraient encore faire beaucoup plus pour la Croix-Rouge. Son idée consiste à lancer une tournée qui parcourrait tout le pays en évitant les frais élevés habituels. Et la recette, presque intacte, serait alors consacrée à acheter des ambulances pour les blessés. Ce beau projet ne verra pas le jour, faute de salles disponibles en province.

Après cette série de représentations exceptionnelles, Sacha Guitry crée le 17 novembre 1939, toujours sur la scène de la Madeleine, *Florence*, comédie en un prologue et trois actes, avec la bouillonnante Elvire Popesco[2]. Chaque représentation sera suivie de la projection du film *Ceux de chez nous*.

Novembre est également marqué par le premier déjeuner de l'académie Goncourt. Lucien Descaves viendra-t-il ? Le suspense est suivi par la presse depuis la polémique qui a ravi les échotiers. Lucien Descaves réserve sa réponse pour *Le Journal* : « Puisque l'histrion déjeune, je déjeunerai ! Je les glacerai tellement que les carafes elles-mêmes seront frappées ! »

On imagine l'ambiance. René Benjamin est choqué par l'attitude de Descaves et confiera : « Sacha parlait librement, sans se soucier le moins du monde de ce qu'il avait devant lui. Je n'ai pas la force de Sacha, j'étais écœuré. »

Descaves parti le premier, Sacha fera ce « sobre » commentaire : « C'est la première fois que je sens qu'un vieillard peut ne pas être respectable. »

Au lieu de rester silencieux face à ces attaques, il s'amuse à jeter de l'huile sur le feu et informe l'opinion qu'il léguera son hôtel particulier à l'académie Goncourt !

Descaves, dans le journal *Comœdia*, publie un article assassin qui se termine ainsi : « Mieux vaut se réunir dans un grenier plein de souvenirs impérissables que dans n'importe quel hôtel particulier sans cœur et sans visage, fût-il richement attifé. »

Sollicité par la presse et la radio, le Maître accepte tout ce qui peut servir la cause, remonter le moral des soldats sur le front et celui des Français.

Survient alors l'affaire Henri Jeanson. Né en 1900, ce journaliste est, depuis 1934, collaborateur du *Canard enchaîné*. Auteur de théâtre et surtout scénariste célèbre (citons *Pépé le Moko*, *Entrée des artistes*, *Hôtel du Nord*...), il se fait déjà remarquer par ses prises de position pacifistes. En 1938, il publie un article dans lequel il rend un hommage vibrant à un jeune juif, Herschel Grynspan, qui a assassiné le secrétaire de l'ambassade d'Allemagne à Paris. Il est condamné en juillet 1939 par le tribunal. Il récidive en août 1939 en publiant un texte ultra-pacifiste. La condamnation, par le tribunal militaire, est cette fois très lourde : cinq ans de prison et 3 000 francs d'amende pour incitation à la désobéissance et appel à l'insoumission. Immédiatement, de nombreuses personnalités du monde intellectuel et du spectacle se mobilisent en rédigeant un manifeste adressé au président Lebrun. Louis Jouvet, qui n'aime pas Guitry et que Guitry n'aime pas, n'hésite cependant pas à demander à Sacha d'intervenir directement auprès du président de la République, sachant ce que cette intervention pourra représenter.

Sacha refuse, car il considère que Jeanson a passé les bornes en cette période où la solidarité nationale doit être sans faille, en se laissant aller à publier des chroniques anarchistes et antifrançaises. Sacha se braque : voilà un trait de caractère que l'on retrouve de façon constante chez lui et qui est l'un de ses principaux défauts. Et cette façon de trancher de manière définitive n'ira pas en s'améliorant avec l'âge et les épreuves cruelles qui vont l'attendre. Sacha le charmeur, l'homme d'esprit, le libertin, l'éternel adolescent, l'amoureux de Rousseau et de Voltaire, peut brusquement « se bloquer », et plus rien, même les meilleurs arguments du monde n'arrivent à le faire changer d'avis.

Henri Jeanson, qui restera en prison, s'en souviendra à la Libération, pour se venger, comme nous le verrons, bien cruellement…

Cette année 1939 se termine de façon bien triste. Sacha, dans la solitude de son bureau de l'avenue Élisée-Reclus, griffonne quelques vers au matin du 1er janvier 1940, confiant à ses amis proches que lorsque l'Europe est en guerre, on n'a pas le cœur à souhaiter une bonne année !

Mai 1940 : les nouvelles du front ne sont vraiment pas bonnes. À Paris, il est encore possible de se rendre dans cent trois cinémas, vingt-cinq théâtres, quatorze music-halls, vingt et un cabarets et boîtes de chansonniers. Beaucoup, cependant, songent à fuir la capitale et à se réfugier dans le Midi ou à proximité de la frontière espagnole.

Sacha voit ses amis déserter les uns après les autres la capitale. Lui, pourtant, ne veut pas partir. Quitter sa maison-musée de l'avenue Élisée-Reclus lui est impossible. Elle représente toute sa vie. Toutes ses passions, tous ses souvenirs, ceux de son père, le grand Lucien Guitry, sont là, soigneusement ordonnés. Ne dit-il pas aux visiteurs épatés de voir tant de merveilles : « Mes droits d'auteur sont sur mes murs » ?

Mais, après des jours et des jours d'hésitation, il prend finalement la décision de quitter Paris et de partir pour Dax, à l'hôtel Le Splendid[3] où il a ses habitudes (la ville de Dax, depuis la rupture du front français, accueille de grandes écoles comme Saint-Cyr ou Centrale). Il s'en justifie auprès de sa secrétaire, Mme Choisel, qui, elle, reste à Paris pour surveiller l'hôtel particulier : « Non, madame Choisel, non… Je n'ai pas le droit de mettre en jeu la santé de Geneviève… C'est une grande responsabilité… Il faut que je l'éloigne de cette atmosphère, de ces dangers qui menacent… Pour sa tranquillité d'esprit, il faut qu'elle se sente en sécurité… Vous voyez, vous êtes de mon avis ? »

À l'annonce de cette nouvelle, Geneviève prend rendez-vous chez le coiffeur, passe les heures qui lui restent à courir Paris pour faire des emplettes et acquérir tout ce qu'elle peut trouver comme flacons d'émail pour les ongles, tubes de rouge à lèvres, flacons de parfums, pots de crème et médicaments indispensables. Les Guitry décident aussi d'emmener avec eux leur femme de chambre et leur valet. Et la Cadillac du couple quitte Élisée-Reclus…

Ils sont le 20 mai à Dax. Mais, d'après les déclarations du docteur Jean Tissègre, Sacha Guitry n'a jamais songé à prendre un seul bain de boue à Dax lors de ce séjour. Ce qui le conduit dans cette ville, c'est notamment le chauffage et l'eau chaude naturelle assurés dans les hôtels. Il ne veut absolument pas connaître le froid et l'inconfort, et puis, tant qu'à mettre sa femme à l'abri des bombardements, autant choisir une villégiature des plus confortables.

Mais cet exode volontaire à Dax ne se déroule pas dans une atmosphère détendue. Sacha a toujours trouvé cette ville affreusement ennuyeuse. Il a d'ailleurs commis un poème sur la profonde tristesse que lui inspirent les lieux, tout en recommandant expressément à ses lecteurs de renoncer, pour échapper à leur ennui, à l'idée de suicide dans les eaux de l'Adour : car en s'y jetant, on tombera dans de la boue, et au lieu d'y périr, on en sortira guéri !

Lors de ce nouveau séjour, il passe, comme tous les clients de l'hôtel Le Splendid, la plupart de ses journées à écouter la radio, à l'affût des dernières nouvelles. Et elles ne sont pas des plus réjouissantes.

Bien entendu, comme toujours, il écrit. Mais il occupe surtout son temps libre à faire des réussites interminables qui… ne réussissent pas si bien que cela. Pourtant, le fait d'occuper son esprit et ses doigts avec un jeu de cartes lui permet de s'évader et de quitter ses idées noires. Comme de Gaulle, Guitry a « une certaine idée de la France » et cet abîme de mai-juin 1940 l'angoisse et l'attriste profondément.

Brusquement, il décide de faire repartir la Cadillac pour Paris. Il prévient par téléphone Mme Choisel, le 27 mai, qu'il souhaite qu'elle les rejoigne à Dax. Il est inquiet pour elle et veut également profiter de ce voyage pour qu'elle emporte avec elle un certain nombre de manuscrits, d'éditions rares et de tableaux :

« Et surtout, madame Choisel, surtout, allez à la banque et videz mon coffre… Je vais me mettre en relation avec le directeur pour qu'il vous autorise à l'ouvrir. Il vous donnera les clefs et la combinaison… N'oubliez rien, madame Choisel… »

La mission sera accomplie, non sans difficulté, par la fidèle secrétaire.

Tous ces trésors que Sacha ne veut pas garder au Splendid, dans son appartement, vont trouver refuge dans la chambre forte de la Banque de France que deux amis du Maître, également exilés à Dax, les fameux marchands d'art de l'avenue Matignon, Gaston et Josse Bernheim, ont louée pour y abriter leurs collections.

Le philosophe Henri Bergson, qu'admire Sacha, est un habitué de la station thermale et s'y est également réfugié. Âgé et malade, il est suivi par le docteur Louis Lavielle, directeur des Baignots. Son séjour, cette fois, n'est pas un choix, mais une halte obligée. Il voulait en effet se rendre à Pau, mais le manque d'essence l'en empêche. Il se trouve donc coincé à Dax. M. Barbe raconte que lorsqu'il informa Henri Bergson que Sacha voulait venir lui rendre visite en compagnie de son épouse, le philosophe, mi-amusé, demanda : « Laquelle ? »

Sacha sait que tout est perdu, même s'il ne veut pas se l'avouer.

Trébor et Willemetz font des allers et retours entre Dax et Bordeaux, et connaissent la gravité de la situation. Sacha les écoute, accablé, et essaie d'en savoir plus, téléphonant sans cesse, mais les communications sont très difficiles. Il faut patienter des heures et des heures.

Que faire ? Les Guitry sont tentés un moment de quitter Dax pour le Cap-d'Ail. Puis ils veulent louer la maison qu'occupait Paul Reynaud à Toulouse. Elle est déjà relouée. Alors ils resteront à Dax en attendant la suite des événements.

Par une belle fin d'après-midi, le 22 juin, les Guitry rentrent d'une courte promenade. Sacha n'a jamais été un grand marcheur. Dans le hall de l'hôtel Le Splendid a été installé un poste de radio et, ce soir-là, une grande partie de la clientèle fait cercle autour du récepteur dans le plus grand silence. Seule une voix parle, celle du maréchal Pétain, chef de l'État, qui annonce au pays qu'il faut demander l'armistice. Il n'y a pas, à ses yeux, d'autre solution.

Geneviève se souvient : « Sacha se rapproche de moi. Il me prend le bras qu'il me serre convulsivement. Et tous, nous laissons couler nos larmes sans pudeur. Nous sommes effondrés de chagrin, désemparés. L'angoisse nous écrase. »

La France va être humiliée par la signature de cet armistice à Rethondes, dans la forêt de Compiègne. Le texte comporte vingt-trois articles et prévoit entre autres l'occupation d'une large zone nord ; les frais de cette occupation seront à la charge de la France et les prisonniers de guerre le resteront jusqu'à la signature de la paix.

Les Allemands sont attendus à Dax.

Et les voilà qui font leur entrée triomphale dans la petite ville, au pas cadencé, sur un fond de musique assourdissant. Du salon de la chambre, les Guitry assistent au spectacle. Mme Choisel les a rejoints et raconte : « Soudain, [Sacha] eut un malaise. Il se prit le front entre les mains, sembla vaciller, fit quelques pas et s'allongea sur le lit. Nous ne comprenions pas. Il ne répondait pas à nos questions alarmées. Geneviève voulait appeler le médecin, quand il daigna nous regarder d'un œil accablé et nous hacha le "mot" qu'il jouait : "Là... c'est terrible !" Il se frottait le ventre en se tordant sur le lit : "Là... sur l'estomac, j'ai une division qui ne passera pas." »

Tous les clients du deuxième étage du Splendid sont immédiatement priés de déguerpir, car s'y installe la Kommandantur. La décision de Sacha est prise : il faut partir ! Le choix est toujours le même : le Cap-d'Ail ou Paris. Sacha décide de demander conseil à Henri Bergson. Le philosophe n'hésite pas un instant : « Sacha, c'est évident ! Paris bien sûr ! Paris où est toute votre vie et qui vous a tout donné ! Et je vais également rejoindre Paris après une brève étape à Tours pour savoir si ma maison est toujours debout. »

Et il charge le Maître de bien vouloir essayer de lui procurer un sauf-conduit pour pouvoir quitter Dax.

Sacha Guitry en est là de ses réflexions quand, traversant le hall, il remarque un groupe d'officiers. Immédiatement, il leur fait porter ses deux pauvres sauf-conduits, dans l'espoir de les faire aussitôt viser. L'un d'entre eux quitte le groupe et s'avance vers le Maître :

« Bonjour, monsieur. Monsieur Guitry, je pense... ?

– Oui, monsieur.

– Très bien. Et cette autre personne dont vous vous souciez est le célèbre philosophe ?

– Absolument.

– Seulement, les sauf-conduits que vous m'avez fait parvenir ne servent à rien ! Je vous en ferai remettre des valables un peu plus tard. »

Sacha s'étonne, en son for intérieur, d'un pareil commentaire sur Henri Bergson ; il se dit que l'Allemand sait obligatoirement que le « célèbre philosophe » est israélite. Mais ce que Guitry ne sait pas, c'est qu'un autre philosophe séjourne dans cet hôtel, un Allemand, professeur dans le civil, parlant parfaitement le français, et qui commande la troupe installée dans l'établissement. Et ce philosophe n'est autre que son interlocuteur.

Bien que Bergson soit le fils d'un Juif polonais, cet officier déclare à M. Barbe, propriétaire du Splendid, que « cet homme [est] le plus grand philosophe vivant ».

Le lendemain, Sacha, accompagné d'Albert Willemetz, décide de prendre la route de Bayonne pour rencontrer un représentant de l'État en la personne du sous-préfet. Ce dernier, qui les reçoit dans son cabinet de travail, a en face de lui le président de l'Association des directeurs de théâtre, Robert Trébor, et le président de l'Union des Arts, Sacha Guitry. De plus, Willemetz est le représentant, à cette réunion, de Maurice Lehmann[4] et de Benoît-Léon Deutsch, patrons des plus grands théâtres parisiens.

Cette confrontation a un seul objet : savoir s'il faut ou non rouvrir les théâtres de Paris alors que la capitale est occupée par l'armée allemande ?

Trébor, qui arrive de Bordeaux où se trouve encore le gouvernement, les informe qu'Albert Lebrun aussi bien que Camille Chautemps ou Laval pensent que chacun – l'armistice signé – doit désormais regagner son poste et se rendre utile. D'autant que, selon certaines informations, des individus qualifiés d'« aigrefins » sont prêts à prendre possession des théâtres de Paris si ceux-ci ne rouvrent pas au plus tôt.

Au cours de cette réunion, il est donc décidé que Sacha Guitry rentrera au plus tôt dans la capitale, histoire de tâter le terrain. Mission qu'il accepte aussitôt et qu'il prend comme un hommage à son discernement.

Guitry regagne donc Dax pour préparer son départ qui surviendra le surlendemain. Ce même jour, une lettre est remise, peu après le déjeuner, aux Guitry. C'est une « invitation » pour le couple les priant de bien vouloir venir prendre le café, le lendemain, avec le général et ses officiers ! Il leur est d'ailleurs stipulé que cette « réunion mondaine » sera l'occasion de mettre au point quelques détails indispensables à leur retour à Paris. Un subtil chantage.

« Très bien, monsieur. Mais que les choses soient claires : je considère cette invitation comme une… convocation. Il m'est nécessaire de le préciser, compte tenu des circonstances actuelles. Et vous voudrez bien faire savoir à votre général que je ne comprends toujours pas pourquoi c'est à moi de jouer ainsi les ambassadeurs des Français réunis ici. Je n'ai donc pas le choix, mais cela représente pour moi une vraie torture. »

Un dialogue quelque peu théâtral qui ne masque cependant pas un réel malaise.

De retour dans ses appartements, Sacha lâche simplement à Mme Choisel en guise de tout commentaire : « Très mauvais, madame Choisel, très mauvais… imbuvable, ce café ! »

Geneviève, seul témoin de la scène, n'en dit pas plus dans ses mémoires.

C'est à Dax que Sacha va décider de son comportement pour les années à venir. À travers ce premier face-à-face avec l'ennemi, il a compris que la victoire militaire, à elle seule, ne les intéressait pas. Pour lui, c'est une évidence : les Allemands veulent laver le cerveau des Français de leur propre culture pour mettre insidieusement à la place la culture allemande ! Là gît le « danger mortel ». Guitry avouera plus tard que cette seule « révélation » aurait pu lui faire prendre la résolution de rentrer à Paris s'il ne l'avait pas déjà décidé.

Oui, cette « révélation » va guider l'attitude de Guitry en l'adossant à trois idées fixes :

Premièrement, la France est et doit rester la France, pays des Lumières, pays de la tolérance et de la liberté, unique au monde, parce que des hommes depuis des siècles et des siècles ont mis leur génie au service de leur patrie et n'ont jamais renoncé. Sacha, qui connaît et aime l'histoire de son pays, pense que la gloire de la France est due avant tout à des hommes de lettres, de science, à des peintres, à des artistes en tous genres, non à des militaires alignés comme des soldats de plomb.

Ensuite, il entrevoit le danger qui permettrait d'anéantir à tout jamais son pays : celui de le fondre insidieusement dans une sorte de « marché commun » de la culture où, de surcroît, l'Allemagne aurait le pouvoir d'écrire et contrôler l'histoire de cette nouvelle nation européenne en gommant une grande partie de l'exception française.

Enfin il sait que dans les périodes de doute, quand ceux qui doivent donner l'exemple désertent ou sont « empêchés », le pays se trouve aux mains de ceux qu'il appelle les « saligauds » : des ratés et des minables qui profitent de la vacance du pouvoir politique, mais aussi culturel, pour se distribuer les places et essayer de niveler les choses par le bas, le très bas.

Sacha Guitry ne veut rien de tout cela. Cette France qui lui a tant donné, ce Paris à qui il doit tout, comme le lui a dit Bergson, et qui l'a fait roi, eh bien, il veut – même s'il doit être le seul – en être digne. Et l'on peut se risquer à faire une comparaison, à ce moment du récit, entre Pétain qui a « fait don de sa personne au pays » et Guitry qui, lui aussi, à sa façon et à sa place, veut faire don de son esprit et de son rayonnement à sa patrie et à la mémoire de ceux qui ont enrichi l'histoire de son pays chéri.

Sacha a-t-il pu hésiter ? A-t-il pensé à un moment fuir vers le Sud, ou peut-être même partir à l'étranger, y poursuivre sa carrière à l'instar d'un Louis Jouvet ? La décision, d'ailleurs, d'avoir fait rapatrier une partie de ses collections les plus précieuses à Dax, d'abord par Mme Choisel, puis par la fille de cette dernière, semble accréditer cette hypothèse. Mais il a probablement décidé, dès l'appel de Pétain, en son âme et conscience, que sa place était au milieu de ceux à qui il devait tout depuis toujours.

Dans les heures qui précéderont son départ de Dax et son retour vers Paris, bien des réfugiés célèbres lui tiendront ce discours : « Qui mieux que vous, Sacha, pourra parler de notre théâtre ? Qui mieux que vous pourra défendre nos intérêts et ceux des artistes français ? » Il se sentira aussitôt investi d'une mission sacrée, sans même percevoir le danger qui le guette, comme l'écrira vingt ans plus tard Geneviève : « Or, ceux-là mêmes qui l'avaient chargé de ces démarches n'ignoraient précisément pas vers quel péril courait Sacha. Non, ils ne l'ignoraient pas, car certains d'entre eux avaient repris les relations avec la capitale et ils savaient d'ores et déjà, par leurs correspondants, que Sacha devrait obligatoirement se trouver, pour obtenir gain de cause, en face des autorités allemandes, avec tout ce que cela pourrait comporter de calomnies, de vengeance ou de mépris ! Seul Sacha ne songea pas à cette éventualité. »

Quelques heures avant le départ des Guitry, Henri Bergson quitte lui aussi Dax. Le docteur La Vielle, témoin du départ de Bergson, vient voir Sacha et lui raconte l'extraordinaire moment qui vient de se dérouler dans la cour de l'Hôtel de la Paix. À l'instant où le philosophe gagnait sa voiture, les soldats allemands présents se mirent au garde-à-vous et le saluèrent. Témoignage qui sera confirmé, en 1946, par une certaine Mme Tousis, négociante à Dax, dans une lettre à un ami : « Instruit sans doute de la haute personnalité de M. Bergson, ce groupe se mit au garde-à-vous et salua, mais ce ne fut pas un acte préparé d'avance, et ce fut un fait qui se produisit tout à fait incidemment. »

On peut cependant imaginer que le général allemand, professeur de philosophie, avait probablement été l'organisateur de cet « incident imprévisible ».

Les docteurs Louis et René La Vielle, les époux Barbe se souvenaient que le professeur allemand de philosophie qui commandait les Allemands s'approcha de Bergson, au moment du départ, pour lui serrer la main. Le vieil homme refusa en disant :

« Pas aujourd'hui… La guerre finie, peut-être. »

M. Barbe se souvenait d'avoir dû consoler l'officier allemand en lui expliquant : « Bergson n'a pas été discourtois, il vous a parlé avec amabilité, et sa réponse est assez optimiste… »

Il ne reste donc plus aux Guitry qu'à quitter Dax. Mais, pour le moment, se pose un problème d'intendance. Il faut trouver un véhicule pour que Mme Choisel et sa fille, ainsi que tous les trésors entassés dans la chambre forte de la Banque de France, puissent également rentrer avenue Élisée-Reclus. La solution vient de la direction du Splendid qui consent à mettre à la disposition du Maître une camionnette pilotée par un solide gaillard d'origine basque. Un second sauf-conduit est fourni pour cet équipage. Et l'on installe à grand renfort de cordes un tonnelet de 120 litres d'essence sur le toit de la camionnette pour faire le trajet. Une vraie bombe roulante ! Mais il n'y a pas d'autre solution… Sacha veut partir. Il partira en rappelant aux sceptiques cette phrase de Molière : « Hors de Paris, il n'y a point de salut pour les honnêtes gens. »

Début juillet, les Guitry sont donc en route pour Paris. Geneviève est malade et Sacha pille toutes les pharmacies qu'ils peuvent trouver. Depuis Dax, impossible de rallier Paris en une seule journée de voiture. Les routes sont encombrées, il faut mendier de l'essence, et le couvre-feu ne permet plus de circuler en pleine nuit. Une étape est indispensable et il faut se résoudre à s'arrêter à Saint-Jean-d'Angély. Mais pas un seul hôtel de la ville ne dispose de chambres. Finalement, les Guitry atterrissent au presbytère.

Le lendemain, arrivant à Paris par Versailles, le couple en profite pour faire un détour par la propriété de Ternay. Le portail est grand ouvert et des véhicules allemands sont stationnés devant le château. Une cinquantaine d'Allemands sont dans la maison, vaquant à leurs occupations, allant d'un étage à l'autre sans se soucier un seul instant du retour du propriétaire.

Seul visage amical, mais couvert de larmes, celui de la fille des gardiens :

« Oh ! Monsieur, vous allez faire quelque chose, n'est-ce pas ? Non, ce n'est pas possible, tous ces gens-là ici ! Non, pas ici ! Vous allez nous aider ? »

Sacha est absolument horrifié de voir Ternay occupé par les Allemands. Il demande à son chauffeur de parcourir, aussi vite que possible, les 25 kilomètres qui les séparent de l'avenue Élisée-Reclus. Il n'a qu'une crainte : que l'occupant ait aussi investi son hôtel particulier. Cette maison, il le reconnaît lui-même, joue dans sa vie un rôle essentiel. Et il la croit alors en danger. Il est en effet persuadé que sa maison-musée sera très vite pillée par les Allemands s'il en est absent plus longtemps. Déjà, il sait que des bruits circulent, dans certains milieux, sur le fait qu'on le dit juif. Et il redoute que l'occupant en profite pour s'approprier non seulement « son » théâtre, mais aussi sa maison.

Mais son hôtel particulier n'a pas été investi par qui que ce soit. Son régisseur de théâtre, à qui il en avait confié la garde depuis le départ de Mme Choisel, l'informe toutefois qu'il a reçu deux visites assez inquiétantes, voire menaçantes. Allemands ou Français ? On ne sait.

Sacha, de retour chez lui, veut commencer par faire un geste symbolique et, comme il le dit, « officialiser » sa maison. Il ressort donc aussitôt pour se précipiter au musée Rodin où il fait l'acquisition d'une copie, pour 15 000 francs, du célèbre buste de Clemenceau qu'il va installer incontinent au milieu de sa grande galerie-bureau.

Le sauveur de la France, lors de la Première Guerre mondiale, sera ainsi comme un premier pied de nez à tout Allemand qui pourrait se présenter chez lui.

Lui qui n'aime guère se promener dans les rues va pourtant, ce 2 juillet, faire quelques pas du côté de la place de la Concorde. Certains de ses concitoyens viennent alors spontanément lui confier leur détresse. L'un d'entre eux, un certain M. Kollen, lui écrira un mot à ce sujet, bien après la fin de la guerre :

> « Cher Monsieur,
> « Un jour, le 2 juillet 1940, sur cette place de la Concorde, alors que tout annonçait la chute de notre malheureuse patrie, vous avez su trouver les mots d'espoir, de réconfort pour reprendre courage… »

D'ailleurs, pourquoi ne pas rouvrir les théâtres, puisque le petit monde des intellectuels semble d'accord pour poursuivre la production d'œuvres littéraires ? Ainsi, la rentrée 1940 ne diffère guère de celles de 1938 ou 1939. Avant même la fin de l'été, Bernard Grasset et Robert Denoël ont rouvert leur maison d'édition. Gaston Gallimard se décide à faire de même. Il faut d'ailleurs bien comprendre que les premiers à inciter les éditeurs à reprendre le collier sont les écrivains qui comptent, plus que jamais, en cette période trouble, sur leurs droits d'auteur pour subsister.

La « collaboration intellectuelle » se met en route de façon obligatoire puisque le président du Syndicat des éditeurs français (regroupant la quasi-totalité des éditeurs) signe avec la Propagandastaffel une convention de censure des livres. Elle stipule notamment qu'aucun auteur dont les œuvres sont interdites en Allemagne ne pourra être édité en France. De plus, la première « liste Otto » paraît (par référence à l'ambassadeur allemand Otto Abetz[5] qui interdit de publication des auteurs réfugiés politiques, juifs, soupçonnés d'appartenir à la Résistance, gaullistes et plus tard communistes).

Dans le cas de Sacha, est-ce du courage ou de l'inconscience ? Peut-être l'un et l'autre. En tout cas, il n'a aucune envie de collaborer avec les Allemands. Non, il veut tout simplement se jouer d'eux et jouer le rôle de l'auteur d'une pièce dont ils seraient contraints d'être les acteurs serviles et dociles. Il répète d'ailleurs à qui veut l'entendre : « Il faut les foutre dedans, puisqu'on ne peut les foutre dehors ! »

Sacha retrouve donc son hôtel particulier de l'avenue Élisée-Reclus tandis que les troupes d'occupation logent dans les grands hôtels du centre comme le Ritz, le Crillon, le Meurice ou le Continental. Les bureaux les plus importants sont, eux, installés au Claridge, au Majestic ou à l'Astoria.

Les soldats allemands, au début, vont essayer de « séduire » le peuple parisien. Mais les Parisiens ont décidé d'ignorer la Wehrmacht. C'est leur façon à eux de résister. On a d'ailleurs dit que « Paris est une ville sans regard, sans échange de regards ». Ils vont vite le comprendre, et leurs chefs leur donneront, du coup, la consigne de se tenir à l'écart de la population civile. Un observateur suisse déclarera : « L'attitude de Paris a été, dès le premier jour, superbement dédaigneuse. Et c'est, en fait, une infime partie de la population qui acceptera le principe de la collaboration. »

Sacha est loin de ces réalités. Lui ne pense qu'au théâtre, alors que les Parisiens ne pensent qu'à se nourrir. Cette course au ravitaillement sera d'ailleurs la principale, voire l'unique préoccupation des Français, surtout des citadins. Le « marché noir » va tout de suite se mettre en place et devenir une formidable puissance occulte. La maison « Guitry » y aura recours tout au long de l'Occupation, car ceux qui, comme Sacha, sont des gens fortunés, n'ont pas à craindre de manquer de quoi que ce soit à table. Simplement, tout se paie une petite fortune. Mme Choisel y veille avec l'aide du personnel de la maison qui est resté très important : une femme de chambre, une femme de ménage et son mari, un valet de chambre, un maître d'hôtel, une cuisinière et son aide, un chauffeur, trois personnes pour son secrétariat et enfin un veilleur de nuit. Tout cela entraîne de nombreux frais, comme le confie Henri Jadoux : « Les livres de fin de mois se soldaient par des sommes croissant plus rapidement que les revenus de Sacha Guitry, qui ne pouvait ajouter aux droits d'auteur-acteur que lui versait Gobin, au théâtre de la Madeleine, que d'éventuels gains par les moyens du cinéma. »

Sacha est entré « en résistance » : la sienne sera celle de la scène. Au lendemain de son retour, il décide de ne pas perdre un instant et va trouver le président du Conseil municipal de Paris, Jean Chiappe, pour lui faire part de la réunion de Bayonne. Prudent, Chiappe se borne à conseiller à son interlocuteur de rendre visite au docteur Roussy[6], recteur de l'Académie, qui fait office à Paris de ministre de l'Éducation nationale. Le parcours du combattant commence.

Roussy est accueillant et immédiatement favorable à la démarche de Sacha, tout en lui rappelant que ce ne sont plus les Français qui décident, mais les Allemands ! Il faut donc s'adresser au général Turner, gouverneur administratif de la région parisienne.

Rendez-vous est pris et Sacha se retrouve pour la première fois – mais pas la dernière – à faire des démarches auprès de l'occupant. Turner est un être assez quelconque, que son visiteur définira comme un personnage volumineux et rébarbatif. Il est correct avec Guitry et lui donne son accord pour la réouverture du théâtre de la Madeleine où le Maître veut également tenir une permanence de l'Union des Arts dont il est le président.

Finalement, ces démarches, quoique longues, ne sont pas si compliquées. C'est sans compter avec un avis supplémentaire, qui est essentiel : celui du lieutenant Raedemacker[7], concerné au premier chef par ces questions au sein de la Propagandastaffel, service qui est installé sur les Champs-Élysées. Ce dernier, qui a droit de vie ou de mort sur les pièces de théâtre qui seront présentées à la censure, est un jeune acteur allemand que l'on dit sans grand talent. Il n'est pas très content que Sacha Guitry ait cru bon de faire toutes ces démarches préalables, ni d'avoir été informé de la visite du Maître par le général Turner. Mais il doit céder et confirme l'accord du général. Il trouve cependant le moyen de se venger de Guitry en pratiquant de grandes coupures dans la pièce *Pasteur* que Sacha souhaite donner pour la réouverture de la Madeleine. L'auteur-acteur est fou furieux de cette décision et n'hésite pas à déposer plainte contre le jeune censeur !

Le 24 juillet, Guitry est reçu au service de la Propagande allemande par M. Wächter, représentant direct du ministre de la Propagande du Reich. Le ton est des plus aimables, comme si l'on causait dans un salon mondain, et le jeune lieutenant Raedemacker vient faire ses plus plates excuses à Sacha.

Le 6 juillet passe dans les journaux le communiqué suivant : « M. Sacha Guitry, président de l'Union des Arts, installe une permanence au théâtre de la Madeleine pour venir en aide aux artistes, écrivains, peintres, artistes dramatiques et lyriques. » Aide ô combien précieuse pour bien des artistes qui, déjà en temps de paix, vivaient dans des conditions souvent misérables. Sacha se dépensera sans compter pour organiser des soirées de charité et autres manifestations philanthropiques afin de récolter des fonds qui permettront à bien des gens de trouver quelque secours.

Le 31 juillet, la Madeleine rouvre enfin ses portes. Sacha a donc choisi *Pasteur*. Il est important de préciser ici que ce n'est pas le théâtre de la Madeleine qui, le premier, accueille le public à Paris. Bien d'autres l'on précédé.

Pourquoi *Pasteur* ? Son choix s'est porté sur cette pièce non seulement parce qu'il y a beaucoup de rôles (et donc la garantie de permettre à de nombreux acteurs d'avoir de quoi vivre), mais aussi parce que Pasteur était un homme qui montra une vraie répulsion pour l'Allemagne. D'ailleurs, dans sa pièce, Guitry fait dire au grand savant, quand il apprend que la Prusse vient de déclarer la guerre à la France : « Faites-moi penser à renvoyer demain à l'Allemagne mon diplôme de docteur. »

Guitry avoue qu'il n'a pas choisi cette pièce, que son père avait superbement créée, par goût personnel. Non, quitte à reprendre l'une ou l'autre de ses pièces par pur plaisir, il aurait choisi *Faisons un rêve*. Mais *Pasteur* lui paraît la pièce la plus patriotique de son répertoire. Et, pour bien marquer qu'il ne reprend pas sa place sur scène dans le but de poursuivre coûte que coûte sa carrière et de s'enrichir, il adresse, le 30 juillet, une lettre à tous les interprètes de *Pasteur*, expliquant que la recette sera divisée en trois parts égales : la première part ira à la direction du théâtre, la deuxième sera destinée aux pauvres et aux prisonniers, et la troisième aux comédiens, en précisant bien que son propre cachet d'acteur ne sera pas supérieur à ceux de ses camarades.

Ainsi Sacha est convaincu de faire son devoir en remontant sur les planches pour donner un peu d'espoir et un peu de plaisir à ceux qui viendront le voir. Il ne fera guère fortune en jouant *Pasteur*, gagnant certains soirs moins de 100 francs, comme le dernier des figurants de sa pièce.

Pasteur est donc à l'affiche du théâtre de la Madeleine dès le 31 juillet, et une vingtaine d'Allemands assistent à la représentation. Il est important de préciser que chaque directeur de théâtre a l'obligation de tenir à la disposition des autorités d'occupation, pour chaque pièce et pour chaque représentation, un certain nombre de places dont le contingent est fixé par les services de la Propagande.

Le public accueille avec enthousiasme toutes les répliques patriotiques qui figurent dans la pièce, devant des Allemands impassibles qui, de toute façon, savourent encore leur éclatante victoire.

Cette « première » ne change pas tellement les habitudes de Sacha. On le félicite, le complimente comme à l'accoutumée. Dans son courrier, il ne trouve que des témoignages d'amitié et d'admiration. Pour Fernande Choisel, le grand Guitry est de retour. Elle gardera un souvenir précis de la reprise de la pièce : « Une fois de plus, *Pasteur* fut un triomphe. Une salle délirante se levait pour ne plus cesser d'applaudir quand le vieux savant, à la fin du premier acte, apprenant que la guerre venait d'éclater entre la France et l'Allemagne, disait calmement à ses élèves : "Eh bien... travaillons, mes enfants... travaillons, ne perdons plus une seconde." (Puis, s'adressant au premier élève) : "Je renverrai demain à l'Allemagne mon diplôme de docteur. Travaillons. Je dicte : Nos plus cruels ennemis... les microbes..."

« Il était heureux de ces répliques qui portaient et ne pouvaient échapper à son public français, et pas même aux Allemands. Une fois le rideau tombé, il n'en parlait plus. Il était épanoui et ses regards pleins d'ironie semblaient me dire : "Ils l'entendront encore bien souvent, Madame Choisel." »

Pasteur tiendra l'affiche jusqu'au 1er septembre. Sacha passe toutes ses journées chez lui, enfermé à écrire, ne recevant que quelques rares intimes. Le soir, il se rend au théâtre et revient à Élisée-Reclus dès la fin du spectacle. Un chemin parcouru le plus vite possible, afin de ne pas voir son cher Paris envahi par l'occupant. Geneviève s'ennuie gentiment dans sa prison dorée, mais, encore amoureuse de son mari, elle ne pense qu'à célébrer leur anniversaire de mariage. À défaut d'avoir pu le faire le 4 juillet, ce sera le 4 août, à Ternay.

Le soir de la dernière de *Pasteur*, le général Turner, gouverneur administratif de la région parisienne, à qui Guitry doit d'avoir pu rouvrir si facilement la Madeleine, est dans la salle. Il fait savoir à la direction du théâtre qu'il serait heureux de pouvoir venir saluer l'auteur et l'acteur de la pièce dans sa loge, après le spectacle. Sacha ne se voit pas refuser une pareille demande et attend donc la visite annoncée, relativement détendu. Le général paraît, tout aussi détendu, et s'engage entre eux la conversation suivante :

« Bravo, Monsieur Guitry ! J'admire en vous le grand auteur et le grand comédien qui joue Pasteur, mais aussi le Français qui sert son pays. J'aimerais faire quelque chose pour vous. Qu'aimeriez-vous ? »

Sacha est un peu surpris de pareille proposition, et, après quelques instants d'hésitation, saisit la balle au bond :

« Oh, je n'ai besoin de rien ! Merci. Mais je connais des Français qui sont prisonniers en Allemagne, et pour eux…

– Très bien, Monsieur Guitry. Il vous suffit de faire parvenir à mon bureau leurs noms et les renseignements dont vous disposez. Vous en connaissez combien exactement ?

– Dix. »

Après quelques amabilités d'usage, l'Allemand quitte la loge.

Immédiatement, Robert Trébor, qui a escorté le général jusqu'à la loge du Maître et qui n'a pas perdu une miette de leur courte conversation, demande à Sacha qui sont ces dix prisonniers qu'il connaît. Sacha doit lui avouer qu'il n'en connaît alors qu'un seul, le fils de son meilleur ami : Gérard Willemetz.

Trébor en profite aussitôt pour lui demander d'ajouter à ce nom celui de l'ami de sa secrétaire. En voilà donc deux !

Sacha, qui vit dans un univers clos, ne connaît pas assez de monde, en définitive, pour « fournir » davantage de noms. Il se démène et arrive au bout du compte à trouver trois autres prisonniers qui sont : Pierre Duflos (fils de la comédienne Huguette Duflos), Jean Moutier, et le fils de M. Page. Puis des demandes « spontanées » parviendront à Sacha, car il se dit qu'on lui a

« offert » des prisonniers ! Sacha ajoutera finalement six autres noms à sa liste. Cela fera un total de onze, et cela passera !

Sacha analysera – bien plus tard – son comportement, ce 1er septembre 1940, comme le début du processus qui le conduira en prison. Oui, il se rendra compte que s'il n'avait pas demandé, ce jour-là, le retour de ces prisonniers, il aurait pu dire partout qu'il n'avait jamais rien accepté des Allemands, et qu'au contraire il avait toujours refusé – et ce, dès le premier jour – les propositions d'un général allemand prêt à tout pour le séduire. Mais voilà... Non seulement il s'est mis en position d'obligé, mais aussi, très vite, dans celle de solliciteur quasi permanent envers l'occupant.

Nous verrons bien entendu qu'au cours de ces années, ce n'est pas le seul grief que l'on adressera à Guitry. Mais il est vrai que dans les accusations de collaboration portées contre Guitry reviendra sans cesse le reproche suivant : « Il voyait des Allemands tout le temps. Sa loge en était pleine ! »

De là à l'accuser de faire la nouba avec eux, il n'y avait qu'un pas. Hé oui, Guitry, le meilleur ami des pontes du régime nazi ! Un homme prêt à tout pour continuer à jouer sur une scène et à jouer à « M. Moâ » dans la vie parisienne ! Et il est vrai que, même si c'est un très bon sentiment qui lui a fait mettre « le doigt dans l'engrenage », il faut reconnaître qu'il a agi en acceptant d'user de son nom, de sa position, de son prestige international incontestable, aux yeux des Allemands, acceptant de nouer des relations avec eux et d'intervenir à de nombreuses reprises pour faire sortir quelques malheureux des geôles allemandes.

Les sollicitations ne vont cesser dans les semaines qui suivent son retour à Paris. Au mois de novembre, un ami de Sacha, le peintre Guy Arnoux, lui demande de recevoir madame la maréchale Joffre. Le Maître n'a pas le plaisir de la connaître, mais il est un ardent admirateur de ce héros de la guerre de 1914-1918, tout comme il admire Foch et Pétain. La maréchale a sollicité cette rencontre pour trouver de l'aide auprès de Guitry : son défunt mari a été inhumé dans leur propriété de Louveciennes et les Allemands occupent cette résidence, ce qui la bouleverse. Sacha promet d'intervenir, d'essayer de tout faire pour alerter qui de droit sur cette situation intolérable. Il contacte le préfet de police, puis le préfet de la Seine, enfin le représentant du gouvernement français à Paris. En vain. Il lui reste une solution : reprendre contact avec le général Turner qui, toujours aussi courtoisement, le recommande auprès de son collègue, le général Hanesse, qui dirige les services de l'aviation, ceux-là mêmes qui occupent Louveciennes. Celui-ci reçoit Guitry qui lui dit simplement :

« Je pense que vous ne savez pas que vos troupes occupent la propriété où se trouve le tombeau du maréchal Joffre. Cela est véritablement choquant. »

Moins d'une quinzaine de jours plus tard, la résidence est rendue à la maréchale. Le soir même de cet heureux dénouement, Sacha trouve en rentrant chez lui la médaille militaire de Joffre, son fanion de maréchal de France, et la lettre suivante :

> « Cher Monsieur Guitry,
>
> « Je suis heureuse de pouvoir vous offrir ces deux souvenirs de mon cher mari, le maréchal Joffre, sachant combien, en bon et grand Français que vous êtes, vous avez le culte du souvenir. Cette médaille militaire, il l'a portée pendant vingt-trois ans, chaque fois qu'il représentait la France à une cérémonie chez nous et à l'étranger, comme vous en jugerez sur la photographie ci-jointe que je suis heureuse aussi de vous offrir, et ce fanion de maréchal de France, qui l'a suivi dans toutes ses tournées autour du monde, ne quittant jamais sa voiture, et qui, à sa mort, fut mis sur son cercueil avec le drapeau tricolore.
>
> « Je sais ces souvenirs dans de bonnes mains, et qu'ils resteront en notre beau et bon pays de France ensuite. En reconnaissance de ce que votre cœur de patriote vient de faire pour ma chère propriété occupée. Je sais aussi que les beaux gestes vous sont coutumiers.
>
> Henriette J. Joffre »

Voilà une fois encore, parfaitement illustrée, la façon dont Sacha Guitry a mis « le doigt dans l'engrenage » ! Le succès d'une intervention en appelle une autre, et l'on va trouver Sacha Guitry pour qu'il intervienne en votre faveur. Il le fait et l'obtient. De là à dire que les Allemands ne pouvaient rien refuser à « leur » ami Sacha Guitry, il n'y a plus qu'un pas.

Plus étrange, probablement, fut ce jour de décembre 1940 où Sacha se retrouve en pleine nuit, par un froid glacial, à assister, aux côtés du général de La Laurencie et de l'amiral Darlan, au retour des cendres de l'Aiglon que Hitler souhaitait rendre à la France ! Pas un Allemand n'assiste à cette cérémonie nocturne aux Invalides, à laquelle sont invités deux à trois cents Français dont des cardinaux, des généraux, des altesses et deux académiciens…

André Castelot, alors jeune journaliste, a assisté à cette cérémonie en cette qualité, et en fera le récit :

« Il est près d'une heure du matin lorsque le cortège, précédé de motocyclistes, va s'immobiliser devant l'esplanade qui précède le dôme des Invalides. La neige commence à tomber. Dans la vaste cour, une double haie de gardes républicains portant des torches éclaire la scène. Devant la grille, les officiels échangent quelques paroles. Mais les soldats allemands n'iront pas plus avant. Vingt gardes républicains se saisissent du lourd cercueil de bronze, et c'est sur des épaules françaises que les restes du fils de Napoléon franchissent lentement la cour où la neige a formé un tapis immaculé. Une sonnerie de clairons se fait entendre. Puis les tambours battent aux champs, comme autrefois… »

Adolf Hitler désirait, en faisant ce geste symbolique, rallier les Français à sa cause. On sait aussi qu'Otto Abetz, l'ambassadeur d'Allemagne à Paris, avait émis ce vœu deux années auparavant, afin de favoriser un rapprochement franco-allemand… Hitler envoya un télégramme personnel à Pétain pour l'informer de ce « cadeau ». Le maréchal lui adressa aussitôt ses remerciements personnels et « ceux du peuple français ».

Qu'allait donc faire Sacha dans cette galère ? Nul ne le sait. Et Guitry probablement pas plus que les autres. Mais il avait accepté une invitation officielle des Allemands, alors que rien ne l'y obligeait. Ce n'était pas bien grave, mais le symbole était fort… Ne fallait-il pas mépriser pareille invitation ? Sacha a dû le penser, et ce, bien avant la Libération, probablement au moment même où il assistait à ce spectacle pathétique. Il s'en sortira plus tard par ce mot d'esprit : « J'étais là […], donnant bien l'impression que M. Hitler m'avait envoyé, à moi, personnellement, le roi de Rome pour mes étrennes ! »

À la suite de cette invitation, le Maître enverra, cette courte lettre à l'ambassadeur Otto Abetz :

« Monsieur l'Ambassadeur,

« En souvenir du retour émouvant de l'Aiglon, je vous adresse les vœux que je forme pour Madame Abetz et pour Votre Excellence, souhaitant que le Destin, au cours de cette année, rende à nos deux pays leur juste part de bonheur. »

Mais si les Allemands lui envoient des invitations, ils se posent aussi cette question : Sacha Guitry ne serait-il pas juif ? Et ils se la posent non sans de bonnes raisons. Tout d'abord, ils savent que Guitry refuse depuis toujours que ses pièces soient adaptées en Allemagne, malgré les offres mirifiques qu'on a pu lui faire. *Idem* pour ses films. On peut juste signaler la parution, en 1939, chez Frundsberg-Verlag, à Berlin, d'une traduction de son livre *Si j'ai bonne mémoire*, sous le titre *Wenn ich mich recht erinnere*. Curieuse publication, car il y fait l'éloge de plusieurs amis d'origine juive comme Tristan Bernard !

De plus, les Allemands savent parfaitement que l'écrivain semble beaucoup apprécier les Juifs dès qu'il s'agit de leur confier ses intérêts. Son avocat Pierre Masse ? Un Juif ! Son médecin Wallisch ? Un Juif ! Son producteur au cinéma, Sandberg ? Un Juif ! Guitry aime à dire : « Il ne suffit pas d'être un bon Aryen pour être bon à quelque chose. »

« Ah, Guitry et ses Juifs », disent les Allemands. Et ils ont peut-être même dit : « Ah ! Guitry et sa Juive ! » Car il faut bien avouer que Sacha n'a pas ménagé son affection pour la mémoire de celle qui fut l'une des plus grandes comédiennes françaises, l'amie intime de son père, l'un des témoins lors de son mariage avec Yvonne Printemps : Sarah Bernhardt.

Le premier incident – si l'on peut dire – au sujet de Sarah va se dérouler lors de l'exposition théâtrale que Sacha organise au palais de Tokyo en novembre 1941. Y sont regroupés de précieux souvenirs sur les grands noms du théâtre. Sarah Bernhardt y occupe une place d'honneur, et l'on a installé, bien en vue, une grande photo de Sacha baisant la main de sa tendre amie.

Et ce n'est pas tout, car Guitry ne fait jamais dans la demi-mesure quand il aime ou qu'il déteste. Dans une vitrine attenante sont précieusement exposés la couronne de Sarah dans *Ruy Blas*, sa robe dans *Phèdre*, plus un portrait de la comédienne Rachel[8] (également juive) et des autographes d'elles deux.

C'est la veille du vernissage de cette exposition que l'incident éclate. Un Allemand, le lieutenant Lücht (qui règne désormais sur les services de la Censure), inspecte l'exposition. Sacha est présent. Tout à coup, l'Allemand aperçoit la fameuse photo. Son sang ne fait qu'un tour, et il exige le retrait du document. Guitry refuse sèchement. L'Allemand la fait retirer par l'un de ses hommes. Puis il aperçoit la fameuse vitrine. « Il blêmit de colère », dira Sacha. La conversation s'envenime et Guitry tourne les talons.

Si l'on veut bien considérer cet entêtement de Sacha comme un acte de résistance, on en mesure encore plus l'importance quand on sait qu'à la même époque vient de s'ouvrir au palais Berlitz une imposante exposition intitulée « Le Juif et la France ». Un épouvantable parcours de haine proposé par une équipe de Français travaillant au sein de l'Institut d'étude des questions juives (IEQJ) et parlant au nom du peuple français !

Guitry ne changera pas d'avis et n'adoptera jamais la politique du silence face à des comportements xénophobes et racistes. En 1942, lors de l'entracte de la pièce qu'il est en train de jouer à la Madeleine, un couple demande à le rencontrer. Sacha accepte, car on l'informe qu'ils viennent accompagnés de leur fille, qui l'aime beaucoup. Il les reçoit donc dans sa loge et une conversation des plus banales s'engage, jusqu'au moment où le père évoque les difficultés de l'époque qui s'atténuent cependant depuis que « les youpins ne sont plus là !

– Ah ! Et vous, vous êtes un Français ?

– Oh, mais bien entendu !

– Tiens ! Eh bien, j'en doute...

– Mais, Maître... »

Entre alors Jeanne Fusier-Gir, comédienne et amie de Sacha, qui s'excuse de les déranger.

« Oh, pas un instant ! Non, vraiment, Jeanne ! Monsieur partait, justement. »

Et Guitry de ne saluer que la jeune fille...

Alors, Sacha était-il juif ?

Oui, à en croire l'une des femmes qui l'approcha intimement : Arletty, laquelle échangea, deux années avant sa disparition, ces mots avec l'historien Jacques Lorcey lors d'un entretien qui a été enregistré :

« Pendant l'Occupation, il a aidé beaucoup d'Israélites. Il avait beaucoup d'amis juifs…

– Mais pas seulement des amis, lui aussi. On a dit qu'il l'était, tout simplement. Céline lui-même l'a traité de "sale youtre" !

– Pourtant, on n'a rien trouvé dans sa généalogie, qui remonte jusqu'au XVIIe siècle !

– Jusqu'au XVIIe ! On aurait pu s'arrêter au XXe ! Son frère Jean avait plus le type juif que lui. Il était très beau… […]

– Alors, selon vous, il était juif ? Mais de quel côté, par sa mère ou par son père ?

– Les deux ! »

Quel crédit « généalogique » prêter à ces affirmations d'Arletty ?

Cette origine incertaine de Lucien devait être parfaitement connue dans un certain milieu parisien pour que des rumeurs circulent sans discontinuer à ce sujet, bien avant l'Occupation : au moment de la disparition de Lucien Guitry, en 1925, le journal *L'Univers israélite*, dans son numéro 39 du 19 juin 1925, écrivit : « Si nous sommes bien informés, M. Guitry ne descendait pas des pirates northmans ; il s'appelait de son vrai nom Wolff, et était d'origine israélite comme Renan, Sarah Bernhardt et quelques autres grands artistes. »

Cela ne cessera de se dire et de se répéter, même après l'Occupation. Ainsi Louis-Ferdinand Céline, dans une lettre adressée à Charles Deshayes, de Copenhague, le 5 mai 1949, écrit : « Et que Guitry et son héraldisme vous amuse encore ! Grand Dieu ! Il ne sait sans doute pas lui-même d'où il sort ! Selon qu'il était chez les Bernheim ou chez Abetz, il devait changer de lignée ! Cette bonne blague ! Je vous trouverai cinquante personnes à Paris prêtes à vous certifier que Guitry est un nom volé (à quelle époque) au mousquetaire qui a assassiné ou tenté d'assassiner le maréchal d'Ancre ! Denoël avait cinquante historiettes de cet ordre dans son babil ! »

Sujet que Céline avait déjà abordé dans une lettre au même, moins d'un mois auparavant (lettre du 21 avril 1949, de Klarskovgaard) : « Sur l'origine juive ou pas de Guitry, le doute subsiste. Il s'est vanté d'origine nobiliaire sous l'occupant, de sang bleu… J'ai entendu mille choses… Il a été fabriqué par les Bernheim, marchands de tableaux. Cela est sûr, il est leur enfant adoptif (il n'en parle plus guère)… Ils lui ont monté son théâtre. Les écrits de Guitry sont tendancieux, lacunaires, rien de précis. Ah, foutre ! il a bien raison ! Il se défend comme il peut, parfaitement… Mais dire que la fille est vierge ! NON ! Elle a été baisée, enculée ? ? ? On régularise ? ? ? Applaudir à deux mains, tant mieux ! Je veux bien même être témoin… ! »

Il faut d'ailleurs préciser que Sacha Guitry n'avait jamais caché, durant l'Occupation, son mépris total et sa répulsion envers ce confrère qui se régalait de pamphlets antisémites des plus odieux. Un ami de Guitry, admirateur de Céline, n'avait pu, un jour, cacher son admiration pour cet auteur, et se mit à réciter devant un Sacha horrifié un passage des *Beaux Draps*, avant de conclure :

« Hein ! Quelle verve ! Quel déboulé !

– Vous avez raison, lui dit Guitry. Comme une chute dans la boue : c'est immonde. »

Et voilà qu'en pleine Occupation, comme par hasard, certaines personnes malintentionnées – mais qui devaient probablement savoir que Lucien n'était pas né Guitry – vont s'en donner à cœur joie en reprenant cet article publié dans le journal *L'Univers israélite*.

Certains bruits couraient d'ailleurs, dans le Paris de l'époque, prétendant que le véritable nom de Lucien et Sacha était Gainsbourg ! Ce sont les journaux collaborationnistes *La France au travail* et *Le Pilori* qui vont se servir de ces « informations » en reprenant l'imputation selon laquelle le vrai nom de Lucien est bien Wolff, et ils vont même ajouter que Renée Delmas, sa mère, est une Russe israélite, ce qui aggrave bien entendu le cas Guitry, puisque ses deux géniteurs seraient donc non-aryens.

Le Pilori va même mettre la main sur un télégramme que Sacha a adressé à Georges Mandel, voulant prouver par là que le juif Guitry était l'ami affectueux du collaborateur juif de Clemenceau.

La France au travail, quant à lui, va publier un article immonde, le 31 décembre 1941, intitulé *M. Moâ est-il juif ?*, où l'on peut lire ceci :

« Vous connaissez tous ce bon M. Moâ. Eh bien ! il nous est revenu. Depuis plusieurs mois, d'ailleurs. Vaguement inquiet, au début. Il se rassura bien vite. Ils ignorent mes origines, confiait-il à son ami Lévy avec un clignement d'œil complice. Parbleu : il ne s'en vante guère ! Il eut même soin de les cacher tout récemment encore lorsqu'il dut fournir aux autorités les preuves de ses origines aryennes. Dans le questionnaire qu'il remplit, n'inscrivit-il pas le nom de théâtre de son père à la place de son nom patronymique ? [...] Il a de tout temps témoigné une vive sympathie envers les Juifs, ses congénères. [...] Dans ses affaires, il réservait les meilleures places aux gens de sa race. »

En lisant ce papier, Sacha bondira et poursuivra le journal en question, non sans avoir pris la peine de lui envoyer, dès le 6 février 1941, une longue lettre indignée répondant précisément aux attaques de cette publication, laquelle la publiera dans ses colonnes. Il commence par expliquer au directeur qu'il n'est pas d'origine juive, et que Guitry est bien son nom d'état civil. Il n'a pas peur d'annoncer qu'il a d'ailleurs dû fournir aux autorités d'occupation toutes les preuves voulues sur ses origines aryennes. Puis il détaille une partie de son arbre généalogique, démontrant ainsi que ni du côté paternel, ni du côté maternel, il n'est d'origine juive, et concluant par un : « Alors, qu'on me f... la paix, comme disait Courteline ! »

On prétendra que ce « remue-ménage » orchestré sous forme d'une vraie campagne de presse fut voulu par les Allemands eux-mêmes. Et c'est bien possible, car ces journaux étaient à leur solde. Mais pourquoi les Allemands désiraient-ils tant que cela nuire au Maître ? Il semble probable qu'ils aient toujours été persuadés qu'il était juif, et qu'ils aient voulu ainsi le démasquer coûte que coûte.

De ces attaques à répétitions (et de ces articles l'accusant d'avoir trompé les Allemands), Sacha mesure vite la gravité et écrira plus tard : « Ainsi, j'aurais donc pu choisir : Drancy pendant ou bien après l'Occupation ? Si j'avais su, j'y serais allé, ma foi, du temps des Allemands. Cela doit être moins hideux d'être interné par l'ennemi que d'être écroué par les siens. »

On reprochera beaucoup, par la suite, à Sacha ces trois phrases. Comme l'écrit François Truffaut (dans un article pourtant très favorable au Maître), Guitry n'était pas Dreyfus, et Drancy, à la fin

1944, n'est pas l'île du Diable. De plus, beaucoup ne purent manquer de rappeler avec raison que Drancy était, « du temps des Allemands », l'antichambre de la mort.

Mais ces phrases excessives, ne l'oublions pas, ont été écrites, comme le rappelle également Truffaut, par un homme trop meurtri par l'injustice dont il fut victime au moment de l'épuration.

Au début de l'Occupation, les Allemands ont donc cherché à « coincer » Sacha Guitry en exigeant qu'il se lance dans la « chasse aux origines ». Et voici comment tout commence : les Allemands ouvrent, fin 1940, une enquête en choisissant comme ambassadeur un comédien français que connaît Sacha pour venir le questionner dans sa loge :

« Monsieur Guitry, je viens vous demander de la part du Dr Dietrich, de la Propagandastaffel, si vous êtes aryen. »

Sacha est outré, mais aussi probablement très choqué que l'on puisse ainsi lui envoyer un émissaire pour lui poser une telle question. Après avoir fait la leçon à son « camarade », il lui signifie qu'il refuse de répondre à pareille question. Cela n'est pas pour calmer les services du Dr Dietrich.

Du coup, le conseiller Rahn[9] téléphone courtoisement à Sacha en l'« invitant » à venir lui rendre une petite visite à son domicile privé, avenue Charles-Floquet, tout proche de l'avenue Élisée-Reclus. Le but de l'invitation est de demander au Maître s'il est juif. Cette fois, Sacha répond par la négative. L'affaire en reste là pour le moment, mais les Allemands continuent de harceler Sacha Guitry qui doit se rendre de nouveau chez le conseiller Rahn, qu'il trouve cette fois « toujours intelligent, mais plus si courtois » :

« Monsieur Guitry, je vous ai récemment demandé si vous étiez juif. Les circonstances m'obligent à vous demander aujourd'hui si vous êtes aryen. »

Et, bien que Sacha lui réponde par l'affirmative, il lui déclare :

« Veuillez donc nous en fournir les preuves, comme tout le monde. »

Voilà Sacha mis au pied du mur. Il va donc être obligé de faire « cette chasse imbécile » aux extraits de naissance et autres pièces officielles attestant des baptêmes et mariages chrétiens de ses ancêtres (tout comme le fera la mère de Charles Trenet, lui aussi soupçonné d'être d'origine juive. Les Allemands prétendaient que son nom de scène était en fait l'anagramme de Netter !). Sacha passera des mois à réaliser, avec l'aide de sa précieuse secrétaire, cette collecte en écrivant aux differentes mairies et paroisses… Il précisera même aux Allemands, non sans une certaine malice, que sa grand-mère était la sœur de Mgr de Bonfils, évêque du Mans !

Toutes ces recherches aboutirent à ce que Sacha obtienne, en date du 21 décembre 1940, du cabinet du préfet de police de Paris, un certificat se concluant ainsi :

> « Je puis certifier, dans ces conditions, que M. Sacha Guitry est de catholicité certaine, que ses ascendants au premier degré et au second degré l'étaient également ; qu'en conséquence, M. Sacha Guitry ne peut être compris au nombre des personnes visées par l'ordonnance du 27 septembre 1940 et la loi du 3 octobre 1940 concernant les juifs. »

Ce qui permettra à Sacha d'envoyer ce précieux document avec la lettre manuscrite suivante :

> « Tout d'abord :
>
> Je déclare par la présente que je ne suis pas juif et qu'à ma connaissance expresse, aucun de mes grands-parents ne sont ou n'étaient juifs.
>
> Je reconnais savoir qu'une fausse déclaration entraîne une pénalité sévère. »

On l'a vu plus haut, cela n'empêchera pas *La France au travail* d'accuser Sacha, quelques jours plus tard, de s'être joué des Allemands. Du coup, le Maître écrira une dernière lettre sur ce sujet aux autorités, le 8 janvier 1941, adressée à M. le Sonderführer Wächter. Il lui explique qu'il espère enfin que l'on arrêtera une fois pour toutes les persécutions à son encontre et que l'on reconnaîtra sa catholicité absolue. Il en profite également pour réclamer une lettre officielle des autorités d'occupation reconnaissant qu'ils ont bien reçu tous ces précieux documents et qu'il est déclaré désormais comme ayant des origines aryennes. Puis il demande que la censure allemande, toute puissante et proche, par nécessité, des directeurs de journaux, fasse enfin le nécessaire pour que pareil article ne puisse plus être publié.

Administrativement, il semble que l'affaire en soit restée là.

Sacha Guitry, tous ses biographes l'ont reconnu, est très inspiré par les événements que traverse sa propre existence. C'est même là la source principale de son œuvre théâtrale. Il n'est donc pas étonnant que ses recherches généalogiques lui aient donné l'idée et l'envie, alors qu'il commençait « cette chasse imbécile aux extraits de naissance », d'y consacrer une pièce. Il existe un texte de Sacha qui l'atteste et où il confie que sa seule façon de riposter à cette période si pénible fut de faire son métier d'auteur en profitant de cette « aventure » pour écrire une pièce de théâtre tournant en ridicule les lois raciales et l'épouvantable phénomène de la délation. Il travaille donc à ce projet avec son enthousiasme habituel. Si bien que *Mon auguste grand-père* est écrit en trois jours.

Quelle en est finalement la trame ? Un jeune peintre, Auguste Barbillon, qui se fait appeler Christian de La Mailleraye, est heureux ! Tout lui sourit dans la vie… Tout d'abord, il est sur le point d'épouser une jeune et belle femme, Juliette, actrice de vingt ans, et, d'autre part, un homme d'affaires lui a demandé de réaliser la décoration d'un prochain cabaret et d'en assurer la direction artistique. Enfin, les Beaux-Arts aimeraient qu'il illustre une *Histoire de France*. Mais, brusquement, la fatalité s'abat sur lui… Juliette veut partir, l'homme d'affaires renonce à le faire travailler, et les Beaux-Arts ne donnent plus signe de vie ! Que se passe-t-il ? Le meilleur ami du peintre, après une rapide enquête, se rend compte que des lettres anonymes, provenant de confrères jaloux, ont été envoyées à un peu tout le monde (y compris aux parents de Juliette), le désignant comme juif ! Et, vu la période… Son ami lui conseille alors de faire la preuve de ses origines aryennes… Après avoir trouvé l'idée ignoble, Christian écoute les amis qui lui restent et s'y résout finalement. Il se met donc à trier de vieux papiers de famille et découvre que son grand-père, un clown équilibriste, aurait été baptisé près d'Évreux, au château de Puybertin. Il décide de s'y rendre et y découvre une cousine, Anaïs de Puybertin, chez qui réside une amie qui n'est autre… que Juliette ! Les deux tourtereaux tombent dans les bras l'un de l'autre. Anaïs va aider son cousin à retrouver ses origines et lui présente un prêtre qui n'est autre… que son grand-père, l'ancien auguste ! Tout va donc s'arranger, et le grand-père, prêtre et ancien clown, devient le nouveau commanditaire d'un cabaret où Christian, Juliette et même Anaïs font preuve de leurs talents.

Sont pressentis, aux côtés de Sacha, pour être les interprètes de cette pièce, Geneviève, Hélène Perdrière, Jeanne Fusier-Gir, André Brulé, Spinelly et Carette.

Le 20 décembre 1940 a lieu la première répétition de la pièce. Le 25 janvier, après plus d'un mois de répétitions, se produit une catastrophe. Robert Trébor, l'un des directeurs de la Madeleine, est averti que la censure refuse la pièce.

Sacha est convoqué à l'Institut allemand. Il a en face de lui le directeur, M. Epting :

« Vous êtes très malin, Monsieur Guitry, et vous pensez que nous le sommes beaucoup moins que vous ! Mais nous avons vu clair dans votre jeu, et votre pièce est écrite uniquement pour tenter de nous ridiculiser. Les lois raciales ne sont pas faites pour qu'un auteur, même talentueux, les tourne ainsi en dérision. Je crois que le public, d'ailleurs, ne comprendrait pas… »

Donc, la pièce ne sera jamais jouée. Mais Sacha a eu le mérite de l'écrire, d'engager des comédiens, de la faire répéter. Et, s'il subsiste des doutes sur l'amitié qu'il porta à ses amis juifs pendant l'Occupation, il nous faut maintenant parler du cas de Tristan Bernard.

Le 10 octobre 1943 à minuit, le téléphone sonne chez Sacha Guitry. René Fauchois est au bout du fil. Il vient de recevoir une lettre de Reynaldo Hahn qui l'informe de l'arrestation, à Cannes, de Tristan Bernard et de sa femme. Dans la lettre figure cette phrase : « Alertez Sacha – dites-lui simplement la chose et je suis sûr qu'il agira de son mieux. »

Sacha n'hésite pas un instant. Il doit tout faire pour obtenir ces libérations. Le lendemain matin, il joint le ministre plénipotentiaire Schleier – qui suit particulièrement les mesures anti-juives – non pas à l'ambassade d'Allemagne, d'où il est absent, mais à son domicile, après avoir obtenu son numéro de téléphone privé. L'Allemand le convie à passer le voir chez lui à l'heure où se tiendra une réception à laquelle Guitry va donc se montrer sans en avoir grande envie. Mais, pour Tristan, le si cher ami de son père, que ne ferait-il pas !

Peu de temps après, Arletty lui apprend qu'elle doit se rendre à cette réception et ils conviennent donc d'y aller ensemble pour défendre la cause de Tristan.

Les voici donc chez le ministre allemand. Sacha est très tendu et déclare à Schleier, devant deux témoins qui le rapporteront plus tard :

« Je viens d'apprendre, monsieur le Ministre, que l'écrivain Tristan Bernard, qui a soixante-dix-sept ans, vient d'être arrêté et interné à Drancy. J'ai non seulement de l'admiration pour lui, mais une indéfectible affection. Vous allez me dire qu'il est juif. Pour moi, monsieur le Ministre, cela ne veut rien dire ! Rien ! Alors, je vous demande une chose : c'est de pouvoir prendre sa place en prison, à Drancy. »

Le ministre Schleier, un peu surpris par la gravité du ton, prie Sacha de se calmer :

« Monsieur Guitry, je n'étais pas au courant de l'arrestation de monsieur Tristan Bernard. Je vous demande de me croire. Je vais donner des ordres pour qu'il soit transféré à l'hôpital Rothschild. Et je vais mettre tout en œuvre pour que vous puissiez venir le rencontrer dès demain. »

Ce même jour, Sacha alerte l'ambassadeur Fernand de Brinon, délégué général du gouvernement de Vichy dans les territoires occupés, en lui adressant une lettre personnelle.

Dès le lendemain, Schleier téléphone à Sacha pour lui dire que les Bernard sont à l'hôpital Rothschild. Il se précipite alors à l'ambassade pour obtenir un laissez-passer qui va lui permettre de rendre visite à ses amis. Il les verra à plusieurs reprises et rapportera ce propos de Tristan Bernard à qui il demandait s'il n'avait besoin de rien : « Apportez-moi un cache-nez. »

Huit jours plus tard, Tristan et sa femme sont libres. Ils adressent à leur ami le pneumatique suivant :

> « Mon vieux Sacha,
>
> « Nous sommes depuis ce midi chez Jean-Jacques.
>
> « Comme c'est doux d'avoir de la reconnaissance, une reconnaissance profonde pour quelqu'un que l'on a toujours aimé si tendrement !

« J'ai été bien ému, et Marcelle aussi, en apprenant que tu étais souffrant. Donne-nous de tes nouvelles.

« Nous t'embrassons. Tristan. »

Une chose est certaine : Guitry était prêt à tout pour sauver le vieil homme. Le ministre allemand aurait même pu en profiter pour se livrer à un chantage sur Sacha, car il aurait alors été facile d'exiger de lui qu'il tourne par exemple avec la Continental, ou qu'il accepte de laisser jouer ses pièces en Allemagne en échange de la libération de ses protégés. Aurait-il eu alors la force de refuser ?

Jamais, même si les chances de réussite étaient minimes, Guitry ne renonça à intervenir pour essayer d'améliorer le sort de ses amis juifs. En décembre 1942, il essaya de nouveau de joindre les services de la Gestapo pour plaider la cause de Théodore Ansbacher et de Claude Bernheim. Mais cela agaçait infiniment le Dr Knochen qui refusa de rencontrer le Maître. Un mur s'était dorénavant dressé devant lui. Henri Jadoux en avancera l'explication : « La Gestapo le croyait juif. Le fait fut attesté à la Libération. »

Sacha travaillait également sur un projet de film qui présentait à ses yeux un grand intérêt, celui de proposer le rôle principal au comédien Marcel Simon, un de ses amis juifs. Simon aurait joué le rôle d'un vieil homme épris de beaux métiers, qui ranimerait un petit village sur le déclin. Mais l'acteur expliqua longuement à Sacha que les Allemands ne laisseraient pas faire, et qu'il serait alors probablement le premier arrêté ! Ces arguments convainquirent Sacha qui renonça à son projet plutôt que de choisir un autre acteur !

Guitry, qui est un esprit libre et qui garde un côté facétieux de gamin, prend donc un malin plaisir à imaginer les meilleures façons de résister à sa manière aux Allemands. Pour ce faire, il décide d'utiliser une fois de plus le film *Ceux de chez nous*, reportage muet qu'il avait réalisé en 1915. Son idée, en août 1940, est de reprendre ces projections à Paris, au théâtre de la Madeleine, avant de jouer sa pièce *Un soir quand on est seul.* À cette occasion, une affiche est éditée et placardée dans Paris, au nez et à la barbe des Allemands, où apparaît le nom de Sarah Bernhardt, et dont Guitry dit dans le commentaire qui accompagne son film : « Voilà celle que je considérais comme ma seconde mère. »

Un défi aux autorités d'Occupation qui entament déjà leur chasse aux juifs ! L'initiative de Sacha Guitry est peu appréciée, si bien qu'à la onzième représentation du film, la Propagandastaffel lui ordonne formellement de supprimer du film la séquence sur Sarah. Il refuse et préfère interrompre les représentations qu'il reprendra cependant – en maintenant la séquence sur la grande comédienne – à partir du jeudi 4 décembre. La censure allemande délivrera alors une autorisation officielle (qui est obligatoire) autorisant à projeter ce film « ... seulement pour les conférences de M. Sacha Guitry... La projection de ce film dans une salle de projection n'est pas autorisée ». Et dans la liste des noms des gloires françaises dont il s'agit, la censure allemande « oublie » celui de la grande comédienne. Sacha, menacé par la censure allemande, réussit à projeter cinquante-cinq fois son film avec la séquence consacrée à Sarah. Il renouvellera cet « exploit » fin 1941.

Les activités de Sacha peuvent paraître importantes à la lecture des lignes qui vont suivre, mais, en fait, si l'on compare avec son œuvre antérieure et postérieure, on se rend bien compte qu'il travaille d'une certaine manière au ralenti. Il est vrai qu'il suit strictement la ligne qu'il s'est fixée et qui le maintient, d'une façon exemplaire, hors de toutes les propositions professionnelles que les Allemands s'évertuent à lui faire. Pas une fois il ne déjeunera ou ne dînera avec les occupants. Tous les témoignages le prouvent, y compris ceux recueillis, à la Libération, par ses deux juges d'instruction ! Et il ne quittera Paris que pour de très courtes et rares tournées, ou pour prendre quelques jours de repos dans sa propriété de Ternay, proche de Versailles.

Il n'est pas dans notre intention de détailler et d'analyser l'inventaire complet des activités créatrices du Maître pendant toutes ces années, mais plutôt d'évoquer les principaux faits marquants de son activité professionnelle, et les événements qui en découlèrent.

Commençons par parler théâtre :

La dernière du *Bien-Aimé* a lieu le 5 janvier 1941. Le 25 du même mois lui est signifié le refus définitif, par la censure, de sa nouvelle pièce, *Mon auguste grand-père*. Dans l'urgence, il choisit l'une de ses anciennes œuvres pour être sur scène le 27. Il s'agit d'*Une petite main qui se place*, où le rôle créé par Yvonne Printemps est repris par Geneviève. Le soir de la première, on remarque dans la salle plusieurs officiers allemands : le général Medicus, le général Hanesse et le Dr Kügl. Un moment, Sacha envisage, en 1942, de faire un film de cette pièce. Mais il trouve l'interprétation de Geneviève bien décevante par comparaison avec celle d'Yvonne Printemps. Il renonce donc au projet.

Après avoir joué, sur la scène de la Madeleine, en 1940, successivement *Pasteur*, *Un soir quand on est seul*, *Florence*, un extrait d'*Histoires de France* et *Le Bien-Aimé*, Sacha pense à l'avenir et ressort une pièce écrite en 1938, mais jamais jouée, qui s'intitule *Le Soir d'Austerlitz*. Présentée à la censure en avril, l'œuvre est cependant refusée au motif que le titre est considéré comme une provocation. Peu importe : il la rebaptise et elle devient *Vive l'Empereur !*

Pour Sacha, c'est aussi le début d'une période personnelle bien difficile, car son couple ne va pas tarder à se lézarder.

Le 11 mai a donc lieu la première de *Vive l'Empereur !* Le seul « message politique » que l'on pourra retenir de cette œuvre est l'évocation des véritables ravages que de stupides discussions politiques peuvent créer au sein d'une famille unie. La pièce s'interrompt le 6 juillet pour reprendre le 19 septembre (elle est enregistrée pour la radio le 24 octobre). La dernière a lieu le 30 novembre.

Un soir de 1941, Guitry est sur scène à la Madeleine. Soudain, en pleine répétition, un militaire allemand, n'appréciant peut-être pas l'esprit de l'auteur-acteur, ou comprenant mal le français, décide de quitter la salle. Pour ce faire, il se lève et commence à enfiler son manteau. Comme il est placé aux tout premiers rangs, Sacha voit son stratagème depuis la scène. Aussitôt, il s'interrompt, s'approche de la rampe et, avec un trait de génie qui lui est coutumier, lance :

« Ce n'est pas facile, mon colonel, de passer… la Manche ! »

On imagine les rires mal contenus dans l'assistance…

Le 4 décembre a lieu à la Madeleine la reprise d'une de ses anciennes comédies, *Mon double et ma moitié*. Ni Sacha ni Geneviève ne jouent dans la pièce. La dernière représentation a lieu le 25 février.

Quatre jours plus tôt, le 21 février (jour anniversaire de Sacha), un arrêté publié à Vichy au *Journal officiel* nomme les membres du Comité d'organisation des entreprises de spectacles. Sacha en fait partie.

Le 3 mars, il reprend *Vive l'Empereur !* et, à partir du 13 du même mois, il donne à Vichy trois représentations, dont une en présence du maréchal Pétain qui vient féliciter sur scène les comédiens. Sacha est reçu le lendemain par le maréchal.

En avril 1942, Sacha va se trouver confronté à une drôle d'histoire. Il est chez lui, en début d'après-midi, en train de travailler à son bureau. Sa secrétaire vient le prévenir que deux officiers allemands demandent à lui parler pour une raison très importante. Sacha ne peut faire autrement que les recevoir. Le dialogue s'engage :

« Monsieur Guitry, nous avons reçu l'ordre de venir vous chercher. Vous voulez bien nous accompagner tout de suite ?

– Dites-moi : veut-on me fusiller ?

– Non, monsieur Guitry. Mais nous devons vous conduire auprès d'une personnalité qui désire vous rencontrer au plus tôt.

– Une personnalité... ? Quelle personnalité ? Quel est son nom ?

– Monsieur Guitry, nous sommes vraiment désolés, mais nous n'avons pas l'autorisation de vous donner son nom.

– Eh bien, dans ce cas, vous ne pourrez me faire sortir de chez moi que par la force. Mais si vous n'avez pas cette intention, vous pouvez vous servir de mon téléphone pour demander que l'on me communique ce nom. Vous pouvez téléphoner devant moi, je ne parle pas allemand.

Voyant que le Maître est bien décidé à faire ce qu'il dit, l'un des officiers se résout à téléphoner. Il raccroche et s'adresse à Sacha :

« Je viens de recevoir l'autorisation de vous le dire. C'est le maréchal Goering[10] qui vous attend aux Affaires étrangères. Maintenant, vous voulez bien nous suivre ?

– J'ai mon chauffeur qui va m'y conduire. Il est inutile que vous m'attendiez, messieurs les officiers. »

Et voilà Sacha devant Goering qui le reçoit dans un vaste salon au milieu d'une bonne douzaine d'officiers. Le maréchal allemand ne parlant pas un mot de français et Guitry ne parlant ni ne comprenant un mot d'allemand, la conversation – avec l'aide d'un traducteur amateur (le général Hanesse) – traîne en longueur et concerne exclusivement *Le Roman d'un tricheur* (un film de Sacha tourné en 1936) que le dignitaire nazi semble avoir beaucoup apprécié.

Le Maître reste extrêmement réservé pendant cet entretien qui n'est, à ses yeux, qu'une « convocation obligatoire ». Le côté jovial, voire l'attitude ridicule de Goering n'arrive pas à briser la glace. Aux Benjamin, Guitry, amusé, fera le récit suivant :

« Je vois ce gros homme en uniforme, couvert d'une extraordinaire batterie de cuisine, qui se rue sur moi, me prend à bras le corps, me tâte et me fait : "Ach, Grosse vedette ! Vedette ! Vedette !..." Je recule d'un mètre, je le toise et lui dis : "Du calme, monsieur le Maréchal, nous sommes entre hommes !" »

Guitry en fera à maintes occasions, un portrait savoureux, n'hésitant pas à tourner en ridicule le chef nazi. Il s'attarde sur le côté adipeux du personnage et s'amuse à imaginer que Goering ressemble à une sorte de travesti de théâtre : une ridicule grosse dame jouant un encore plus ridicule gros bonhomme...

Cette entrevue avec Goering intéressera le juge chargé d'instruire l'« affaire Guitry ». D'où cet échange étonnant :

« Pour quelle raison Goering a-t-il voulu vous voir ?

– Par curiosité.

– Vous qui aviez été reçu par le roi d'Angleterre ! Vous qui aviez été reçu à Windsor, vous avez vu Goering !

– Oui, monsieur le juge, et il est même possible que je déjeune avec Staline avant vous ! »

Le 3 mai a lieu la dernière de la seconde saison de *Vive l'Empereur !*

Le 19 mai 1942 débutent les représentations de sa nouvelle pièce, *N'écoutez pas, mesdames*. Jouée sur la scène de la Madeleine, elle obtient un très grand succès qui durera jusqu'en 1944. Plus de six cent représentations seront données devant un public enthousiaste (la moyenne des recettes des six cent représentations dépasse 36 000 francs, alors qu'elles n'étaient que de 5 317 francs pour *Pasteur* !) qui retrouve toute la fraîcheur des dialogues de Sacha et son esprit si particulier, quand il parle des femmes. Lui qui tient le rôle de Daniel s'offre au premier acte un long monologue, vrai réquisitoire sur les femmes, qui explique ce titre plein de prévenance, conseillant à ses « victimes » de ne pas écouter !

Très belle affaire que cette pièce, qui tient si longtemps l'affiche, pour les directeurs du théâtre de la Madeleine ! Pas besoin de nouveaux décors, de nouveaux costumes ni de frais de réclame !

En spécialiste, Jacques Lorcey a analysé cette œuvre comme suit : « Cette pièce satirique sans méchanceté, qui transporte admirablement la vie quotidienne en mêlant ses mensonges, ses erreurs, ses hypocrisies, ses petites lâchetés, ses combines, ses cruautés, ses nostalgies et ses amours, demeure extrêmement plaisante, même si elle n'atteint pas tout à fait au niveau de ses chefs-d'œuvre que sont *Mon père avait raison* ou *Frans Hals...* »

Fernande Choisel raconte quant à elle : « Geneviève commençait à s'ennuyer... un peu trop. Elle n'avait plus de dons à cultiver. Elle avait épuisé tous les magazines américains, qui n'étaient pas renouvelables. L'envers de son caractère entra alors en scène. Elle s'énervait à propos de tout : la viande n'était pas assez cuite, le poulet n'était pas assez tendre, la sauce était ratée, le coiffeur n'utilisait plus que des ersatz, etc. Nous ne savions plus à quel moment elle allait exploser, de colère ou de rire. [...] Comme Geneviève traversait une période agitée, elle fit la moue, se trouva fatiguée et ne voulut pas être de cette distribution (de *N'écoutez pas, mesdames*). D'ailleurs, elle allait justement commencer une tapisserie... [...] *N'écoutez pas, mesdames* eut d'emblée un grand succès. Geneviève ne devait pas s'y attendre, car elle regretta vite sa fatigue et sa tapisserie. Elle avait même l'air vexé. »

Alors que Sacha passe toutes ses soirées au théâtre, Geneviève en profite pour renouer des liens avec ses jeunes amies et amis d'autrefois, et passe bien des soirées dehors, rentrant à Élisée-Reclus peu de temps avant son mari.

Le couple tiendra toutefois tant bien que mal jusqu'en avril 1944. Sacha proposera à Geneviève le divorce, tout en voulant l'adopter sitôt le jugement prononcé ! Ses avocats lui expliqueront l'impossibilité juridique de la chose...

Au départ de Geneviève, il attrapera une feuille de papier et notera :

« Elle est partie – enfin !
Enfin me voilà seul.
C'était, depuis bien des années, mon rêve.
Je vais donc enfin vivre seul !
Et déjà je me demande avec qui. »

Il gardera toutefois beaucoup de tendresse pour cette femme-enfant. En 1949, il lui écrira une jolie lettre où il évoque d'une façon touchante la grande différence d'âge entre eux deux. Il lui avouera même que, se sachant déjà en mauvaise santé, il n'aurait pas été élégant d'imposer à la jeune femme qu'elle est toujours le spectacle de sa décrépitude, ni sa fin de vie qu'il imagine déjà bien triste.

Le 27 octobre, Sacha accorde aux prisonniers des stalags l'autorisation de jouer sa pièce dans les camps, mais en insistant bien sur son interdiction formelle qu'elle soit jouée en Allemagne à l'extérieur des camps.

Pour fêter, dans les circonstances présentes, le réveillon du 31 décembre 1942, Sacha décide de faire relâche et réserve tout l'établissement de Maurice Carrère[11], situé au 45 bis, rue Pierre-Charron. Pour l'occasion, il fait imprimer un programme avec un superbe dessin en couleurs de Guy Arnoux représentant une petite fille au milieu d'un champ qui symbolise la France, entourée de barbelés, à qui une colombe vient porter un rameau d'olivier. Sacha confiera à ses invités qu'il a tenu à cette célébration particulière, car il pense que l'année 1943 sera le tournant décisif de la guerre, et il veut même croire à la libération de la France dans l'année qui vient. Il donne rendez-vous à ses convives à 21 heures et leur annonce qu'avant le dîner sera donnée, toujours chez Carrère, la répétition générale d'un petit spectacle présenté quelque temps plus tard au bénéfice de Pont-aux-Dames.

Sacha et Geneviève veillent avec grand soin à l'organisation de cette soirée. Tandis que Geneviève se lance dans une décoration personnalisée de l'établissement, Sacha rédige le menu-programme qui comporte deux parties : « Les Menus-plaisirs et le Plaisir-menu ».

Dans les Menus-plaisirs, l'on peut découvrir le programme du petit spectacle :

1° La môme Fufu
2° La Monagoya
3° La Reine du tapis
4° Les Méningitos
5° La Jeune Viève
et, bien entendu, c'est-à-dire bien écouté, Orchestre Claude Normand.

Dans le Plaisir-menu, place à l'annonce du dîner ! :

Poisson éventuel
Rôti présumé
Volaille prévisible
Légumes vraisemblables
Salade possible
Dessert hypothétique
Fruits probables
Café admissible
Vins : bleu, blanc, rouge
et
Cigarettes individuelles.

Maurice Carrère n'hésitera donc pas à fermer son établissement pour ce « Réveillon Sacha Guitry », mais, de plus, ne touchera pas le chèque de Sacha, qu'il préférera faire encadrer.

En 1942, un joli projet est également imaginé par Sacha. Il a beaucoup d'admiration pour le jeune Charles Trenet qu'il est allé voir à l'A.B.C. en 1938 et pour lequel il a été le seul à voter lors du prix Goncourt 1939 pour son livre *Dodo Manière* ; il lui propose d'écrire une comédie musicale à deux et de la faire représenter au théâtre Édouard-VII dès octobre 1943, avec Charles Trenet et Geneviève Guitry dans les rôles principaux (précisons que Trenet fit partie de l'hommage à Antoine en 1941). L'histoire de cette comédie musicale se situera pendant la guerre de Cent Ans et l'occupation anglaise. Il veut que ce divertissement soit à la fois un clin d'œil et un message d'espoir pour le public.

Le 31 juillet 1943, le synopsis de cette comédie musicale (qu'il écrit en une journée), intitulée *Le Dernier Troubadour,* est déposé aux services de la censure allemande. Cette comédie contemporaine conte l'histoire d'un jeune couple (un chanteur et une danseuse) qui reçoit quelques amis proches. La conversation porte bien entendu sur les événements en cours : ils se demandent si la guerre finira bientôt et quel sera alors l'avenir de leur patrie. Les amis partis, le couple s'essaie au spiritisme et voilà qu'une fée apparaît... Immédiatement, les tourtereaux en profitent pour la questionner sur l'avenir du pays. La bonne fée leur déclare (reprenant un thème cher à Guitry) que l'on ne peut imaginer l'avenir qu'en connaissant bien le passé, et elle leur propose un voyage dans le temps, précisément à la fin du Moyen Âge. Voilà donc notre couple transporté dans une taverne durant la guerre de Cent Ans. La jeune femme se retrouve danseuse dans cet établissement, et lui devient le dernier troubadour. Ils se rendent alors vite compte qu'à cette époque, le pessimisme frappe également les Français et que la vie quotidienne est bien rude. Mais, avec la venue de Jeanne d'Arc, l'espoir de tout un peuple va renaître ! Le voyage dans le temps s'achève et le couple revient dans le présent, plus fort, plus soudé que jamais, enfin confiant dans l'avenir du pays...

La réponse de la censure traîne en longueur. Finalement, Guitry et Trenet sont convoqués par le lieutenant Lücht, chef de la censure, qui leur signifie, le 10 novembre, son refus de laisser jouer cette comédie musicale. Charles Trenet s'en est souvenu : « J'assiste à l'entretien où le gradé nous signifie cette décision. Sans manifester sa déconvenue, Sacha s'exclame froidement :

« – Eh bien, mon jeune ami, j'en référerai directement à votre supérieur, le Dr Goebbels.

« Puis, se drapant dans un immense cache-nez rouge, il sort sans ajouter un mot. Je le suis et, dès que nous nous retrouvons à l'abri des oreilles indiscrètes, je lui demande s'il connaît le dauphin de Hitler.

« – Pas du tout ! me répond-il. »

Lücht justifiera son refus de laisser jouer cette œuvre de la façon suivante : « La pièce de Sacha Guitry serait un véritable régal pour les gaullistes. Sous le nom d'occupants, on ne verrait que nous. »

De ce travail en commun, il ne reste qu'une chanson de Charles Trenet, *Le Dernier Troubadour*. Il semble que Sacha, de son côté, se servira de quelques passages de son livret dans son film *Si Paris nous était conté*.

Le 29 mai 1944 aura lieu la dernière de *N'écoutez pas, mesdames* (la pièce sera reprise en 1952 au Théâtre des Variétés).

Il nous faut maintenant évoquer la production cinématographique de Sacha Guitry à travers les cinq films qu'il a signés entre 1940 et 1944 (signalons toutefois qu'en 1940 a été tourné aux États-Unis *Lucky Partners*, par Lewis Milestone, d'après le scénario de *Bonne Chance*, film interprété par Ginger Rogers et Ronald Colman).

Sa première œuvre est en fait un petit film, *La Loi du 21 juin 1907*, spécialement tourné pour la « Nuit du cinéma » du 24 mars 1942, qui a lieu au Gaumont-Palace. Ce film a la particularité de mêler l'action filmée et celle de la salle, pour le plus grand étonnement des spectateurs. Hélas, il semble que ce film ait à jamais disparu ! Il nous en reste cependant le scénario. Il raconte une histoire simple : un père s'oppose au mariage de sa fille. Mais, grâce à un brillant avocat, le futur couple apprend que l'on peut se passer du consentement des parents en vertu de la loi du 21 janvier 1907. Le couple en conclut malicieusement que cela peut faire un bon scénario de film !

Mais le grand film de l'année 1942, pour Sacha, n'est autre que *Le Destin fabuleux de Désirée Clary*. En fait, Guitry est quasiment harcelé par les Allemands, depuis 1941, qui veulent lui faire accepter de travailler pour le cinéma avec des capitaux germaniques. Ainsi, en février 1941, deux représentants de firmes cinématographiques allemandes, la Tobis et la Ufa, prennent contact avec lui. Ils tâtent le terrain et questionnent l'homme de cinéma que fut Guitry avant la guerre, pour connaître les projets cinématographiques qu'il pourrait avoir. Sacha leur explique qu'il n'a pas de projets en cette matière et que, de toute façon il n'a aucunement l'intention, pour l'heure, de reprendre cette activité. Ils en restent là.

Quelques mois plus tard, un civil allemand, le docteur Kügl, prie le Maître de venir le voir. Sacha s'exécute et apprend que la puissante firme cinématographique allemande, la Continental, va se mettre en contact avec lui ; elle lui propose de tourner un film sur le sujet qu'il souhaite, et, en contrepartie, trois millions lui seront versés.

Comme toujours, très chatouilleux sur ce point, Sacha refuse poliment mais fermement cette offre, et précise que si l'envie de faire du cinéma le prenait de nouveau, il ne pourrait le concevoir qu'en ayant recours à un producteur français, avec la garantie absolue de n'utiliser que des capitaux qui le sont également. De plus, pour mettre un terme à l'avenir à ce genre de proposition, Guitry explique à son interlocuteur qu'il est engagé avec son producteur habituel, le Basque Harispuru. Et, pour bien achever de persuader le docteur Kügl, il lui propose d'appeler au téléphone Harispuru qui, connaissant parfaitement son Sacha, déclare à l'Allemand :

« Je connais les principes de Sacha Guitry et il est inutile de lui faire plus officiellement cette proposition. D'ailleurs, nous sommes d'accord pour réaliser prochainement ensemble un nouveau film. »

Le docteur Kügl n'insiste pas…

Pourtant, quelques jours plus tard, Guy de Carmoy et Ploquin, les dirigeants du Comité de défense du cinéma français, téléphonent à Guitry pour lui faire officiellement part de la proposition de la Continental. Il est de surcroît prié de venir rencontrer Raoul Ploquin au plus vite.

Sacha ne cédera rien au cours de cet entretien et acceptera, pour éviter de travailler avec et pour les Allemands, de toucher six fois moins de la part d'un producteur français…

Ce film qui sera bien produit par Édouard Harispuru n'est autre que *Le Destin fabuleux de Désirée Clary*. Il nous conte l'histoire de Désirée Clary et de sa sœur, filles de commerçants marseillais aisés, dont le destin tranquille semble tout tracé… Mais voilà que va survenir la Révolution française et que ces deux jeunes femmes vont devenir, l'une comme l'autre, reines ! En effet, Désirée, qui avait d'abord été la fiancée de Bonaparte, épousera Bernadotte et portera ainsi la couronne de reine de Suède, alors que sa sœur, s'étant unie à Joseph Bonaparte, se retrouvera reine d'Espagne. Une histoire extraordinaire, incroyable, comme les aime tant Guitry ! Le Maître a toujours été fasciné par les hasards de l'histoire et les coulisses de cette aventure le passionnent…

Du coup, la censure allemande refuse le scénario que Guitry est obligé de déposer. Cette fois, on ne reprend pas les mêmes arguments que pour *Le Soir d'Austerlitz*, car les Allemands ont le toupet de trouver que ce projet de film « ternit la mémoire de l'Empereur » !

Finalement, après de multiples tergiversations, le visa est accordé.

Mais, revanchards, les Allemands multiplient les difficultés. On oblige Sacha à retourner une scène, car la devise de l'Angleterre, « Honni soit qui mal y pense », y est mise en valeur, puis on veut en interdire finalement la sortie au prétexte qu'une erreur historique s'y est glissée. Il faudra qu'un membre de la famille royale française se porte garant que le fait incriminé est bien conforme à la réalité historique pour que le visa définitif soit enfin donné.

De plus, Sacha saisit l'occasion, dans l'exercice de son art, de faire la leçon à l'occupant, lors du début du tournage, sachant qu'inévitablement le docteur Dietrich viendrait assister au premier tour de manivelle (le 6 décembre 1941), comme il faisait pour tous les longs-métrages ayant reçu le visa de la Propagandastaffel. Guitry programme donc le tournage d'une scène bien précise, celle où Bernadotte, victorieux du peuple suédois, reçoit son malheureux adversaire, vaincu, dans une maison de Lübeck. Et Sacha de mettre dans la bouche de Bernadotte ces mots :

« Je ne viens pas ici pour vous faire du bien, mais j'ai l'intention d'y faire le moins de mal possible, et je m'abandonne à l'espoir de vous faire oublier les malheurs de la guerre en vous donnant de constants témoignages de ma bienveillance et de ma courtoisie. »

Stoïque, Dietrich, en compagnie de deux officiers, assistera au tournage de cette scène, leçon de fair-play et d'honneur incontestable. Que pouvait en penser l'Allemand, lui qui ne devait pas ignorer les massacres qu'une partie de l'armée allemande commençait à perpétrer à l'encontre d'une partie de la population européenne, notamment des juifs ?

Pour son deuxième grand film de cette période de l'Occupation, toujours produit par une société française (mais plus par Harispuru, qui semble rencontrer des difficultés financières bien compréhensibles et doit réduire son activité, au grand dam du Maître qui aurait voulu travailler exclusivement avec lui), Sacha décide prudemment d'attendre la fin du rude hiver 1942 pour en commencer le tournage. Il reprend alors un sujet d'une de ses pièces inachevées, inspirée d'un roman-feuilleton de son propre grand-père René de

Pont-Jest, *Aveugle*. L'histoire : un grand sculpteur tombe éperdument amoureux d'une jeune femme qui s'éprend de lui, mais, devenant brusquement aveugle, il se refuse à lui révéler ce terrible drame, craignant que son amour ne se change en pitié et qu'elle ne reste avec lui que par compassion.

Ce film assez noir, qui devait s'appeler *La Nuit blanche* et qui, finalement, sortira sous le titre *Donne-moi tes yeux*, est un témoignage assez saisissant du quotidien de la vie sous l'Occupation dans le milieu artistique. Cette jolie mais triste histoire permet à Guitry de glisser dans son film beaucoup de petites choses à décoder. Et il le fait, une fois de plus, au nez et à la barbe des occupants.

Le film, dont Sacha et Geneviève (avec laquelle la vie est de plus en plus difficile...) sont les principaux interprètes, s'ouvre par une grande exposition où Sacha fait figurer de grands artistes contemporains comme Utrillo, Touchagues, Van Dongen ou Paul Belmondo. Dans l'une des salles de cette exposition, on peut admirer des œuvres datant toutes des années 1870-1871, c'est-à-dire des chefs-d'œuvre réalisés au lendemain de la défaite de la France face à l'Allemagne. D'où la tirade de Sacha, jouant le rôle de ce célèbre sculpteur s'adressant à l'un de ses amis : « Admire ces splendeurs !... Voilà ce que faisaient les hommes de génie à l'heure où la France venait de perdre la guerre. Et devant ces merveilles, n'a-t-on pas l'impression que ce que l'on perdait d'un côté, on le regagnait de l'autre ? Car on a bien le droit de considérer que des œuvres pareilles, cela tient lieu de victoire ! »

Autre grand moment : Sacha est en train de réaliser le buste de Geneviève qu'il vient de choisir comme modèle. Il a les mains pleines de terre et s'adresse à la jeune femme : « Je vais d'abord vous faire en glaise... » On peut imaginer les sourires que cela provoque chez les spectateurs. Et encore le producteur du film a coupé (par une peur bien justifiée de la censure !) la phrase suivante :

« Ça vous plairait, hein, d'être en glaise ? »

Ce film qui ne remportera pas un grand succès parmi les critiques reste non seulement un film d'ambiance assez envoûtant sur le Paris des années sombres, mais, quand il est de surcroît décodé par les historiens du cinéma, il nous réserve certaines surprises. Ainsi peut-on retenir l'analyse qu'en fait Noël Simsolo : « Guitry avoue là qu'il faut être aveugle à présent pour ne pas voir ce que devient la France occupée, et qu'ainsi le souvenir permet de subsister, intègre, à son retrait des luttes et des combats, absent des mouvements de destruction et des changements du monde. L'ardent défenseur de la grandeur de la France, celui qui voulait empêcher les Allemands de coloniser culturellement son pays en 1916 et 1940, cet homme nous dit en 1943 qu'il vaut mieux faire l'aveugle que participer à la tragédie. L'amertume de cette décision se lit dans chaque image filmée. Aucune honte. Pas un soupçon de lâcheté, mais certainement la conscience qu'un monde auquel il était attaché va mourir à l'issue de cette guerre interminable. »

Dans la distribution, l'on remarque les noms de Mona Goya, Jeanne Fusier-Gir, Marguerite Moreno, Maurice Teynac, entre autres, et même un certain Maurice Carrère qui tient son propre rôle de patron de l'établissement *Chez Carrère* où sont tournées plusieurs scènes ! La première a lieu le 24 novembre 1943 au Biarritz.

Dernier film : *La Malibran*, avec, dans le rôle principal, Geori Boué. Pour Sacha, cette période est très difficile, car il doit gérer la fin de son mariage avec Geneviève, et il semble las de ces années d'Occupation où plus rien n'est comparable à ce qui était auparavant. Comme si une sorte de dépression s'était emparée de lui ! Ce film, vite oublié dans l'œuvre de Sacha, qui sortira le 10 mai 1944 au Biarritz et au Français, aura donc la courte carrière qu'il semble mériter. Seul Yann Lardeau lui découvre de vraies qualités : des qualités « techniques » qui démontrent une fois de plus que Sacha est en avance sur son temps et « invente » sans cesse, comme il a su le faire avec *Le Roman d'un tricheur*, toujours considéré comme un chef-d'œuvre ouvrant la voie au cinéma contemporain. Yann Lardeau écrit : « Si *La Malibran* n'est pas un film, comment nommer alors l'admirable travelling avant et tout le découpage de la scène de la réconciliation avec le père ? Si ce n'est pas là un sommet de l'expression cinématographique, comment nommer alors cet autre admirable travelling, arrière cette fois, découvrant l'orchestre et la scène, alors que la Malibran, saisie d'un malaise, chante la Mort pour, précisément, conjurer et retenir la mort qui est en train de l'enlever au public ? »

Comme si Sacha, même quand il manque d'inspiration dans l'écriture d'un scénario et des dialogues, ne peut s'empêcher de mettre du génie dans ce qu'il fait.

Mais si l'on peut avancer que sa production cinématographique pendant ces tristes années est bien moins brillante que celle d'avant-guerre, mais aussi que celle qui suivra les années de silence forcé, n'oublions pas non plus que ces trois films ont été faits avec des moyens restreints dus à son refus de travailler avec l'industrie germanique du cinéma.

Tout le monde n'aura d'ailleurs pas les mêmes états d'âme que Sacha face aux propositions des Allemands. Ainsi, pour n'en citer qu'un (mais les exemples seraient nombreux), Fernandel accepte en 1943 de tourner, mais aussi de diriger un film pour la Continental : *Adrien*. Et Fernandel, comme tant d'autres, ne vivra rien de comparable à ce que traversera Sacha à la Libération.

Comment ne pas évoquer non plus les très nombreux galas de bienfaisance que donne également Sacha Guitry durant cette période de l'Occupation ? Des galas qui soulagent bien des misères et auxquels il consacrait beaucoup de temps et tout son talent. Dans des ventes de charité, il se sépare de plusieurs de ses trésors de collectionneur afin que l'argent des enchères ainsi réuni puisse être versé aux œuvres qui le sollicitaient.

Ajoutons qu'au cours de ces diverses manifestations, Sacha livre aux enchérisseurs des pièces précieuses : le premier contrat de Réjane (qui atteint 150 000 francs), une édition originale des *Misérables* de Victor Hugo dédicacée par l'auteur (qui atteint 150 000 francs), des moulages des mains de Chopin et de Victor Hugo, un tableau d'Utrillo (qui atteint 680 000 francs), un bronze de Rodin (qui atteint 1 million).

Il nous faut aussi évoquer les activités de l'académie Goncourt. À la fin de l'année 1941, son président, J.-H. Rosny jeune, rencontre Sacha pour lui exposer son désir de réunir les membres à Paris afin de pourvoir à l'élection de nouveaux académiciens, puis d'attribuer le fameux prix. La plupart des académiciens étant en zone libre, il est nécessaire d'obtenir pour eux des *Ausweiss*, et, avant tout, l'autorisation des autorités d'occupation. Sacha va accepter de se charger de cette besogne. Mais il refuse de s'adresser directement aux Allemands et choisit comme seul interlocuteur le préfet délégué à Paris du ministère de l'Intérieur, M. Ingrand, car il considère qu'il s'agit d'une affaire littéraire purement française, et que cela n'entre pas dans les conventions de l'armistice.

Le 22 novembre, M. Ingrand fait savoir que les Allemands ne s'opposent pas aux réunions des Goncourt. Le 20 décembre, l'académie se réunit, et Pierre Champion, sur proposition de Sacha, est élu au fauteuil de J.-H. Rosny aîné. Le prix Goncourt est attribué à Henry Pourrat. Le déjeuner traditionnel dans le restaurant de la place Gaillon n'a pas lieu, et Sacha convie les académiciens présents (certains manquent, et Ajalbert est exclu de cette invitation !) à déjeuner chez lui.

À cette occasion, le Maître annonce à ses confrères qu'il a pris la décision de léguer sa maison et tous ses trésors à l'académie Goncourt. Il sort pour l'occasion, d'une des vitrines, le testament original de M. de Goncourt et leur en lit l'extrait suivant, qui ne peut que conforter son don : « J'entends que si, plus tard, des legs étaient faits à la société fondée par moi, ils soient destinés à l'achat d'un hôtel comme lieu de réunion et de séances. » Sacha demande la confidentialité sur sa décision. Cependant, la nouvelle est ébruitée à la radio suisse et les journaux français prennent le relais, complimentant l'illustre auteur et comédien pour son geste. Mais les choses vont dégénérer – une fois de plus par jalousie. Lucien Descaves, académicien absent de ces réunions parisiennes, ne peut s'empêcher de faire publier un article désobligeant pour Sacha, en réaction à cette offre généreuse, reprenant son inusable : « Mieux vaut se réunir dans un grenier plein de souvenirs impérissables que dans n'importe quel hôtel sans cœur et sans visage, fût-il richement attifé. » Devant l'absence de condamnation de cette attaque par les académiciens Goncourt, Guitry renonce « sans en souffler mot » à son don.

Un an plus tard, alors que l'académie « dort » d'un profond sommeil, Sacha convie sa grande amie Colette à venir déjeuner avec lui place Gaillon pour lui dire son souhait qu'elle soit la première femme à rejoindre cette institution. Colette y sera élue par la suite… mais Sacha n'y était plus !

Et Sacha et la presse ? On en parle beaucoup, comme d'habitude, surtout à propos de ses pièces et de ses films, ou quand il assume la présidence d'associations professionnelles. Il donne également quelques papiers. Il nous est impossible d'en reproduire ici beaucoup, mais il est cependant intéressant d'en évoquer un, représentatif de la collaboration du Maître avec la presse française, très surveillée par les Allemands.

Dans l'été 1941, Sacha signe un texte capital dans *Le Petit Parisien*, une sorte de lettre ouverte « à l'un de ses amis ». Ce texte est-il politique ? Certains en conviendront. Est-il maréchaliste ? Probablement, mais pas plus que l'état d'esprit dominant des Français en ces débuts de l'Occupation… En tout cas, il exprime la philosophie de Guitry face à l'invasion de son pays par l'armée ennemie. Il y décrit aussi parfaitement le rôle de l'artiste, son « devoir sacré », quand son pays est occupé :

« N'as-tu pas entendu la voix du maréchal raffermie, l'autre jour ? N'as-tu pas tressailli en écoutant cette grande voix qui te disait que tu n'étais ni vendu, ni trahi, ni même abandonné – et quand il ajouta : "La France se relève", pourquoi ne t'es-tu pas levé ? »

Mais il refusera fermement au *Petit Parisien*, puis à *Paris-Soir*, de signer une rubrique quotidienne, sous forme d'éphéméride touchant des rappels historiques ayant tous une tonalité favorable à l'occupation de la France.

Si la signature de Sacha est très recherchée par les directeurs de journaux qui continuent à paraître sous l'Occupation, en revanche des informations calomnieuses continuent à fleurir dans certains organes, notamment dans des publications clandestines fort prisées par les milieux proches de la Résistance. Elles ne manqueront pas de ternir son image et de le faire passer pour un collabo. Ainsi peut-on par exemple lire dans l'un d'eux : « Sacha Guitry expose le buste de Hitler au foyer de la Madeleine. » Il y avait bien un buste, placé par Sacha en ce lieu, mais c'était celui de son père.

D'autre part, une publication étrangère va faire un tort considérable à Sacha. Le 24 août 1942, le célèbre hebdomadaire *Life* publie une liste de noms de personnalités françaises sous le titre « Black List », avec pour chapeau cette phrase terrible : « *These are some of the Frenchmen condemned by the Underground for collaboration with Germans : some to be assassinated, others to be trialed when French is free.* »

Dans cette liste, on peut trouver, entre autres, les noms de Mistinguett, Louis-Ferdinand Céline, le maréchal Pétain, Maurice Chevalier, Marcel Pagnol et Sacha Guitry ! Ce dernier prendra ce mauvais coup avec son humour habituel : « D'ailleurs, s'appeler *Life* et demander la mort, c'est curieux déjà ! »

Et d'ajouter : « Avec le général Weygand, le maréchal Pétain, Marcel Pagnol, Mistinguett et Maurice Chevalier, je ne suis pas en mauvaise compagnie, mais sur quoi ces gens-là nous condamnent-ils, que connaissent-ils de nous ? »

L'affaire n'en restera pas là et, au début 1944, on en parlera encore (la radio de Londres ayant relayé cette information à plusieurs reprises). On saura par la suite que le nom de Sacha sur cette liste a été « suggéré » par une comédienne, Françoise Rosay, réfugiée aux États-Unis à cette époque. Cette dernière (qui a joué notamment en 1937 dans le film *Le Fauteuil 47*, avec Raimu, et qui interprétera le rôle terrible de la tenancière dans le film *L'Auberge rouge*, avec Fernandel, en 1951) s'est ainsi vengée, semble-t-il, d'un article drôle, mais cruel, que Sacha fit sur sa mère, la comédienne Sylviac (presque atteinte de cécité), dans *Candide*, en 1923, sous le titre « Une représentation désastreuse ». Depuis cette date, le nom de Guitry fut maudit dans cette famille, mais les conséquences de la vengeance de Françoise Rosay dépasseront probablement ses espérances !

Notes

1. Lucien Descaves (1861-1949) : journaliste, critique et écrivain. Il s'est fait remarquer par ses écrits antimilitaristes.

2. Elvira Popescu, dite Elvire Popesco (1894-1993) : elle tournera pour Guitry dans *Ils étaient neuf célibataires*, et jouera à ses côtés dans *Un monde fou*.

3. Le Splendid est construit sur le site des thermes et du casino de la société Dax-Salin-Thermal, ravagé par un incendie en 1926. Auparavant se dressèrent là le château fort de Dax, puis une caserne. En 1929, l'on inaugure le Splendid Hôtel qui est l'œuvre des architectes parisiens André Granet et Roger Expert. L'édifice est en béton armé et suit un plan en H. Dans les sous-sols sont aménagés les salles de soins, et au rez-de-chaussée de magnifiques espaces, dont le hall et la sublime salle à manger. L'hôtel compte 184 chambres. C'est un chef-d'œuvre monumental de l'Art déco, aujourd'hui exploité par une grande chaîne hôtelière.

4. Maurice Lehmann (1894-1974) : comptable dans l'industrie automobile, il prend en parallèle des cours d'art dramatique. Sa carrière sera courte mais remarquable. Au début des années 1920, il quitte la scène pour diriger des théâtres, dont le Châtelet dès 1928. Il sera également producteur de films (dont *Pasteur* et *Bonne Chance*, films de Sacha Guitry). De 1951 à 1955, il va diriger l'Opéra et l'Opéra-Comique, et sera président du jury du festival de Cannes en 1956.

5. Otto Abetz (1903-1958) : ambassadeur d'Allemagne en France de 1938 à 1939. Expulsé lors de la déclaration de guerre, il revient à Paris le 15 juin 1940 en tant que ministre plénipotentiaire, représentant de Ribbentrop, ministre des Affaires étrangères. Il va connaître une disgrâce en 1943, mais retrouvera son poste à la fin de cette même année. Il est condamné à quarante-cinq ans de travaux forcés à la Libération mais sera finalement expulsé vers l'Allemagne au bout de cinq ans.

6. Gustave Roussy (1874-1948) : grand savant fondateur d'un centre de lutte contre le cancer à Villejuif (qui porte aujourd'hui son nom). Ministre de l'Éducation nationale en 1940. En 1941, il participe à une manifestation contre les occupants et se retrouve démis de ses fonctions. Sacha Guitry interviendra auprès des Allemands, à sa demande, pour que l'affaire n'aille pas plus loin. En 1947, membre du Conseil des ministres, il est accusé par Robert Schuman d'avoir détourné des fonds et de les avoir cachés en Suisse. Campagne de presse, procès viendront à bout de cet homme qui se suicidera en 1948. Il a été réhabilité par la France.

7. Le lieutenant Raedemacker sera éloigné de Paris moins d'un mois plus tard et remplacé par le lieutenant Lücht. Voilà qui permettra de dire à la Libération : « Sacha Guitry avait le pouvoir de faire renvoyer n'importe quel officier allemand sous l'Occupation ! »

8. Élisabeth Rachel (1821-1858) : sociétaire de la Comédie-Française, puis pensionnaire. Merveilleuse tragédienne, elle en sera l'une des plus grandes étoiles.

9. Rudolf Rahn est deuxième conseiller à l'ambassade d'Allemagne en France. Il est parfaitement francophone. Il est particulièrement chargé de la section Afrique du Nord. Il sera désigné comme ministre plénipotentiaire en Tunisie entre novembre 1942 et mai 1943. Puis il sera nommé ambassadeur en Italie jusqu'à la fin de la guerre (il sera emprisonné de 1945 à 1947). Il se consacrera après la guerre à l'écriture.

10. Hermann Goering (1893-1946) : pilote de chasse lors de la Première Guerre mondiale. Il rencontre Hitler en 1922 et devient l'un de ses proches. En 1928, il est élu député au Reichstag. Il devient le « diplomate » de Hitler et est élu président du Reichstag en 1932, puis il occupe divers postes ministériels. Il se voit confier le commandement de la Luftwaffe en 1935. En 1939, il est désigné comme le successeur du Führer et, en 1940, est nommé maréchal du Reich. Pendant l'Occupation, il pillera un nombre considérable d'œuvres d'art françaises pour enrichir sa collection. Arrêté, il sera jugé à Nuremberg. Condamné à être pendu, il se suicidera le 15 octobre 1946.

11. Maurice Carrère : créateur du célèbre restaurant-cabaret portant son nom, fréquenté par le tout-Paris. Il fut également l'organisateur de grandes fêtes et un décorateur de talent très recherché.

9

De Philippe Pétain aux geôles

« Lorsqu'on est innocent, il vaut mieux être accusé d'une façon précise afin de pouvoir se disculper. »

SACHA GUITRY, *La Jalousie.*

Si l'on n'a jamais su avec précision ce qui motiva la rapidité de l'arrestation de Sacha Guitry à la Libération, il apparaît clairement que son livre intitulé *De Jeanne d'Arc à Philippe Pétain* en fut probablement le déclencheur… Pour en comprendre la genèse, il nous faut remonter à 1942.

Les directeurs de la Madeleine, toujours très avides de publicité et soignant leurs rapports avec la presse, trouvent un accord avec *Le Petit Parisien* pour organiser dans leur théâtre un cycle de conférences littéraires. Tout naturellement, Trébor et Brulé font appel à leur associé et comédien maison pour donner l'une de ces conférences. Sacha fait son choix, et son choix va être de raconter l'histoire de la France à travers ses génies, sur une période couvrant cinq cents ans. Un titre, pour ces conférences, s'impose immédiatement à ses yeux : *De Jeanne d'Arc à Philippe Pétain.* La première de ces causeries se tient le 6 mars et le succès est tout de suite au rendez-vous.

Une vingtaine de jours plus tard, André Brulé profite de l'entracte pour aller trouver Sacha :

« J'ai quelque chose d'extraordinaire à te proposer !

– Tiens !

– Oui, mon Sacha ! Sais-tu qui est Sant'Andréa ?

– Je n'en ai aucune idée.

– Bon. Et si je te parle de Bélières ?

– L'acteur ? Oui, je le connais…

– Alors, peux-tu nous recevoir demain, chez toi, en fin de matinée ? »

Ce qui est fait.

Le surlendemain, l'éditeur Sant'Andréa fait à son tour son entrée au 18 de l'avenue Élisée-Reclus. Il apporte une idée simple mais ambitieuse : faire un livre à partir du texte de la conférence littéraire de Sacha sur l'histoire de France. Mais pas n'importe quel livre ! « Un monument à la gloire de la France ! »

Tout de suite, l'ambition du projet séduit Sacha Guitry. L'ouvrage s'inspirera très largement de la conférence du Maître. Il aura quatre cents pages et sera somptueusement illustré. L'auteur gardera toute sa liberté sur les sujets traités.

Le projet est ainsi monté financièrement : un tirage strictement limité à 650 exemplaires au prix de 25 000 francs l'unité. L'ensemble du budget de réalisation de cet ouvrage s'élèvera quant à lui à 10 millions, somme sur laquelle Sacha percevra, au titre des droits d'auteur, un million de francs. Sur le produit des ventes, il est d'emblée convenu que vingt pour cent (soit 3 425 000 francs) seront versés au Secours national. Il est également réservé à André Brulé – à titre de commission – un exemplaire du tirage, soit 25 000 francs. Décidément, André Brulé ne fait jamais rien sans rien !

Sacha demande et obtient également la liberté de recourir à des écrivains et des peintres de son choix, qu'il rétribuera sur ses propres droits (il redistribuera ainsi 700 000 francs). Pour ce faire, il fait appel à des gens de talent, souvent des amis, pour qu'ils acceptent d'écrire quelques pages inédites sur une personnalité qu'ils admirent particulièrement. En voici la liste : Georges Duhamel, Paul Valéry, Maurice Donnay, Alfred Cortot, Jérôme et Jean Tharaud, Pierre Benoit, Paul Morand, Paul Fort, Jean Giraudoux, le R.P. Sertillanges, Abel Hermant, J.-H. Rosny jeune, René Fauchois, René Benjamin, le duc de Broglie, Jean de La Varende, Pierre Champion, Louis Beydts, Léo Larguier, Colette et Jean Cocteau.

Un académicien, Abel Bonnard, refusera de répondre à l'appel de Sacha. Il sera le seul.

Chaque auteur, chaque personnalité choisit la femme ou l'homme à qui il souhaite déclarer son admiration dans un texte assez court, mais toujours écrit avec passion et, constatons-le, avec grand talent. Ainsi, seront tracés les portraits de Jeanne d'Arc, Louis XI, Rabelais, Montaigne, Descartes, Pascal, La Fontaine, Racine, Voltaire, Rousseau, Lavoisier, Talleyrand, Balzac, Colbert, Victor Hugo, Berlioz, Pasteur, Cézanne, Rodin, Debussy et le maréchal Pétain.

Sacha, quant à lui, se réserve tous les autres, et ils sont nombreux : Henri IV, Richelieu, Corneille, Molière, Musset, Ronsard, Turenne, Louis XIV, Napoléon Ier, Foch, Stendhal, Villon, Verlaine, Baudelaire, Anna de Noailles, Diderot, Beaumarchais, Monier, Mirbeau, Renard, France. Puis, à l'occasion de tel ou tel hommage, tel mot d'esprit, beaucoup, beaucoup d'autres noms apparaissent au fil des pages.

Il nous faut aussi faire l'inventaire des noms, parmi ceux auxquels il tient par-dessus tout à rendre hommage dans cet ouvrage, qui sont juifs : Sarah Bernhardt, Rachel, Porto-Riche, Schwob, Dukas, Pissaro, Bergson. Il va même s'offrir le luxe, la folie de reproduire le fac-similé du journal *L'Aurore* daté du 13 janvier 1898, numéro dans lequel Émile Zola publie son fameux « J'accuse », prenant ainsi parti pour le juif Dreyfus en combattant l'épouvantable antisémitisme de l'époque !

Sacha commence par réfléchir à la façon d'expliquer au lecteur comment il a voulu aborder cet ouvrage. Il lui décrit donc la genèse de son projet, avouant non sans une certaine délectation son envie de laisser dès le départ un certain désordre, une certaine improvisation régner dans ces pages, véritable hommage aux génies de la patrie. Une fois encore, il reprend le thème qui lui est si cher : connaître le passé pour préparer l'avenir !

Il ne lui reste plus qu'à se mettre au travail.

C'est d'ailleurs à l'occasion de la mise en œuvre de cet ouvrage qu'un homme va faire son entrée, le 2 avril 1942, dans l'entourage de Sacha. Il ne le quittera jamais plus. Son nom : Henri Jadoux. Il a été chargé par les éditeurs (M. Lafuma s'est associé avec Sant'Andréa) de devenir l'assistant provisoire de Sacha, le temps de rassembler la documentation illustrant l'ouvrage et de vérifier les citations des divers auteurs qui y figureront. Sur Jadoux, Sacha écrira : « Veillant à tout, ne négligeant aucun détail, surmontant d'innombrables difficultés matérielles, il en fut l'artisan scrupuleux, attentif, éclairé. Par la suite, il a cru devenir mon ami le meilleur. »

La première phrase de Sacha qu'entendra Jadoux sera la suivante : « Vous aimez la France (Jadoux indiquera que ce n'était pas une question, mais un constat, voire presque un ordre !). Eh bien, nous allons lui faire une déclaration d'amour ! »

Puis le Maître l'entraîne dans une visite détaillée de ses collections, comme il aime à le faire avec passion, prenant autant de soin d'un jeune étudiant que d'une tête couronnée.

À partir de juin 1942, les visites de Jadoux sont quotidiennes. Il vient même souvent deux fois par jour à Élisée-Reclus, et va ainsi devenir l'homme de confiance de Sacha. Et comme il est également l'homme de confiance des éditeurs, le voilà investi du rôle d'avocat du fameux projet. Au point que c'est lui que Sant'Andréa et Lafuma désignent pour les représenter auprès de l'incontournable Propagandastaffel, lors de la présentation du projet de livre. L'entrevue se passe début juillet dans les bureaux de l'organisation allemande, au 52, avenue des Champs-Élysées.

Après une longue heure d'attente, Henri Jadoux est enfin introduit dans le bureau du lieutenant Lücht, encadré par deux de ses hommes. L'Allemand examine les documents que lui a apportés le collaborateur de Sacha. Après quelques demandes d'explications (Jadoux reste le plus vague possible dans ses réponses), Lücht déclare :

« Il va mettre encore tous ses juifs là-dedans ! »

Et d'ajouter d'un ton peu aimable :

« Je veux tout voir avant l'impression, tout, vous m'entendez ? »

Jadoux se contente de dire qu'il transmettra à M. Guitry, et l'entretien s'arrête là.

Le voici de retour chez Sacha. Ce dernier, après avoir écouté le récit de son ami et les commentaires de Lücht, conclut : « Il ne faut pas s'en occuper. »

Sacha pense alors à la seule solution qui lui paraît raisonnable pour garantir la sortie du livre sans avoir à tenir compte des exigences des Allemands : présenter au plus vite une ébauche de l'ouvrage au maréchal Pétain et obtenir son feu vert qui, à ses yeux, seul importe et servira de sésame.

Enfin, en ce mois de septembre, le secrétariat du maréchal à Vichy fait savoir au Maître que l'entretien avec le chef de l'État aura lieu le 5 octobre. Sacha se hâte de rassembler les textes qui lui manquent, Jadoux accomplit des exploits pour réaliser une maquette présentable, et, début octobre, Guitry peut déclarer : « Voilà, j'ai fini ! »

Pourtant, la version définitive est loin d'être prête, même si une maquette convenable pourra être présentée au héros de Verdun. La nuit précédant le départ du couple Guitry pour Vichy, Jadoux et le graveur Lamagny sont encore au travail pour mettre au point les derniers changements voulus par le Maître. Enfin tout est prêt et le départ fixé à 7 heures.

À Vichy, l'accueil est chaleureux. Le vieux soldat est dans un moment de totale lucidité, ce qui est une chance. Sacha en conclut que l'intelligence du maréchal est intacte, en dépit de l'âge. Jugement quelque peu rapide... La visite est très courte, minutée, même. Le maréchal a juste le temps de feuilleter l'ouvrage et d'engager une courte discussion avec Guitry.

Après cet accueil du maréchal, Sacha pense que la censure allemande ne posera plus de problème. Mais, en janvier 1943, arrive une nouvelle convocation émanant du lieutenant Lücht. Jadoux s'y rend et l'accueil n'est guère meilleur que la première fois. Devant le peu d'éléments nouveaux que Jadoux apporte, Lücht essaie d'en savoir plus, mais son interlocuteur se réfugie dans une sorte de mutisme, ne craignant pas de jouer l'idiot. Toutefois, le lieutenant Lücht n'est pas dupe, et s'attend à des coups pendables de la part de Guitry. Jadoux s'en rend bien compte et confie ses inquiétudes à Sacha qui, pour les contrer, décide d'organiser une présentation officielle de l'ouvrage sur la scène du théâtre de la Madeleine, en présence du secrétaire particulier du maréchal à Paris et de quelques rares invités :

« Ces gens-là comprendront bien qu'ils n'ont rien à voir dans cette affaire. Il y aura désormais des témoins pour confirmer l'autorisation du maréchal, puisque son représentant à Paris sera là. »

Cette présentation aura bien lieu, mais il semble que les Allemands n'en sauront finalement rien.

Une nouvelle convocation de la Propagandastaffel a lieu en avril 1943. Cette fois, l'interlocuteur habituel de Jadoux est absent. Un jeune officier, qui semble avoir des lettres, est attentif à ce que lui montre son interlocuteur. Une grande partie des textes de Sacha est enfin imprimée. Il prend le temps de tout lire, semble admirer certaines reproductions, et conclut par un laconique : « C'est d'un homme de théâtre. »

Sacha, aussitôt mis au courant, dira : « Ils commencent à comprendre que leur départ approche. »

On en restera là…

Si ce livre a tant nui à Sacha à la Libération, c'est bien parce qu'il portait dans son titre le nom du maréchal. (Notons que dans la réédition de 1951, réalisée par Raoul Solar et tirée à environ 5 000 exemplaires, présentée en feuillets dans un beau coffret, apparaît sur le dos du coffret le titre « De 1429 à 1942 ». Sur la couverture en carton épais rassemblant les feuillets du coffret, on peut lire en lettre d'or : *M.C.D.X.X.I.X.*, et, plus bas, *M.C.M.X.L.I.I.* Il faut tourner les premiers feuillets intérieurs pour lire : *De Jeanne d'Arc à Philippe Pétain*, puis, après la justification de tirage : *De M.C.D.X.X.I.X. à M.C.M.X.L.I.I., c'est-à-dire : De Jeanne d'Arc à Philippe Pétain, c'est-à-dire : 500 ans de l'Histoire de la France, ouvrage conçu, composé et commenté par Sacha Guitry.*

Sacha s'est justifié par ailleurs, au moment de l'instruction de son « affaire », sur la place accordée à Pétain dans cet ouvrage, et sur son supposé pétainisme. Ainsi, le 18 novembre 1944, le procureur de la République de Paris recevra cette lettre signée courageusement « Un patriote » : « Nous avons lu avec stupéfaction l'information selon laquelle M. Angéras, juge d'instruction, aurait signé la mise en liberté provisoire de Sacha Guitry, la justice n'ayant relevé aucune charge contre lui. Comment, pas de charge contre Sacha Guitry ? Mais il y en a une massive et sans appel ! C'est son livre : *De Jeanne d'Arc à Philippe Pétain*, dont il a vendu chaque exemplaire 40 000 francs ! Pour avoir osé comparer notre héroïne nationale à ce vieux salaud qui a vendu la France, mais cela valait bien le sort infligé à Suarès ! » La lecture de cette lettre fera dire à Guitry :

« Je pensais bien qu'un jour mon livre ferait un certain bruit – mais pas le bruit que font douze balles, à huit pas. »

Accusé d'avoir été pétainiste, il dit simplement qu'il a reconnu le vieux maréchal comme le chef de l'État, et précise qu'il n'a jamais obtenu la Francisque. Là encore, il se veut un observateur neutre, retiré du monde, écrivant, jouant au théâtre, ne se mêlant en aucun cas des affaires politiques du pays. Il souligne simplement, à propos de Pétain, qu'il lui a été « donné d'observer son martyre », et que, loin d'être son intime, il l'a rencontré trois fois dans toute sa vie. Et, pour mieux convaincre ses enquêteurs qui lui demandent s'il a soutenu la politique de ce gouvernement, il lance : « Je ne peux approuver la politique d'un gouvernement qui se permet d'édulcorer Molière et qui supprime le divorce ! »

On notera cependant un moment de dépit, chez Sacha, en ce qui concerne l'attitude du maréchal. Cela se produit lors de l'invasion de la zone libre par les Allemands. Guitry s'attend à la révolte du vieux soldat et peut-être à son départ vers l'Afrique du Nord. Pourtant, rien ne se passe. Sacha sera aussi mis au courant des doutes que l'on commence à avoir, en 1943, dans certains milieux très bien informés, sur la réalité des camps de travail. Certains de ses amis lui expliquent que le maréchal devrait s'en émouvoir et protester. Sacha semble sceptique sur la possibilité d'indignation du vieux soldat :

« Que voulez-vous que fasse le maréchal contre des gens qui se réfugient dans le silence ? Il aurait la réponse que vient de me faire le Dr Knochen… Je suis certain qu'il a fait cette protestation, s'il sait quelque chose. En octobre, c'était déjà un prisonnier ; alors, maintenant que les Allemands sont à Vichy, imaginez son martyre ! »

Plus tard, Tristan Bernard, après son séjour à Drancy, alerte aussi Sacha sur ce qu'il subodore : « Comment des hommes peuvent-ils se conduire comme ces gens-là ? Traiter d'autres hommes, des femmes et des enfants comme ils le font, sans périr de honte ! »

Après le départ de Tristan, Guitry confiera :

« Si le maréchal savait ça ! Espérons qu'il l'ignore, ce serait son excuse. »

Puis, après un long silence, d'ajouter :

« Que voulez-vous qu'il fasse ? Qu'il parte ? Ce serait probablement pire. »

Comme bien des Français, Guitry ne saura la vérité, dans toute son horreur, que bien plus tard. Jadoux en dira : « La torture, le crime organisé confirmés par les survivants des camps de la mort bouleverseront sa conception de l'ordre de ce monde quand ce sera une indiscutable évidence. »

Pour terminer son ouvrage, Sacha Guitry trouve l'idée qui lui permet à la fois de croire en la France éternelle, toujours capable de se relever, et à l'« entente secrète » entre Pétain et de Gaulle (la fameuse théorie du « glaive », de Gaulle, et du « bouclier », Pétain), en imaginant un singulier dialogue entre « Celui Qui Interroge l'Avenir » et « Celui Qui Questionne le Passé », reprenant ainsi la leçon que reçoit le jeune couple de sa comédie musicale interdite, *Le Dernier Troubadour*. Le dialogue s'achève par une question de l'« Avenir » au « Passé » qui s'inquiète que les Français soient toutefois bien déchirés entre pétainistes et gaullistes. Et l'« Avenir » de répondre : « Laissez-moi croire qu'ils sont d'accord pour être désunis ! »

À l'été 1943, Sacha Guitry a enfin terminé. Le livre l'a occupé pendant un an et demi, lui qui pensait pouvoir, à l'origine, le réaliser en quelques mois. Le chemin a été long, mais le résultat est au rendez-vous. La fabrication de l'ouvrage peut se poursuivre et s'achever d'ici la fin de l'année, une fois que Jadoux aura effectué les derniers réglages.

On tremble pourtant sérieusement, une dernière fois, pour sa sortie, car la police allemande fait une descente à l'Imprimerie nationale, à la recherche de plomb et d'antimoine qui entrent dans leur plan de récupération des métaux. Mais le directeur de l'Imprimerie – où travaillent plusieurs résistants – a vu le coup venir et a fait cacher les stocks dans un lieu introuvable. Les Allemands, fort dépités, doivent renoncer à mettre la main sur ce « trésor ».

En décembre 1943, Sacha tient entre ses mains le premier exemplaire. Tout ira ensuite très vite : en janvier, la souscription est définitivement close. Tous les exemplaires sont vendus et payés avant la sortie de l'ouvrage. Même si la sortie du livre a traîné en longueur, les éditeurs peuvent verser 3 425 000 francs au Secours national.

Pour permettre à cet organisme de récolter un peu plus d'argent, il est convenu de faire une présentation publique de l'ouvrage, avec vente aux enchères et projection d'un petit film sur le livre.

Deux mois avant la libération de Paris, un point final est mis à ce projet né deux ans plus tôt et maintes fois retardé, pour d'insidieuses raisons, du fait des Allemands.

Sacha tirera le bilan définitif de cet ouvrage dans son livre *Quatre ans d'occupations*. Jamais il ne reniera cette publication, allant même jusqu'à dire qu'il ne connaît pas de livre qui soit plus beau, car il demeure un magnifique inventaire du génie français et comporte, à ses yeux, les signatures des grands hommes contemporains. Il défendra toujours l'idée selon laquelle réaliser un ouvrage « si français » sous l'Occupation reste un exploit inégalé. Sacha Guitry donnera d'ailleurs son entier accord pour qu'il soit réédité par Raoul Solar au début des années 1950, et souhaitera qu'il figure, chez le même éditeur, dans l'édition complète de ses œuvres.

C'est justement à l'époque de la présentation de ce livre que Willemetz explique à Sacha qu'il redoute, le concernant, des choses vraiment terribles dans les prochaines semaines, et qu'il lui faut trouver des appuis, notamment à cause des accusations répétées de la radio de Londres à son encontre.

Ces accusations imprécises sont la conséquence logique de l'article paru dans le magazine américain *Life*, mais aussi de ce livre dont le titre constitue une provocation.

Guitry, lui, n'y croit pas. Impossible ! La Victoire s'annonce, cela l'enchante, et il se dit qu'il sera l'un des premiers à y participer, à organiser probablement des galas au profit des prisonniers de retour des camps. Il croit même encore à une réconciliation de Pétain et de Gaulle, au point de continuer à brosser devant certains de ses interlocuteurs de l'été 1944 le tableau du défilé de la Victoire où les deux ennemis d'hier, réconciliés, descendraient les Champs-Élysées côte à côte ! On peut aujourd'hui en sourire, mais Guitry, lui, en était persuadé.

Collaborateur ? L'idée, à cette époque, ne l'effleure même pas. Il se verrait plutôt dans le personnage d'un « résistant de l'esprit ». De l'esprit de Paris. Car, aux yeux de Sacha, un bon mot sur les Allemands, faire jouer la *Marseillaise* lors des représentations de *Pasteur*, ou imposer Mme Sarah Bernhardt dans une exposition, voilà qui équivaut à placer des explosifs sur les voies de chemin de fer !

La réalité, pourtant, se révélera toute différente.

La discussion tourne vite court et Willemetz repart avec la promesse ferme de Sacha d'écrire une lettre où il se justifiera de son attitude sous l'Occupation. Sacha la promet pour le lendemain, et quand Willemetz, en le quittant, lui demande où il a l'intention de dîner, ce soir-là, Sacha lui répond avec cynisme :

« À Fresnes, en t'attendant ! »

Les jours passent et l'étau se resserre. S'étant rendu chez Hermès pour acheter une écharpe, il se rend compte non pas d'une réelle hostilité, mais, en tout cas, de beaucoup de gêne de la part de certains clients. On l'évite. On parle de lui dans son dos.

Les Allemands ayant quitté sa propriété de Ternay, il décide de reprendre possession des lieux et part y passer quelques jours. Il reste en contact avec Paris par des conversations téléphoniques quotidiennes avec sa secrétaire. Elle l'informe à cette occasion que M. de Lequerica, ambassadeur d'Espagne à Paris, l'invite à dîner. Il se rend à cette invitation. Dès la fin du repas, Guitry se rend compte qu'on lui propose de se rendre en Espagne. Il refuse immédiatement. Lui qui n'a pas fui devant les Allemands ne va pas fuir devant les Français… !

Finalement, il se dit que l'idée de Willemetz de mettre tout noir sur blanc n'est pas si inutile. Grâce à ce document, il est désormais possible, pour la première fois depuis cette époque, de connaître dans le détail et de suivre la position de Guitry[1] :

Tout d'abord, il précise que toute cette agitation autour de lui, si elle le surprend, ne l'inquiète en aucune façon, puisqu'il n'a rien à se reprocher. Bien sûr, cela perturbe sa tranquillité et son travail, car ces personnes alertent ses amis qui, constamment, viennent lui dire qu'il est en danger. Il raconte certaines visites aussi étonnantes qu'étranges au cours desquelles on lui propose de se réfugier dans telle cave ou tel grenier. On lui offre même de partir se cacher dans les Charentes, dans la Creuse, quand on ne l'incite pas à partir au fin fond de l'Espagne ! Mais Sacha se dit ni assez bête ou lâche pour donner suite à ces propositions farfelues, et avoue qu'il est un peu dépité que certains de ses amis le connaissent si mal !

Il se campe également en victime d'une bande de collaborateurs de circonstance qui veulent l'entraîner dans leur probable chute, et explique que, de tous temps, il a subi les attaques de certains journalistes infects, que cela a commencé dès la Première Guerre mondiale, quand on lui a reproché de ne pas être au front alors que son état de santé le lui interdisait formellement. Il avoue que la période est évidemment propice à faire courir sur lui des ragots de bas étage, et que ceux qui lui en ont toujours voulu trouvent, dans ces moments agités, la période idéale pour essayer de lui donner l'estocade finale, car il ne lui est pas possible de leur répondre, compte tenu des circonstances.

Il est revenu à Paris en 1940, et ne le regrette pas ; une fois de plus, il répète à son ami qu'il n'a pas d'opinions politiques, qu'il ne veut pas prendre parti et que sa seule opinion, justement, c'est de n'en avoir aucune.

Parlant de Pétain, il évoque de nouveau son « martyre », se dit marqué par ce que lui a dit le maréchal lors de leur tête-à-tête, et affirme qu'il vénère sa personne.

Sacha redit son amour pour son pays, sa joie profonde de savoir qu'il sera bientôt libéré, et son bonheur d'accueillir « à bras ouverts » ses futurs libérateurs.

Pour donner plus de force à cette « défense », il veut délibérément s'inscrire dans la longue tradition des grands auteurs dramatiques qui, depuis Corneille, ont toujours su se tenir à l'écart des affaires politiques. Sa mission est, tel un peintre, de croquer le portrait du monde qui l'entoure, en aucun cas de désirer en être un acteur.

Il sait qu'on va lui reprocher de ne pas avoir quitté la France pour l'Angleterre dès l'armistice, alors qu'il aurait pourtant pu y poursuivre sa carrière (il y avait fait six tournées consécutives et triomphales) et y gagner bien plus d'argent qu'en restant en France. Mais l'Angleterre libre n'était pas la solution, car il préférait rester dans son pays occupé et marquer ainsi sa solidarité envers ses compatriotes. Oui, Paris était la seule solution, et il avoue que possédant deux maisons dans le Midi, à Saint-Tropez (héritage de son père) et au Cap-d'Ail, jamais il n'a pensé à s'y réfugier pour y couler des jours tranquilles. Non, il lui fallait revenir à Paris pour y reprendre sa place. Ce n'était pas une affaire d'ambition personnelle, mais simplement le désir ardent de soutenir le moral de qui en aurait besoin. Quant à ses rencontres avec les Allemands, il maintient que c'était son devoir d'y aller, pour obtenir l'élargissement de prisonniers, pour rouvrir son théâtre, pour éviter que des voyous à la solde des Allemands ne prennent le monopole de la vie culturelle.

Il ne regrette rien de ses décisions et affirme que si c'était à refaire, eh bien, il le referait ! C'est clair, net, précis et définitif.

Il se doute que bien des Parisiens diront de lui qu'il a reçu des Allemands, et qu'eux, non ! Mais, avec son habituelle ironie, il précise que l'homme de la rue n'intéressait pas les Allemands qui jamais ne lui auraient rendu un prisonnier ou la propriété de la maréchale Joffre. Alors qu'à lui, oui ! Il en va de même pour sa rencontre avec Goering : qui, dans la même situation, aurait refusé de répondre à son « invitation » ?

Oui, ses rencontres avec les Allemands lui ont permis d'obtenir quelque chose, soit pour libérer des Français, soit pour défendre l'art de son pays.

Mais il veut mettre les choses bien au point : jamais il n'a demandé ou profité d'un quelconque avantage personnel. Bien au contraire, il explique avoir prêté son concours gracieux à de nombreuses manifestations de charité, soulagé bien des misères, avoir passé deux ans sans relâche sur son livre *De Jeanne d'Arc à Philippe Pétain* en offrant ainsi 4 millions au Secours national. Et de terminer sa missive en rappelant que lui seul a obtenu l'adoucissement de l'emprisonnement du fils de Clemenceau, le retour de onze prisonniers, et la libération de Tristan Bernard.

Puis, dans un post-scriptum, il précise qu'on l'a aussi accusé d'avoir exhibé le buste de Mussolini dans le hall de la Madeleine alors qu'il s'agissait de celui de son propre père !

Il conclut ainsi sa lettre à Willemetz : « Et voilà comme on écrit l'Histoire ! »

23 août 1944. Mme Choisel, comme tous les matins, s'affaire dans l'hôtel particulier. En cette période si singulière, elle est arrivée tout de même un peu plus tard que d'habitude à son travail. Ce matin-là, des camions militaires sillonnent les rues, de jeunes FFI courent en tous sens, et le Grand Palais brûle. Il est environ 11 heures. La baronne, qui se trouve à l'étage, perçoit du bruit dans le hall. Des hommes, dont la plupart sont armés, sont en grande discussion avec la femme de chambre qui a ouvert la porte :

« Attendez, messieurs, je vais aller chercher sa secrétaire.

– Nous n'avons pas du tout besoin de sa secrétaire. Nous voulons voir Sacha Guitry en personne ! »

Bien renseignés sur l'endroit précis où travaille Sacha, les voilà qui montent l'escalier. Arrivés sur le palier, ils échangent quelques mots avec Mme Choisel, interloquée. De ce moment précis, la fidèle secrétaire dira : « Vingt années durant, Sacha m'avait donné des leçons de sang-froid. Je dois avouer qu'à cet instant, je ne me suis pas montrée digne d'un prix d'excellence. Un accessit, pas plus, parce que j'étais en train de me demander ce que le patron avait bien pu faire, et surtout ce que, “eux”, ils allaient faire. Ils avaient l'air décidé, et le doigt sur la détente. Tant de revolvers et de visages sombres, cela pouvait devenir grave. »

Exactement au même moment, Sacha Guitry est une fois de plus au téléphone avec Arletty. Sa chère et tendre amie est dans un état épouvantable. À Paris, c'est la Libération, mais c'est aussi le début de l'épuration ! Des femmes, dans la rue, ont déjà été tondues… Certaines auraient même été marquées au fer rouge ! L'actrice est paniquée, elle envisage sa fuite chez des amis. Sacha se veut toujours aussi rassurant et, une fois de plus, lui conseille de ne pas céder à l'affolement. Il achève sa conversation par la phrase suivante :

« Tu ne risques pas plus que moi ! »

À l'instant même où le Maître va raccrocher, la porte de la galerie-bureau s'ouvre et apparaît Mme Choisel dans un état d'extrême anxiété. Haletante, elle dit à son patron :

« Monsieur, c'est pour vous ! »

Et là font irruption dans la pièce des hommes armés qui crient, comme dans un mauvais film policier :

« Haut les mains ! »

L'un se campe face à Sacha et le met en joue, un autre commence à le fouiller pour s'assurer qu'il n'est pas armé. Il est important de préciser que ces hommes ne sont porteurs d'aucun mandat et ne portent pas le brassard des FFI. Personne ne saura jamais qui leur a donné l'ordre de venir arrêter Sacha Guitry.

Un rapide dialogue sur les raisons de cette intrusion s'engage entre eux, dont Mme Choisel, témoin de la scène, a fait un récit bien intéressant :

« Celui qui était sans doute le responsable abaissa son arme, et lui, il dit :

« – Monsieur Guitry, nous venons vous arrêter. Veuillez nous suivre.

« Rien ne bougea sur le visage de Sacha. Sa cigarette resta calme. Il détailla les quatre jeunes gens armés et interrogea :

« – Pour quel motif, messieurs ?

« – Pour intelligence avec l'ennemi… Nous sommes les représentants du Comité de libération…

« Alors Sacha remua un sourcil, cligna légèrement de l'œil et, d'un ton où passait toute son ironie :

« – Comité de libération ?… C'est au nom du Comité de libération que vous venez me priver de ma liberté ?… Étrange !…

« Il avait "dit" cette phrase comme on dit tout un texte. Les mots "libération" et "liberté", il les avait presque épelés. »

Mais les membres du fameux « comité » ne sont pas là pour engager le dialogue avec Guitry :

« Et maintenant, suivez-nous !

« – Cependant, je voudrais…

« – Non, non, non, de suite !

« – J'aimerais revêtir une tenue plus décente.

« – On n'a pas le temps de vous attendre. Allez ! Allez !

« – Laissez-moi prendre au moins des cigarettes et mes papiers d'identité… »

Non sans difficulté, le Maître arrive à réunir cigarettes et papiers, ainsi que les huit pages dactylographiées de sa lettre à Willemetz. L'un des hommes les lui arrache des mains et les enfouit dans sa poche. Les trois individus quittent alors le cabinet de travail et entreprennent la descente du célèbre escalier. L'homme qui suit Guitry lui braque son revolver sur la nuque. En bas, trois autres hommes armés attendent leurs complices.

Sacha, habillé en tenue légère, attrape le chapeau qu'il laissait toujours sur une table et déclare :

« Madame Choisel, je vous confie ma maison… À bientôt !

« Le chef du groupe réplique :

« – Il ne sera fait aucun mal à votre personnel… Mais quant à dire “à bientôt”, ça, c'est autre chose… »

Puis il donne l'ordre de couper les fils du téléphone, et le cortège quitte, à pied, la maison. Une minute aura suffi pour l'arrestation. À l'angle du jardin du 18, avenue Élisée-Reclus, se trouve le buste de Lucien Guitry offert à la vue des passants. Sacha le regarde furtivement. Bien plus tard, il écrira : « Ce que je pense alors ne regarde que moi. »

Dans l'hôtel particulier, c'est l'effondrement général. Mme Choisel, son mécanicien René Chalifour, son maître d'hôtel, sa cuisinière et son valet de chambre ont assisté au départ avec des « visages bouleversés et des regards très tendres ». Mais Mme Choisel n'est pas femme à se laisser abattre. Il faut réagir, et vite ! Elle reprend immédiatement les choses en main. Il faut absolument qu'elle joigne les gens qui pourront l'aider.

Dans la précipitation, elle a oublié de signaler qu'il existe une seconde ligne téléphonique à Élisée-Reclus. Donc, cette ligne fonctionne, mais Fernande Choisel craint qu'elle ne soit déjà sur écoutes. Elle traverse la rue et se rend au numéro 15, un immeuble qui fait partie de l'univers du petit monde de Guitry, puisqu'il abrite la mère de Jacqueline Delubac et qu'un appartement du rez-de-chaussée est loué par Sacha depuis quelques années pour y stocker archives et meubles, l'hôtel particulier, des caves au grenier, étant plein comme un œuf !

Au 15 vit également Suzy Prim[2], et c'est depuis chez elle que la secrétaire va joindre Me Paul Delzons[3] qui, avec Me Georges Chresteil, assure la défense des intérêts de l'auteur. Très calme, il conseille notamment de ne faire aucune démarche sans l'en avertir au préalable, et demande à Fernande Choisel de rassembler diverses pièces et de commencer à constituer ainsi des dossiers qui lui permettront de défendre au mieux son client.

De retour au 18, le téléphone sonne… C'est Arletty. Elle est déjà au courant.

« Allô, madame Choisel ?… Alors, c'est vrai ?…

– Oui. »

Pas un mot de plus ne sera échangé entre les deux femmes.

Pendant ce temps, Sacha a été baladé à pied de chez lui à la mairie du VIIe en empruntant la rue Saint-Dominique, l'esplanade des Invalides et la rue de Grenelle, ce qui a dû prendre une bonne demi-heure. Sur le parcours, des passants médusés reconnaissent le célèbre auteur en cette curieuse compagnie. Les réactions des passants ne sont pas hostiles, et Guitry semble même y déceler plutôt de la crainte : « Nul n'est assuré de coucher dans son lit quand la délation, la vindicte et la peur ont tout à coup voix au chapitre. »

Pour couronner le tout, la tenue vestimentaire de l'homme que l'on vient d'arrêter et qui défile ainsi entre des hommes armés a de quoi surprendre. Comme on ne lui a pas laissé le temps de se changer, il porte sa tenue « du matin », ainsi composée : un pantalon jaune citron, une chemise à larges fleurs multicolores et des mules en crocodile vert jade, sans oublier le panama qu'il qualifiera lui-même d'« exorbitant ».

Du coup, la rumeur va courir Paris toute la journée : Guitry a été arrêté ! Ils ne lui ont même pas laissé le temps de s'habiller, il a été emmené tout nu !

Arrivé à la mairie de son arrondissement, il se dit : « Va-t-on me marier de force ? » Et on le conduit justement dans la salle des mariages… Là, une quinzaine de personnes, sous la garde d'agents en civil débonnaires, sont regroupées. Elles aussi viennent d'être arrêtées. L'écrivain Paul Chack[4] en fait partie et se présente immédiatement à Guitry qui pense : « Il est visiblement enchanté, non pas que je sois arrêté, mais que je le sois *aussi*. »

Tout ce petit monde (dont une femme tondue qui est en fait la fille d'un ami intime de Sacha) se groupe alors autour du Maître, et l'on parle… théâtre ! Un intermède qui ne dure pas, car un garde-chiourme fait son apparition et se donne de grands airs en se mettant à crier sur tout le monde et en menaçant les uns et les autres.

Début de l'après-midi à Élisée-Reclus : Mme Choisel n'a pas perdu une minute et travaille, dans son bureau, à rassembler les documents indispensables pour les avocats de son patron. Soudain, la porte s'ouvre et apparaît… Geneviève !

La dernière Mme Guitry (qui l'est toujours pour l'état civil, car le divorce n'est pas prononcé), mise au courant du malheur qui vient de frapper son mari, pense que sa place est désormais ici. Noble sentiment, mais qui embarrasse quelque peu Mme Choisel qui a mille choses à faire. Après quelques minutes de conversation, Geneviève décide de traverser la rue et de s'installer chez Suzy Prim. Un souci en moins.

Mais Mme Choisel est dérangée une nouvelle fois. C'est la femme de chambre, Maria, qui vient la prévenir que trois jeunes gens veulent la voir immédiatement. La dévouée secrétaire imagine le pire et se dit que l'on va certainement procéder à une perquisition ou à des interrogatoires.

Mais c'est une bonne surprise qui l'attend ! Car ces trois jeunes gens aux visages d'adolescents se nomment Henri Belly, Jean-Claude Briet et… Alain Decaux[5]. Ils sont de fervents admirateurs du Maître, et, après avoir appris son arrestation, se sont dit qu'il fallait absolument protéger sa maison de tout pillage. Et ils n'ont pas tort, car, comme nous le savons, l'hôtel particulier de Guitry est un musée ! Mme Choisel accepte donc l'offre et vivra plusieurs semaines en compagnie de ces jeunes gens qui assureront la sécurité et mettront aussi beaucoup de vie dans les lieux : « Ils prirent leurs "fonctions" le soir même. Campant dans les couloirs, dormant dans les fauteuils, ils se relayèrent dans une garde permanente. Tous les jours, un quatrième mousquetaire, Jean-Claude Colin-Simard, venait prendre le bulletin de santé de la maison. Cette jeunesse, cette sympathie nous remontèrent le moral. Je me souviens même d'avoir ri aux éclats quand je rencontrai Jean-Claude Briet, un grand gaillard aux jambes qui n'en finissent pas, coiffé d'un casque de guerre. Un casque ridiculement petit qui ressemblait à un dé à coudre sur une citrouille. Il m'expliqua alors qu'il avait emprunté la panoplie du fils d'un ses amis. »

À la mairie du VIIe, on vient progressivement chercher les prisonniers pour les interroger. Guitry attend avec résignation et essaie de savoir quand ce sera son tour. À 17 heures, le garde-chiourme refait son apparition, se précipite sur lui et fouille ses poches pour lui confisquer ses cigarettes :

« Vous pensez que l'on va vous laisser fumer alors que vos gardiens n'ont pas de cigarettes ? »

Une heure passe encore, et le prisonnier est enfin interrogé dans une salle occupée par une douzaine de jeunes gens armés, des FFI. L'interrogatoire commence par une séance de photos avec toute la troupe, et se poursuit avec l'évocation de la lettre à Willemetz que détient à présent son interlocuteur :

« Je constate que vous vous attendiez à votre arrestation. »

On refuse de rendre la lettre à son auteur et, après quelques banalités, on renvoie Sacha dans la salle des mariages.

L'attente se poursuit. À 20 heures, alors que Sacha Guitry, âgé de cinquante-neuf ans à l'époque, ne s'est vu proposer ni à boire ni à manger depuis l'heure de son arrestation, on lui apprend qu'il va rejoindre M. Taittinger, président du Conseil municipal. Avec une certaine naïveté, il s'imagine alors qu'il va être transféré à l'hôtel de ville de Paris et y passer la nuit. Une demi-heure plus tard, Guitry et Paul Chack sont emmenés dans la cour de la mairie pour rejoindre une voiture blindée qui les attend… Mais la destination de l'auto est la Conciergerie de Paris : le Dépôt !

L'ambiance y est tout autre. Une salle « humide et puante » qui n'a comme particularité que d'offrir la vision « du trop-plein des cabinets » qui « s'écoule ignoblement » ! L'obscurité y est presque totale. Il va falloir se résoudre à y passer la nuit. Mais la porte s'ouvre et l'on appelle un nom : Sacha Guitry. Un dédale de couloirs, et voilà notre prisonnier devant une porte vitrée que l'on ouvre. Un homme, portant une blouse blanche, l'accueille en ces termes :

« – La voilà, cette crapule !

« Puis, en guise de bienvenue, il lui lance à la figure, devant ses assistants :

– Ce salaud sera jugé dès demain, et fusillé en suivant ! »

S'ensuit alors le passage par « la fouille », qui précède traditionnellement l'incarcération. Une fois délesté de ses bijoux, de son argent (37 500 francs) et de son portefeuille, dont on extirpe l'adresse d'un encadreur, trois photos, son permis de circuler en automobile, son carnet de chèques, une lettre de son père et le portrait de Renan, on lui demande de retirer les lacets de ses souliers. Sacha leur explique alors que ça ne sera pas difficile, vu qu'il porte des mules… Cela n'appelle qu'un commentaire de son geôlier : « Cellule 117… Et puis, hein ? La dernière rigueur ! »

Sacha est conduit dans le quartier… des femmes ! Cette section est sous le commandement de religieuses. Mais l'homme armé qui escorte le prisonnier, et qui lui a braqué son revolver sous le nez pendant la pérégrination à travers les couloirs, veut rester absolument seul avec lui dans la cellule, porte fermée. Que va-t-il se passer ? Il met soudainement une main dans la poche de son veston, en sort un crayon et demande un… « orthographe » !

La veille, Sacha Guitry dormait dans un bon lit, dans son magnifique hôtel particulier. Il régnait encore sur son petit monde. Il vivait au cœur de son paradis. Tout ce qu'on lui annonçait, tout ce qu'on lui prédisait n'était que suppositions. Désormais, la descente aux enfers a commencé…

Le récit de ces soixante jours de prison en surprendra beaucoup. Ce que Sacha y a vécu et y a subi passe l'imagination (notamment pour ceux qui n'ont qu'une vague idée de ce qu'a pu être cette période de l'épuration). Pas de cellules VIP pour les célébrités incarcérées au lendemain de la Libération, loin s'en faut !

L'épreuve de l'emprisonnement va être pour lui une double torture : la torture morale, à laquelle il saura résister avec dignité, intelligence et un certain panache, mais dont les séquelles seront terribles et changeront beaucoup de choses dans son caractère et son goût de vivre ; la torture physique (même si les actes de violence à son encontre sont très limités) qui accablera un homme de presque soixante ans dont la santé fut toujours déficiente et les douleurs constantes depuis l'adolescence. Il faut bien se faire à l'idée que cette épreuve physique abrégera la vie de Sacha Guitry, comme l'ont confié de nombreux témoins, à l'exemple de Me Paul Delzons, son avocat : « Je voudrais souligner que Sacha Guitry est mort en grande partie à cause de ce qu'on lui a fait subir en 1944-1945. L'histoire du Vél'd'Hiv' est immonde. »

Dans un livre, *60 jours de prison*, Sacha Guitry a fait un récit détaillé de cette épreuve. Il convient, pour tous ceux que cette affaire intéresse, de lire ce texte édifiant, un des meilleurs qui puissent exister sur l'épuration.

Mais ce n'est pas le choc de l'emprisonnement, aussi rude soit-il, dont il souffrira le plus. Être réveillé dans la nuit, injurié, menacé d'être fusillé au petit matin, deviendra, avec le temps, une sorte de « souvenir pittoresque ». Sacha aura très vite conscience qu'il n'avait finalement affaire qu'à de pauvres types jouant les justiciers. Il n'éprouvera pas de haine à leur encontre, et il s'en expliquera à maintes reprises quand on lui en demandera la cause : « Parce qu'à ma sortie de prison j'ai connu mieux que ça ! »

Mais revenons à ce matin du 24 août 1944... De bonne heure, des hommes armés font irruption dans sa cellule et le menacent, mitraillettes au poing. Le chef de la bande est un futur avocat qui fait un peu son cinéma, histoire de jouer le rôle qu'on lui a confié, mais qui n'est cependant pas bien méchant.

Puis les premières heures passent et un défilé s'organise derrière la porte fermée de sa cellule. Par le judas, tout ce qui traîne au Dépôt vient le contempler comme un singe au zoo, et les insultes fusent :

« Ordure, ça te change de ton palais, ici ! Et ton copain Hitler, il va bien ? »

On vient le chercher pour le conduire en cellule collective. Fini, l'isolement. Le voici cellule 42, toujours dans ce même Dépôt. Ils sont trois à l'accueillir sans grand plaisir, car il va falloir faire une place à cet invité supplémentaire, et la cellule 42 ne doit pas dépasser dix mètres carrés. Ces compagnons d'infortune sont les suivants : Jérôme Carcopino[6], ministre de Pétain, directeur de l'École normale ; Lépinard, chef de cabinet du préfet de police ; et un diplomate haïtien.

Après avoir goûté une soupe infecte, il faut se résigner à dormir et l'on déplie les quatre paillasses. Sacha héritera de la place du fond où il aura tout loisir d'appuyer sa tête contre les cabinets en guise d'oreiller.

Le lendemain, la vie et l'hygiène s'organisent tant bien que mal dans cet espace clos. Le Dépôt est sous la responsabilité de religieuses. La Mère supérieure se déplace en personne pour prévenir que des visiteurs mystérieux sont là, derrière la porte, qui l'attendent.

Stupeur, quand Sacha sort ! Ce sont deux soldats américains, deux officiers qui l'accueillent à bras ouverts et lui demandent immédiatement de ses nouvelles ! Les trois hommes échangent de franches poignées de mains et le Maître a du mal à réaliser ce qui se passe. Que font ces Américains à la porte de sa cellule ?

Avec son ironie coutumière, Sacha ébauche un raisonnement curieux... Après tout, est-ce que ces Américains ont bien compris qu'il était en prison ? Il se plaît à imaginer que demandant où l'on pouvait trouver Sacha Guitry, on leur ait répondu : « Au Dépôt, quai de l'Horloge », et qu'ils aient pu croire que c'était son adresse personnelle.

Cette visite, en tout cas, provoque un vrai branle-bas de combat dans le Dépôt et l'un des directeurs de l'établissement accourt. Il se tient un peu en recul, mais ne quitte pas des yeux l'étrange scène qui se déroule sous ses yeux. Les quatre hommes se dirigent alors vers un bureau. La raison de cette étonnante visite est enfin révélée : les officiers américains cherchent Sacha Guitry dans tout Paris pour qu'il accepte de leur confier un message pour l'Amérique en ces jours victorieux ! On croit rêver : Guitry, arrêté et jeté en prison par ses propres compatriotes, est en quelque sorte choisi comme porte-parole des Français célèbres libérés par les Américains ! Il se contente d'adresser un fraternel salut à ses confrères auteurs dramatiques américains et profite de cette visite pour demander aux deux officiers d'intervenir en sa faveur. Son seul souhait : réintégrer sa précédente cellule. Le directeur du Dépôt, trouvant que tous ces conciliabules dans la langue d'Hemingway n'ont que trop duré, veut alors intervenir et met la copie de la fameuse lettre écrite à Willemetz sous le nez des visiteurs en leur disant :

« Lui, collaborateur… lui, ami de Pétain… lui voir des Allemands… et la preuve est là… lui pan, pan… fusillé ! »

L'homme est agité et les Américains ne comprennent pas un traître mot de français, Sacha leur explique donc en anglais qu'il est pris de boisson, et l'incident s'arrête là. Mais il reste encore des photos à faire par les Américains, et comme il faut une bonne luminosité pour les réaliser, ils entraînent le Maître en dehors du bâtiment, devant les mines effarées des gardiens. Ils sont là, à l'air libre, et Sacha relate alors ce qui se passe. Les Américains prennent une série de clichés et se rendent compte que Sacha regarde en direction de leur voiture qui stationne à seulement dix mètres d'eux… D'un signe rapide, les Américains l'invitent à y grimper et à partir avec eux. Sacha hésite-t-il ? En tout cas, il décide de ne pas fuir, de ne pas se lancer dans cette aventure, et se contente de les remercier d'un sourire attendri. Il les regarde s'éloigner et se dirige alors vers ses geôliers.

Que se serait-il passé si Guitry avait alors saisi cette occasion extraordinaire ?

Enfin, maigre consolation : voici le prisonnier en cellule particulière. Le lendemain, il est convié à se dégourdir les jambes sous le préau. Il retrouve là Pierre Taittinger, le président du Conseil de Paris, et une grande partie des conseillers municipaux. Moments de réconfort appréciables, vite ternis par une rumeur qui court les couloirs : Arletty a les seins tranchés !

Sacha est effondré et doit regagner sa cellule.

Et c'est là que, deux heures plus tard, se produit un des moments les plus difficiles de la vie de Guitry. Un homme malingre, à la mine patibulaire, entre dans sa cellule, un revolver braqué sur lui, et, sans plus de façons, lui lance :

« Je vais te tuer !

« Guitry, figé, ne dit rien. L'autre répète sa phrase, attendant une réaction de sa victime. Le Maître finit par lâcher :

« – Puisque vous le dites…

« L'homme semble bizarre, pâle, ivre. Il répète toujours la même chose :

« – Je vais te tuer ! »

Les deux hommes restent ainsi face à face. La tension est extrême. Puis, brusquement, le « bourreau » baisse son bras, se retourne et quitte la cellule comme il y était entré. Sacha en dira : « J'ai vu la mort de bien près ! »

Le lendemain en fin de journée, on le prie sans ménagement de regagner la cellule collective dans laquelle il se trouvait. Accueil glacial des occupants de la cellule 42.

La nuit suivante, nouvelle humiliation pour Sacha. À 2 heures du matin, par le judas de la porte de la cellule, deux gardiens l'appellent. Il s'approche et l'un des deux lui crache au visage. Son compère sort son revoler et dit :

« Allez, on le liquide !

– Oh non ! Je préfère le voir fusiller ou guillotiner, ce salaud ! »

À Élisée-Reclus, la vie s'organise. La baronne a une mission principale confiée par les avocats : établir une liste la plus détaillée possible de toutes les activités du Maître, jour après jour, pendant l'Occupation. Toute la maisonnée s'y met. Mme Choisel finit d'ailleurs par s'installer à demeure dans l'appartement du 15 avec sa fille, car elle craint les perquisitions en son absence. Elle reçoit également presque chaque jour des membres du Comité de libération venant visiter la demeure : « Ils furent tous très corrects. Ils inspectèrent la maison dans ses moindres recoins, de la cave au grenier. Ils profitèrent de l'occasion pour admirer ses richesses, et en furent émerveillés. »

Le 28 août, les prisonniers sont informés qu'ils vont être transférés. On croit savoir que ce sera au Vél'd'Hiv'[7]. Sacha commente : « Je doute que ce soit pour y faire de la bicyclette. »

Les prisonniers se sont installés sur les gradins du Vélodrome. Il est bientôt minuit et ils n'ont ni mangé, ni bu de la journée. Beaucoup sont dans un piteux état. Beaucoup ont été battus avant de se retrouver là, et sont déposés sur des civières. Spectacle pitoyable…

Enfin, quelques jeunes gens s'occupent d'eux et donnent à chacun deux biscuits. Mais pas de soins, pas de médicaments pour les blessés, bien que Pierre Taittinger se démène comme un beau diable pour que cet emprisonnement se déroule avec un minimum d'humanité.

À 1 heure du matin, on demande à tous les prisonniers de se regrouper sur la pelouse centrale où ils passeront la nuit. Ils y resteront trois nuits et trois jours, avec interdiction formelle de se lever. Ils ne seront autorisés qu'à s'y asseoir.

Sacha connaîtra là des expériences qu'il n'avait pu lire que dans les livres. Et encore ! Un homme inconnu de lui coupera sa couverture en deux pour lui en offrir la moitié. À son tour, Sacha partagera sa demi-couverture avec un jeune ouvrier. Même solidarité que dans les camps de prisonniers français en Allemagne.

La nourriture est constituée d'un plat unique et répétitif : des nouilles froides avec de la confiture, et le « marché noir » reprend ses droits. Un paquet de cigarettes se négocie 1 500 francs, la cigarette à 100 francs, et la bouffée à 100 sous !

Puis vient le temps des interrogatoires. Sacha est convoqué à son tour. Mais il ne s'agit que d'un interrogatoire d'état civil, un de plus. Sacha arrive à lire, à l'envers, ce qui figure, sur une feuille, à propos du motif de son arrestation. Un mot, un seul auquel il n'arrive pas à croire : « ignoré » ! Incroyable : il est donc en prison sans en connaître la raison, et, mieux encore, ses geôliers l'ignorent eux aussi !

Le Vél'd'Hiv', c'est fini. On va maintenant les conduire à Drancy[8]. La sortie est plus calme que l'arrivée, la foule moins dense et bien contenue par une haie de jeunes sergents de ville qui, en apercevant Sacha, se mettent à coasser « Moâ ! Moâ ! Moâ ! »

Le transfert vers Drancy s'effectue en autobus. Le camp est sous la garde de très jeunes FFI et sous le commandement de deux officiers étrangers, un Russe et un Espagnol. Une fois dans la cour, un officier accompagné d'une jeune et jolie femme s'approche du Maître, lui arrache sa rosette de commandeur de la Légion d'honneur, et la jette à terre.

Les jeunes FFI qui gardent le camp semblent plus humains. L'un d'eux conseille à Guitry de se diriger vers le troisième bloc : « C'est le mieux, de beaucoup. » Tout ce que Drancy compte de personnalités va être dirigé vers ce bloc. Le premier bloc est celui des femmes, le deuxième celui des autres hommes. Chaque cellule se compose de deux petites pièces : une chambre de trois mètres sur trois et un minuscule cabinet de toilette contigu. On doit se loger à trois dans cet espace, et Sacha a comme premier compagnon l'ancien ministre du maréchal, Jean Berthelot[9]. Il faut trouver un troisième convive, et le Maître réussit à repérer dans la foule des prisonniers son « saint Martin » du Vél'd'Hiv', celui qui lui avait offert la moitié de sa couverture, M. Roques[10], directeur des usines Renault. Dans cette chambre collective, le mobilier est le suivant : trois lits métalliques (leurs paillasses sont, de l'avis unanime, immédiatement évacuées, compte tenu de leur état repoussant), deux tabourets, une table et une armoire.

Un semblant de vie en société s'organise et Sacha reçoit des visites. Un jour, c'est une comtesse qui pense que Sacha pourra la faire libérer (!) ; un autre jour, c'est l'académicien Abel Hermant qui, tout juste arrivé à Drancy, vient rendre une visite de courtoisie à Sacha. Si cette curieuse société a parfois des allures de microcosme mondain, la nourriture est bien différente de ce que l'on sert d'habitude à cette élite : le matin, des choux, et le soir, une « soupe » faite avec l'eau de ces choux. Une fois par semaine, un bout de bœuf immangeable.

Le 9 septembre, le bruit qu'une commission d'enquête va enfin venir siéger à Drancy fait le tour du camp. On espère, et le 12 elle s'y installe, auditionnant une quarantaine de détenus sur les six mille présents !

Enfin, le 19 septembre, les haut-parleurs du camp annoncent : « Sacha Guitry, à la commission d'enquête ! » Ses compagnons d'infortune croient tous à sa libération. Le voici dans une vaste salle où se trouvent des « commissaires-enquêteurs » regroupés trois par trois derrière des tables. Sacha est invité à en rejoindre une. Après l'habituel et traditionnel interrogatoire d'état civil, s'engage cet étonnant dialogue :

« Quelle est la raison de votre arrestation ?

– Je crois être en droit de vous le demander !

– Vous ne le savez pas ?

– Certainement pas ! Mais vous ?

– Nous n'en avons aucune idée.

– Mais, pourtant, vous avez bien mon dossier sur cette table.

– Effectivement, mais cela ne nous apprend rien.

(Guitry peut alors se rendre compte que dans ce "dossier" ne figurent en tout et pour tout que son carnet de chèques et son permis de circuler en automobile qui lui ont été confisqués lors de son arrestation.)

– Évidemment, vous seriez un inconnu, nous vous rendrions votre liberté sur-le-champ.

– Et comme c'est moi, vous ne pouvez pas me la rendre ?

– Absolument.

– Et pourquoi ?

– On peut craindre des émeutes !

– Vous plaisantez ?

– Absolument pas…

Et de conclure :

– Et c'est pourquoi, pour votre sécurité, il est plus prudent de vous garder ici. Mais, d'ici quelques jours, nous aviserons. »

Si cette commission d'enquête avait ordonné sa libération immédiate, on peut très bien imaginer que l'« affaire » en serait restée là, et que le Maître, après un mois de prison, aurait pu retrouver sa maison, ses proches et même reprendre presque aussitôt ses activités, à l'exemple de quelques autres personnalités arrêtées sans raison dans le milieu du spectacle, telles que Pierre Fresnay ou Tino Rossi (la République présentera d'ailleurs des excuses officielles à ce dernier)… Ce refus de le remettre immédiatement en liberté le condamne, d'une certaine façon. Cette commission d'enquête sera son premier tribunal, celui qui lui dit : « Vous êtes innocent, puisque l'on ne vous accuse de rien et que l'on n'a aucune preuve de quoi que ce soit contre vous, mais on vous condamne tout de même au nom de "la rumeur publique", histoire de se dire qu'il n'y a jamais de fumée sans feu ! » C'est l'« intérêt général » de la rumeur publique qui dépasse l'« intérêt particulier » du dénommé Guitry.

Deux jours plus tard, il apprend qu'« Arletty est sauvée »…

La vie du camp se poursuit. Sacha est un jour accusé de voler, un jour accusé de donner de l'argent à des femmes tondues. Tout cela est absurde, et il arrive à chaque fois à s'en tirer, bien que la tension soit vive avec ses geôliers.

Il est également confronté à l'horreur de l'épuration visant les femmes et se rend compte, épouvanté, des tortures que certaines ont subies.

Sacha échange pour huit jours sa soupente contre la cabine de radiologie de l'infirmerie : « La tête appuyée – à peine – sur l'écran et les deux pieds posés sur le rhéostat. »

Le 6 octobre, nouvelle convocation devant la commission. Une date qui ne mériterait même pas d'être mentionnée s'il n'avait existé un aparté entre Guitry et trois commissaires-enquêteurs (qui, précisons-le, n'étaient en aucun cas ceux qui étaient chargés de son dossier). Gênés, ils lui expliquent qu'il est plus pratique pour tout le monde (sauf pour lui !) de laisser son dossier en l'état. Sacha est un homme intelligent, maniant l'esprit comme personne, et ils savent qu'en haut lieu, on craint de se trouver vite ridiculisé si l'on dresse une liste d'accusations qui ne tiennent pas debout, et qu'un procès public s'ensuive. Juger Guitry et le voir acquitter serait terrible…

Sacha est médusé en entendant cela, mais il l'est plus encore d'apprendre qu'on a voulu faire quelques exemples en arrêtant des gens très connus et en le faisant de façon si spectaculaire. Les commissaires lui avouent que l'opinion avait besoin de cela et qu'il est bien triste que ce soit tombé sur lui… mais c'est ainsi !

Devant le désarroi de leur prisonnier, ils se permettent de lui donner un conseil : celui de ne pas se faire trop d'illusions sur ses amis d'autrefois, tout particulièrement ceux qu'il a aidés pendant l'Occupation. Décidément, il ne faudra qu'il compte sur personne pour s'en sortir !

Oui, voilà bien résumée cette fameuse « affaire Guitry ». C'est finalement une bonne solution pour tout le monde que l'arrestation du roi du théâtre. Sacha Guitry, victime expiatoire de l'épuration : on fait un exemple, et quel exemple ! Pas besoin d'aller plus loin pour les tenants de l'épuration… et de bien plus compromis que lui peuvent pousser des « ouf ! » de soulagement.

Enfin, le 9 octobre, les choses vont commencer à bouger. Sacha est convoqué dans un bureau par le commissaire Duez. Ce dernier est rassurant et examine avec son interlocuteur la « fameuse » lettre que lui avait demandée Willemetz, plus un certain nombre de notes nouvelles que lui apporte Sacha et qui démontrent le peu de fondement des accusations farfelues émises contre lui par certains journaux.

Le lendemain lui arrive la première lettre de son avocat, Me Delzons, et une cartouche de cigarettes : belle journée !

Le 11, voilà Guitry relogé dans une chambre avec Bernard Faÿ[11]. Sacha note : « On m'aurait donné l'appartement privé de Louis XIV au palais de Versailles que je n'en éprouverais pas plus de satisfaction. Parole ! »

Le jour suivant, il revoit le commissaire Duez. L'entretien est rapide, mais Sacha apprend qu'il va passer pour la quatrième fois devant la commission d'enquête, et surtout avoir enfin la « chance » d'être inculpé. Cette mesure lui permettra de rencontrer un juge d'instruction qui examinera enfin son dossier. Le commissaire se veut rassurant à ce sujet.

Le 14 octobre, Sacha Guitry passe pour la dernière fois devant la commission d'enquête. Et voici comment les choses se passent :

« Franchement, non. Mais nous ne pouvons guère vous inculper pour atteinte à la sûreté de l'État. Ce ne serait guère crédible. Il reste alors intelligence avec l'ennemi…

– Je crois en avoir eu, en effet… »

Le lendemain, on transmet à Sacha une lettre qu'Albert Willemetz s'est enfin décidé à écrire. Il l'attendait bien plus tôt, l'espérait chaque jour. C'est un choc pour Guitry. Tout d'abord, il n'en reconnaît pas l'écriture, qui est contrefaite, mais, à sa lecture, il voit bien pourtant qu'elle est d'Albert Willemetz. Ce procédé blesse profondément Sacha qui commentera ainsi la chose : « Sais-tu ce que tu faisais en l'écrivant ainsi ? Tu tuais notre amitié ! »

Le principal grief que Sacha peut nourrir contre son ami d'enfance reste toujours cette fameuse lettre qu'il lui avait fait écrire « de force ». Le commissaire Duez n'a d'ailleurs pu s'empêcher de le lui faire remarquer lors de leur second entretien. Oui, quand on n'a rien à se reprocher, on n'écrit pas – par avance – sa défense. L'initiative de Willemetz n'était pas la bonne.

Pendant la détention de Sacha, Willemetz, qui avait continué lui aussi, mais de manière toutefois moins voyante, à travailler sous l'Occupation, ne souhaite pas se faire remarquer et agit en coulisse pour aider son ami. Lui écrire à Drancy est risqué. Si, après tout, on venait lui demander des comptes ? Il va donc travailler avec les deux avocats de Sacha de façon très régulière, essayer de faire intervenir ses relations, et prendre en charge les frais courants de la « maison Guitry », qui sont très importants. Car, depuis que Sacha est en prison, tous ses comptes sont bloqués et Mme Choisel ne peut compter que sur la générosité d'Albert Willemetz pour régler les dépenses.

Il est important de mettre cela au crédit de ce dernier.

16 octobre : Sacha va quitter Drancy. Deux inspecteurs de la police judiciaire viennent le chercher pour l'emmener à la Brigade mondaine. Installé dans un bureau confortable, il note : « Le coin de Paris qui s'encadre dans la fenêtre est un enchantement. » Le commissaire à qui il a affaire, Maurice Cagnard, est un « Monsieur », comme le qualifiera plus tard Guitry qui le considérera dorénavant comme un ami. Il lui notifie qu'il va être transféré à Fresnes. Sacha, en confiance, demande une faveur :

« Monsieur le commissaire, je souhaite vous demander de m'accorder le droit de retourner à Drancy avant de rejoindre Fresnes. D'y passer une dernière nuit…

– Étrange demande ! Bon, je vous l'accorde, mais vous reculez ainsi d'au moins un jour votre éventuelle remise en liberté. »

Maurice Cagnard donne alors son accord. Mais, à l'occasion de son transfert entre la Brigade mondaine et Drancy pour la soirée des adieux, survient un épisode une fois de plus extraordinaire ! Mme Choisel est à Élisée-Reclus. Il est environ 13 heures. Le téléphone sonne, elle décroche et entend : « C'est vous, baronne ?… Chut !… Je passerai à la maison dans quelques instants… N'en parlez surtout à personne !… » – et l'on raccroche !

Fernande Choisel n'en revient pas ! C'était bien la voix de Sacha, sa façon de lui parler avec ce « murmure velouté » si caractéristique. Mais comment a-t-il pu lui téléphoner ? Va-t-il vraiment pouvoir venir ? Elle fait alors préparer un repas et dresser un couvert en disant au personnel qu'on attend un personnage important, sans plus de précisions.

Les minutes passent, le temps paraît interminable à la fidèle secrétaire. Enfin, à 2 heures, on sonne discrètement. Le reste de ce récit, plein d'émotion, appartient à Fernande Choisel :

« – Vite, vite, vite, baronne !

« Trois hommes s'engouffrèrent. Sacha rabaissa les revers de son veston et me prit dans ses bras. Nos nerfs ne purent tenir. Nous pleurâmes tous les deux… devant les inspecteurs qui avaient eu assez de cœur pour comprendre les circonstances exceptionnelles et permettre à Sacha de venir se retremper quelques minutes dans l'atmosphère et le décor de "son théâtre". Ils avaient pris de gros risques et s'étaient montrés des hommes.

« J'ai vu Maria sur le point de s'évanouir quand elle entra à l'improviste dans la salle à manger. J'ai vu le plateau trembler quand le maître d'hôtel entra. J'ai vu une maison stupéfaite et heureuse comme si le patron nous avait été définitivement rendu.

« Nous étions suspendus à ses paroles et écoutions en silence ses dernières histoires, vécues celles-là.

« Le repas improvisé dura environ une heure. Puis, Sacha invita les inspecteurs qui, eux, avaient déjà déjeuné, à vider une bonne bouteille de champagne.

« Il fit évidemment une tournée dans la galerie et voulut s'assurer que rien n'avait été dérangé dans son bureau. Il me donna quelques directives, me chargea de plusieurs démarches, présenta les inspecteurs à quelques-uns de ses tableaux préférés, prit quelques paquets de cigarettes, nous embrassa et disparut dans la voiture qui le ramena à sa résidence surveillée :

« Encore une fois, je vous dis : "À bientôt !"…

« Nous ne l'avions pas quitté des yeux pendant qu'il mangeait. Nous passâmes une grande partie de la soirée à échanger nos impressions : le patron crânait, mais nous l'avions senti profondément marqué par cette aventure. Personne ne l'avait encore entendu employer tant d'expressions amères. Son regard même avait parfois des lueurs de rancœur. C'était net : il luttait de toutes ses forces pour essayer d'oublier son grand chagrin.

« Mais il était resté le patron, M. Sacha Guitry : prisonnier et souvent vilipendé, il avait réussi, après un interrogatoire à la P. J., à ne pas retourner directement à sa prison. Il était venu chez lui, et, à

Sa table, il avait offert Son champagne à Ses gardiens. Ça, c'était du Guitry ! C'était du Sacha ! »

Il passe donc sa dernière nuit à Drancy, entouré des amis qu'il s'y est faits. Le lendemain, les mêmes inspecteurs viennent le chercher pour le conduire au Quai des Orfèvres. C'est la première rencontre avec son juge d'instruction, M. Angéras. Sont également présents ses deux avocats, ainsi que Albert Willemetz et Mme Choisel. Suit un interrogatoire de deux heures, toujours basé sur la rumeur publique, qui se conclut ainsi :

« Je suis libre ?

– Certainement pas. Il faut que je vous revoie d'ici quelques jours.

– Donc…

– Donc vous retournez à Fresnes.

– Est-ce indispensable ?

– Absolument. »

Et voilà notre prisonnier à Fresnes, se réjouissant de se sentir protégé, enfin, dans une vraie prison où il va bénéficier d'une cellule individuelle, de papier et de crayons !

Le 19 octobre, ses avocats l'informent que le juge d'instruction a fait passer dans plusieurs journaux une petite annonce le concernant. Que dit-elle ? Simplement ceci : « M. le juge d'instruction Angéras attend que des dénonciations lui soient adressées concernant M. Sacha Guitry. »

Maître Chresteil explique à son client que ce genre de communiqué est une « première » dans l'histoire judiciaire et qu'étant donné qu'aucun chef d'accusation sérieux n'existe contre lui et que tous les témoignages recueillis lui sont favorables, le juge, soucieux de l'opinion publique, prend ainsi toutes les précautions possibles pour éviter sa révocation.

Le lendemain, il est convoqué chez le juge. Après avoir passé tout l'après-midi dans la « Souricière », le voilà vers 18 heures chez Angéras. Ce dernier, grâce à son système de petites annonces, a reçu des réponses !

Cinq accusations précises :

• D'avoir dîné onze fois avec des Allemands au restaurant Cabaret ;

• De s'être rendu sur la tombe de son père, entouré d'un cordon de soldats de la Gestapo ;

• D'avoir reçu du lait pendant la guerre de la part des Allemands !

• D'avoir été chercher Tristan Bernard à l'hôpital Rothschild dans une voiture allemande ;

• D'avoir publié un livre intitulé *De Jeanne d'Arc à Philippe Pétain*.

Bien entendu, à part ce dernier point, tout le reste n'était que méprisable calomnie. Le juge en convint immédiatement. D'ailleurs, les avocats du Maître lui prédisent une libération sous quarante-huit heures.

Le 22 octobre, le fils de son avocat lui transmet une lettre qui lui procure un immense réconfort :

« Mon cher Patron,

Je ne sais pas où vous êtes, mais je donnerais cher pour y être avec vous. » Signé : Pauline Carton.

Enfin, le 24 octobre 1944, Sacha est libéré. Il ne le saura que quelques minutes avant sa sortie... Laissons à la plume de Henri Jadoux le soin de raconter ces minutes bouleversantes. Personne mieux que lui ne le fera jamais :

« Le 24 octobre : "Il paraît que c'est pour ce soir." [...] La nuit vint, le froid aussi. L'endroit ne se prêtait pas à la promenade, on marchait, plus attentif que bavard. "Après 10 heures, il y a peu de chance", m'avait dit le gardien. Cette dixième heure venait de sonner, je sortis de la voiture, inquiet, j'allai vers la porte, elle s'ouvrit avant que je ne l'aie atteinte, et il apparut, coiffé d'un béret, quelqu'un posa une valise auprès de lui.

« Nous nous étreignîmes longuement.

« Avant de monter dans la voiture, il aspira une longue goulée d'air ; je me glissai auprès de lui, tout contre, obligatoirement, et il mit sa valise sur ses genoux [...]. Il regarda la prison tandis qu'on virait devant l'entrée : "On y est tranquille, mais le confort est discutable..." »

De ces soixante jours de prison, Sacha écrira : « Et c'est ainsi que l'infamie se termina. Les infamies, elles, ont commencé le lendemain. »

« Les infamies ont commencé le lendemain… » Ce 24 octobre au soir, Sacha ne retourne pas chez lui mais se réfugie, sous le nom de M. Pierre, dans une discrète clinique, la clinique Saint-Pierre, 15, rue Boissière, où il pourra se reposer et reprendre des forces. Il s'agit également, pour ses amis, de ne pas l'exposer à quelques excités qui pourraient venir le défier chez lui. Willemetz l'attend là-bas. Les retrouvailles sont chaleureuses, mais brèves.

Dès le lendemain, Sacha est au travail. Il veut désormais préparer sa défense. À Jadoux qui vient le voir tôt matin, il confie : « Je ne pardonnerai jamais à ceux qui m'ont fait arrêter, et je n'étais pas le seul innocent ! » Même son de cloche à Fernande Choisel : « Je ne leur pardonnerai jamais, vous m'entendez… Après tout ce que j'ai fait pour le théâtre et ceux qui en vivent, après les risques que j'ai pris, ils ont eu assez de mauvaise foi pour me traiter de collaborateur… Des jaloux ! Des laissés pour compte ! […] Ce ne sont que des ratés ou des analphabètes… Il y en avait un, avec une mitraillette grande comme cela, qui s'était fait une tête d'écolier pris en faute pour venir me demander "un orthographe" !… C'est comme je vous le dis ! »

La baronne va bien vite se rendre compte du profond changement de caractère intervenu chez Sacha. L'homme si maître de lui en toutes circonstances a des mouvements d'humeur assez fréquents, et, dix fois par jour, il dicte la même phrase à sa secrétaire, phrase qui fait office de « chapeau » à toute note : « J'ai été arrêté le 23 août… »

L'ambiance à la clinique est à la fois survoltée et tendue. Le Sacha joyeux, blagueur, semble loin, si loin ! Parfois, cependant, il y a des moments de grâce : « Il s'amusait à jouer le grand nerveux et le monsieur qui n'est pas en possession de toutes ses facultés mentales quand les infirmières rentraient dans la chambre. Il faisait des yeux hagards, se plaignait de toutes sortes de maux, poussait de petits cris, s'asseyait au milieu du lit et faisait d'horribles grimaces. On aurait presque eu envie de lui passer la camisole de force », confie Mme Choisel.

Parallèlement à la constitution de son dossier de défense, il ne cesse de griffonner des pensées qu'il destine à deux ouvrages qui paraîtront en 1946 et 1947[12], sur lesquels il travaille depuis la sortie de son livre *De Jeanne d'Arc à Philippe Pétain.*

Un projet, qui va voir le jour en décembre, une réédition à tirage limité de *Deburau*[13], lui met un peu de baume au cœur.

À partir de fin novembre, Sacha prend l'habitude d'emprunter un fiacre pour aller déjeuner chez lui et y passer quelques heures. Une jeune femme, rencontrée à Drancy, partage alors sa vie. Mais, peu après Noël, elle est rattrapée par sa propre « affaire » et sera de nouveau internée durant sept longs mois. L'histoire sentimentale n'ira alors pas plus loin, au grand désespoir de la jeune femme qui se voyait déjà la cinquième Mme Guitry !

Cette fin d'année 1944 est marquée par une pétition que font signer Alain Decaux, Jean-Claude Briet et Henri Belly aux amis de Sacha. Mais beaucoup se défilent, comme le musicien Adolphe Borchard qui signe d'abord la pétition, puis fait effacer son nom et sa signature au crayon correcteur !

Certaines « infamies » vont davantage toucher le Maître. La plus cruelle, peut-être, se déroule en janvier de l'année nouvelle. On se souvient de tout ce que Sacha a fait pour sauver Tristan Bernard, son ami et celui de son père. Tristan, lui, n'oubliera pas et le mentionnera dans la dédicace qu'il fera à Sacha lorsqu'il lui offrira son ouvrage, *60 années de lyrisme intermittent* : « À Sacha qui m'a tiré – et je ne l'oublierai jamais – des griffes allemandes. » De plus, Tristan a été l'un des premiers – et l'un des rares – à prendre la défense de son sauveur auprès du juge Angéras. Il écrivit ceci au juge, le 21 septembre 1944 : « Si j'intercède de toute mon âme en faveur de Sacha Guitry, ce n'est pas seulement pour payer ma dette de reconnaissance à celui qui a obtenu, en octobre 1943, ma libération, ce n'est pas seulement parce que je l'ai connu tout enfant, parce qu'il était le fils de mon grand ami Lucien Guitry, c'est parce que c'est un écrivain que j'admire, qu'il fait partie du trésor spirituel de la France. »

Or, le 27 janvier 1945, le fils aîné de Tristan, Jean-Jacques, auteur de profession, est l'invité d'une émission de radio. Le journaliste veut savoir si son père n'a pas été arrêté par les Allemands pendant l'Occupation :

« Si. Il avait été arrêté à Cannes, répond-il.

« Et quand le journaliste lui demande comment il a été libéré, Jean-Jacques Bernard laisse tomber :

– À cause de son âge et de son nom. »

Des proches de Sacha, qui connaissent le rôle exact joué par lui dans cette libération, téléphonent aussitôt à leur ami et lui rapportent avec stupeur les propos du fils de Tristan. Sacha est abasourdi par cette annonce. Il écrit immédiatement à Tristan. Il conclut sa lettre de la façon suivante : « Je ne sais pas ce que vous pensez, vous, mais moi, je trouve cela pire qu'inconcevable. » Une heure après avoir fait déposer sa lettre chez Tristan, ce dernier lui fait parvenir ce message : « Mon cher Sacha, je reçois ta lettre. Tu as raison. Et je suis toujours là pour rétablir les faits. Nous t'embrassons tendrement. »

Le 10 février, Sacha reçoit une lettre de Jean-Jacques Bernard :

> « Mon cher Sacha Guitry,
>
> Mon père vient de me montrer votre lettre.
>
> Les termes que vous employez me paraissent disproportionnés à la chose et je ne puis attribuer cela qu'à un état d'amertume assez explicable.
>
> Cela dit, je n'ai pas à me justifier d'une interview qui n'était ni préparée ni préméditée.
>
> Mais je tiens à préciser :
>
> 1°) Que je n'ai jamais songé à nier ce que vous avez fait pour la libération de mon père, et que bien souvent j'ai eu l'occasion de dire que, quelque opinion que l'on pût avoir sur votre attitude pendant l'Occupation, il fallait au moins vous rendre justice sur ce point.
>
> 2°) Que si j'avais été tenté de prononcer votre nom à la radio, je ne l'eusse certainement point fait, et je pense que cette réserve était dans votre intérêt. Je connais assez l'état d'esprit général pour savoir que la manifestation eût paru à d'aucuns assez déplacée. Tout le monde sait maintenant ce que vous avez fait pour Tristan Bernard. Mais beaucoup vous reprochent de vous en faire une publicité. Fallait-il leur donner raison ?
>
> Je connais votre affection pour mon père et je ne vous fais pas l'injure de penser qu'aucun autre sentiment ait pu dicter votre intervention.
>
> Veuillez croire, mon cher Sacha Guitry, à mes sentiments les meilleurs. »

Sacha est écœuré à la lecture de ces lignes et ne pourra s'empêcher de rappeler, par la suite, que lors de l'arrestation de Jean-Jacques Bernard, le 17 décembre 1941, il a accueilli chez lui son fils (c'est-à-dire le petit-fils de Tristan), qui, en larmes, le suppliait d'intervenir en faveur de son père. La femme de Jean-Jacques, qui avait contacté à son tour Sacha, avait bien pris soin de lui préciser que « Jean-Jacques Bernard a représenté la Société des Auteurs au congrès de Berlin de 1936, et qu'il a eu, à ce moment, un entretien personnel avec le docteur Goebbels » !

Sacha, une fois de plus et sans hésitation, était alors intervenu en faveur du fils de son ami. Jean-Jacques Bernard avait été rapatrié. Sacha ne prétendait pas être le seul à être intervenu en faveur de Jean-Jacques, mais il est à noter qu'il avait fait une fois de plus son possible. D'ailleurs, le jour du retour de Jean-Jacques parmi les siens, son frère avait envoyé un mot de remerciement à Sacha, et des fleurs à sa femme. Comme va l'écrire Sacha :

« Mais trois ans ont passé – et les choses s'oublient. Et c'est Jean-Jacques Bernard qui ose me parler aujourd'hui de mon "attitude" pendant l'Occupation ! Que dire de la sienne à la Libération ! »

On se souvient que Sacha s'était vu offrir l'élargissement de dix prisonniers. Il en avait inscrit onze sur sa liste. Quelle fut l'attitude de ces prisonniers au moment des ennuis de Guitry à la Libération ? Pour la plupart, amnésie totale, refus poli de déposer devant le juge, ou attestation écrite d'une extrême timidité et d'une grande retenue. Seuls deux ou trois de ces prisonniers furent à la hauteur.

En octobre 1946, l'un d'eux vient rendre visite à Sacha. Il semble embarrassé, gêné, et finit par se décider :

« J'ai un nouveau service à vous demander… Voilà, si vous pouviez éviter de rappeler que je vous dois ma libération… car, voyez-vous, cela peut me nuire ! »

Infamie, quand tu nous tiens !

Seule consolation en ce triste hiver, les jeunes adorateurs du Maître, Alain Decaux en tête, préparent une fête privée pour son soixantième anniversaire. Musique, poésie, théâtre sont au menu des festivités du 21 février 1945 qui se déroulent dans la galerie de Mlle Ror Volmar, mise gracieusement à la disposition des jeunes par cette femme remarquable et courageuse. Au programme également, des extraits des principales œuvres du Maître. Dans la salle, aux côtés de Sacha qui en a les larmes aux yeux, de grands fidèles dont Jean Cocteau, Paul Fort, Elvire Popesco ou Édith Piaf.

Ce même jour, Sacha écrit une jolie lettre à Jacqueline Delubac, sa troisième épouse. Elle vient célébrer des « retrouvailles ». Jacqueline se souvint parfaitement des circonstances :

« À cette époque-là, abandonné par beaucoup, un de ses rares amis me dit que Sacha serait heureux de me revoir. Nous nous étions séparés en 1939 – en gens bien élevés, si je puis dire, mais avec une froide hostilité. Bien que cela puisse être critiqué, je lui rendis visite. Sacha fut très touché et me demanda de bien vouloir venir déjeuner avec lui lors de son retour avenue Élisée-Reclus. Quelques jours plus tard, il m'a invitée ; j'y suis allée. Nous avons parlé gaiement, en bons amis, avec une affectueuse connivence ; tant et si bien qu'à la fin du repas, Sacha me proposa de reprendre la vie commune et de nous remarier. Je fus très surprise et, peut-être avec une certaine malice, je lui répondis – ce qui était vrai – que ma vie était organisée, heureuse et sans espoir de changement. Un mois plus tard, il m'envoyait une lettre. »

Sacha est à ce moment-là rentré définitivement à Élisée-Reclus. Il reste enfermé chez lui, ne sortant presque pas. Il reprend une liaison avec une belle jeune femme qui partageait plus ou moins sa vie avant son incarcération. Il aime sa fraîcheur, sa gaieté, mais n'envisage toutefois pas d'en faire son épouse. Il passe ses journées à ruminer son « affaire », à lire la presse qui n'est point tendre avec lui, et reçoit un nombre limité de proches, dont quelques nouveaux amis, compagnons d'infortune de Drancy…

Sacha ne sort guère que pour aller déjeuner chez Arletty (réfugiée chez des amis). Il a un grand faible pour elle et lui propose finalement le mariage – offre qu'Arletty déclinera, mais, en guise de consolation, elle lui fera connaître sa nouvelle future femme (la cinquième) : Lana Marconi.

Il est évident que, pour le moment, Sacha est en manque d'affection intime. Et le vide qu'il fait autour de lui ne contribue pas à meubler cette absence : « Il était celui qui passait ses journées à dresser les listes de ses amis, et, surtout, de ceux qu'il considérait comme ses ennemis », dira Mme Choisel. Il devient cassant et se trouve de surcroît confronté à de très importantes difficultés financières. Le train de vie de sa maison reste inchangé, mais tous ses comptes demeurent bloqués. *Idem* pour ses droits d'auteur. Il a dû se résoudre à engager plusieurs des plus belles pièces de sa collection au Crédit municipal, y compris la fameuse *Rouge* de Toulouse-Lautrec, qu'il aime tant !

Quelques rares amis puissants se démènent toutefois pour que l'« affaire » soit réglée au plus vite, à l'instar du président de l'Association des directeurs de théâtres et du président de la Société des Auteurs qui vont plaider sa cause auprès du procureur de la République. Mais Alexandre, président de l'Union des Arts, se refuse à les accompagner.

Georges Duvernois intervient auprès de Georges Duhamel, très à l'honneur dans le Paris qui revit. Duhamel reste évasif :

« Il faut encore attendre... C'est trop tôt ! Dans quelques semaines, nous en reparlerons. »

Cependant, les nouvelles judiciaires sont bonnes, et la fin de l'instruction est proche. De plus, le 30 avril, il fait la connaissance de Lana Marconi qui vient prendre le thé chez lui.

En l'absence de toute accusation sérieuse, le juge Angéras classe son dossier le 2 mai 1945. Le non-lieu est enfin prononcé ! Sa lecture est édifiante et s'achève ainsi (l'intégralité du texte est reproduit en annexe) :

> « De l'ensemble du dossier d'information, il ressort en définitive qu'aucune des charges qui motivèrent à l'origine l'ouverture des poursuites ne saurait être à l'heure actuelle retenue contre l'inculpé.
>
> Du moins, grâce à ses accusateurs anonymes, aura-t-il eu le loisir de vérifier la justesse de cette pensée de Sacha Guitry : "Ne soyez pas de ceux qui haïssent. Jamais. Tâchez d'être plutôt parmi ceux que l'on hait, on y est en meilleure compagnie."
>
> Attendu, dans ces conditions, que les faits reprochés à Sacha Guitry ne constituent pas le crime d'intelligence avec l'ennemi au sens de l'article 75 et suivants du Code pénal,
>
> Dit que la présente procédure fait l'objet d'une décision de classement.
>
> Au Parquet de la Cour de justice. Signé : COISSAC. »

Quelle première victoire que ce non-lieu ! Voilà qui devrait clouer définitivement le bec à tous les détracteurs du Maître ! Mais celui-ci est un homme blessé, brisé. Cette première « réparation » ne suffit pas. Et lui se dit qu'on ne le laissera pas tranquille, que ce serait trop facile !

Les faits lui donneront raison, car le classement du dossier ne veut pas dire que les haines s'apaisent. Bien au contraire ! Henri Jadoux témoigne : « Mais non, la presse l'annonçait, le disait, le voulait : ce n'était pas fini ; il n'allait pas s'en tirer comme cela... Tout le désignait, le rangeait parmi les coupables : son allure, sa démarche, la coupe de ses vêtements démodés, ses manchettes... non, ce n'était pas possible, cet irritant personnage n'avait pas en vain soulevé tant de haine ! »

Et Guitry apprend par Marguerite Moreno (à qui Colette l'a répété) que Francis Carco[14], son collègue de l'académie Goncourt, semble dans de très mauvaises dispositions à son égard, et fait publiquement état de sa défiance à l'encontre de son collègue. Sacha est révolté et téléphone à Carco. La transcription de cette conversation est parvenue jusqu'à nous[15] :

« – De quoi m'accusez-vous ?, m'informe une voix d'or au bout du fil. Un garçon qui dînait près de vous, ce soir, au restaurant, vient de me rapporter certains de vos propos. C'est insensé ? Que me veut-on ?

« – Moi ? Rien. J'ai simplement chargé mon voisin de table de vous dire qu'il me serait odieux de vous rencontrer aux Goncourt. Il a fait vite. Mes compliments ! Des amis de ce genre ne courent pas les rues.

« – Mais je n'ai plus d'amis !

« Décidément, pour ce début de "journal", on ne saurait désirer mieux. J'ai sur les lèvres une phrase que je refoule. Et pourtant ! Plus d'amis ! Ils sont donc tous partis ? Quelle chance !

« – Vous m'insultez, tonne la voix d'or. Prétendre, ainsi que je l'ai lu dans une de vos interviews, que ma présence vous est insupportable ! De quel droit parlez-vous de la sorte ? Cela ne se fait pas. D'ailleurs, que ma présence vous importune ou non, je vous préviens que je ne démissionnerai pas. Si j'acceptais de partir, on me croirait coupable. Et de quoi donc, grands dieux ?

« – C'est affaire de climat, de… sentiment. Je ne suis pas un juge. J'ai même la conviction que vous n'avez commis aucune faute grave… puisque vous êtes en liberté. Toutefois, votre conduite durant l'Occupation…

« – Pardon ! Je n'ai reçu aucun Allemand chez moi. Les seuls qu'il m'était impossible d'éviter pourraient certifier sur l'honneur qu'en m'adressant à eux, j'avais toujours une grâce à obtenir. Est-ce un crime ?

« – Il ne s'agit pas de crime.

« – Eh bien ! Venez me voir. Il faut que je vous voie. Nous nous regarderons loyalement dans les yeux.

« – Et ce peintre dont Galtier-Boissière cite le témoignage ? Vous oubliez sans doute qu'après l'avoir invité plusieurs fois, de la part de Mme Abetz, à l'ambassade, vous vous êtes récrié en vous heurtant à son refus : “Mais, mon cher, vous ne voulez donc rien faire pour la France ?”

« – Quelle infamie !

« Comme il a bien dit ça ! Il me semble le voir en veston d'intérieur, assis près de son téléphone et se regardant dans une glace. Ne soyons pas injustes. Un homme de théâtre se donne toujours en spectacle à lui-même. Une infamie ! Cela se prononce avec emphase, une sorte de révolte mêlée d'accablement.

« – Oui, reprend tout à coup mon interlocuteur sur une brisure savante du timbre. Si le peintre dont il est question n'a pas daigné se rendre à l'invitation que je lui ai transmise, je me suis gardé d'insister. Tant pis pour lui ! Pour nous ! Il aurait pu, grâce au désir qu'on avait de le connaître, sauver plus d'un Français, ou à tout le moins paralyser certaines poursuites. J'en sais quelque chose. Monsieur, ai-je dit un jour à un ministre allemand, le problème juif n'existe pas. Il n'y a pas de problème juif. Le seul qui compte dans mon métier, est d'avoir du talent. Bergson a du génie.

« Invisible et présent, je suis sûr qu'il accompagne, d'un geste de sa main droite, ces nobles et courageuses paroles, qu'il est sincère, qu'il les a prononcées. Cependant, c'est plus fort que moi, je pense que son talent qui, pour d'honnêtes gens de province, de vieilles dames à la page, de cercleux attardés, représentait un peu de ce Paris où l'on prenait le temps de s'occuper encore de disgrâces conjugales, méritait mieux que de se dégrader au contact des Allemands. C'était l'époque des fusillades, des petits bouquets de fleurs que des mains anonymes déposaient pieusement auprès des murs, où des affiches mentionnaient les noms des otages massacrés. Mais non, place au théâtre ! Il jouait la comédie. Il allait même – oh ! pas chez lui, bien sûr, puisqu'il l'affirme, mais chez nous, dans une salle de spectacle – humer, de loge en loge, l'encens des compliments. J'ai envie de raccrocher, qu'il ait été de bonne foi me passe. J'en éprouve une sorte de stupeur, de découragement dont il n'a pas conscience.

« – Allô !

« – Voyons, rappelez-vous, dis-je après un instant. En 1938, vous avez ébloui les souverains britanniques. C'était, ma foi, très bien, trop bien. En 40, changement de programme. Dois-je conclure que si, demain, les Russes l'exigent, vous ne leur résisterez pas ?

« – Un acteur a besoin du public. C'est sa façon de servir.

« – Mais bravo ! Malheureusement, vous n'êtes pas qu'un acteur, un grand, un merveilleux acteur. Vous êtes aussi un auteur dramatique. Et si le premier, comme vous venez de le dire, avait besoin de spectateurs, le second se devait d'y mettre une condition. Homme double ! Oh, je sais, nous savons… l'exemple venait de haut. On roulait le Boche ou plutôt on prétendait le rouler. Pendant ce temps, sous leurs dehors affables de "Barissiens de Barris", leur abjecte correction, ces messieurs ne songeaient qu'à étouffer la flamme qui brûlait toujours et quand même dans des milliers de cœurs.

« Il ne me comprend pas ; il ne veut pas comprendre. De quelle flamme d'ailleurs parlons-nous ? De celle des torches qui rougeoyaient par une sombre nuit d'hiver sur le parcours des cendres de l'Aiglon, ou de celle d'une rampe où, chaque soir, durant près de quatre ans, il souriait, se prodiguait, marquait des temps et, d'une moue complaisante, d'une chiquenaude sur le revers de son veston, d'un "rien" dont il a le génie, d'une intention trop appuyée, il provoquait dans les rangs des fauteuils d'orchestre des trépignements de bottes et des tonnerres d'acclamations.

« – Allons donc, module-t-il. J'ai sauvé mon théâtre. J'ai fait vivre mes comédiens, mes machinistes, mes techniciens, mes couturiers, tout un monde de vaillants, d'excellents, d'authentiques Français qui, sans moi…

« – Non. »

Et Carco raccroche…

La vie continue. Mai 1945, la porte de Sacha Guitry, au 18, avenue Élisée-Reclus, est gardée par deux sentinelles FFI. Le protège-t-on d'éventuels excités qui pourraient s'en prendre à lui, ou a-t-on peur qu'il renverse le gouvernement ! ? Quoi qu'il en soit, une Jeep stoppe devant son domicile. En bondit un jeune soldat revenant d'Italie et d'Allemagne. Les FFI tentent mollement de lui interdire l'entrée de l'hôtel particulier. Mais, devant l'uniforme du jeune homme, ils finissent par le laisser passer. Ce jeune soldat n'est autre que François Gir, fils de la comédienne Jeanne Fusier-Gir, dont Sacha s'est admirablement occupé pendant la guerre, notamment lors de la disparition de son mari, alors que ses enfants étaient éloignés d'elle. François Gir n'a jamais oublié ce moment : « On m'a donc annoncé. Arrivé en haut de cet escalier célèbre, qui m'intimidait, j'ai vu venir à moi un homme qui m'a regardé bien en face, les bras tendus et le regard bleu légèrement mouillé de larmes. Je me suis présenté, il m'a embrassé et, tout bas, il a murmuré : Enfin, un soldat français ! »

François a tenu à venir remercier le Maître dès son retour à Paris, avant même d'aller embrasser sa mère, de sa générosité morale et matérielle envers cette dernière. Sacha n'oubliera pas ce témoignage de reconnaissance à une époque où ils étaient si rares, et fera de François Gir son assistant au cinéma. Ils tourneront ensemble onze films. (Sacha, quand il s'adressait à lui, le nommait souvent : « Mon fils ».)

Ce même mois, on propose à Sacha de faire une tournée de conférences en Suisse. L'idée l'enthousiasme. Il va enfin pouvoir sortir de sa maison où il vit reclus. Il pense que la vie va reprendre et, pour « fêter » cela, il veut acquérir, dans une vente aux enchères, quelques modestes objets ou autographes. Il ne souhaite toutefois pas encore se montrer en public à Paris et confie à Jadoux le soin de se rendre chez maître Étienne Ader, commissaire-priseur, muni de sa carte de visite sur laquelle il écrit : « Le porteur de cette carte est mon ami et je l'ai chargé d'acquérir quelques pièces de la vente. À vous, des deux mains. »

Il ne pourra pas se rendre en Suisse, car son passeport, qui lui a été confisqué, est indispensable pour sortir du territoire, et on ne veut pas le lui restituer.

Il en comprend bientôt la cause. Ses avocats lui annoncent dès l'automne, avec beaucoup de précautions, que l'on ne va pas se contenter de cette ordonnance de non-lieu du juge Angéras, et qu'il faut craindre une réouverture de son dossier, qu'il y aurait « un élément nouveau ».

Cette épuration acharnée, qui n'en finit pas, permet à certains de se livrer à des réflexions intéressantes. Ainsi Paul Léautaud la compare à « une véritable répétition de 1793 au nom d'une prétendue justice », et s'interroge sur le fait que l'on n'ait pas songé à interner pour complicité d'intelligence avec l'ennemi le vendeur de journaux qui se tient à la porte du jardin du Luxembourg et qui vendit la presse collaborationniste sans états d'âme pendant des années : « Et il est toujours en liberté, et toujours à sa place, criant maintenant les titres des journaux de la "Résistance". Il doit avoir de hautes protections[16] !... »

Georges Duhamel, secrétaire perpétuel de l'Académie française, met en évidence cet « acharnement épuratif » qui frappe les intellectuels : « La justice contemporaine en France, qui semble assez bénigne pour les grands hommes d'affaires, par exemple, pour les grands rapaces, a fait aux hommes de lettres le redoutable honneur de les traiter sévèrement : elle en a fusillé beaucoup » (Lettre à Lucien Descaves).

Cette épuration « sélective » est d'autant plus choquante qu'elle existe au sein même du monde des intellectuels. Tout le monde est loin d'être traité à la même enseigne. Ainsi de Paul Claudel qui, à la Noël 1941, même s'il écrit au grand rabbin « le dégoût, l'horreur, l'indignation à l'égard des iniquités, spoliations, mauvais traitement » dont sont victimes les juifs, demeure en même temps membre du Conseil d'administration (et touche régulièrement ses jetons de présence) de la société Gnome-et-Rhône qui renvoie son directeur juif, Paul-Louis Weiller, et qui fournit des moteurs à l'armée allemande pendant toute la guerre. Notons qu'il est également l'auteur d'une *Ode au maréchal Pétain*...

En septembre 1945, des comités d'épuration d'écrivains souhaitent entendre Guitry. Il refuse de se rendre à leurs convocations. De toute façon, Sacha est déjà inscrit sur la liste noire du Comité national des écrivains. Et si le fait d'être mentionné sur cette fameuse liste du CNE n'interdit pas d'être publié, elle l'en empêche toutefois d'une façon plus subtile, comme le souligne Pierre Assouline dans son remarquable ouvrage sur l'épuration des intellectuels : « Ce n'est pas, comme on l'a dit, une interdiction de publier pour les écrivains compromis. C'est bien plus perfide. C'est un boycott des journaux et maisons d'édition qui se laisseraient aller à l'indulgence. Ce qui revient exactement au même. Car on n'imagine pas, dans la France de la Libération, un rédacteur en chef ou un éditeur risquer de perdre les signatures de tous ceux qui tiennent le haut du pavé pour publier un article de Marcel Jouhandeau[17]. » En effet, ce rédacteur en chef ou cet éditeur ne pourrait plus solliciter alors la signature d'un chroniqueur ou d'un auteur du CNE, conformément à sa charte : « Les membres du CNE se sont engagés à l'unanimité à refuser toute collaboration aux journaux, revues, recueils collectifs, collections, etc., qui publieraient un texte signé par un écrivain dont l'attitude ou les écrits pendant l'Occupation ont apporté une aide morale ou matérielle à l'oppresseur[18]. »

Certains, toutefois, comme Jean Paulhan, vont s'élever contre cette philosophie du CNE : « Le criminel vous a paru moins coupable que le littérateur qui l'incite au crime, le traître plus digne de pardon que l'idéologue qui lui conseille la trahison. Vous décidez de vous en prendre désormais à l'auteur plutôt qu'à l'acteur, à la cause plutôt qu'à l'effet. » Et de développer de façon plus large son raisonnement : « L'épuration mène la vie dure aux écrivains. Les ingénieurs, entrepreneurs et maçons qui ont bâti le mur de l'Atlantique se promènent parmi nous bien tranquillement. Ils s'emploient à bâtir de nouveaux murs. Ils bâtissent les murs des nouvelles prisons où l'on enferme les journalistes qui ont eu le tort d'écrire que le mur de l'Atlantique était bien bâti. »

Avis partagé par Jean Galtier-Boissière : « Des journalistes sont en prison pour avoir célébré, à raison d'un franc la ligne, le mur de l'Atlantique. Mais les entrepreneurs qui ont gagné des millions en le construisant se promènent sur les boulevards. Il valait mieux le faire que d'en parler. »

N'oublions pas non plus que Guitry est politiquement plutôt classé à droite, et surtout considéré comme un nanti. Il est bon de rappeler la clairvoyance dont fit montre Emmanuel Berl à ce sujet dès 1939 : « [...] Il y a dans Paris une question Sacha Guitry, et cette question peut se poser en ces termes : "Le succès est-il en soi immoral ?" Imaginez, en effet, que Sacha Guitry n'ait pas réussi. Que ses pièces jouées tantôt par Baty, tantôt par Dullin, n'aient jamais atteint la cinquantième qu'à renfort de billets de faveur. Son élection à l'académie Goncourt eût semblé naturelle à chacun. Le mouvement dada aurait reconnu son père dans l'auteur du *K.W.T.Z...* Le surréalisme aurait revendiqué comme sien *L'Illusionniste.* Toute la jeunesse de Montparnasse, des Deux Magots, du Café de Flore vénérerait – autant que Max Jacob – l'ancien ami de Jules Renard et de Mirbeau. [...] Les revues nouvelles publieraient des échos sur la conception de l'amour chez Sacha Guitry ; la conception de l'humour chez Sacha Guitry ; Sacha Guitry, Charlie Chaplin et la Liberté ; Sacha Guitry et le cubisme dramatique. Tout cela, qui serait en somme naturel et juste, est, hélas, impossible. Sacha Guitry a logé trop longtemps rive droite. Tant pis pour lui !

« Sacha Guitry a été pauvre, un moment. Mais il ne s'en est pas vanté ! Il a été malade une fois, gravement. Mais il en a ri, au lieu d'en profiter pour fonder une école doloriste ! Il dessine bien, aussi bien, certainement, que Cocteau. Seulement, il n'a jamais abjuré Claude Monet, ses pompes et ses œuvres. Sacha Guitry a scellé très jeune avec le démon du succès une sorte de pacte scandaleux. Il joue ses propres pièces. Il les joue bien. Il les monte lui-même. Il les met en scène à l'écran lui-même. Et se ferme ainsi toute possibilité de maudire acteurs, directeurs, producteurs – exploiteurs du "vrai artiste" et du "vrai art". Mais le malheur, Sacha Guitry le garde pour lui. »

Est-ce cela qui fait que ce que l'on va pardonner à un homme comme Sartre, on ne le pardonnera pas à Guitry ? Ainsi Jean-Paul Sartre, qui n'a pas hésité à faire jouer ses pièces sous l'Occupation devant un public franco-allemand (ce fut le cas pour *Huis Clos* et pour *Les Mouches*), après d'ailleurs y avoir été officiellement autorisé par la Propagandastaffel, et non sans avoir fait inviter des intellectuels collaborateurs aux générales, est ainsi défendu par Louis Parrot dans un livre, *L'Intelligence en guerre* : « Sartre pratiquait la clandestinité en pleine lumière et menait vis-à-vis des autorités collaboratrices un jeu d'une dangereuse subtilité[19]. » N'aurait-on pas pu ainsi définir, après tout, l'attitude de Sacha Guitry pendant l'Occupation, à la lecture de son non-lieu ?

En novembre 1945, de toute façon, il est déjà trop tard. Le 10 exactement, la Chambre civique prend la décision d'ouvrir une seconde instruction. Le risque est le suivant : Sacha Guitry pourrait être frappé d'indignité nationale ! Ce serait là pour lui une épreuve épouvantable. Jadoux écrira à ce propos cette phrase terrible : « Sans la présence à ses côtés de Lana Marconi, il n'eût pas tenu, je le répète pour que l'on comprenne bien ce que furent les journées de ces deux années. » Mais Lana est là et vient s'installer à Élisée-Reclus. Le 28 décembre, ils échangent une promesse de mariage.

Trois jours avant Noël, il se rend rue des Saussaies où il subit un long interrogatoire mené par un inspecteur principal. La presse, toujours elle, s'en donne à nouveau à cœur joie. Et ses vieux ennemis ne sont pas en reste. Le fils de Lucien Descaves, Pierre, déclare : « Étant donné sa situation de fortune, il aurait pu se tenir en marge de la vie de Paris pendant l'Occupation. Dans la mesure où l'activité déployée par lui donnait aux hésitants l'impression qu'il fallait accepter le fait accompli de la défaite et continuer à vivre comme auparavant, il a desservi le pays. » André Billy, quant à lui, annonce qu'il démissionnera de l'académie Goncourt si Sacha en reste membre.

Les rares amis de Sacha se remobilisent et on lui propose de recevoir Maurice Schumann, qui « sait » que Guitry est une victime expiatoire de l'épuration :

« Dites-moi ce que je peux faire pour vous ?

« – Eh bien, que l'on me donne la même arme qui m'a mené en prison !

« – Que voulez-vous dire ?

« – À quoi dois-je tout ce qui m'est arrivé ? À la radio de Londres qui m'a porté au pilori. Donc, je demande que l'on m'autorise tout simplement à parler à la radio durant une heure. Ainsi je pourrai m'expliquer devant les Français !

« – Ah certainement pas ! Votre stratégie est mauvaise. Aujourd'hui, il n'y a aucun chef d'accusation à votre encontre. Il ne faut donc pas que vous vous comportiez en accusé qui doit se défendre. Non, il ne le faut pas, et nous ne le voulons pas ! »

L'année 1945 s'achève aussi tristement et encore plus durement que l'année précédente. Sacha a connu bien des trahisons. L'une va le marquer particulièrement : « Parmi tant de défections, de lâchetés, d'ingratitudes, voilà celle, à vrai dire, dont je reste écœuré. » En lisant l'Annuaire des théâtres, publication annuelle, sorte de Bottin des salles de Paris où chaque directeur joint un historique complet de son théâtre, Guitry peut constater que, dans cette édition 1945, le théâtre des Mathurins se flatte d'avoir accueilli la création de *Nono*, le Théâtre Michel *Le Veilleur de nuit*, les Bouffes-Parisiens *La Pèlerine écossaise*, *Faisons un rêve*, Jean de La Fontaine, le théâtre Pigalle *Histoires de France*, le théâtre Édouard-VII *Mozart* et *L'Amour masqué*. Mais rien, rien, absolument rien, sur les immenses succès de Sacha au théâtre de la Madeleine, toujours dirigé par André Brulé (son codirecteur, Trébor, étant décédé) !

Guitry compare alors la Madeleine à une traînée. Il finit par considérer ce théâtre, son théâtre fétiche, comme la dernière des filles. Pendant quinze ans, toutes ses créations ont été pour la Madeleine, et il faut bien avouer que ce fut une bénédiction pour ses propriétaires qui dirigeaient jusque-là une maison qui ne connaissait guère le succès. En 1933, Guitry voulut en partir, mais un procès l'en empêcha. Il resta, oublia vite, et, en 1940, expira le contrat qui les liait – et le voilà aujourd'hui abandonné, voire pire : renié !

Il profitera de l'édition du texte de sa pièce *Vive L'empereur !* pour régler publiquement ses comptes avec André Brulé, le patron du théâtre de la Madeleine où fut créée cette pièce. Sur cette édition, on peut lire : « Cette pièce a été présentée pour la première fois à Paris le 11 mai 1941 sur un théâtre qui, pour l'auteur, n'existe plus. »

C'est le juge Raoult, cette fois, qui est officiellement désigné, le 4 février 1946. Ce juge a déjà eu à instruire une affaire des plus médiatiques de l'épuration, celle de Henri Béraud, l'un des journalistes français les plus célèbres, polémiste de talent, mais profondément anti-anglais ! Inculpé du crime d'intelligence avec l'ennemi, Béraud se voit déféré devant la Cour en décembre 1944, et condamné à mort !

Voici le portrait qu'il fit du juge Raoult qui lui rappelait étonnamment le héros d'un de ses livres, Chambard-le-Juge, procureur du roi Louis-Philippe : « Même visage secret et tourmenté, même regard insaisissable et comme tourné en dedans. Aux premiers mots, je retrouvai cette bouche mince, nerveuse, rigoureusement horizontale, qui avait appris à ne pas sourire. Rien ne m'était plus familier que cette mesure extrême du geste et de la voix. Quant au caractère de l'homme, sa feinte sécheresse, ses brusques repliements, ses silences calculés [...], le juge Raoult était, je pense, honnête homme. »

En tout cas, une chose est certaine : si Sacha, cette fois, est convaincu d'intelligence avec l'ennemi au terme de l'instruction, il se verra renvoyer devant la Cour et pourrait fort bien risquer la peine capitale...

Les rendez-vous chez le juge reprennent. Son cabinet est situé au 11 bis, rue Boissy-d'Anglas, et, lors des longs interrogatoires, Lana et Henri Jadoux attendent Sacha dans un bistrot voisin. Parfois il fait passer un mot à Lana : « Pendant qu'on m'insulte, je pense à toi. »

En préambule à cette nouvelle instruction et à la menace de procès qui pourrait suivre, on peut se poser des questions sur la qualité des jugements de l'épuration. Avec moins de juges en poste qu'avant-guerre, 118 000 affaires de collaboration seront jugées en seize mois, alors qu'on jugeait entre 16 000 et 18 000 affaires pénales par an avant le conflit. Pierre Assouline rappelle aussi une règle sacrée : « On ne crée pas des lois après que les délits ont été commis pour les juger. La loi ne dispose que pour l'avenir. Or, les ordonnances de 1944 ont créé des infractions nouvelles, comme l'indignité nationale et la dégradation nationale, se rapportant aux faits commis entre 1940 et 1944. Certains de leurs partisans expliqueront que le Code n'était pas adapté à la situation, qu'il n'avait pas prévu la situation qui fut celle de la France de l'Armistice, de l'Occupation, et la Collaboration, par conséquent que ces circonstances exceptionnelles justifient l'usage exceptionnel de la rétroactivité des lois. Mais les Sections spéciales de Vichy n'avaient pas agi autrement en créant des peines "sur mesure" postérieurement à l'arrestation de "terroristes"[20]. »

Début 1946, Sacha prend la décision de laisser publier un premier long texte intitulé *Ma défense*, car il compte bien prendre l'opinion à témoin. On lui a refusé la radio, il lui reste la presse. Après avoir rédigé ces pages et laissé volontairement « s'échapper » quelques copies dans la nature, Sacha intente une action judiciaire contre le quotidien *Paris-Matin* qui en annonce la publication dans ses colonnes. Mais il laisse finalement faire, démontrant qu'il a ainsi orchestré la chose, probablement avec la complicité de ses avocats… La série d'articles publiés entre le 13 et le 21 janvier 1945 fait un certain bruit, et l'on y retrouve les grandes lignes des thèses développées, quelques années plus tard, dans son ouvrage *Quatre ans d'occupations*. Cette parution est aussi l'occasion, pour Sacha, de donner une interview à un autre journal, *Samedi-Soir*, dans lequel il laisse percevoir sa grande amertume en parlant de son avenir : « Mon avenir dépend du passé… Victime d'une erreur judiciaire qui ne repose sur rien de précis, il est possible que je parte pour les États-Unis en attendant d'obtenir de mon pays pleine et entière justice ! »

Cette déclaration va avoir une conséquence heureuse pour Sacha, car elle va sceller son amitié avec un homme exceptionnel. Il s'agit du professeur Jacques Tréfouël, grand résistant, décoré de la médaille de la Résistance, mais de surcroît le très écouté directeur de l'Institut Pasteur. Il fait la connaissance de Guitry par l'un de ses cousins, arrêté par erreur et emprisonné avec lui. Pourquoi Jacques Tréfouël souhaite-t-il rencontrer Sacha Guitry, et quel est le lien avec cette interview ? Tout simplement parce qu'il est épris de justice. Et parce qu'il s'est déroulé un incident qui, à ses yeux, est grave, car le directeur de l'Institut Pasteur est aussi le président de l'Union nationale des intellectuels.

Justement, un communiqué signé par cette Union est paru dans de nombreux journaux à la suite de l'entretien évoquant un éventuel voyage que Sacha Guitry serait amené à effectuer aux États-Unis. On peut lire entre autres dans ce texte : « Sacha Guitry, dont les complaisances à l'égard des chefs de l'occupation allemande ont été aussi scandaleuses que viles par leurs mobiles [...], les artistes américains ne pouvaient accueillir parmi eux cette brebis galeuse qui fêtait l'occupant tandis qu'ils combattaient. »

La presse sonne la curée : « L'Union nationale des intellectuels a déjà protesté récemment avec un plein succès contre le projet scandaleux de donner à Serge Lifar, collaborateur notoire, la vedette d'une soirée organisée au profit d'œuvres de la Résistance. Aujourd'hui, une nouvelle et plus grave offense menace le renom même de la France à l'étranger. M. Sacha Guitry, dont les complaisances à l'égard des chefs de l'occupation allemande ont été aussi scandaleuses par leur éclat que viles par leurs mobiles, est invité par un manager américain à se produire aux USA. M. Sacha Guitry irait étaler là-bas la bassesse d'esprit et la dégradation morale auxquelles notre pays refuse l'audience. Il tenterait, avec la complicité des pétainistes français de New York, de faire passer ces tares pour les traits mêmes de la France, et se présenterait comme une victime de la persécution et de l'intolérance. Il risquerait, devant un public mal informé, d'aggraver de pénibles malentendus et de compromettre notre réputation spirituelle et morale. Les artistes américains, dont l'effort de guerre et la générosité sont connus de toute la France et soulèvent notre reconnaissance, ne peuvent accueillir parmi eux cette brebis galeuse qui fêtait l'occupant tandis qu'ils combattaient. Nous ne pouvons que leur dénoncer le mal qui nous menace : il leur appartient d'empêcher l'éclat (Louis Martin-Chauffier). »

Le sang du président Tréfouël ne fait qu'un tour à la lecture de ce communiqué dont il n'est bien sûr pas informé. Outré, il donne sa démission de la présidence de cette Union, non sans s'en être longuement expliqué à son ami Aragon, membre du comité directeur. Extrait :

« La France n'a pas trop d'intellectuels ; si je suis d'avis qu'on doive radicalement écarter ceux qui ont collaboré avec l'ennemi, je suis d'avis que ceux-là seuls doivent être écartés. [...] J'ajoutais, rappelant un article qu'avait écrit Georges Duhamel quelques jours plus tôt dans *Le Figaro*, que la sévérité de la justice avait été particulièrement rigoureuse pour les écrivains, et que, cependant, M. Sacha Guitry avait bénéficié d'un non-lieu, ce qui prouvait à mon avis qu'il n'y avait aucune faute grave à révéler contre lui. Néanmoins, l'instruction ayant été rouverte, le moins que nous puissions faire, avant de formuler une opinion, ajoutai-je, était d'attendre que la justice se soit à nouveau prononcée. [...] Personne ne contestera la nécessité de voir châtier les traîtres qui ont livré des Français à l'abominable Gestapo. Mais, malheureusement, petit à petit, le but initial a été perdu de vue et j'ai très peur que, sous le couvert de l'épuration, ne s'assouvissent maintenant des rancœurs et des jalousies pour des collègues trop heureux, que le succès a trop intensément consacrés. Cela me paraît proprement intolérable, et les contacts que j'ai eus ces temps derniers avec les étrangers me fortifient dans l'impression que la France n'en sort pas grandie. Ce qui m'attriste le plus, dans l'époque où nous vivons, c'est la lâcheté de ceux qui trouvent plus habile d'oublier les services qu'ils ont demandés et qui leur ont été rendus, et qui n'ont pas le courage de dire la vérité de peur d'en être compromis. »

Jacques Tréfouël va de surcroît rendre visite au commissaire du gouvernement qui suit l'affaire, et s'ensuit cet étonnant dialogue :

« Mais de quoi l'accuse-t-on au juste ?

« – Il n'y a pas d'accusation qui tienne ! Mais si nous le reconnaissons, nous savons qu'il va nous mettre plus bas que terre !

« – Vous l'aurez bien cherché !

« – Enfin, de toute façon, il y a une procédure qui ne me permet pas de clore ce dossier. »

Et quand Jacques Tréfouël téléphone à Guitry pour lui rapporter ce curieux entretien, Sacha lui dit, à propos de la dernière phrase sur la loi : « Il la connaît donc ? »

Madame Tréfouël confiera plus tard à l'historien Jacques Lorcey : « Vraiment, ce qui s'est passé à la Libération l'a suffoqué, parce qu'il était habitué à l'amour et qu'il s'est trouvé tout à coup en présence de la haine, sans rien comprendre à ce qui lui arrivait. »

Un homme d'une grande importance prend lui aussi la défense de Sacha. Il s'agit d'André Bernheim, imprésario et directeur de théâtre, admiré et respecté notamment parce qu'il aura été l'un des premiers à rejoindre de Gaulle et aura mené alors, en tant qu'aviateur, des missions très risquées. N'ayant aucun contact professionnel avec Guitry, il est cependant parfaitement au courant, par les réseaux de la Résistance, du « cas Guitry », et, tout auréolé de son prestige de grand résistant, il prend la défense du Maître dès que l'occasion lui en est donnée.

Sacha l'apprend et, très touché, demande à le rencontrer. Un déjeuner est organisé chez Marcel Achard. Mais, là, Sacha va un peu trop loin en lui jouant un tour. Au lieu de remercier simplement André Bernheim de prendre sa défense, il lui dit qu'il apprécie surtout qu'il soit de son avis ! D'où la conversation qui suit :

« Je ne partage pas un instant votre opinion ?

« – Mais vous ne me comprenez pas ! À Paris, jouant tous les soirs au théâtre, comment aurais-je pu interdire l'accès de ma loge aux Allemands ?

« – Vous aviez le choix de vous réfugier dans le Midi. Vous n'auriez jamais dû revenir à Paris.

« – Et laisser mon théâtre aux Allemands ? Ça, jamais ! »

Autre visite qui va marquer Sacha, celle d'amis d'avant-guerre : Emmanuel Berl, l'écrivain, et sa femme, la célèbre compositrice Mireille, écoutent Sacha leur raconter ses avanies au Dépôt, notamment le moment où un homme entre dans sa cellule en lui disant : « Tu vas crever. »

« Oui… donc ?, dit Berl.

« – Donc… Il n'a pas osé tirer sur moi, puisque je peux vous le raconter ! Pourtant, moi, j'ai bien pensé qu'il pouvait me tuer !

« – Il a manqué une occasion !

« – Pardon ?

« – Imaginez un instant qu'il vous ait abattu. Cela aurait eu une conséquence immédiate : l'arrêt de toute épuration !

« – Vous n'êtes pas sérieux, Berl ?

« – Bien sûr que si !

« – Mais j'étais innocent, moi !

« – Justement ! Vous, Sacha Guitry, innocent, que l'on assassine ainsi ? Cela aurait fait un choc formidable dans l'opinion et aurait montré l'absurdité de l'épuration qui, du coup, n'en finit pas… »

André Bernheim continue son combat en faveur du Maître et demande à son ami le colonel Rémy[21] de rencontrer Guitry. Ce dernier le reçoit dans sa galerie-bureau d'Élisée-Reclus. Témoin de cette rencontre, Henri Jadoux : « […] Le colonel Rémy pouvait lire devant lui le titre d'un gros livre posé sur une table basse : *1429-1942 ou De Jeanne d'Arc à Philippe Pétain.* Ayant suivi son regard, Sacha entreprit de lui montrer l'ouvrage et tint à développer les raisons qu'il avait de rester fidèle au vieil homme. Rémy lui avait pourtant donné celles qui l'avaient amené à se détourner de lui. Bien que ne mésestimant pas la valeur du témoignage que le colonel voulait bien faire, Sacha tenait à préciser que, quoi qu'il lui en coûtât, il respectait encore le vainqueur de Verdun. Quand il en eut terminé, le colonel Rémy lui répondit :

« Vos arguments sont respectables, mais d'ordre passionnel, et ne m'ont nullement convaincu. Toutefois, je vais aller maintenant témoigner deux fois pour vous.

« – Deux fois ? Pourquoi ?

« – En venant ici, j'étais déjà certain de votre innocence. Mais ce que vous venez de faire ajoute à mon estime. »

De plus, le célèbre colonel Rémy signera trois autres déclarations concernant Guitry :

« 1°) Je suis bien d'accord avec vous sur la réalité des motifs qui ont conduit la procédure engagée contre M. Sacha Guitry. L'occasion a paru trop bonne à certains de se débarrasser d'un auteur trop applaudi. »

« 2°) Pendant la clandestinité, j'ai, comme tout le monde, entendu formuler sur le compte de M. Sacha Guitry les propos les plus désobligeants. Comme il s'agissait de faits ressortissant au crime d'intelligence avec l'ennemi, j'ai prié ceux qui me les rapportaient de me citer des dates, des noms, des précisions. Je n'ai pu rien obtenir d'autre que des ragots. Je me suis refusé à me faire le colporteur de ceux-ci dans les courriers de mon réseau.

« J'ai pu vérifier par contre que M. Sacha Guitry avait constamment opposé une fin de non-recevoir aux offres pressantes de la Propagande allemande. À l'inverse de certains qui sont aujourd'hui blanchis, il a refusé d'aller en Allemagne comme de tourner des films pour le compte de la Continental. »

Puis il conclut de façon éclatante :

« 3°) Un non-lieu n'est pas suffisant : une réparation éclatante et sans équivoque s'impose. J'ai déposé l'autre jour chez M. Raoult et j'irai en uniforme, le jour venu, donner mon sentiment sur cette affaire qui a pris une tournure déshonorante, sauf pour celui qu'elle met en cause. »

Un témoignage de poids va être directement adressé au ministre de la Justice. C'est une femme exceptionnelle qui va prendre fait et cause pour Sacha : Georgette Gacoin, héroïne de la Résistance, décorée de la croix de Guerre, dont de Gaulle dira : « Femme de grande valeur qui n'a jamais voulu parler malgré les tortures », et qui a sauvé de nombreux aviateurs alliés tombés en France :

« À la veille du procès éventuel de Monsieur Sacha Guitry, je me fais un devoir de vous adresser la communication suivante :

« Attachée pendant la période d'invasion allemande à un réseau de renseignement, un réseau d'évasion et un groupement de résistance, j'ai eu pendant l'Occupation le loisir d'observer M. Sacha Guitry.

« À aucun moment son attitude ne nous a paru suspecte, mais, bien au contraire, parfaitement correcte.

« Si nous avions à savoir ce que faisaient les personnalités, je puis jurer sur l'honneur que M. Sacha Guitry n'y fut jamais mêlé, mais peut-être a-t-on voulu l'y mêler.

« Il ne s'est certainement jamais rendu dans sa propriété de Seine-et-Oise occupée par les Allemands, jamais il n'a été vu en compagnie d'officiers allemands, que ce soit dans la rue ou dans un lieu public. Pendant l'Occupation, il a été victime de sa notoriété, cela, personne ne l'ignore. Il me paraît injuste maintenant d'ignorer la jalousie qui veut l'atteindre.

« Je garde encore d'inévitables contacts avec nos Alliés et nos Amis, et je puis dire qu'ils sont unanimes à partager mon avis. »

Enfin Louis Robin, qui assure le secrétariat de la Commission de la carte d'identité des journalistes professionnels (CCIJP), siégeant sur l'épuration de la presse, est également très clair :

« En 1941, la signature de M. Sacha Guitry a été sollicitée au *Petit Parisien*, puis à *Paris-Soir*. Il s'agissait d'un "papier" quotidien, genre "*Mon film*, de Clément Vautel", sous la forme d'un éphéméride touchant des rappels historiques interprétés dans un sens favorable à la collaboration. Ces offres, à plusieurs reprises, ont été catégoriquement refusées par M. Sacha Guitry, quelle que soit la perspective d'un important profit.

« Dans le dépouillement de toute la presse collaborationniste auquel nous sommes astreints en liaison avec le service des recherches de l'Information, nous n'avons jamais eu connaissance d'une activité politique quelconque de M. Guitry dans les journaux à la solde de l'ennemi ; dont, au contraire, certains, comme *Le Pilori*, l'ont pris vivement à partie, le dénonçant comme étant juif. Je crois de mon devoir de porter cette attestation à la connaissance de M. le Juge d'instruction, en toute objectivité, pour servir la vérité. »

Alex Madis, auteur à succès et directeur de la revue *Paris-Théâtre* qui veut publier, alors que l'on tourne encore le dos à Sacha, l'une de ses pièces, *L'Illusionniste*, dans son journal, laissera un portrait saisissant de l'homme qu'il a rencontré en cette période : « Son visage est tourmenté comme je ne l'avais jamais vu. Malgré ses efforts pour la dominer, l'indignation perce dans sa voix, gronde dans les mots. Je n'ai pas devant moi un homme abattu par le malheur – car ça en a été un, et pas seulement pour lui –, mais quelqu'un et doublement quelqu'un qui ne cesse d'être en révolte devant l'odieuse absurdité de son aventure. Il me donne de vive voix la primeur de certains chapitres entiers de son œuvre en voie de composition (il s'agit de *Quatre ans d'occupations*). Il cite des faits, des documents, il improvise des traits qu'il ajoutera sûrement en marge des épreuves. Il ne possède pas son sujet, il en est possédé. La verve, l'humour camouflent sa tristesse. Il ne parviendra plus à la dissimuler quand il arrivera à parler de certains lâchages. »

Du coup, comme le note sa secrétaire, il poursuit les règlements de comptes : « Il s'était retranché derrière le monticule de feuillets qui encombraient son bureau. De temps en temps, il accrochait un nom :

« – Mme Choisel, celui-là… allez hop ! avec les autres !

« Il faisait le geste de jeter quelque chose par-dessus son épaule. J'avais compris. C'était son nouveau code. "Celui-là", je m'empressais de le rayer de tous nos carnets d'adresses. Il était interdit de séjour dans la maison. Il était terrible, et Lana l'aidait avec succès à réformer le cercle de leurs intimes.

« J'étais sur la terrasse avec elle. Sacha venait de raccrocher le téléphone. Il nous rejoignit en se frottant les mains. Dans un énorme rire sarcastique, il nous annonça la nouvelle :

« – Il est mort, lui qui disait pis que pendre de moi… Je n'en demandais pas tant !… Et, d'autre part, je veux espérer qu'ils ne vont pas tous chercher à s'en tirer de cette façon-là ! »

Même Albert Willemetz sera victime de cette « épuration » à la Guitry ! (Ils se fâchent peu avant l'été 1946, et Sacha ne le reverra que peu de temps avant sa mort, en 1956.) Le contentieux est déjà lourd avec lui depuis la fameuse lettre où Albert a déguisé son écriture ! La goutte d'eau qui fait déborder le vase est la suivante : Willemetz demande à Sacha, quand il vient le voir, de passer par l'entrée de service, afin que sa concierge ne soit pas au courant de ses visites ni ne puisse en faire état. C'est trop pour Sacha ! Willemetz avec philosophie commente : « Sacha est resté pendant plus de quinze ans fâché avec son père et son frère. Aujourd'hui ils se fâche avec moi. Je me considère donc comme de la famille ! » Sacha, parlant de cette rupture à Jadoux, expliquera sobrement : « L'homme que j'attendais n'était pas au rendez-vous. C'est tout. »

L'instruction se poursuit tout au long de l'année 1946, sans aucun succès pour le juge Raoult qui, pas plus que son collègue Angéras, ne trouve le moindre début de preuve d'intelligence avec l'ennemi. Début 1947, des informations ont filtré : d'aucuns semblent savoir que Sacha Guitry bénéficiera sous peu d'un non-lieu, cette fois définitif. Les avocats du Maître semblent également le confirmer. Ce n'est plus qu'une question de patience. Bien entendu, une certaine presse s'insurge et crie au scandale. À l'opposé, c'est nouveau, des journaux proclament que ce non-lieu marquera un retour à la sérénité.

Guitry, interdit de tout travail depuis l'automne 1944, va donc pouvoir envisager de reprendre son activité. Mais, pour le moment, il ne se préoccupe que de la rédaction de son ouvrage *Quatre ans d'occupations*, son plaidoyer sur cette période. Alain Decaux, qui s'est fait un honneur de poursuivre son combat en faveur de Sacha, obtient l'autorisation que deux films du Maître soient projetés dans un ciné-club. Mme Bataille envisage aussi de donner une représentation exceptionnelle de *L'Illusionniste*.

En ce début d'année 1947 se prépare également le divorce de Sacha et de Geneviève. Ses avocats lui annoncent enfin la décision du juge Raoult : il se dessaisit du dossier de l'affaire et le remet au commissaire du gouvernement. Sacha profite de l'été pour faire des séjours fréquents dans sa propriété de Ternay. Il achève la préparation de deux films qui seront *Le Comédien* (tiré de sa pièce et hommage à son père) et *Le Diable boiteux*.

Le 8 août 1947, soit près de trois ans après son arrestation, le commissaire du gouvernement classe de façon définitive le dossier. Voici la conclusion de ce second non-lieu, quelque peu plus sévère que le premier (l'intégralité du texte est reproduit en annexe à la fin de cet ouvrage) :

> « Le plan pénal s'efface ainsi devant le plan professionnel. Pendant toute l'Occupation, il n'a servi ni desservi ; il a joué ; promoteur de l'acceptation des bravos sous contrôle ennemi et des menues complaisances, non de scènes en vérité, mais de salons contigus, qui les permettaient. Il eut un acte de courage lorsqu'il poursuivit pour diffamation *La France au travail* ; mais c'était parce que cette feuille l'avait qualifié de juif.
>
> « Pendant tout ce temps, combien d'autres, loin des tapages, des parades et des déclamations, relevaient ces valeurs de dureté, de simplicité, de silence qui lui ont été étrangères, et qui ont fait revivre la patrie. Lui, s'est fait admettre, sinon flatter par l'ennemi puissant du jour ; il a, hors de la scène, joué à contresens et s'est voulu représentant une parcelle de la France là où il ne devait pas la mener. Mais, aujourd'hui où il échappe finalement à tout grief palpable de Cour de justice comme de Chambre civique, c'est une commission de sanction professionnelle qui pourrait lui signifier qu'il n'aurait plus

rien à représenter que lui-même ; et qu'après avoir seulement joué au temps où il fallait vivre, il aurait maintenant, sans plus de jeu, à se limiter à la vie.

« Attendu que des faits ci-dessus exposés ne résulte pas, contre l'inculpé, charge suffisante d'avoir commis le crime visé au réquisitoire.

« Décidons de procéder au classement pur et simple de la procédure.

Le 8 août 1947, le commissaire du gouvernement – signé : illisible. »

Après toutes ces années d'infamies, Sacha ne prononce à la lecture de ce document que cette simple phrase : « Maintenant, il me faut un théâtre[22]. »

Notes

1. Malheureusement pour les chercheurs, il n'existait jusqu'à présent qu'un extrait de cette lettre, extrait que Sacha avait lui-même reproduit dans l'un de ses ouvrages. Pourtant, l'on savait que cette lettre avait beaucoup circulé à l'époque… Un peu trop même, au goût du Maître ! Mais sa trace semblait à jamais perdue. Et voilà que plus de soixante-dix ans plus tard, par un miracle auquel nous a habitué bien souvent notre cher Jacques Lorcey, elle resurgit, grâce à lui, dans son intégralité pour éclairer les historiens !

2. Suzy Prim (1895-1991) : actrice et comédienne, elle est également vedette de revues, mais aussi scénariste et même productrice de films. Elle tourne notamment *Les Bas-Fonds* de Jean Renoir (1936). Mariée à Max Dearly, elle vit avec lui au Vésinet, avant de résider à Paris au 15, rue Élisée-Reclus. On la définira comme un actrice au visage aigu et au jeu sec, peu varié ; ce qui ne l'empêchera pas de connaître une popularité certaine.

3. Paul Delzons (1895-1972) : il devient l'un des avocats de Sacha Guitry au moment du procès contre Yvonne Printemps en 1933. Ce juriste brillant aura toute la confiance du Maître qui en fit l'un de ses exécuteurs testamentaires.

4. Paul Chack (1876-1945) : retraité de la marine, écrivain, est engagé volontaire en 1940. Affecté au commissariat à l'Information, il se laisse entraîner dans la collaboration avec l'Allemagne et fonde le Comité d'action anti-

bolchevique. Il sera accusé d'intelligence avec l'ennemi. Condamné à mort, il est exécuté le 9 janvier 1945.

5. Alain Decaux fait la connaissance de Sacha Guitry en juillet 1944, car il vient lui demander l'autorisation de monter, avec ses camarades, une de ses pièces, *Jean III*. Guitry l'accueille avec plaisir et lui fait découvrir ses collections. Il obtient l'accord du Maître qui se propose même de faire la mise en scène de leur spectacle ! Ce projet sera bousculé par la libération de Paris. Après avoir été le gardien du « temple Guitry » pendant la détention de Sacha, et avoir œuvré avec enthousiasme et acharnement contre l'injustice qui le frappe, il deviendra son ami. C'est Sacha Guitry qui recommandera à l'éditeur Roger Deleplanque le jeune Alain, lequel pourra ainsi sortir son premier ouvrage, *Louis XVII et l'énigme du Temple*.

6. Jérôme Carcopino (1881-1970) : agrégé d'histoire, spécialiste de la Rome antique, chevalier de la Légion d'honneur à titre militaire, il est nommé en 1937 directeur de l'École de Rome. De 1940 à 1942, il devient directeur de l'École normale supérieure, tout en faisant office de recteur de l'académie de Paris. En 1941, il entre dans le gouvernement Darlan en tant que secrétaire d'État à l'Éducation nationale. Lors du retour de Laval aux affaires, il démissionne de ce poste en avril 1942. Révoqué à la Libération, emprisonné à Fresnes pour avoir été ministre de Pétain, il sort de prison en février 1945. Il obtient un non-lieu en 1947 pour services rendus à la Résistance. Il est réintégré dans ses fonctions en 1951. Il est élu en 1955 à l'Académie française.

7. Le Vélodrome d'hiver est construit en 1909 à l'angle du boulevard de Grenelle et de la rue Nélaton. Une piste de 250 mètres de long est entourée de gradins en brique et en béton pouvant accueillir 17 000 spectateurs. Une verrière zénithale et mille ampoules éclairent l'ensemble. S'y tiennent les fameux « Six Jours » de Paris à partir de 1913. Les 16 et 17 juillet 1942 eut lieu la terrible rafle du Vél'd'Hiv' où furent arrêtés, avant d'être déportés vers les camps de la mort, plusieurs milliers de Juifs. Après la guerre, le Vélodrome d'hiver fut le théâtre de célèbres combats de boxe, de manifestations hippiques et de défilés de mode. Il fut détruit en 1959.

8. Le camp de Drancy était composé des trois immeubles construits en 1934 dans le cadre d'habitations à bon marché : trois barres de béton en forme de U. Depuis 1939, il a servi de prison pour les communistes, puis pour les prisonniers de guerre. Il deviendra ensuite l'antichambre de la mort pour 80 000 à 100 000 Juifs pendant l'Occupation. Drancy sera administré par les autorités françaises jusqu'en juillet 1943, puis par les Allemands. Le dernier convoi pour les camps de la mort en part le 17 août 1944. Au début des années 1950, Drancy redeviendra un lieu d'habitation sous le nom de

« cité de la Muette » ; 467 logements y sont aménagés et existent toujours. Un mémorial se dresse à l'entrée. Il s'agit d'un wagon de déportation sur lequel on peut lire : « 40 hommes debout, 8 chevaux en long ».

9. Jean Berthelot (1919-1985) : major du corps des Mines, fait une carrière à la Compagnie des chemins de fer d'Orléans. En 1938, il occupe les fonctions de directeur de cabinet du ministre des Travaux publics, qu'il cumule à partir de juillet 1939 avec celles de directeur adjoint de la SNCF. Il siège à la Commission d'armistice de Wiesbaden en juin 1940 et devient, en septembre de la même année, secrétaire d'État aux Transports et Communications. Ses fonctions ministérielles cessent en avril 1942 et il rejoint la SNCF en tant que directeur adjoint. Il est condamné par la Haute Cour de justice, le 10 juillet 1946, à deux ans de prison.

10. M. Roques est l'un des directeurs des usines Renault dont le patron, Louis Renault, est également arrêté pour intelligence avec l'ennemi (en dehors du fait d'avoir vendu des camions aux Allemands et des pièces détachées pour blindés, on lui reproche d'être le propriétaire de la Société des avions Caudron qui, depuis 1933, vend des appareils au Reich). Mais Louis Renault, déjà gravement malade, meurt le 24 octobre 1944. Les usines Renault, placées sous séquestre, sont nationalisées en janvier 1945. Une loi de 1967 permettra aux héritiers Renault d'obtenir une indemnité.

11. Bernard Faÿ (1893-1978) : professeur au Collège de France, devient administrateur de la Bibliothèque nationale en août 1940. Il est très remonté contre la franc-maçonnerie et fournit aux Allemands maints documents à ce sujet. Il intrigue beaucoup dans l'entourage de Pétain et rêve d'être nommé ministre de l'Éducation. Puis ses rapports avec l'occupant vont se dégrader et on va même l'accuser d'être américanophile ! Il est jugé après son incarcération et condamné aux travaux forcés à perpétuité. Il sera gracié par René Coty et partira enseigner en Suisse.

12. *Elles et Toi* sortira en novembre 1946 (Chez Raoul Solar, Monte-Carlo), suivi d'une édition pour les Amis du livre moderne (janvier 1947). *Un soir, quand on est seul* sortira pour la Pentecôte 1947 (Chez Édition française illustrée).

13. Cette édition de *Deburau* sera tirée à 315 exemplaires.

14. François Carcopino-Tusoli, dit Francis Carco (1886-1958) : poète et romancier, élu à l'académie Goncourt en 1937. Document original provenant de l'ancienne collection de Jacques Lorcey.

15. Transcrite par Carco lui-même et qui nous a été confiée par Jacques Lorcey.

16. Paul Léautaud, *Journal littéraire*.

17. Pierre Assouline, *L'Épuration des intellectuels*, Paris, Complexe, 1996.

18. *Ibidem.*

19. Louis Parrot, *L'Intelligence en guerre. Panorama de la pensée française dans la clandestinité*, Paris, La Jeune Parque, 1945.

20. Pierre Assouline, *op.cit.*

21. Gilbert Renault, dit le colonel Rémy (1904-1984) : se rallie à de Gaulle le 28 juin 1940. Chef du Réseau CND (Confrérie Notre-Dame), il fut chargé d'établir des contacts avec les réseaux politiques de la Résistance. Il publiera de très nombreux ouvrages sur la France libre.

22. Noël Simsolo, auteur d'une étude originale sur Guitry et le cinéma (éditions de l'Étoile/Cahiers du cinéma, 1988).

10

Le retour de la gloire

« La vie ne se renouvelle pas…
On renouvelle sa vie ! »

SACHA GUITRY, *La Prise de Berg-op-Zoom.*

Désormais, Sacha sait que tout est à recommencer !

Il lui faut donc regarder vers l'avenir avec l'enthousiasme d'une nouvelle jeunesse. Il n'a pas d'autre issue. Pour renouer avec le succès, il veut s'intéresser à un grand personnage de l'histoire de France et son choix se porte finalement sur Talleyrand. Il en fera un film.

Il faut dire que la figure de Talleyrand lui est familière. Personnage fascinant, magnifique manipulateur, on le rencontre déjà dans trois œuvres du Maître : *Béranger*, *Histoires de France* et *Le Destin fabuleux de Désirée Clary.*

Les projets de Guitry ne se résument pas à un seul film. Il projette aussi d'en réaliser un second sur son père en remodelant sa pièce, *Le Comédien.*

Et comme le second non-lieu lui redonne courage, il travaille également à un livre de pensées, suivies d'un autoportrait : *Toutes réflexions faites.*

Mais, dans cette France qui se remet difficilement des heures noires de l'épuration, on ne lâche pas si facilement sa proie, et, pour d'obscures raisons, la censure interdit son film sur Talleyrand auquel il a donné le nom du *Diable boiteux.*

De plus, l'académie Goncourt « oublie » d'inviter Guitry et René Benjamin à son déjeuner rituel d'attribution du prix, et, pour couronner le tout, la propriété de Ternay est cambriolée : on lui vole, entre autres, le scénario du *Diable boiteux* !

Mais, après ces années de silence, il lui en faudrait bien plus pour se décourager ! Et comme il veut renouer avec son public, avec Paris, il fait retenir la salle Pleyel pour y donner une conférence, le 21 octobre. La salle est bondée. On remarque la présence de nombreuses célébrités dont Mistinguett, Maurice Rostand, Gaby Morlay, Marcel Achard. Malgré un court incident, cette rentrée parisienne est un triomphe, et Sacha en est ému aux larmes.

Mais cette affaire de censure mine Sacha. Ne pas pouvoir tourner ce film sur Talleyrand lui fait perdre l'appétit et le sommeil. Lana a alors une idée :

« Mais si, pour le cinéma, tu dois subir la censure, pour le théâtre on ne peut rien te dire, non ?

« – Eh bien, normalement non !

« – Alors, fais de ton film une pièce, et joue-là !

« – Hé... pourquoi pas ! »

Un théâtre est trouvé...

Sacha publie sans plus tarder son livre témoignage et d'autodéfense sur l'Occupation, intitulé *Quatre ans d'occupations*. Livre brillant, certes, et qui connaîtra un beau succès, mais que bien des journalistes trouveront quelque peu excessif, à l'exemple de Pierre Brisson qui en sera une des cibles. Le journaliste répond à Guitry dans *Le Figaro littéraire* et conclut son papier de la façon suivante : « Que M. Sacha Guitry retourne à son théâtre, tout ira bien. Qu'il se déguise en Dagobert, en Vert-Galant ou même en Roi-Soleil, ce sera parfait. [...] Mais qu'il veuille ajouter à son impressionnante collection de vanités celle de champion de la Résistance – là, vraiment, c'est un peu trop. »

Pour jouer un tour aux membres de l'académie Goncourt qui les ont toutefois invités à voter pour le prix (mais chez un notaire...), Sacha et René Benjamin décident de boycotter la visite notariale et décernent à eux deux un prix « Jules de Goncourt » ! C'est Kléber Haedens qui l'obtient pour *Salut au Kentucky*, alors que le Goncourt officiel récompense Jean-Louis Curtis pour *Les Forêts de la nuit*. Immédiatement, Robert Laffont, éditeur de Haedens, fait imprimer un bandeau rouge qui va désormais parer chaque exemplaire du livre primé avec cette mention : « Le Goncourt de Sacha Guitry et René Benjamin ». L'académie Goncourt, furieuse, décide de porter plainte.

Le 17 janvier 1948, Sacha Guitry fait son retour sur scène. Plus l'heure du lever de rideau approche, plus l'angoisse du Maître monte. Non seulement il craint des perturbateurs dans la salle, non seulement il s'inquiète pour Lana qui rencontre le public pour la première fois, mais, surtout, il se demande également s'il est toujours le « Sacha Guitry » qui sait enchaîner triomphe sur triomphe. Est-ce que ces années si terribles où il a vécu isolé, passant ses journées à rédiger sa défense, n'ont pas finalement gâché son talent, son génie ? Et si le public avait changé et ne voulait plus de lui ? Il sait qu'il va affronter ce soir-là ses vrais juges, les spectateurs du théâtre Édouard-VII.

Malgré un perturbateur parmi les journalistes présents, cette première est un succès, un vrai triomphe à la... Guitry ! Fernande Choisel note : « Sacha revint à la loge, blême, à la fois soucieux et rieur. On le sentait faire des efforts pour maîtriser ses nerfs et ne pas laisser passer les sanglots qui lui serraient la gorge. Il me regarda sans mot dire, s'assit devant sa table de maquillage, puis dit : “Sacré Talleyrand !... c'est un grand homme”. »

Non seulement Sacha manquait à son public, mais la pièce est de grande qualité. Dans *Le Diable boiteux*, Guitry évoque les grands moments de la vie de Talleyrand sous l'Empire, puis après le congrès de Vienne, sous les règnes de Louis XVIII, Charles X et Louis-Philippe. La pièce, conçue au départ pour le cinéma, est très ambitieuse et nécessite une distribution nombreuse, les principaux acteurs tenant plusieurs rôles. Le décor est aussi très riche et comprend des tableaux provenant de la collection particulière de Guitry. Une grande partie de l'opinion va voir dans le sujet de la pièce (l'histoire d'un homme qui travaille à la gloire de la France, quel que soit le régime), une justification de l'attitude de Guitry sous l'Occupation.

La pièce a beau être un succès, les journalistes, dans leur majorité, se disent déçus. Mais ne sont-ils pas avant tout déçus de ne pas avoir réussi à définitivement « éliminer » le si insupportable et pourtant si populaire Guitry ? Ils le croyaient mort, et le voilà qui ressuscite, de surcroît dans le rôle d'un personnage aussi controversé et haï que Talleyrand ! En feuilletant les nombreux articles qui paraissent pour « célébrer » ce retour, on peut cependant en trouver quelques-uns de plutôt honnêtes. Ainsi Pierre Lagarde écrit : « Quand il entre, boitant légèrement, drapé dans sa cape et dans sa fierté, accompagné de la ritournelle claudicante que Nelly Goletti exécute au piano, une miraculeuse communication s'établit entre la scène et la salle. »

Quant à Jean Palaiseul, pour la revue *Noir et Blanc*, le choix de Sacha est le bon, car il se retrouve tout entier dans ce personnage. Et de noter le côté désuet, mais si charmant de cet homme d'autrefois : « Le troisième cercle, c'est le personnel du théâtre pour qui il est d'une courtoisie qu'on a oubliée en France depuis Louis XIV. Le roi saluait dans les couloirs de Versailles toutes les femmes de chambre. M. Sacha Guitry n'oublie jamais de parler à une habilleuse, et se donne autant de peine pour elle que pour une duchesse. On pourrait presque dire qu'il augmente sa courtoisie à la mesure de l'humilité de ceux qu'il rencontre. [...] M. Guitry a bien fait de choisir pour sa rentrée la vie et l'esprit de M. de Talleyrand. C'est une mine infiniment riche et qui donnerait de l'esprit à n'importe qui. Il n'en aura pas besoin, mais sans doute est-il à son aise dans le rôle d'un homme qui avait un sens des nuances si précis. »

Sacha continue à faire salle comble chaque soir, tandis que le procès Guitry-Goncourt occupe les colonnes des journaux. En février, le Maître joue Lucien Guitry dans le film *Le Comédien*. La ressemblance physique, l'atmosphère d'une époque, le talent de conteur de Sacha en font un film historique aux allures de documentaire, charmant et léger.

En avril, le verdict tombe dans l'affaire des Goncourt : M. Guitry et son éditeur sont condamnés à verser 700 000 francs de dommages et intérêts à l'académie, et à faire publier le jugement dans une dizaine de journaux. Cette condamnation n'empêche cependant pas la censure cinématographique d'être plus indulgente à son encontre en autorisant enfin le tournage du *Diable boiteux*. Sacha retrouve ses bonnes vieilles habitudes de célérité en tournant le film en un peu plus de deux semaines.

Du coup, il est temps de retirer de la scène *Le Diable boiteux* après la centième représentation. Le ciel redevient un peu plus bleu, et l'avenir est désormais un mot qui signifie pour lui quelque chose.

Pourtant un triste événement va se produire. Celle qui fut la plus fidèle et dévouée des proches de Sacha, Mme Choisel, va brusquement quitter la scène du théâtre permanent de la maison Guitry. Il faut reconnaître que les dernières années, si rudes, n'ont pas arrangé le caractère du Maître. L'humour à tout propos, les éclats de rire permanents, les plaisanteries dignes d'un gamin ont laissé place, jour après jour, à une ambiance des plus orageuses entre Sacha et sa collaboratrice. Et arrive le 8 mai 1948 :

« Il était dans sa chambre. Je le revois le rasoir à la main, le visage écumant de mousse :

« – Madame Choisel, vous avez encore essayé de mettre de l'ordre sur mon bureau. C'est intolérable ! Ne vous occupez pas de cela ! Mon bureau, c'est moi !

« J'essayai de répondre, de me défendre… d'autant plus que je n'avais touché à rien sur son bureau. Les paroles montèrent et brusquement, se retournant, une main tirant la peau, l'autre brandissant le rasoir :

« – Et puis j'en ai assez, vous m'entendez !… moins je vous vois, mieux cela vaut…

« Quelques secondes passèrent et je répondis :

« – Eh bien, Monsieur Guitry, vous ne me verrez plus du tout !

« Lana, qui avait assisté à cette scène, me rejoignit dans le bureau et fit tout pour me calmer. Elle essaya de me faire croire que le patron n'était pas en bonne santé, que ses mots avaient dépassé sa pensée…

« Ma décision était prise.

« [...] Je partis et demandai à Me Delzons, son avocat, de lui faire part de ma décision. Il me téléphona pour me dire de revenir.

« J'avais de la peine, j'étais torturée par cette situation, mais j'avais compris qu'il ne fallait pas céder, qu'il fallait mettre le point final, et j'entendais encore son conseil bourdonner à mes oreilles :

« – Mme Choisel, pour gagner, il faut pouvoir mettre le point sur le "i" du mot fin. »

En mai sort le film *Le Comédien*. Le producteur du film, un certain M. Perrier, est également propriétaire d'un quotidien lyonnais, *L'Écho du soir*. Pour en fêter la sortie, il a proposé d'organiser une projection au cinéma Pathé-Palace de la capitale des Gaules. Ce 25 mai, Sacha, qui n'a pas envie de prendre le train, choisit de s'y rendre en voiture. C'est son chauffeur, René Chalifour, qui l'y conduit. Lana, ainsi que Georges Grey, font également partie du voyage. La projection se déroule parfaitement, mais, tard dans la soirée, sur le chemin qui les conduit au casino de Charbonnières (où ils doivent se rendre pour une soirée de gala), survient un « incident » qui va faire la Une de tous les journaux nationaux. Un « commando » composé de journalistes rivaux de *L'Écho du soir*, de deux policiers, d'un médecin, d'un dentiste et de quelques autres sbires, tous adhérents au Mouvement de libération nationale, interceptent la voiture de Sacha au lieu-dit Les Trois Renards.

Un des « courageux » membres du commando s'approche alors des deux voitures qui constituent le petit convoi et cherche à savoir dans laquelle se trouve Sacha.

Celui-ci descend de la voiture et fait face à un homme qui lui tient ce discours :

« M. Guitry, vous n'irez pas à Charbonnières. Mes amis et moi, membres du Mouvement de libération nationale, avons jugé que vous deviez aller vous incliner devant le sanctuaire du Moulin-à-Vent.

« – Mais mes amis et moi sommes attendus pour dîner...

« – Eh bien, vous ne dînerez pas ! »

René Chalifour et Lana veulent s'interposer, mais comme les hommes qui leur font face sont armés, Sacha les ramène au calme et remonte en voiture pour prendre la direction du sanctuaire sous bonne escorte.

Arrivés devant le monument, ils exigent que Sacha respecte une minute de silence et en profitent pour prendre de nombreuses photos qui seront distribuées aux journaux.

Sacha, très digne mais blême, ne dit rien alors que les membres du commando émettent des commentaires désobligeants. Puis, la minute passée, il s'adresse à ses kidnappeurs :

« Je n'avais pas besoin d'hommes armés, me menaçant, pour m'incliner devant un monument à la mémoire de ceux qui sont morts en résistant. Votre action aura en tout cas une conséquence fâcheuse. Cette soirée de gala où je me rendais avec mes amis était au profit des orphelins de la guerre. C'est vous qui les aurez privés de l'argent que nous devions leur donner. C'est à vous d'en assumer la responsabilité. »

Il est désormais bien trop tard pour se rendre à Charbonnières. Ils n'ont plus qu'à regagner leur hôtel. Deux jours plus tard, dans le journal *Libération*, le chef du commando justifiera son exploit : « Nous avions soigneusement préparé notre coup. La venue à Lyon de l'ami personnel de Goering nous semblait une insulte à la capitale de la Résistance. D'autre part, il était difficile de nous y opposer par la force. Nous avons tout de même "exécuté" Sacha Guitry. Par le ridicule. » Les autorités officielles ne jugeront pas opportun de poursuivre les membres du commando.

Ce triste épisode se double d'un procès que fait à Sacha la comédienne Hélène Perdrière, qui accuse son ancien « patron » de l'avoir diffamée dans *Quatre ans d'occupations*. Au cours de ce procès seront déballées bien des choses désagréables, et des amis d'hier comme Jean-Jacques Bernard ou André Brulé essaieront de régler leurs comptes avec Guitry. Le Maître perdra ce procès et les lignes consacrées à Hélène Perdrière disparaîtront des futures éditions.

Sacha passe toutefois un été calme, se consacrant à l'écriture d'une nouvelle pièce : *Aux deux colombes*. Fin septembre, *Le Diable boiteux* sort dans les salles de cinéma.

Le 4 octobre disparaît René Benjamin, le fidèle. Sacha en profite pour régler définitivement ses relations avec les Goncourt en leur faisant parvenir cette courte lettre :

« La mort de René Benjamin, de cet homme admirable et pur que vous avez torturé, brise le dernier lien qui m'unissait à votre société. Je vous adresse donc ma démission de membre de l'académie Goncourt, et je vous dis adieu. »

Quatre jours plus tard, le Maître remonte sur les planches, cette fois aux Variétés, pour interpréter le seul rôle masculin de sa nouvelle pièce, *Aux deux colombes*. Une œuvre assez cynique où Marie-Jeanne (Marguerite Pierry), que l'on croyait morte, revient après des années d'amnésie dans la vie de son ancien époux, Jean-Pierre (Sacha Guitry), qui s'est remarié avec sa propre sœur, Marie-Thérèse (Suzanne Dantès). Les deux femmes font valoir leurs droits au titre d'épouse, mais Jean-Pierre, las des disputes, se tourne vers la jeune Christine (Lana Marconi). Les deux sœurs se réconcilient alors autour de leur héritage.

À cette occasion, de nouveaux journalistes découvrent Sacha et son théâtre, et lui disent leur admiration. Il en a bien besoin, car malgré l'amour retrouvé du public, il a toujours l'impression qu'il ne sortira jamais de son « affaire ». Dans *Ce Matin-Le Pays*, il peut lire ces lignes qui réhabilitent le monsieur « Moâ » et ses manières dont on s'est tant moqué : « Comment résister au charme qui se dégage de sa personne ? Charme de sa voix grave et harmonieuse, de ses belles mains fines aux doigts chargés de bagues ; charme de son profil d'empereur romain à lunettes d'écailles ; charme de ses cravates flottantes, de ses manchettes de soie, de ses gestes, de ses attitudes, de ses mimiques… Un étonnant magicien ! Un maître illusionniste ! Au fond, c'est peut-être cela, le théâtre… »

Au début de l'année suivante, le journal *L'Époque* demande à Sacha de lui écrire quelques chroniques. Il leur offrira un texte avec sa *Lettre à mon fils*, magnifique ode à la jeunesse et à la passion qui doivent mener la vie d'un homme.

Aux deux colombes devient un film au mois d'avril 1949, et Lana répète *Toâ* (une adaptation de sa pièce *Florence*) qu'elle va jouer au Gymnase à partir du 6 mai. Si *Tôa* est le nom d'un petit village japonais, Sacha a surtout choisi ce titre pour se rire de ceux qui lui reprochent de dire « Moâ » : « Pauvres sots qui me reprochez ma façon de dire “moi” – si vous étiez de mes intimes, vous sauriez comme je dis “toi” ! » Cette pièce reprend les thèmes de *Florence* sur les apparences trompeuses et sur l'interpénétration du théâtre et de la vie réelle. Ecaterina (Lana Marconi) est persuadée que son amant, l'acteur Michel Denoyers (Sacha Guitry), la trompe avec sa partenaire sur scène, Françoise (Mireille Perrey). Elle se venge en montant un stratagème pour que le mari de Françoise (Robert Seller) découvre la vérité. Mais l'intrigue tourne court car, en fait, Françoise est la sœur de Michel.

La pièce achève sa carrière en juillet, et Sacha en fait un film en tournant toutes les scènes sur le plateau même du théâtre du Gymnase.

Le divorce avec Geneviève, qui a tant traîné, est enfin prononcé à la fin du mois de juillet. Depuis le Cap-d'Ail où ils sont en vacances, le couple apprend l'heureuse nouvelle. Cela signifie pour le Maître qu'il va pouvoir prendre épouse pour la cinquième fois ! Afin de célébrer l'annonce de son futur mariage, Sacha manigance pour le lendemain un déjeuner où seront présents tous leurs amis parisiens les plus proches, venus les rejoindre en avion. Ignorant cette délicate attention, Lana les découvre tous réunis dans la jolie salle à manger qui surplombe la Méditerranée, au moment même où elle y pénètre pour déjeuner.

Cet été décidément heureux se poursuit à Évian par une cure au cours de laquelle le Maître travaille secrètement au projet de pièce qu'il destine à Fernandel et au scénario de son prochain film, *Le Trésor de Cantenac*, qu'il va tourner dès la fin du mois de septembre aux alentours de Bois-d'Arcy.

Le 2 de ce même mois, il a repris *Tôa* sur la scène du Gymnase. La pièce termine sa carrière fin octobre, tandis que s'ouvre un procès à l'occasion duquel Geneviève tente de récupérer un bracelet offert par Sacha (elle obtiendra d'ailleurs gain de cause). Lors de ce procès, la « fortune » de Sacha est ainsi rendue publique : « Un hôtel avenue Élisée-Reclus, une villa au Cap-d'Ail, une autre à Fontenay-le-Fleury. Quatre voitures : deux tractions avant, une Renault de 31 CV et une Cadillac de 33 CV. Une collection artistique d'une valeur inestimable, et quatorze kilos d'or massif. » Et l'on ajoute qu'il dispose de six domestiques pour le servir. Cependant, les longues années où on lui a interdit de jouer et de faire des films ont privé sa trésorerie de rentrées, et il doit beaucoup d'argent au fisc. Les ennuis financiers ne le quitteront plus…

Mais, de cela, Sacha se fiche et il ne pense plus qu'à son mariage. Après avoir déjà été marié quatre fois, dont une fois à l'église, il souhaite à nouveau un mariage religieux ! Impossible, lui dit-on. Mais, plus malin que quiconque, il écrit à Monseigneur Germanos, métropolite de Thyatire : « J'ai l'honneur de vous déclarer respectueusement que né et baptisé à Saint-Pétersbourg en 1885, j'appartiens à l'Église orthodoxe. Malgré mon vif désir de créer un foyer basé sur les principes de la morale chrétienne, j'ai été amené à constater que la réalisation de mon vœu devenait impossible. Je viens solliciter de Votre Excellence la dissolution de ce mariage par l'Église. »

Et ça marche, puisque, le 25 novembre 1949, Sacha épouse Lana : civilement, à la mairie du VIIe arrondissement, puis religieusement, en l'église orthodoxe Saint-Étienne. Jadoux et Madis sont leurs témoins, et l'on convie toute la noce à une projection privée du *Trésor de Cantenac* dans un cinéma des Champs-Élysées. Le générique du film, très original, enchante les spectateurs, puisqu'on y voit tous les habitants de Cantenac entrer dans le bureau de Sacha Guitry et lui demander de réaliser un film sur leur village. Cette histoire est celle du baron de Cantenac, descendant peu fortuné des anciens maîtres de ce bourg qui se meurt lentement dans la pauvreté et les querelles. Alors qu'il était lui-même désespéré, il découvre l'existence du trésor de ses ancêtres. Il utilise alors ces richesses pour redonner prospérité et gaieté aux villageois. Il adopte les jeunes Paul et Virginie dont l'amour a pu s'épanouir grâce à lui, afin que ceux-ci prennent sa succession. Le déroulement de l'histoire est commenté par la voix de Sacha Guitry, comme dans le *Roman d'un tricheur*, dont le film prend d'ailleurs le contre-pied en mettant l'accent sur la bonté et la générosité de son personnage principal. La description initiale du village, toute en ironie et en causticité, est plus dans la verve de Sacha Guitry que la fin du film, pleine de candeur et de sentiments élevés. De nombreux critiques souligneront d'ailleurs la différence de qualité entre les deux parties du film.

L'année se termine magnifiquement avec *Tu m'as sauvé la vie*, pièce affichée aux Variétés à partir du 15 décembre, où l'on découvre Guitry et Fernandel partageant la vedette. Dans le programme, Sacha ne peut s'empêcher de terminer ainsi sa courte biographie : « À mes moments perdus, j'ai fait des conférences et deux mois de prison. » Et, pour que la fête soit complète, il y fait également ses adieux à la critique : « Tu es d'une bassesse inimaginable. Adieu, vieille carne ! »

Pour Fernandel, Guitry a donc choisi d'écrire l'histoire suivante : un baron, riche et âgé (Sacha Guitry), vit seul avec ses domestiques. Un jour, un clochard (Fernandel) lui sauve la vie au cours d'un accident de la circulation, et lui redonne goût à l'existence. Deux femmes entrent alors dans sa vie : sa voisine, la comtesse de Grisy (Jeanne Fusier-Gir), et une jeune infirmière (Lana Marconi). Les domestiques s'inquiètent pour leur héritage, mais le clochard, devenu secrétaire du baron, fait la preuve de l'infidélité de la comtesse, tandis que l'infirmière se révèle être mariée à un riche médecin.

La pièce offre une description particulièrement amère et désabusée des personnages, malgré des dialogues burlesques et un Sacha Guitry qui se met légèrement en retrait au profit de Fernandel. Il est vrai qu'il a voulu y évoquer la solitude qui frappe l'homme vieilli, et insister sur la misanthropie qui devient la grande tentation d'un homme injustement accusé par ses semblables.

La pièce triomphe et l'ensemble de la critique ne peut qu'encenser Fernandel qui habite merveilleusement son rôle. Elle sera moins clémente pour Sacha. Quelques petits malins écriront : « Guitry peut remercier Fernandel en lui disant "Tu m'as sauvé la pièce, tellement l'œuvre manque de ressort." » Mais le Maître semble heureux de ce succès populaire et ne cesse de répéter : « Ces critiques sont sans importance aucune. Du moment que le public est là ! »

L'un des rares à rendre à Sacha ce qui lui appartient se nomme Michel Déon. Il écrit dans *Aspects de la France* : « Il promène dans la vie et sur la vie une ironie, une liberté et une insolence désabusées qui sont les derniers vestiges du Boulevard. La vulgarité en est exclue, comme la bassesse. Et nous ne pensons pas ridiculiser M. Sacha Guitry en l'appelant un sage, un La Fontaine qui aurait sur l'amour la cruauté expérimentée d'un Marivaux, et sur les gens de maison une causticité qui n'a pas son pareil. Il n'est pas, dans toute son œuvre, une scène entre domestiques qui ne soit pas un petit chef-d'œuvre. Toutes celles de *Tu m'as sauvé la vie* sont à ce point excellentes qu'on aimerait comme, aux ballets, les bisser. »

Malheureusement, une sérieuse pneumonie contraint Sacha à interrompre les représentations de la pièce pendant presque deux mois, tandis que sort sur tous les écrans *Le Trésor de Cantenac. Tu m'as sauvé la vie* achèvera sa carrière en juin, non sans que le Maître en ait tourné une version cinématographique sur la scène même du théâtre. Fernandel en dira : « Ce fut la plus belle affaire de ma vie : nous avons mis cinq jours, pas un de plus. »

Bien entendu, Sacha reste sensible à ce que l'on peut dire sur lui. Et il sait pertinemment qu'on lui reproche d'aller vers la facilité avec des pièces comme celle qu'il vient d'écrire, en faisant au surplus appel à Fernandel. Alors il se décide à reprendre l'un de ses plus grands succès, *Deburau*, et confie le rôle du fils à Michel François, avec lequel il répète pendant l'été au Cap-d'Ail. Le 28 septembre, c'est la première qui se joue uniquement sur invitations afin de n'y admettre aucun critique... Sacha ne change pas !

Mais la maladie ne le lâche plus. Après la pneumonie du début de l'année, voilà qu'un terrible ulcère lui provoque des douleurs insupportables. Sacha, qui joue *Deburau* chaque soir, tente de résister, mais s'épuise chaque jour un peu plus. En outre, il refuse toute opération, et Lana, désespérée, entend les médecins lui confier que plus il attendra, plus l'opération sera risquée.

Le 23 novembre, son état est tel qu'il doit se résoudre à jouer pour la dernière fois l'une de ses pièces fétiches. L'ensemble de la troupe pleure, car tout le monde connaît les risques de l'opération, devenue inévitable. Sacha est persuadé qu'il n'en sortira pas vivant et prépare sa sortie définitive...

L'ambiance est pathétique, mais il exige de tourner pour le cinéma *Deburau* avant de confier son destin à ses médecins.

« C'est de la folie ! Il faut l'en empêcher », dit Lana.

Mais Sacha s'obstine et réussit à faire de sa pièce un film. Le 23 décembre, le prodige est réalisé (quand Sacha verra ce film, il dira joliment : « Je vois pour la première fois la pièce d'un jeune homme de vingt-neuf ans que j'ai connu naguère et que j'ai perdu de vue »). Épuisé, il veut régler une dernière affaire et téléphone à Fernandel pour lequel il a écrit un scénario de film, *Adhémar* :

« Cher Fernandel, je dois renoncer à diriger le film. J'en ai effectué le découpage très précis, cependant. Accepterez-vous de le diriger, de vous diriger à ma place ? »

L'acteur accepte immédiatement.

Le 24 décembre 1950, Sacha est opéré à l'Hôpital américain de Neuilly. Une opération de presque quatre heures, compliquée, mais où le chirurgien fait des merveilles. À son réveil, le patient, l'œil malicieux, lui déclare : « Ah ! Docteur, j'ai bien failli vous perdre ! »

L'hospitalisation est longue et ne s'achève que le 7 février. Pour remercier son chirurgien, Sacha lui offre une affiche de sa pièce *Tu m'as sauvé la vie*, tout en demandant au professeur de bien vouloir l'excuser de l'avoir ainsi tutoyé…

Puis une longue convalescence au Cap-d'Ail commence et va se poursuivre jusqu'à fin avril. Sacha en profite pour écrire la nouvelle version de sa pièce *Un monde fou*, qui deviendra *Une folie* et qu'il met en répétition dès son retour à Paris, en mai.

Fernandel a terminé depuis longtemps le tournage d'*Adhémar*. Film assez réussi, qui nous entraîne dans une institution pour handicapés, car bien qu'Adhémar ait une apparence ordinaire, son visage déclenche irrésistiblement les rires de ceux qui le rencontrent, à l'exception de certaines personnes qu'il cherche justement à faire rire. Admis dans l'asile, il s'en fait exclure parce qu'il rit des autres pensionnaires. Finalement, il mettra à profit son handicap en devenant clown.

Sacha Guitry a écrit cette réflexion sur le rire spécialement pour Fernandel, dont le pouvoir comique le fascinait. Pourtant, quelques personnes influentes de l'entourage du Maître arrivent à le convaincre que l'acteur a profité de sa maladie pour tourner un film « à sa sauce ». Sacha assiste à une projection privée en compagnie d'un huissier, et poursuit devant le tribunal le producteur pour œuvre dénaturée. Il perdra son procès et ne reverra plus Fernandel. Triste épilogue…

Le 26 mai, aux Variétés, débute *Une folie* : les deux amants, Jean-Louis et Missia (joués par Jacques Morel et Lana Marconi), qui consultent le docteur Flache (Sacha Guitry), psychiatre, car ils se croient fous, souffrent toujours d'une simple lassitude au sein de leur vie commune. Mais, dans cette version, c'est le psychiatre qui tombe amoureux de la jeune femme. Il cherche alors à accélérer la rupture, autant pour le bien de ses patients que pour faire de Missia sa maîtresse en démontrant l'absurdité de leur mariage précipité et en poussant le jeune mari dans les bras d'une autre femme. Sacha Guitry donne à cette version un scénario plus crédible, avec moins de rebondissements de vaudeville, et un humour plus fin, tout en conservant sa conception de l'amour et de la vie de couple. La pièce est aussi résolument plus optimiste, puisqu'elle encourage à profiter de la vie tant qu'on peut.

Une réussite de réécriture qui donne l'occasion au grand journaliste et romancier Antoine Blondin de confier aux lecteurs de *Rivarol* tout le bien qu'il pense du théâtre de Guitry. Il démontre ainsi que, finalement, comme certains intimes le prétendent, Sacha joue chez lui la comédie du matin au soir et n'est naturel que lorsqu'il se trouve en scène : « Même aux Variétés, M. Sacha Guitry est avant tout chez lui. Non seulement parce qu'il a fait de ses amis ses interprètes, de ses épouses successives ses partenaires, parce que le "bureau à gauche" est son bureau, le texte, son texte, l'œillet de sa boutonnière la fleur de chaque jour, mais surtout parce que les dimensions du théâtre, le rythme qu'il implique, la ventilation des gestes et des répliques constituent son milieu naturel. […] On insistera peut-être un jour sur ceci que les pièces de Sacha Guitry, en ne traitant que des sujets qui sont dans l'air de tous les temps, ont trouvé le moyen de s'insérer ici et maintenant, de se lier aux tournures les plus passagères et de donner un plumage d'amuseur à quelqu'un qui est, à sa façon, un témoin permanent de l'homme. »

Des compliments qui permettent au Maître de passer outre l'avis de son médecin qui lui affirme qu'il est en danger de mort en jouant chaque soir avec 39 °C de fièvre ! Et il tiendra bon durant les cent trente représentations de la pièce, malgré une santé de plus en plus fragile.

Indéniablement, Sacha a souffert et vieilli. Physiquement, c'est déjà un vieux monsieur, mais, mentalement, il garde jeunesse, créativité et enthousiasme. Désormais, en cet été parisien, il travaille sur le scénario d'un film où il a pris la décision de ne pas apparaître. Car le premier rôle en sera confié à l'un des comédiens qu'il admire le plus, Michel Simon, et Sacha ne se voit guère tenir un rôle secondaire dans *La Poison*.

Pendant le tournage du film, la complicité (Michel Simon parlera d'« amour ») entre les deux hommes est magnifique. Michel Simon est éblouissant dans ce chef-d'œuvre tourné en seulement onze jours. *La Poison* s'ouvre par un générique très particulier où l'on voit Sacha Guitry rencontrer ses acteurs et les techniciens en leur expliquant les raisons professionnelles et sentimentales qui l'ont poussé à les engager. Ce film raconte avec des trésors d'humour noir un crime assez banal commis dans un village provincial. Alors qu'une femme alcoolique est en train de mettre au point l'empoisonnement de son mari avec de la mort-aux-rats, ce dernier, un paysan, part trouver un avocat en s'accusant de l'avoir tuée. Par ce stratagème, il se fait expliquer la manière d'obtenir des circonstances atténuantes et préparer ainsi le meurtre de sa femme ! Le crime et la tentative d'empoisonnement découverts, le village se retrouve sous les projecteurs, au grand bonheur de ses habitants. Après une brillante prestation au tribunal, l'assassin est acquitté.

Avec peu de moyens techniques, ce film dénonce de manière grinçante et émouvante les travers du système judiciaire, moyen par lequel Sacha Guitry se venge magnifiquement des ennuis qu'il a eus avec la justice au moment de la Libération. Une philosophie de vrai anarchiste semble avoir guidé Sacha tout au long de l'écriture de ce film qui regorge de répliques aussi amorales que celle-ci : « J'observe une chose extraordinaire : c'est à quel point le fait d'avoir commis un crime peut développer l'intelligence. Jamais, en temps normal, je n'aurais été aussi brillant que je viens de l'être à l'instant. »

À la fin du tournage, Michel Simon se montre si triste que Sacha, attendri, convoque tout le monde pour le lendemain afin d'ajouter un prologue, resté fameux dans l'histoire du cinéma. Une occasion, pour Sacha, d'y apparaître en remerciant Michel Simon en termes plus que chaleureux : « Michel Simon, ce film que je viens de réaliser me réservait l'une des plus grandes joies que j'ai eues au théâtre. Car l'on ne m'empêchera pas d'appeler cela du théâtre. Jamais je ne vous avais eu comme interprète... Eh bien, vous êtes exceptionnel ! Je dirai même unique... Car entre le moment où vous cessez d'être vous-même et celui où vous jouez votre rôle, il est impossible de voir la soudure. [...] Non, non, vous n'êtes pas de ces acteurs qui donnent des leçons. Car ce que vous avez d'admirable en vous, cela ne peut pas s'apprendre, et ne peut surtout pas s'enseigner[1] ! »

La Poison, curieusement, reste un film quelque peu oublié dans l'œuvre de Guitry, alors qu'il devrait y occuper l'une des toutes premières places ! Il faudra attendre dix ans après la mort du Maître pour que Jacques Siclier rende ses lettres de noblesse à ce film et évoque son grand succès populaire lors de sa sortie dans *L'Anthologie du cinéma* : « C'est à travers lui que Sacha Guitry exprime une conception du monde où l'esprit de Henri Monnier, d'Alphonse Allais et d'Alfred Jarry l'emporte sur l'esprit du Boulevard. Farce macabre et comédie de mœurs, *La Poison* va brusquement faire découvrir à la génération de la guerre et de la Résistance un Sacha Guitry inconnu. Si l'interprète s'efface, l'auteur s'affirme. Et ceux qui regrettaient le Sacha des années heureuses d'avant-guerre et le croyaient fini, perdu pour le cinéma, ont l'impression d'assister à une renaissance. »

L'année se termine tout en douceur. Sacha reprend pour deux petits mois *Une folie*, puis, très fatigué, écoutant pour une fois ses médecins, il accepte de renoncer à jouer pendant quelques temps. Et comme on lui a vivement conseillé de ne surtout plus rien faire, il obéit en se contentant d'écrire un nouveau scénario de film, très réussi, pour Michel Simon : *La Vie d'un honnête homme*, et un autre pour le théâtre, qu'il pourra jouer quand cela ira mieux :

Palsambleu. Mais, par précaution, il se réserve dans cette dernière pièce le personnage d'un vieillard impotent… pour le cas où !

L'année 1952 va être marquée par un événement aussi important dans la vie de Sacha qu'une nouvelle pièce de théâtre ou un nouveau film : il souhaite ouvrir sa maison et montrer ses collections à son public, car il considère que c'est le public qui lui a offert toutes ces merveilles ! Ainsi célébre-t-il ses cinquante ans de théâtre.

L'idée lui en est venue après qu'un jeune homme, Stéphane Prince[2], qui deviendra son secrétaire, réalise pour la télévision un reportage sur les trésors du 18, avenue Élisée-Reclus. Il va ainsi ouvrir l'hôtel particulier aux Parisiens et à tous ceux qui voudront faire le déplacement. La recette de ces visites ira à la Société des Auteurs. Un livre-catalogue, *18, avenue Élisée-Reclus*, est imprimé chez Solar, et le secrétaire d'État aux Beaux-Arts s'est déplacé pour l'inauguration de l'exposition, qui regorge de trésors.

Ne disait-il pas à Mme Choisel : « Ce n'est pas possible, madame Choisel… Je crois rêver ! Et dire que je suis arrivé à avoir tout cela autour de moi… C'est incroyable !… Ce n'est pas de l'argent… Ce ne sont pas des "choses" qui se vendent… Ce sont des "choses" qui s'achètent… C'est la fortune du cœur ! C'est incroyable !… C'est incroyable !… » L'inventaire des centaines et des centaines de pièces de la collection Guitry donnerait le vertige à n'importe quel amateur d'art. Prenons au hasard quelques-unes des merveilles que le visiteur privilégié peut découvrir en parcourant le bureau-galerie-salon : le portrait de Stéphane Mallarmé par Renoir, plusieurs toiles de Henri de Toulouse-Lautrec et de Monet, *Iris* par Rodin, un bouquet de fleurs de Bonnard, un buste de Maillol, un tableau de Vincent Van Gogh, un nègre par Eugène Delacroix, un Fantin-Latour, un Manet, un Gauguin, un Goya, un bouquet de roses de Renoir, un Utrillo, un Corot, un Seurat, plusieurs Vuillard, un Matisse, un Rembrandt, un Daumier, un Millet, la *Colombe* de Picasso, un Cézanne, un Modigliani, un Courbet, un Braque, un Dufy, le manuscrit intégral de 2 600 pages de *L'Éducation sentimentale* de Flaubert, l'édition originale de *L'École des femmes* avec un mot autographe de Molière remplaçant le mot « amour » par le mot

« esprit », sans parler de dizaines de souvenirs historiques dont l'« Ordre du jour » de la bataille de la Marne écrit de la main du maréchal Joffre et sa médaille militaire, l'écharpe de maire de Montmartre de Clemenceau, la longue-vue de Napoléon Ier, la bague de Flaubert, les manchettes en dentelle de Jean-Jacques Rousseau, une partition manuscrite de Mozart. Et ce n'est là qu'une infime partie de l'inventaire qu'il conviendrait d'établir. Guitry est un collectionneur passionné. Inlassablement, il passe des heures, voire des nuits à changer de place les œuvres qu'il a le grand bonheur de posséder. Il aime jouer à l'étalagiste : défaire l'ordonnancement de ses vitrines pour imaginer une présentation encore plus élégante. La peinture est l'art qu'il apprécie le plus au monde. Il dira qu'il a mieux et plus appris, tout au long de sa vie, des peintres que des écrivains.

L'exposition se déroule du 24 janvier au 28 février. Les Guitry sont partis au Cap-d'Ail, Henri Jadoux et Stéphane Prince sont les guides exceptionnels de ces visites qui ne le sont pas moins…

Sacha doit désormais restreindre son activité physique s'il veut espérer se porter mieux. Monter sur les planches, chaque soir, est devenu un exercice trop pénible, trop risqué. Il ne pourra plus le faire que de façon exceptionnelle. Mais il lui reste le cinéma, et il vient justement d'achever un scénario dont les extérieurs se tournent à Monaco. Voilà une occasion de passer quelques semaines de détente au Cap-d'Ail. En se servant de ses œuvres, *Mon double et ma moitié* et *Les Desseins de la providence*, auquel il ajoute un essai inédit, il a écrit le scénario de *Je l'ai été trois fois* : alors qu'il a déjà été trompé par ses deux précédentes épouses, Henri Verdier (Bernard Blier) découvre sa femme (Lana Marconi) avec un acteur (Sacha Guitry) qu'il prend pour un cardinal, à cause de son costume de scène. Ce dernier lui fait alors croire que c'est une volonté divine et qu'il doit ainsi accepter son sort.

Après un été assez bohème, se jugeant en meilleure forme, Sacha reprend pour trois mois avec Lana, sur la scène des Variétés, *N'écoutez-pas, mesdames*, sa pièce fétiche de l'époque de l'Occupation. Ils font salle pleine chaque soir.

Le 3 octobre, fidèle à la promesse qu'il a faite à Michel Simon, il donne le premier tour de manivelle de *La Vie d'un honnête homme.* Dans ce film, un riche homme d'affaires, misanthrope, profite du décès de son frère jumeau, vagabond au grand cœur, pour permuter leurs rôles dans la vie. Il découvre alors, avant que la supercherie ne soit finalement démasquée, que ses proches le méprisaient. Ce film, qui offre une vision très morose de la condition humaine, marquera beaucoup par son générique où l'on voit Sacha Guitry distribuer les rôles aux comédiens, les réponses de ces derniers étant des contre-champs extraits de scènes du film. La critique s'attendait à un film drôle et la voilà face à un chef-d'œuvre, certes, mais à un chef-d'œuvre dramatique. Elle n'aimera guère ce film, alors que Sacha nous offre un texte merveilleux et une leçon de grand moraliste. Certes, l'auteur vieillissant qu'il est devenu ne trouve plus la vie si belle que cela, il la considère surtout comme une douche écossaise permanente, mais on ne peut s'empêcher d'inscrire ce film parmi les meilleurs du Maître, d'autant plus qu'il est servi ici par le talent phénoménal de Michel Simon dont Jean-Jacques Gautier dit dans *Le Figaro* : « C'est un très grand acteur. Il s'est fait deux têtes (et je ne fais pas allusion ici à des qualités de maquillage...) : il a deux physionomies, deux regards, deux voix, et l'on pourrait presque dire deux âmes. Il est véritablement deux hommes. »

En décembre 1952, la télévision lui rend hommage en trois émissions. Sacha, devenu une sorte de malade permanent, très courageux, doit se résoudre à se reposer de longs mois, à vivre éloigné de son cher Paris en hiver, et à goûter aux joies de la villégiature sur la Côte. Toutefois, en février 1953, tandis que sort sur les écrans *La Vie d'un honnête homme*, le couple part pour trois semaines en Autriche.

Fin mars, le revoilà sur scène dans *Palsambleu*, pièce qui nous montre un vieil homme vivant entouré de sa famille, qui décide de partager ses biens entre ses héritiers, puis se rétracte de peur de leur cupidité après une nuit où tous rêvent de la mort du patriarche et du profit qu'ils en tireront. Le lendemain, se sentant mal, le vieillard subit une transfusion sanguine de divers membres de sa famille. Il voit et vit alors les vrais désirs de ses proches. Averti de cet état de fait, il se montre alors plus conciliant avec eux.

Le scénario, assez décousu, reflète son écriture interrompue plusieurs fois par la maladie, et la critique boude non sans raison. La pièce ne séduit pas plus le public et Sacha avouera d'ailleurs qu'il trouve « la pièce mauvaise ». Seul ce que peut en écrire, pour *La France réelle*, Claude Jamet, admirateur du Maître, demeure une consolation : « Une pièce de Sacha Guitry, c'est un feu d'artifice, un feu roulant par-dessus la rampe. Et puis surtout, c'est lui ! Là, dans ses meubles, entre ses portraits de famille et sa pendule de Boulle, dans son fauteuil Voltaire – comme l'autre à Ferney –, il reçoit, il donne audience. Qu'importe la pièce qu'il joue, dont il se joue plutôt, et qui d'ailleurs est de lui ! Elle n'existe que pour lui permettre d'être là ce soir, de se montrer, de causer avec nous. Croyez-moi, *Palsambleu*, cela vaut le déplacement ! »

Mais un autre admirateur du Maître, ancien acteur et désormais producteur très prometteur, Clément Duhour[3], va offrir à Sacha une revanche extraordinaire sur les infamies du passé ! Apprenant qu'André Cornu, secrétaire d'État chargé des Beaux-Arts, veut lancer une grande souscription en faveur du château de Versailles qui manque cruellement de fonds pour sa sauvegarde, il lui vient l'idée d'apporter son aide en tournant un grand film en Gevacolor[4] à la gloire du prestigieux monument. Cornu accepte non seulement l'idée de film, mais aussi Guitry comme auteur et réalisateur. Décision courageuse à cette époque ! Guitry, lui, se laisse convaincre sans mal par ce projet et travaille jour et nuit au scénario de ce film, au grand dam de Lana qui pense qu'il va s'y tuer. Mais l'idée est si séduisante !

Sacha a déjà un titre : *Ce soir à Versailles...* De plus, tous les plus grands acteurs du moment seront engagés, car la production ne reculera devant aucun sacrifice financier. Voilà Sacha enthousiaste comme il ne l'a plus été depuis si longtemps !

Et, un grand bonheur ne venant jamais seul, on l'invite également à jouer pour les fêtes du couronnement à Londres, ville où l'on n'avait plus fait appel à lui depuis la Libération. Il s'installe donc au Savoy dès le 1er juin, se rend le soir même à un grand dîner présidé par sir Winston Churchill, et assiste au couronnement depuis sa somptueuse suite, en suivant la cérémonie à la télévision pour ménager ses forces physiques. Le 4, il commence une série de représentations d'*Écoutez bien, messieurs* (une nouvelle version de *Tôa*). C'est un triomphe chaque soir, et le plaisir de Sacha est immense quand on joue, avant le lever de rideau, la *Marseillaise* et le *God save the Queen*. Tandis que Lana fait du shopping, il passe ses journées enfermé à l'hôtel, mettant la dernière main au scénario, au découpage et aux dialogues de son futur film qu'il a finalement décidé de baptiser *Si Versailles m'était conté...*

Le tournage de ce monument du cinéma débute le 6 juillet et il faut user d'une grande habilité pour organiser les prises de vues dans un château ouvert au public de 9 heures à 17 heures. Comme l'écrit Sacha dans son générique : « Les décors sont de Mansart et les jardins de Lenôtre », et il n'est pas question de tourner quoi que ce soit en studio !

De surcroît, comme les plus grandes vedettes du moment ont accepté de venir jouer, ne serait-ce qu'une scène dans ce film, il faut adapter le planning à leur propre emploi du temps.

Mais tourner à Versailles, y raconter l'histoire de la France, rien ne peut être plus beau pour Sacha. Il tient à être présent jour et nuit, et bien souvent il ne rejoint son château de Ternay que vers 3 ou 4 heures du matin, et vit durant ce tournage des moments magiques que la polémique engagée par *Combat* ne saurait en rien gâcher. Car ce journal accuse clairement Guitry et Duhour de s'amuser avec l'argent du contribuable en tournant ce film. Dans une lettre ouverte, Clément Duhour, sans se démonter, explique que non seulement le film est loin d'être une commande d'État, mais qu'il paie 10 millions pour le droit de photographie, et que 20 % des recettes mondiales, après amortissement, iront à la restauration du château.

Sacha peut recouvrer toute sa sérénité, parfois perturbée par le conservateur du château qui se risque à relever quelques erreurs historiques dans certaines scènes. D'où cette fameuse anecdote à propos de la Montespan que Louis XIV (Sacha Guitry), après l'affaire des Poisons, exile dans les combles du château : ayant assisté au tournage de la scène, M. Gérald Van der Kemp, conservateur de Versailles ne peut s'empêcher d'expliquer au Maître que la favorite fut en réalité exilée dans l'aile droite du château. Il en faudrait plus pour déstabiliser Guitry qui lui répond, superbe : « Monsieur le Conservateur, ne croyez-vous pas que le roi Louis XIV avait assez d'indépendance d'esprit pour revenir le lendemain sur une décision prise la veille ? »

Ce tournage a cependant épuisé Sacha qui souffre toujours de l'estomac et ne se nourrit guère plus que de lait. Il comprend qu'il doit s'économiser, mais accepte toutefois une série de représentations exceptionnelles de *Deburau* en Belgique !

La première a lieu le 23 novembre. Chaque représentation est un véritable exploit physique pour le vieux Maître. Un soir, sur scène, il est même victime d'une légère alerte cardiaque qui ne l'empêche cependant pas de terminer la pièce. Il tient ainsi jusqu'au 13 décembre, soir de la dernière. Mais son état est si préoccupant que son médecin, le docteur Racine, vient spécialement le voir à Bruxelles. Constatant sa très mauvaise santé, il le somme de renoncer à cette ultime représentation.

« Non, dit Sacha. Ce soir, ce sont mes adieux à la scène. Alors, j'irai jusqu'au bout ! »

Et il accomplira ce miracle, s'obligeant même à porter ses souliers vernis dans lesquels ses pieds enflés ne rentrent plus et qu'il faut découper sur les côtés. Plus jamais Sacha Guitry ne remontera sur scène : il aura fait ses adieux de comédien en Belgique…

Mais si jouer sur une scène devient impossible, recevoir les honneurs de la République apparaît comme une délicieuse consolation. Ce 15 décembre 1953, l'Opéra de Paris est le cadre du grand gala donné pour la sortie de *Si Versailles m'était conté*, dont les recettes contribueront à la restauration du château. Une haie de laquais portant perruques et tenant flambeaux accueille les prestigieux invités. Le film est présenté en deux parties, avec un court entracte, comme cela sera le cas dans tous les cinémas.

Si Versailles m'était conté privilégie une construction du récit très travaillée. Le décor prestigieux n'a d'égal que la distribution qui réunit les plus grandes stars de l'époque. La voix off de Sacha Guitry narre la succession d'anecdotes historiques qui constituent pour lui la véritable histoire de Versailles. Tout commence avec le jeune Louis XIII qui, accompagnant son père à la chasse, tombe sous le charme de ce coin de forêt. Là se situera un château qui, agrandi par les souverains successifs, verra se dérouler intrigues de cour, scandales et hauts faits. De la cour de Louis XIV (Georges Marchal, puis Sacha Guitry, selon l'âge) à celle de Louis XVI (Gilbert Bokanowski) en passant par Louis XV (Jean Marais), se succèdent intrigues et moments de gloire politique et artistique. Tour à tour, Sacha Guitry refait vivre les grandes figures de l'Ancien Régime : d'Artagnan (Gérard Philipe), la Montespan (l'Hollywoodienne Claudette Colbert), la Voisin (Pauline Carton), Madame de Sévigné (Jeanne Boitel), Molière (Fernand Gravey), Fénelon (Jean-Louis Barrault), Colbert (Jacques Varennes), la Pompadour (Micheline Presle), le cardinal de Rohan (Jean-Pierre Aumont), Marivaux (Jean Dessailly), Jean-Jacques Rousseau (Gilbert Gil), Marie-Antoinette (Lana Marconi), Benjamin Franklin (Orson Welles), Axel de Fersen (Jean-Claude Pascal)... Puis l'histoire, avec les révolutionnaires menés par une gouailleuse campée par Édith Piaf, s'accélère. Le palais est transformé en musée et la ronde des visiteurs conduits par des guides (Bourvil) n'est troublée que par l'affront de 1871, lavé en 1919.

André Cornu, décidément homme aussi élégant que compétent, n'hésite pas à déclarer, alors qu'on le complimente de toutes parts pour cette merveilleuse initiative :

« C'est à l'auteur qu'il faudrait faire toutes les félicitations. Moi, je n'ai fait que donner l'autorisation. »

Mais le triomphe a beau être exceptionnel, Sacha ne peut pour autant oublier les infamies de la veille, comme le narre Lana Marconi dans ses mémoires :

« Sacha rentrait, à la nuit, avenue Élisée-Reclus. C'était pour lui un soir de sacre. On avait réuni à son intention toutes les pompes de la IVe République. Sur le parcours, les barrières avaient cédé sous la pression des Parisiens enthousiastes. L'air était léger. Tous, autour de lui, nous respirions un parfum de revanche. Il se trouva quelqu'un pour lui dire :

« – Voyez-vous, Maître, c'est le couronnement de votre carrière. Vous voilà payé du mal qu'on vous a fait. Maintenant, c'est fini.

« Avec une soudaine lassitude, Sacha répondit :

« – Non, ça n'est pas fini. Ça ne sera jamais fini. Il y en a pour cent ans – et encore… »

Effectivement, l'acharnement continue, et Sacha doit affronter quelques jours plus tard les critiques du duc de Brissac, président des Amis de Versailles, qui signe une tribune dans *Le Figaro littéraire* : « Je dois à M. Sacha Guitry beaucoup de plaisir, et nous lui devons de la reconnaissance pour la centaine de comédies dont il a enrichi le théâtre français ; mais, ici, je lui adresse deux reproches majeurs : son film ne peut être exporté, et on ne peut le montrer aux enfants ; dans tous les sens du terme, il est inconvenant ; il met l'accent sur l'équivoque, exploite le scandale, travestit nos rois, les grands serviteurs du pays, et réduit même la Révolution française à une émeute de mégères qui forcent les grilles et dansent à Trianon… »

Pauvre duc, de si mauvais augure ! Car le film rapportera des millions à l'exportation, et les enfants, sur plusieurs générations, en raffoleront (certains commenceront à vraiment aimer l'histoire grâce à lui, et le *Ah, ça ira !* chanté par Édith Piaf, du haut d'une échelle appuyée aux grilles du château, reste encore de nos jours comme une image inoubliable !).

La violente campagne de presse est bientôt relayée par des députés qui reprennent à l'Assemblée nationale, dans des questions au gouvernement, les grandes lignes des articles et autres lettres ouvertes qu'ils ont pu lire dans certains journaux, et protestent contre ce film « à la valeur historique nulle ». Le triomphe populaire exceptionnel du film (130 millions de recettes en trois semaines d'exclusivité sur Paris – bien plus que le célébrissime *Don Camillo* !), obtenu par Sacha Guitry, ne passe vraiment pas ! Voilà que non content d'avoir été blanchi par la justice, il devient l'« historien » officiel de la République (alors qu'il ne l'a jamais revendiqué, bien entendu !). Sacha tient d'ailleurs à évoquer ces événements dans la préface au livre qui reprend le scénario du film : « Il était écrit que Versailles m'apporterait, en contrepartie de la joie qu'il me causait, le plus évident témoignage de haine qu'il m'ait été donné de connaître encore, et Dieu sait si pourtant je fus gâté à cet égard ! »

En cette période, les éloges de la presse sont donc rares, mais ceux qui osent simplement dire leur plaisir offrent à leurs lecteurs des papiers pleins d'intelligence. C'est le cas de Michel de Saint-Pierre dans *Témoignage chrétien* : « Le problème est de savoir si M. Sacha Guitry est un artiste ou un historien… Dieu sait pourquoi l'on crie "haro !" sur ce vieux fauve qui ne désarme pas. Et cependant *Si Versailles m'était conté* marque sur les autres films français de nos programmes actuels une supériorité tellement écrasante que j'éprouve pour ma part un sentiment de gratitude. La distribution, le souci de perfection artistique dont s'accompagnent visiblement la mise en scène de la moindre image, la composition de la moindre réplique : tout cela nous change, mes amis, de la sottise ambiante, de l'épicerie cinématographique courante, de la nullité des scénaristes et dialoguistes, de la misère verbale en usage sur nos écrans, de la bassesse commerciale, de la muflerie générale et de cette vulgarité dont le cinéma de ce milieu de siècle déborde. »

Cet énorme succès a un autre avantage considérable pour Sacha Guitry : alors qu'on l'avait contraint à quatre ans de silence, que son nom semblait peu à peu s'effacer des premières pages des magazines, que les feux de l'actualité n'étaient plus tournés sur lui, voilà que toutes les générations de Français font un triomphe à ce film, et que les plus jeunes découvrent ce « vieux fauve » dont les talents de conteur et l'esprit les enchantent ! À partir de *Versailles*, tous les magazines « grand public » (que l'on nommerait aujourd'hui *people*) vont le considérer comme un trésor national adulé par le public, et l'on ne comptera plus les centaines de pages qu'ils vont lui consacrer…

Tout cela valait donc bien ces flots de bile, comme le confiera le Maître : « Décidément, la méchanceté ne paie pas. Et le bonheur lui fait un pied de nez joyeux ! »

Si Sacha a abandonné à la restauration du château de Versailles une grande partie de ses droits et de son cachet d'acteur du film, le fisc, lui, ne l'a pas oublié et continue de le poursuivre et le menacer. On vient de lui saisir, par exemple, les trois quarts de ses émoluments pour la série d'émission de radio *Cent merveilles* (où les auditeurs découvrent deux fois par semaine un objet, dans un livre que Sacha a fait éditer chez Raoul Solar, à propos duquel il livre ses commentaires éclairés à la radio). Il faut avouer que le Maître y a mis du sien et refuse, par exemple, de faire ses déclarations de revenus depuis la tragédie de la Libération. Le contrôleur des contributions de l'arrondissement dont il dépend est tellement remonté contre lui qu'il faut le remplacer par un autre afin d'ouvrir un dialogue entre l'administration fiscale et le contribuable. Le nouveau contrôleur se rend à Élisée-Reclus et tente longuement d'expliquer au Maître qu'il doit, de toute façon, payer environ 40 millions de francs au Trésor. Sacha ne peut s'empêcher de l'interrompre :

« Vous me parlez depuis trente bonnes minutes, me semble-t-il. Eh bien, voyez-vous, Monsieur le contrôleur des contributions, cela fait vingt minutes au moins que je ne vous écoute plus. »

Lana et les proches de Sacha craignent le pire. On risque la saisie et la vente des œuvres d'art que contient l'hôtel particulier ! Sacha consent cependant à rencontrer Edgar Faure[5], ministre des Finances, qui le reçoit très aimablement au ministère. Mais il n'est pas possible de faire une exception et d'effacer l'« ardoise » de Sacha Guitry ! Avec toute la diplomatie et la délicatesse qui le caractérisent, Edgar Faure finit par lâcher à son visiteur :

« Il faudra bien que vous payiez vos impôts, cher Monsieur Guitry...

– Est-ce que Louis XIV demandait des impôts à Molière, monsieur le Ministre ? », lui rétorque Sacha.

Finalement, un conseiller du ministre des Finances, également directeur des Crédits municipaux de France (autrement dit « Ma Tante »), vole à son secours en lui proposant un chèque de vingt millions de francs (dont dix iront immédiatement chez son percepteur) contre une garantie sur trois des plus beaux tableaux de ses collections, à savoir un Cézanne, un Renoir et un Toulouse-Lautrec. Et il demande à Sacha de bien vouloir lui rendre le service personnel de veiller sur ces tableaux en les gardant à Élisée-Reclus ! De quoi émouvoir le Maître qui dira qu'il porte décidément magnifiquement son nom, car cet homme se nomme Sylvain Bonheur !

Après avoir provisoirement réglé ses problèmes fiscaux, Guitry n'a plus le cœur à mener à bien un nouveau projet. Après le succès de *Versailles*, Clément Duhour le presse d'écrire un nouveau grand film historique, également en deux parties. Mais quel sujet aussi prestigieux que celui qui conte l'histoire du château de Louis XIV peut-on trouver ? Une évidence qui ne souffre aucun doute s'impose alors à Sacha : il fera son film sur Napoléon ! Une fois de plus, il y travaille jour et nuit, au détriment de sa santé qui ne s'améliore guère. Il tient à être prêt pour la date précise fixée pour le début du tournage : le 14 juin 1954.

Comme pour *Versailles*, les actrices et acteurs les plus prestigieux font partie de la distribution. Pour incarner le héros de son film, il lui en faut deux : le premier, Daniel Gélin[6], sera son Bonaparte, et Raymond Pellegrin[7] interprétera son Napoléon. La jeune Michèle Morgan se voit confier le rôle de Joséphine. Clément Duhour, certain du succès de cette seconde grande fresque historique, a investi plus de 600 millions dans sa production « historique ». Sacha, prudent et moqueur à la fois, mettra cependant les choses au point avec tous ceux qui pourraient lui reprocher une nouvelle fois d'arranger l'histoire de France à sa façon : « Un imbécile m'a demandé si, comme dans *Versailles*, il y aurait dans *Napoléon* des erreurs historiques. Je ne sais pas : mais il y en a une que je tiens à signaler tout de suite de peur que les critiques ne s'en aperçoivent pas : à la bataille du pont d'Arcole, un soldat autrichien, au vingt-troisième rang, avait sur sa tunique deux boutons où, à la place de l'aigle, figuraient les initiales de la Société nationale des chemins de fer français. Je les ai fait remplacer par deux boutons portant… les initiales de la Société du Gaz de France. » Douze mille costumes seront nécessaires…

Les autorités officielles, conscientes de l'impact formidable de *Versailles*, mettent à disposition du Maître tout ce dont il a besoin. Le Mobilier national comme les musées sont mis à contribution, permettant ainsi d'admirer à l'écran aussi bien le véritable tapis du sacre de Napoléon que l'authentique berceau du roi de Rome ! Même Sa Gracieuse Majesté a donné l'autorisation de prêter à Monsieur Guitry les habits rouges de Wellington, et deux mille militaires et gardes républicains sont également engagés pour les reconstitutions de batailles.

Les mois de juin et juillet sont consacrés au tournage des extérieurs aux alentours de Nice. En août, on tourne dans les carrières de sable d'Ermenonville la campagne d'Égypte ! Puis, en septembre, les grandes batailles napoléoniennes sur le plateau de Caussols, aux environs de Grasse. Cependant Sacha se voit interdire par son médecin de monter à une telle altitude, pour raisons cardiaques. Il faut ainsi qu'il dirige toutes ses batailles sur plan, depuis l'auberge du moulin à Magagnosc où, grâce à un poste émetteur-récepteur prêté par la gendarmerie, il peut suivre les tournages.

L'automne est consacré à l'enregistrement d'une quinzaine d'émissions sur Napoléon pour Radio-Luxembourg.

Malheureusement, en janvier 1955, sa santé se dégrade soudainement. Il est de nouveau opéré et, très affaibli, doit partir se reposer au Cap-d'Ail. On craint le pire... La France craint le pire ! Ne s'est-on pas montré trop dur avec lui ? N'est-il pas l'un des plus grands auteurs du siècle ? Ne devrait-on pas désormais lui rendre les hommages qui conviennent ?

Voilà qu'on parle de nouveau de lui pour l'Académie française où il aurait toute sa place auprès de son ami Cocteau qui va y être élu en mars. Et la télévision française décide de lui rendre un vibrant hommage pour ses soixante-dix ans.

Sacha est heureux de cette attention. Hélas, son état de santé ne peut absolument pas lui permettre d'envisager de venir à Paris, le soir de son anniversaire, sur le plateau de l'émission de télévision de Jean Nohain[8], l'animateur le plus populaire de l'époque. Alors Nohain vient à lui pour préparer l'émission et le convaincre d'accepter un duplex où les téléspectateurs le verront souffler ses soixante-dix bougies depuis le Cap-d'Ail. Il finit par accepter cette « épreuve », tout en redoutant que son public le voie dans un état physique qu'il trouve lui-même pitoyable, compte tenu de sa maigreur.

Belle et émouvante journée que ce 21 février 1955. Tout d'abord, Lana lui offre la précieuse tabatière en or de Murat que lui avait donnée l'empereur, et Clément Duhour lui offre l'encrier en bronze que Napoléon reçut de la Ville de Bayonne lors de son séjour en 1808. L'émission est un défilé ininterrompu de vedettes, et Charlie Chaplin, Jean Cocteau, André Roussin et Laurence Olivier lui adressent des messages pleins d'affection. L'émission constitue également une formidable promotion pour le film *Napoléon* qui va bientôt sortir sur les écrans. Sacha peut aussi annoncer qu'il travaille dès à présent sur son prochain film, consacré à Paris !

La grande soirée de gala qui doit célébrer la sortie de son *Napoléon* est fixée au 10 mars. Elle a lieu à l'Opéra, devant lequel une réplique de la tente de campagne de l'empereur, garnie de meubles authentiques, est dressée. Des figurants déguisés en cuirassiers, carabiniers, lanciers ou grognards, montent la garde tout autour.

Sacha fait donc l'effort de revenir du Cap-d'Ail pour assister à cette soirée où la foule constate qu'il marche avec grande difficulté. Sont notamment présents le président de la République, René Coty, le général Kœnig, le président du Sénat, Gaston Monnerville. Sacha se présente sur scène et déclare (en ayant pris soin de demander à être très faiblement éclairé) :

« J'ai l'honneur de porter à votre connaissance un beau livre d'images : l'histoire de la vie ardente et fulgurante de l'un des plus grands hommes que la Terre ait portés. »

Puis le film commence : l'annonce de la mort de Napoléon est l'occasion pour Talleyrand (Sacha Guitry dans son rôle fétiche) de retracer les grands épisodes de la vie de l'empereur déchu, de son enfance à l'École militaire, puis de ses premières armes sous la République jusqu'aux triomphes des campagnes militaires, et des fastes de l'Empire jusqu'à sa chute et à son exil sur l'île de Sainte-Hélène, l'histoire s'achevant sur le rapatriement de ses cendres. Le film bénéficie d'une distribution internationale prestigieuse où chaque acteur joue dans sa langue maternelle : Michèle Morgan (Joséphine), Maria Schell (Marie-Louise), Lana Marconi (Maria Walewska), Micheline Presle (Hortense de Beauharnais), Patachou (Madame Sans-Gêne), Yves Montand (le maréchal Lefebvre), Clément Duhour (le maréchal Ney), Henri Vidal (le maréchal Murat), Jean Gabin (le maréchal Lannes), Pierre Brasseur (Barras), O.W. Fischer (Metternich), Erich von Stroheim (Beethoven), Orson Welles (Hudson Lowe), Jean Marais (le comte de Montholon)… *Napoléon* tire toute son originalité par sa façon de s'écarter grandement de la « légende » construite autour de l'empereur, et de montrer une facette plus complexe et plus noire du personnage.

Pendant l'entracte, Sacha et Lana sont accueillis dans la loge du président de la République qui, prenant chaleureusement et très longuement les mains de l'auteur dans les siennes, lui avoue :

« Un fervent bonapartiste vous remercie… J'aime votre façon de conter l'histoire, et c'est là encore une belle page de tournée. »

À la fin de la seconde partie, la salle fait un triomphe au Maître. Il quitte l'Opéra sous les vivats, tandis que la fanfare joue la marche triomphale d'*Aïda* ; il trouve non seulement la force de souper chez Maxim's, mais, dès son retour chez lui, à 3 heures du matin, il s'assoit à son bureau et travaille à son *Paris*. Décidément, l'amour du public est le plus merveilleux des remèdes !

Et des critiques qui ne le ménagent pas plus que pour *Versailles*, il se moque ! Il ne prend même plus la peine de les lire. Il sait ce qu'ils vont écrire, malgré le courageux et joli appel d'Alain Decaux, au lendemain de la grande soirée de l'Opéra, dans les colonnes de *Paris-Presse* : « Messieurs les historiens, applaudissez les premiers ! […] Les spectateurs qui, hier soir, criaient "Bravo, Sacha !" n'acclamaient pas seulement le film *Napoléon*. Ils applaudissaient une vie de travail. […] Ô historiens, ô mes confrères, ô mes amis, je vous en prie, n'essayez pas de "relever les erreurs" de *Napoléon* ! »

Bien entendu, on en relèvera, mais les critiques les plus mesurées, les moins hostiles regretteront simplement que Sacha n'ait pas compris ou assez aimé l'empereur. Ainsi Jean Dutourd écrit : « Le principal défaut du personnage de Napoléon, ici, c'est qu'il est à la fois insignifiant et antipathique. Insignifiant parce que l'auteur n'a pas dessiné son caractère, qu'il se borne à nous dire de temps à autre : "C'était un géant, une intelligence prodigieuse, un homme de génie", et qu'il ne nous montre jamais ce génie ou cette intelligence, qu'il ne les traduit jamais par des actes ou des paroles individuelles. […] Au contraire, il s'en dégage le portrait d'un militaire falot et taciturne, façonné par les événements bien plus que les façonnant lui-même. Or Napoléon n'est pas une figure indifférente. C'est un homme et une légende que l'on connaît, et pour qui on a de l'enthousiasme. »

Il est vrai que ce film n'est pas un film d'histoire, ni même une sorte de biographie de l'empereur portée à l'écran. Comme pour *Versailles*, il offre ici du bonheur, du plaisir, de l'élégance, de l'esprit, en somme un « cinéma champagne ». Certes, s'il y a une épopée bien réelle à la base, elle n'empêche pas Sacha de s'en emparer avec la même liberté qu'aurait pu prendre un scénariste de bande dessinée. Et le résultat enchante les spectateurs de toutes générations. Plus de cinquante ans après sa sortie, *Napoléon* reste un film d'aventures qui enchante les plus jeunes générations à qui on a l'idée de le projeter.

Sacha est désormais un homme physiquement très affaibli. On a détecté une polynévrite qui a pour effet de le faire horriblement souffrir des jambes. Pourtant, les honneurs s'enchaînent et le Maître tient à tous les recevoir en effectuant les déplacements nécessaires. Fin juin, le ministre du Commerce et de l'Industrie lui remet un « Oscar » du cinéma français, puis il reçoit en juillet la Grande Médaille d'or de la Société des Auteurs. Au début de l'été, il a découvert la morphine, devenue indispensable pour calmer ses douleurs. Une piqûre par jour pour commencer, et Sacha, dont les facultés cérébrales sont totalement intactes, ne peut s'empêcher de consigner cette rencontre étrange avec la drogue : « L'impression très nette que je continuais de souffrir, mais que je ne le sentais pas. Trois jours plus tard, la piqûre quotidienne se montra insuffisante et je passai à deux piqûres. La semaine suivante, j'étais à trois. Bientôt, quatre piqûres par jour devinrent nécessaires. Je devenais une écumoire. »

En août, le Maître trouve le courage de suivre le tournage de *Si Paris nous était conté*. Chaque jour se révèle plus difficile que la veille, jusqu'à ce que le drame survienne... Un après-midi, il s'effondre sur le plateau, ne tenant plus sur ses jambes. Il reviendra dès le lendemain, mais, cette fois, sur une chaise roulante poussée par son fidèle secrétaire, Stéphane Prince. L'inquiétude est grande, mais personne ne veut le lui montrer. On continue à travailler comme si rien ne s'était passé. À ses acteurs les plus proches, quand ils s'enquièrent de sa santé, il avoue :

« C'est comme si j'avais une rage de dents dans tout le corps. »

Le tournage se poursuit sans heurts et Sacha supporte héroïquement ses souffrances. Les honneurs continuent à pleuvoir. Il reçoit la médaille de la Ville de Paris lors d'une grande réception à l'hôtel de ville, et répond présent à Jean Nohain qui le convie à son émission *36 chandelles*. À la fin de cette année 1955, son film terminé, il ne parle plus de futurs grands projets…

L'année suivante commence mal. Le docteur Racine, à la suite de nouveaux examens, diagnostique une septicémie. Cela a une conséquence immédiate : de nombreux boutons apparaissent sur son visage et son cou. Ruse de comédien : il se laisse pousser la barbe, non sans confier : « Ma barbe ? C'est le signe du départ, annonçant l'heure des adieux. »

Paris et les élus de la République veulent honorer une dernière fois le génial auteur, comme s'il fallait le couvrir d'un surcroît d'honneurs pour essayer de se faire pardonner les années terribles où ce même Paris, ces mêmes élus lui tournaient le dos.

Sacha en a besoin, de ces honneurs ! Il les accueille tous, comme si cela le prolongeait, rendait ses souffrances quotidiennes moins insupportables. Alors il accepte une nouvelle fois que l'Opéra soit le temple de son génie et de sa gloire retrouvée, et il annonce qu'il viendra ce 26 janvier 1956 assister à la première de *Paris*.

Certains essaient de l'en décourager, car, désormais, il ne peut plus marcher. Il faudra le porter !

Doit-il laisser cette image de lui à son public ? Sacha le pense. Il appartient à son public. Et puis, n'est-ce pas une façon de montrer à la France que sa déchéance physique n'est que la conséquence de tout ce qu'on lui a fait subir ? Il va mourir en martyr, mais en martyr adulé. Et ce n'est pas pour lui déplaire…

En cette soirée d'hiver, la limousine de Sacha s'arrête devant l'Opéra. Deux laquais en livrée vont le porter jusqu'à sa loge. La salle est archicomble, s'y pressent ministres, préfets et vedettes de ce tout-Paris qui lui fait une ovation digne d'un souverain aimé par son peuple. Et, de fait, Sacha Guitry est redevenu le roi de Paris, avec cette dernière fresque historique qui retrace l'histoire de la capitale, des origines à la Belle Époque. Prenant le contre-pied des critiques de *Si Versailles m'était conté*, il se montre, dans ce film, en train d'invoquer auprès d'étudiants la liberté de conter l'Histoire de façon moins rigoureuse, mais plus vivante ! Partant de là se succèdent des tableaux historiques présentés sous l'angle de l'anecdote.

Très fatigué, il honore toutefois le repas de gala qui suit, et déguste un peu de caviar, présenté sur un socle de glace en forme d'arc de triomphe. Cette statue de glace est éclairée par l'intérieur de bleu et de rouge. Sous la statue, on peut lire : « Triomphe du Maître ».

Ce *Paris*, écrit en à peine quatre mois, reprend plusieurs tableaux de sa pièce *Histoires de France*, et n'a donc d'autre ambition que de nous faire voyager dans le passé de la capitale d'une façon légère et plaisante. Mais, contrairement à ce que diront les habituels esprits chagrins, l'auteur nous donne aussi une jolie leçon d'histoire et d'amour. Et si le spectateur retient chaque épisode, chaque intrigue, chaque fait historique, il en saura certainement plus sur l'histoire de Paris que celui qui n'en aura que distraitement parcouru l'épopée dans un quelconque guide touristique !

Au début de l'année 1956 meurent Paul Léautaud et Charlotte Lysès. Sacha, bien qu'en proie à des problèmes financiers une nouvelle fois très graves, prend à son entière charge les frais d'obsèques de sa première femme et de l'écrivain qu'il admirait.

Et comme lui-même sent la mort rôder, il souhaite se réconcilier avec Albert Willemetz, comme l'en supplie depuis longtemps Lana. L'occasion se présente avec un projet qui consiste à écrire un nouveau scénario, pour le cinéma, sur l'histoire de la principauté de Monaco, qui s'intitulerait *Si Monaco m'était conté*. Il doit y travailler à partir de son opérette *Florestan Ier*, écrite autrefois avec Albert.

Les retrouvailles se passent à Élisée-Reclus où Albert retrouve un Sacha très amaigri et alité qui l'accueille ainsi :

« Nous redevenons amis, Albert, mais ne me parle jamais du passé. »

Mais voilà que le projet de Monaco semble ne plus l'intéresser. Était-ce seulement un prétexte pour se réconcilier avec Albert ? C'est bien possible…

Sacha travaille à un autre film pour lequel il choisit comme interprètes le duo Poiret-Serrault, qu'il apprécie beaucoup. Ce film, *Assassins et Voleurs*, est réalisé pendant l'été. À l'exception des extérieurs, qui sont tournés à Deauville, le Maître fait l'effort considérable de suivre le tournage chaque jour, assis sur son fauteuil roulant de réalisateur. Entre chaque prise, on le transporte dans une petite tente spécialement aménagée à son intention, dans laquelle on a installé un lit de camp. Le jeune Darry Cowl fait également partie du casting de ce film étonnant qui conte l'histoire de Philippe (Jean Poiret), vivant dans la peur que le voleur qui a été accusé, à sa place, du meurtre de sa maîtresse et de son mari, ne vienne se venger. Il songe au suicide et demande, pour ce faire, l'aide d'un cambrioleur (Michel Serrault) qu'il vient de surprendre. Or, il appert que ce cambrioleur n'est autre que l'innocent accusé à tort. Philippe tue alors ce dernier afin de retrouver la tranquillité d'esprit.

Ce film, qui fait preuve de cynisme et d'humour noir, sera très bien accueilli par la critique, malgré son aspect subversif.

Le tournage terminé, Sacha rejoint son lit de douleurs. Écrire lui est de plus en plus difficile, car les drogues le plongent dans un état second durant une grande partie de la journée. Il lit Simenon, qu'il adore, écoute des disques de Trenet et d'Annie Cordy, se passionne pour la télévision et en suit toutes les émissions. Il découvre aussi les bandes dessinées. Cependant, il reçoit peu de visites, car cela l'épuise. Lana et Prince font un barrage très sévère autour de lui, respectant ainsi les consignes des médecins qui exigent que le Maître se fatigue le moins possible.

Les problèmes d'argent deviennent désormais effrayants ! Sa dette fiscale est d'environ 50 millions de francs. Le nouveau ministre des Finances, Paul Ramadier, a accepté de le recevoir. Sacha, soutenu par son secrétaire et son chauffeur, honore ce rendez-vous et plaide sa cause auprès du ministre :

« Mes films, *Versailles*, *Napoléon*, *Paris*, ont déjà rapporté plus d'un milliard de francs à l'État, monsieur le Ministre, grâce à leur exploitation mondiale. Et, aujourd'hui, on me poursuit pour cinquante millions. Il y a quelques jours, des huissiers sont venus saisir mes meubles.

– Maître, tout cela est regrettable. Mais l'administration fiscale ne peut pas effacer votre dette. Cependant, après avoir fait réexaminer votre dossier, j'ai le plaisir de vous annoncer que votre dette est réduite de 17 millions. Il vous faudra donc régler 33 millions. Je ne peux faire mieux, croyez-moi. »

Sacha doit régler sa dette au fisc. De plus, les factures de plusieurs grands couturiers sont aussi en attente de paiement. Et il n'est pas question pour lui de réduire son train de vie, ou de moins gâter Lana. Il ne reste plus qu'une solution, et il la prend : vendre certains de ses plus beaux tableaux, discrètement, par l'entremise de marchands d'art. Ainsi s'en vont des Manet, Modigliani, Cézanne, et même la fameuse *Rouge* de Toulouse-Lautrec dont il disait à sa femme : « Tu vois, cette toile, je crèverai de faim devant elle, mais je ne la vendrai jamais ! »

Le Maître termine difficilement l'écriture de son prochain film, *Les Trois font la paire*. Il y tient d'autant plus que Michel Simon a accepté d'en être le principal interprète. Mais la maladie est terrible, les souffrances constantes ne lui laissent que peu de répit pour travailler. Alors, en ce mois de décembre 1956, il prend une effroyable décision : mettre fin à sa vie. Profitant d'un moment d'inattention de son infirmière, il avale un tube de barbituriques et se laisse doucement glisser vers un monde meilleur. Trois jours de coma vont suivre. Ses médecins font tout pour le sauver, et y arrivent…

Fin janvier 1957 commence le tournage du film. Sacha est trop affaibli pour le suivre, et charge Clément Duhour de le remplacer sur le plateau. Mais il veut faire ses adieux cinématographiques à son public. Alors les caméras de Clément Duhour viennent à Élisée-Reclus. Le Maître s'est préparé pour cette ultime apparition. Des drogues plus puissantes encore le soutiennent, et il trouve la force de se faire maquiller, de se coiffer de l'une de ses perruques, et de s'installer derrière son bureau pour « apparaître » dans le prologue de son film. Dans cette courte séquence, on le voit décrocher son téléphone et parler à l'ami retrouvé de toujours, Albert Willemetz. Conversation qui se clôt ainsi : « Au revoir, Albert Willemetz, ami de mon enfance… Je t'embrasse !… Albert ! Est-ce que tu sais quand nous avons déjeuné ensemble pour la première fois ?…. Le jour de notre première communion… À tout de suite ! »

Début février 1957, *Assassins et Voleurs* sort sur les écrans. Les plus grands critiques cinématographiques sont conquis. Pour remonter le moral de l'homme en fin de vie, Prince se fait une joie de lui apporter ces longues coupures de presse si enthousiastes.

François Truffaut écrit dans *Arts* : « J'aime Sacha Guitry parce que, entre une grivoiserie et une obscénité, il choisit toujours l'obscénité, parce que son humour ne connaît pas de limite et que les infirmes, les vieillards, les enfants et les morts trinquent comme les autres, j'aime Sacha Guitry parce qu'il ne trie pas les bonnes idées et les mauvaises [...]. Il faut absolument voir *Assassins et Voleurs* pour comprendre que l'art cinématographique n'est régi par aucune loi, et qu'un film bâclé en quelques jours par de joyeux lurons qui se moquent du monde peut devenir une œuvre importante. »

André Bazin commente dans *Le Parisien libéré* : « Il y a un scénario, dans *Assassins et Voleurs*, d'une cruauté et d'une insolence que seul l'humour fait passer. Cette histoire, pour peu qu'on y réfléchisse, combine l'ironie macabre de *Noblesse oblige* à l'immoralité de la plus cynique galanterie du XVIIe siècle. Tout cela, bien sûr, passe sous le couvert de l'esprit boulevardier, mais l'humour ne consiste-t-il pas à dire légèrement les choses sérieuses, et j'oserai avancer qu'il y a quelque grandeur dans le ricanement voltairien de ce vieillard spirituel nous donnant encore à plaisanter avec la même insolente alacrité du fond de son fauteuil roulant. »

Enfin Gilles Martain souligne dans *Rivarol* : « C'est un film d'auteur, ce qui pour moi est un compliment, car on peut y découvrir toutes les qualités et tous les défauts d'une personnalité bien marquée, qualités et défauts dont la texture est toujours attachante. Je reste d'ailleurs persuadé que bon nombre de comédies de Sacha Guitry dureront aussi longtemps que certaines pièces ou certains films hautement intellectuels. »

Sacha est heureux, vraiment heureux, et il se prend à croire à une possible guérison ! Lana, Prince, le docteur Racine ont délibérément choisi de lui expliquer qu'en multipliant les nouveaux médicaments (il en prend plus de trente par jour...), rien n'est perdu. Il va même jusqu'à noter : « Si je guéris, je peux produire pendant dix ans encore. » Aussi trouve-t-il le courage de se mettre à écrire un nouveau scénario pour le cinéma, *La Vie à deux*.

Enfin un dernier bonheur s'offre à lui : ayant donné son accord pour une reprise théâtrale de *Faisons un rêve*, ayant lui-même choisi

Robert Lamoureux, Danielle Darrieux et Louis de Funès comme interprètes, il va diriger les répétitions qui ont lieu à Élisée-Reclus dans sa galerie-bureau. Bien entendu, il ne peut quitter son fauteuil, mais trouve toujours le moyen de faire preuve, avec élégance, du sens de l'autodérision : « Si vous étiez venus cinq minutes plus tôt, vous ne m'auriez pas trouvé : je faisais du cheval au bois ! »

Comme il ne peut se rendre à la première, le 30 mars, il suit la représentation par téléphone, et Robert Lamoureux lui annonce ainsi le grand succès de cette nouvelle reprise sur laquelle il a écrit dans le programme : « J'estime qu'un auteur dramatique a le droit de parler d'une pièce de lui qu'il a écrite il y a quarante-trois ans, et d'en dire même un peu de bien. Car si, en 1914, quelqu'un lui avait dit que cette pièce serait reprise en 1957, il aurait bien ri ! »

Prince lui porte les journaux des jours suivants, où l'on salue autant les interprètes que le génie « éternel » de l'auteur. Et c'est avec cette certitude d'éternité que Sacha pourra traverser les mois si terribles qui vont suivre. Car les journalistes sont unanimes sur la fraîcheur et le devenir de l'œuvre du Maître : « Et le merveilleux est que tout cela est intact, que l'encre en paraît encore fraîche » (*Paris-Presse*). « On s'est souvent demandé autrefois si, Sacha Guitry n'interprétant plus ses ouvrages, ceux-ci conserveraient leur pouvoir. La preuve est faite… » (*Le Figaro*). « Contrairement à ce que l'on pense, le théâtre de Guitry, dans son écriture, n'est pas un théâtre facile, et nombreux sont ceux qui auraient des leçons à prendre de lui sur la manière de tourner une phrase avec souplesse, d'indiquer légèrement un sentiment, de situer un personnage sans faire appel à la caricature ; tout cela donne les raisons de la jeunesse de ce texte que rien ne semble avoir entamé, pas même la destruction de cette société dont il s'amusait et qu'il amusait » (*Rivarol*).

Les Trois font la paire sort au mois de mai, tandis que, harcelé derechef par le fisc, les huissiers et divers créanciers, Sacha doit se résoudre à céder sa magnifique collection de pièces d'or. Le docteur Racine confie à Lana que ce n'est désormais plus qu'une question de semaines… Elle prie les plus proches de venir dire au revoir à son mari.

Sacha a demandé que l'on pose sur sa table de nuit la statuette représentant sainte Rita, patronne des causes désespérées, que lui a offerte Lana au retour d'un voyage à Nice. Il demande également au professeur Jacques Tréfouël, ami fidèle, de faire des démarches pour savoir si l'Uruguay (pays où Lucien, au cours d'une tournée, gagna assez d'argent pour bâtir son hôtel particulier) serait intéressé à recevoir cette maison et ses trésors afin d'en faire une Maison de l'Uruguay qui porterait le nom de *musée Sacha-Guitry*. Le projet n'ira pas plus loin…

Quelques jours avant le 17 juillet, date à laquelle il entre dans un état semi-comateux, il confie à son secrétaire : « Quand vous irez là-bas me porter quelques roses, et j'aimerais souvent que vous y retourniez, ne négligez jamais d'en prendre une au bouquet pour la porter plus loin – et de ma part aussi – sur une tombe négligée où repose Stendhal. »

Puis vient le temps du délire et de l'agonie. Ses derniers mots seront : « Le public… *Faisons un rêve… La Fontaine…* Allons, mes enfants, en voiture… »

Le 23 juillet, les journalistes campent devant le 18, avenue Élisée-Reclus. À midi, le professeur de Gennes fait publier un communiqué : « L'état de santé de M. Sacha Guitry s'est brusquement aggravé dans ces derniers jours. Ce matin, température : 41,1 degrés. » Des proches accourent : Clément Duhour, Juliette et Marcel Achard, Mary Marquet, Jacques Becker.

Le 24 juillet 1957, peu après 4 heures du matin, René Chalifour, le fidèle chauffeur de Sacha, celui préféré entre tous, sort de l'hôtel particulier et annonce aux journalistes : « Monsieur est mort. »

Notes

1. Propos extraits du film *La Poison*.

2. Stéphane Prince (1929-1993) : issu d'une famille de chirurgiens-dentistes, il délaisse ses études pour le théâtre. Grand admirateur de Sacha Guitry, il réalise un documentaire pour la télévision sur les collections de celui-ci. Au départ de Fernande Choisel, il occupe la place de secrétaire du Maître.

3. Clément Duhour (1912-1983) : il commence sa carrière comme athlète, et participe d'ailleurs aux Jeux olympiques de Los Angeles en 1932 comme lanceur du poids et du disque. À partir de 1941, il est à la fois acteur et chanteur. Après-guerre, il devient producteur de cinéma et réalise deux films.

4. Le Gevacolor est un procédé belge mis au point en 1947, dérivé de l'Agfacolor. Il permet de filmer en couleurs naturelles grâce à une pellicule soustractive trichrome. Utilisé pour la première fois pour le film *La Maison du printemps* de Jacques Daroy, en 1949, il l'est jusqu'en 1954.

5. Edgar Faure (1908-1988) : avocat à vingt et un ans, il rejoint le Parti radical-socialiste. Après avoir témoigné à Riom en faveur de Pierre Mendès France, il quitte la France en 1942 pour rejoindre le général de Gaulle à Alger. Il est procureur général adjoint français lors des procès de Nuremberg. Président du Conseil par deux fois, mais sur de courtes périodes, en 1952 et 1955, plusieurs fois ministre, il est président de l'Assemblée nationale de 1973 à 1978, puis est élu à l'Académie française.

6. Daniel Gélin (1921-2002) : formé par René Simon, il entre au Conservatoire national d'art dramatique. Jouant au théâtre comme au cinéma, il écrit et réalise un seul film, *Les Dents longues*, en 1952.

7. Raymond Pellegrini, dit Raymond Pellegrin (1925-2007) : il débute au théâtre en 1942, mais c'est Marcel Pagnol qui lui ouvre la voie du cinéma. Avec son physique, il collectionne les rôles de jeune premier, mais il est surtout célèbre pour sa voix particulière qui sera choisie pour doubler Jean Marais dans la série des *Fantômas*. Après une brillante carrière, il se retire sur la Côte d'Azur où il devient directeur d'hôtel.

8. Jean-Marie Legrand, dit Jean Nohain (1900-1981) : sous le pseudonyme de « Jaboune », il présente, entre les deux guerres, des émissions pour les enfants à la radio, et anime des émissions de variétés. Ayant rejoint les Forces françaises libres, il reçoit une balle qui lui paralyse une partie du visage. À la Libération, il fait partie des animateurs pionniers de la télévision. Il est également parolier et écrit de nombreux textes pour Mireille.

Épilogue

> « Il y a deux choses inadmissibles sur la terre, la mort et les impôts. Mais j'aurais dû citer en premier les impôts. »
>
> SACHA GUITRY, *Beaumarchais*.

Lana a voulu que le public salue une dernière fois son mari et puisse pénétrer à Élisée-Reclus.

Le 26 juillet, douze mille personnes défilent devant son cercueil.

Le lendemain dans la matinée, il est inhumé au cimetière Montmartre aux côtés de son frère Jean et de son père. Lana les rejoindra en décembre 1990.

« Sa mort est celle de ma jeunesse, d'une époque de pauvreté fastueuse où nous avions du temps à perdre. Tendre et attentif, tel était le cœur de cet homme que l'on prétendait égoïste. Son message fut de charmer et de vaincre la difficulté de vivre. Il s'y employa jusqu'à la dernière minute avec héroïsme. S'il s'est laissé prendre par la mort, c'est sans doute que la vie moderne ne lui offrait plus ce luxe spirituel qu'il faisait passer avant le nécessaire. Encore un homme à la mer, un irremplaçable. Bientôt, il n'en restera plus un de l'équipage, et ce sera le navire lui-même qui sombrera. »

JEAN COCTEAU.

« Adieu mon cher, mon grand Sacha, mon ami d'enfance, mon merveilleux compagnon de route. Dors tranquille. Dans le monde entier, le rideau longtemps, longtemps, continuera à se lever, à se baisser, à se relever sur tes immenses succès. Tes répliques étincelantes n'ont pas fini de faire rire, d'émouvoir les générations. Et qui sait si, en applaudissant tes ravissantes comédies, nos arrière-petits-enfants n'auront pas l'impression, grâce à ton souriant génie, que ton époque était la plus heureuse du monde ; que l'amour était roi sous notre république ; que la vie et l'argent y étaient faciles ; que toutes les femmes étaient jolies ; qu'à Paris l'esprit courait les rues ; que nous avions de la chance, en un mot, d'avoir connu vraiment la douceur de vivre. »

ALBERT WILLEMETZ.

Biarritz, Banne, mai 2009.

ANNEXES

PARQUET DE LA COUR DE JUSTICE – Département de la Seine, 2 mai 1945 – GUITRY Alexandre, dit SACHA GUITRY, Inculpé d'Intelligence avec l'ennemi.

« Au mois de juin 1940, M. Sacha Guitry quitta Paris pour aboutir à Dax, terme de son exode. En dépit des tristesses de l'heure, malgré l'afflux des réfugiés envahissant cette petite ville de province, une personnalité comme la sienne aurait eu peine à s'effacer au point de demeurer inaperçue.

« Vite reconnu, entouré d'un cercle d'admirateurs, sa réputation d'homme célèbre attira vers lui jusqu'à des officiers allemands qu'il ne put pas ou ne sut pas éconduire.

« Des entretiens qu'ils eurent ensemble, il retint seulement que l'Allemagne, insatisfaite de sa domination militaire, allait tenter d'imposer à la France occupée sa propre culture en utilisant à cette fin tous les modes d'expression de la Pensée, parmi lesquels le Théâtre.

« Mû par le désir de faire, dans la mesure de ses forces, échec à ce dessein d'assimilation, M. Sacha Guitry hâta son retour à Paris et là, pendant quatre années, il ne cessa de se consacrer à la défense de notre art dramatique, en jouant ou faisant jouer les comédies et les films dont il était l'auteur.

« Toutes ses productions obtinrent l'accueil le plus favorable et les succès qu'il remporta, exempts de la part des spectateurs de la moindre marque de défiance, devaient lui laisser croire que, sur le plan national comme sur le plan littéraire, son œuvre avait été ratifiée par le jugement du public, et qu'ainsi il avait fidèlement rempli la mission préventive qu'il s'était assignée.

« Cependant, au lendemain de la Libération, par une sorte de coup de théâtre, il était accusé de collaboration avec l'ennemi, arrêté par les Forces françaises de l'intérieur et incarcéré au camp de Drancy. Seule, depuis quelques mois, la Radio française de Londres avait laissé prévoir ce fâcheux dénouement.

« Examinées objectivement, les charges qui formaient, à cette époque, les bases de la prévention étaient lourdes, certes, mais imprécises, multiples, mais pour la plupart inexprimées, concordantes sur un seul point : l'anonymat de leurs origines.

« À cet égard, les documents joints à la procédure sont significatifs ; la fiche d'entrée au camp de Drancy concernant M. Sacha Guitry porte la mention suivante : "Motif de l'arrestation : ignoré."

« Plus explicite est le bulletin de la Commission de triage, saisissant l'Autorité judiciaire et ainsi rédigé : "Une enquête paraît nécessaire pour préciser les divers aspects de sa collaboration (articles, dîners, etc.)."

« Ce qui revient à dire que l'écrivain n'avait, en fait, d'autres accusateurs qu'une rumeur publique, issue de sa renommée même, avec l'aide, sans doute, de maints confrères ou acteurs moins pourvus en talent à qui la malveillance et l'envie faisaient mêler leurs voix dans ce chœur invisible.

« C'est pourquoi l'Information, négligeant les points non susceptibles d'un contrôle réel, mais soucieuse de ne rien laisser dans l'ombre, s'est appliquée à rechercher si l'inculpé avait ou non accompli des actes contraires aux intérêts de la France, soit par son activité littéraire, soit par son activité politique, soit à l'occasion de ses rapports personnels avec les autorités occupantes.

« Lorsqu'il eut obtenu, en juillet 1940, l'autorisation de rouvrir le Théâtre de la Madeleine, M. Sacha Guitry inaugura le spectacle avec *Pasteur*. Cette pièce, qui exaltait de façon émouvante le génie français, lui parut la plus propre à rehausser notre prestige affaibli par la défaite militaire. Elle fut suivie de *Florence*, *Louis XI*, *Vive l'Empereur !*, *N'écoutez pas, mesdames*, et d'autres encore. Dans ces comédies, applaudies chacune d'elles pendant de longs mois, nulle réplique ne se trouve qui eût évoqué un appel, même indirect et lointain, à une collaboration franco-allemande, et ceci ne saurait surprendre, émanant d'un écrivain qui avait refusé dès l'avant-guerre, malgré les offres avantageuses par lui reçues, de faire jouer en Allemagne l'une quelconque des 114 pièces qu'il avait écrites.

« Certains passages de ses comédies semblent presque un défi lancé à l'Occupant. Dans le rôle de Pasteur, il prononce cette phrase acclamée chaque soir par tout l'auditoire : "Mes enfants, c'est la guerre contre l'Allemagne, partez, faites votre devoir. Pour moi, je suis trop vieux pour vous suivre, mais je travaillerai pour la France." Si d'autres allusions, plus voilées d'ailleurs, aux événements contemporains, échappèrent à la censure allemande, celle-ci dut parfois sévir. C'est ainsi que fut interdite une comédie intitulée *Mon auguste grand-père*, véritable pamphlet sur les lois raciales, où était tournée en dérision la recherche du sang juif. La même décision fut prise pour une comédie musicale portant le titre *Le Dernier Troubadour*. Dans un dossier concernant cette pièce et abandonné par les Allemands à l'Office de la Propagande, il a été découvert, en réponse à la demande de visa émanant de M. Sacha Guitry et datée du 24 juillet 1943, une note d'un officier censeur allemand ainsi conçue : "Sacha Guitry a dernièrement téléphoné à M. Renaitour pour lui proposer sa pièce *Le Dernier Troubadour* pour le théâtre Édouard-VII, mais comme, après *L'Affranchie*, aucune pièce nouvelle ne peut être montée, il doit s'arranger d'une autre façon. À mon point de vue, la pièce de Sacha Guitry est une chose de choix à mettre sous la dent des Gaullistes. Sous le vocable 'Occupants' on ne désignera que nous. Le 10 novembre 1943. Signé : illisible. "

« Il n'est pas besoin, semble-t-il, de souligner l'importance d'un tel document qui constitue un hommage rendu par l'ennemi, sinon par ses ennemis, au patriotisme de l'auteur dramatique.

« Envisagés sous le même angle, les films que M. Sacha Guitry fit projeter sur les écrans durant la période d'Occupation présentent les mêmes traits dominants. L'auteur, il faut tout d'abord le noter, s'abstint de tourner avec la "Continental Films", agence officielle du cinéma allemand, repoussant ainsi l'offre de 3 millions de francs qui lui était faite pour la mise en scène d'un seul film. Il refusa également d'introduire dans ses dialogues la moindre allusion politique inspirée par la censure allemande : telle cette phrase qu'on lui avait demandé de placer dans la bouche de l'empereur dans le film *Le Destin fabuleux de Désirée Clary* : "Et maintenant, construisons l'Europe nouvelle."

« Par contre, en maintes occasions, et notamment dans le film *Donne-moi tes yeux*, dont une scène est jointe au dossier, il soutient cette idée maîtresse qu'une épreuve, si dure soit-elle, ne peut ni effacer, ni abattre le Génie de la France.

« C'est un même acte de foi dans le destin triomphant de son pays qu'il exprime avec éclat dans le livre *De 1429 à 1942*, le seul qu'il ait fait paraître sous l'occupation ennemie, et qui n'est autre qu'une magnifique galerie de tableaux, soulignée de commentaires dus à la plume des écrivains les plus notables de notre temps, parmi lesquels Paul Valéry, Georges Duhamel, Paul Fort, Jean Giraudoux et d'autres encore, consacrée aux personnages illustres dont la gloire durant cinq cents ans s'imposa dans tous les domaines aux peuples du monde entier.

« Le sens évident de cette œuvre conçue au lendemain d'une défaite militaire et publiée après deux années de domination allemande sur notre sol est, dans le rappel de nos splendeurs passées, la recherche des motifs de croire en l'avenir, pour la raison profonde que rien au cours des siècles n'a jamais pu interrompre le rayonnement spirituel de la France et la continuité de sa grandeur. "N'est-elle pas, dit M. Sacha Guitry, d'une éloquence sans pareille, cette continuité mise là sous nos yeux ? Qu'elle nous soit sacrée au même degré que notre union. Elle est à l'heure actuelle le plus clair de notre avoir, puisqu'elle est par excellence incessible et insaisissable. Et l'on peut hardiment considérer comme ennemis de la Nation ceux qui chercheraient à rompre cette chaîne qui nous lie au Passé."

« Certes, le sous-titre *De Jeanne d'Arc à Philippe Pétain* a contribué à abuser certains esprits qui voient là, aujourd'hui, un rapprochement sacrilège. Mais il est pourtant juste de dire que si, à deux endroits de l'ouvrage, M. Sacha Guitry a exprimé sa confiance en Pétain pour assurer le redressement de la France, cette confiance s'appliquait à l'homme, au chef militaire devenu chef du gouvernement, et non pas à l'une des formes quelconques de sa politique.

« En aucune page de ce livre, où le nom de l'Allemagne n'est jamais prononcé, ne figure une allusion, si lointaine soit-elle, à la nécessité ou à l'avantage d'un rapprochement franco-allemand. Bien au contraire, certaines pages s'y rencontrent, et parmi les plus belles, qui ne pouvaient que déplaire à la censure ennemie.

« Au mépris des lois raciales sont évoqués les grands noms de Bergson, Sarah Bernhardt, Rachel, Porto-Riche et bien d'autres, de même qu'est reproduit le fac-similé du journal *L'Aurore* contenant le célèbre "J'accuse" d'Émile Zola.

« Et quelle leçon pour l'Allemagne, alors à l'apogée de sa puissance militaire et toute à l'orgueil de sa victoire du moment, que les chapitres consacrés à Turenne, vainqueur de l'Alsace, à Napoléon, vainqueur d'Austerlitz, à Clemenceau, artisan de la victoire de 1916 ! N'était-ce pas donner aux Français, en ces jours de deuil, l'éclatante vision d'une résurrection proche, que de leur permettre de relire l'ordre du jour de la bataille de la Marne, écrit de la main de Joffre, et celui du 12 novembre 1918, écrit de la main de Foch ?

« Pourrait-on accuser l'auteur de s'abandonner, soumis à la domination étrangère, alors qu'il ne craint pas d'écrire : "C'était l'abîme en juin 1940... Mais nous n'étions pas '*mat*', nous n'étions qu'en échec."

« Est-il enfin plus beau cri d'espérance qu'au chapitre intitulé *Amour sacré de la Patrie*, ces lignes de Michelet : "Il y a bien longtemps que je suis la France, vivant jour par jour avec elle depuis des milliers d'années. Nous avons vu ensemble les plus mauvais jours, et j'ai acquis cette foi que ce pays est celui de l'invincible espérance. Il faut bien que Dieu l'éclaire plus qu'une autre nation puisqu'en pleine nuit, elle voit quand nulle autre ne voit plus rien, dans ces affreuses ténèbres qui se faisaient souvent au Moyen Âge et depuis, personne ne distinguait le Ciel, la France seule le voyait. Voilà ce que c'est que la France. Avec elle, rien n'est fini, toujours à recommencer ? »

« Si l'on ajoute que de 1940 à 1944, M. Sacha Guitry n'a fait paraître, en dehors de cette œuvre, qu'une plaquette en vers libres traitant de peinture, qu'il n'a écrit dans les journaux que de rares articles nécrologiques, qu'il n'a fait aucune conférence pouvant se rapporter aux événements actuels, qu'il n'a prêté à la Radio-Diffusion qu'un concours minime et sans caractère politique, on devra convenir que son activité littéraire, loin d'avoir pu contribuer à la démoralisation de la Nation, s'est exercée dans son ensemble dans un sens conforme aux intérêts réels de son pays.

« Du point de vue politique pur, l'attitude de M. Sacha Guitry a été encore plus nette, il n'a appartenu ni à un groupement, ni à une organisation politique quelconque, il n'a même pas été membre du groupe Collaboration auquel appartenaient cependant nombre d'écrivains et littérateurs en renom.

« Il apparaîtrait excessif de considérer comme une manifestation publique de sentiments pro-allemands, ayant un caractère de propagande, le seul fait qu'il eût assisté au retour des cendres de l'Aiglon.

« Il reste que durant les quatre années d'occupation, M. Sacha Guitry a été, de son propre aveu, en contact direct avec différentes personnalités allemandes, civiles ou militaires. Ses rapports, mi-officiels, mi-privés, sont à la source, sans doute aucun, de la réputation de collaborateur qu'il s'était faite, ils ont été suffisamment marquants pour justifier initialement les poursuites, ils n'ont pas été assez étroits, nous allons le voir, pour permettre son renvoi devant la Cour de justice.

« En effet, les premières entrevues entre M. Sacha Guitry et les autorités occupantes, celles-ci représentées par le général Turner, furent inspirées par des motifs strictement professionnels. Dès son retour, en tant que président de l'Union des Arts, il demanda l'autorisation d'ouvrir au Théâtre de la Madeleine une permanence afin de venir en aide aux artistes malheureux ; comme premier directeur de théâtre rentré à Paris, il sollicita la réouverture de tous les théâtres. Sur les deux points, il obtint rapidement satisfaction.

« Puis, agissant pour son propre compte, ses trois propriétés étant réquisitionnées, il réclama la libre disposition de celle de Ternay, située en Seine-et-Oise ; dans le même temps, apprenant que la demeure du maréchal Joffre, à Louveciennes où se trouve son tombeau, était également occupée, il prit l'initiative d'en exiger la libération. Il fut fait droit à sa double requête, et la maréchale Joffre, en témoignage de gratitude, lui fit don du fanion de son illustre mari.

« M. Sacha Guitry n'eut garde de démêler quelle part de calcul pouvait guider, à cette époque, les autorités allemandes, désireuses de gagner à leur cause un écrivain célèbre, à l'effet d'utiliser plus tard, pour les besoins de leur propagande, son influence et son talent. Il attribua le facile aboutissement de ses démarches à son prestige personnel, et encouragé par ses succès premiers, il multiplia ses interventions pour autrui. Toutes n'eurent pas d'ailleurs la même suite favorable, l'écrivain, au cours des années qui suivirent, n'ayant pas rendu les services qu'on attendait de lui.

« Néanmoins, il réussit à éviter le départ en Allemagne d'un artiste de sa troupe, Francœur, et d'un employé du Théâtre de la Madeleine, grâce à de véhémentes protestations auprès du Bureau du travail allemand. En mars 1943, il consacra trois journées à empêcher la déportation dans un camp de représailles de l'artiste Maurice Teynac, allant jusqu'à se porter garant de lui, sans même connaître le motif exact de son arrestation. En octobre 1943, il parvint à faire libérer l'auteur dramatique Tristan Bernard et sa femme en offrant de prendre leur place au camp de Drancy où ils étaient internés. M. Sacha Guitry croit pouvoir mentionner les démarches qu'il a faites, certaines avec fruit, en faveur de Michel Clemenceau, du fils de Huguette Duflos, du fils d'Albert Willemetz, de Madame Athis, de Michel François (archiviste de la Bibliothèque nationale), de l'évêque de Lille, de la fille et de la petite-fille du ministre Bokanowski, et cette énumération est encore incomplète.

« Cependant, les résultats obtenus n'allaient pas sans contrepartie et l'écrivain convient qu'il lui était difficile de témoigner une hostilité marquée à ceux qu'il sollicitait sans cesse, mais il affirme, et l'information sur ce point ne le contredit point, qu'il n'a jamais manqué de dignité dans ses rapports avec nos ennemis.

« À cet égard, en effet, il a été dit primitivement beaucoup de choses inexactes. C'est ainsi que selon des renseignements anonymes, et même certains témoins qui en ont déposé, il aurait été vu à différentes reprises dînant ou soupant en compagnie d'Allemands dans les restaurants Carrère, le Cabaret et Paris-Paris, il aurait organisé sur la scène du Théâtre de la Madeleine un banquet auquel auraient pris part des officiers allemands, il leur aurait fait réserver deux rangées de fauteuils dans son théâtre, il aurait encore utilisé une voiture allemande, une fois pour aller chercher Tristan Bernard qu'il venait de faire libérer, une autre fois pour aller jusqu'au cimetière Montmartre où son père, Lucien Guitry, est enterré.

« Les différentes enquêtes de police ont démontré la fausseté de ces accusations dont plusieurs, au surplus, étaient de bien pauvre qualité. Par contre, il n'est pas douteux, et M. Sacha Guitry ne songe pas à le nier, qu'en dehors des contacts officiels qu'il eut avec les autorités allemandes, il en eut d'autres de caractère privé.

« Ainsi fut-il un jour convié, dans des conditions qui ne lui permettaient pas d'ailleurs de se dérober, à rencontrer le maréchal Goering ; ce dernier, on le conçoit, ne faisait que céder à l'attrait inévitable qu'a toujours exercé sur l'esprit des conducteurs d'hommes, de Christine à Frédéric le Grand, la personnalité d'un écrivain de réputation universelle. Obéissant au même sentiment de curiosité intellectuelle, animés du désir de voir un homme célèbre évoluer dans son cadre, un cadre précieux, de s'entretenir avec lui plus familièrement que dans un local administratif, d'autres Allemands, saisissant les prétextes les plus divers, s'introduisirent chez lui ; tel l'ambassadeur Otto Abetz qui crut devoir à deux reprises venir lui-même apporter le visa du film *Désirée Clary*. D'autres, comme le conseiller Rahn et le comte Metternich, furent reçus plus souvent. Pourrait-on tenir rigueur à un écrivain qui, par nature, ne peut rester étranger à rien de ce qui est humain, d'avoir parfois accepté, délaissant les phrases banales, de porter avec eux l'entretien sur le plan des idées, sur des questions d'Art ou de Littérature ? À aucun titre ces échanges spirituels, peu fréquents au surplus et demeurés sans publicité, puisque seule la secrétaire de M. Sacha Guitry semble en avoir eu connaissance, ne pouvaient servir les intérêts de l'Allemagne.

« Surtout si l'on considère qu'en d'autres occasions M. Sacha Guitry n'a pas craint de manifester sa haine de l'Allemagne dans maints propos rapportés par ceux qui, vivant auprès de lui, étaient mieux à même d'en apprécier la sincérité, qu'il s'agît d'acteur de sa troupe tels qu'André Roanne, Spanelly, Duvaleix, de son ami Albert Willemetz, d'André Brulé, directeur du Théâtre de la Madeleine, de Howel, son imprésario, du graveur Galanis, de madame Pierre Masse, enfin, qui vient attester la profondeur du patriotisme de celui qui se dévoua, non sans risques, pour adoucir le sort de son mari incarcéré à Drancy.

« Les résultats ainsi obtenus par l'information judiciaire acquièrent une valeur probante d'autant plus grande qu'en raison de la qualité même de l'inculpé, une certaine publicité a entouré diverses phases de l'instruction, notamment la mise en liberté provisoire de M. Sacha Guitry et l'annonce d'un éventuel classement de la procédure.

« À cette occasion, la rumeur publique dont la presse paraissait vouloir refléter l'opinion a continué de se montrer sévère à l'égard de l'écrivain.

« Aussi pouvait-on raisonnablement s'attendre à ce que tous les témoins d'un acte anti-national par lui commis vinssent révéler au juge d'instruction les faits à leur connaissance susceptibles de s'opposer à la cessation des poursuites. Or, en fin d'instruction, deux points seulement furent signalés, soit, en premier, que le nom de M. Sacha Guitry figurait sur un calepin abandonné à Nice par de prétendus policiers allemands, et, en second, qu'il faisait l'objet d'un rapport adressé à ses chefs, à la fin de l'année 1940, par le général de La Laurencie, représentant du maréchal Pétain en zone occupée.

« Le complément d'enquête ordonné par le juge d'instruction a établi qu'en effet, M. Sacha Guitry, d'une part avait pris place sur un calepin des faux policiers, au même titre que d'autres propriétaires de villas de la région niçoise chez qui un cambriolage paraissait possible, et, d'autre part, qu'il avait bien proposé au général de La Laurencie, ceci pour lui être agréable, de lui faire rencontrer le général allemand Turner, mais que cette offre n'avait pas eu de suite, le général de La Laurencie ayant exigé que l'entrevue eût lieu au domicile personnel de l'auteur dramatique, et celui-ci s'y étant refusé.

« De l'ensemble du dossier d'information, il ressort en définitive qu'aucune des charges qui motivèrent à l'origine l'ouverture des poursuites ne saurait être à l'heure actuelle retenue contre l'inculpé.

« Du moins, grâce à ses accusateurs anonymes, aura-t-il eu le loisir de vérifier la justesse de cette pensée de Sacha Guitry : "*Ne soyez pas de ceux qui haïssent. Jamais. Tâchez d'être plutôt parmi ceux que l'on hait, on y est en meilleure compagnie.*"

« Attendu dans ces conditions que les faits reprochés à Sacha Guitry ne constituent pas le crime d'intelligence avec l'ennemi au sens de l'article 75 et suivants du Code pénal,

Dit que la présente procédure fait l'objet d'une décision de classement.

Au Parquet de la Cour de justice. Signé : COISSAC. »

*

* *

« Arrêté le 23 août 1944, Sacha Guitry fut remis en liberté le 25 octobre 1944. Son instruction aboutit le 7 mai 1945 à une première décision de classement. Sur quoi, la réception de pièces nouvelles entraîna le 10 novembre 1945 une citation en Chambre civique, où fut renvoyée l'affaire, par arrêt du 4 mars 1946. L'instruction venait en effet, le 4 février 1946, sur ces pièces, d'être rouverte : c'est cette information qui est maintenant à régler.

« Le temps ainsi écoulé a provoqué sans doute des réflexes contradictoires. Prorogation excessive, selon l'intéressé, à sa mise hors de cause, et, selon ses adversaires, à son châtiment. Il traduit simplement l'utilité d'approfondir les charges et les défenses assez diffuses d'un cas qui manque de simplicité.

« Sacha Guitry – qui ne le sait ? – est à la fois auteur et acteur. C'est un truisme. C'est aussi peut-être une clé.

« Auteur d'une rare fécondité, il n'a pas écrit, paraît-il, moins de cent quatorze pièces.

« Et sans doute y a-t-il ajouté, sous l'Occupation, un livre, anthologie de grand luxe, qui retrace, avec un admirable goût dans les splendeurs de l'édition et le choix des textes, avec des inédits de Valéry, de Giraudoux et de Duhamel et les plus lyriques messages de Michelet, les gloires de la France dont il n'exclut pas Bergson, Porto-Riche et Sarah Bernhardt, mais qui s'intitule : *De Jeanne d'Arc à Philippe Pétain*, ce qui ne peut signifier que chute vertigineuse ou indécente flagornerie ; et le sous-titre *1429-1942*, calembour de chiffres qui se répètent aux deux millésimes, comme le cérémonial gravement organisé, en mai 1944, à Vichy, pour la remise de l'ouvrage à son bénéficiaire, tendent bien à rapprocher de la sainte libératrice le leader entêté de la capitulation.

« Sans doute aussi, dans un film qu'il a composé à la même époque sous le titre *Donne-moi tes yeux*, une scène se détache-t-elle, où il passe en revue les grandes toiles françaises peintes en 1871 en assurant que de “telles œuvres tiennent lieu de victoires”, et que “ce que l'on perdait d'un côté, on le regagnait de l'autre” : et cette apologie des beaux-arts de consolation, et de la revanche par la peinture, s'encadrait-elle au mieux dans la propagande par quoi l'Allemand cherchait à nous anesthésier.

« Mais il n'en a pas moins, dans un autre film *Désirée Clary*, refusé d'ajouter au texte de Napoléon : “Et maintenant, construisons l'Europe nouvelle”, que lui suggérait la censure ennemie ; qui lui interdit, en outre, trois pièces qu'il présentait : *Mon auguste grand-père*, pour ses critiques contre le racisme, et *Le Dernier troubadour*, pour ses allusions contre l'occupant.

« Aussi bien, pendant ces quatre ans, a-t-il écrit trois autres pièces : *N'écoutez pas, mesdames*, *Vive l'Empereur !* et *Le Bien-Aimé*, qui échappent à tout reproche. Il n'en a jamais laissé jouer aucune en Allemagne, pas plus d'ailleurs avant que pendant la guerre. Il n'a jamais non plus apporté aucun de ses scénarios à la “Continental”. Pas un seul article de presse, pas une seule conférence publique à relever pendant toute l'Occupation.

« Son activité d'écrivain est, en définitive, à l'abri des critiques. Elle pourrait être presque un modèle pour certaines carrières qui ont continué.

« Il reste l'acteur. Et c'est différent.

« Tout a été dit depuis Diderot sur le comédien qui vit son rôle. Mais il y a celui qui joue sa vie.

« Sacha Guitry est possédé par le don de se mettre en scène. Il a vu dans sa famille des personnages, et dans ses aventures, des sujets. Ses destinées matrimoniales se sont nouées ou dénouées devant le public. Il a modelé sur lui-même Pasteur, Napoléon, une série de rois de France. Il n'est pas un auteur qui joue ses pièces, il est un acteur qui écrit ses rôles.

« Au vrai, il est une vedette, c'est-à-dire un acteur permanent, à la ville comme à la scène. Il n'est chez lui que dans un décor et n'est naturel qu'en jouant. D'où une aisance supérieure, sommet du talent. Un roi de l'attitude et un prince du geste, eût dit Rostand, ce connaisseur. D'où son besoin, comme d'oxygène, de public ; et, hors de scène, de l'adulation, et des faveurs du monde et de ses puissants. Il n'a eu de vie qu'exhibée.

« C'est ce qui explique et mesure ses relations avec l'occupant.

« Juin 1940 le conduit à Dax. L'ennemi arrive, s'installe ; suspension des hostilités ; il faut s'organiser. Paris est sans théâtre et sans Sacha Guitry. Il y part sur l'instant pour combler du même coup ce double vide, aussi indispensable pour lui, que, croit-il vraiment, pour Paris.

« Il part pour "défendre notre théâtre". Rôle de paladin. À la vérité, l'invasion de nos scènes par les seules pièces et les seuls artistes nazis n'était pas un urgent péril. Rouvrir nos théâtres, c'était pourvoir notre moral plus souvent d'oubli que de fermeté. Mais c'était aussi le gagne-pain pour les professions adjacentes. Et cela suffit pour écarter cette initiative du passif de son champion.

« L'artiste aura son public. Peu lui importe que, dans la salle, sinon peut-être dans les coulisses – mais rien n'est prouvé sur ce dernier point –, quelques assassins, de retour de Dachau, applaudissent à ses bons mots. Il jouera ; et c'est tout. Rien à dire d'ailleurs sur ses rôles ; il reprend *Pasteur*, puis *Ceux de chez nous*. Rien à reprocher, en bref, à l'acteur sur le plateau de la Madeleine. Mais la vedette occupe aussi la scène de Paris.

« Tout de suite, il aura possession d'état de *persona grata* auprès des occupants bien placés. Et sans doute en usera-t-il pour de méritoires services ; il s'emploiera à obtenir onze rapatriements, de prisonniers, à éviter quatorze déportations, dont Tristan Bernard et sa femme, le fils d'Albert Willemetz et celui de Huguette Duflos, l'évêque de Lille, Michel Clemenceau et, avec hélas moins de succès, Pierre Masse. Mais il lui échoit aussi des faveurs personnelles : levée de la réquisition de sa propriété de Ternay ; recours contre les subalternes de la censure, tatillons pour trois de ses pièces, auprès de leurs supérieurs ; et tout s'aplanit par les soins du docteur Eich ou du général Warlimont, chef d'état-major de Keitel. Le comte Metternich et le conseiller Rahn viennent le voir à domicile ; et si sa visite à Goering manque de certitude, ainsi que son envoi par s.v.p. de cadeaux de Noël à douze notables ennemis, ses relations avec Abetz, qui vint deux fois chez lui et le reçut au moins deux fois, expliquent le témoignage que "tout le monde", à l'ambassade allemande, lui était "acquis".

« Ambassadeur surnuméraire auprès des seigneurs de l'occupation du théâtre, sinon de Paris, sinon même de l'esprit français : encore un rôle à jouer. Il l'avait débuté auprès du général Turner, chef de l'administration de la région parisienne, dont il conquit d'emblée la "confiance particulière". Un jour, il obtenait *proprio motu* la libération de la propriété du maréchal Joffre. Un autre jour, il proposait au général de La Laurencie, envoyé de Vichy, une rencontre avec ce général Turner qu'il cherchait vainement à joindre ; et l'entrevue, dès lors accordée, ne butait que sur des préséances de grades. Curieux rôle d'artiste introducteur de généraux !

« Deux mois plus tard, Hitler, qui retenait dans ses barbelés un million deux cent mille de nos soldats, nous renvoyait un cercueil avec les cendres du duc de Reichstadt. Pour accueillir cette dérision, Pétain lui-même se dérobait. Mais, entre Bonnard et Déat, parmi cette sélection de la platitude, Sacha Guitry vint au premier rang. Il n'y voyait d'ailleurs sans doute qu'un finale de *L'Aiglon*.

« Trois remarques aident à conclure :

« Les feux de la rampe et des projecteurs déforment les gestes et leurs ombres. Sacha Guitry pâtit de cette optique d'agrandissement. Ses contacts, au demeurant limités, avec l'occupant, n'ont pas manqué d'être affectés de son propre coefficient de publicité ; la légende est le fruit de la notoriété. De son côté, il a jaugé avec les mêmes démesures le sort, prévisible, qui l'a atteint. Ces excès inverses n'ont pu que peu à peu se tamiser au crible de l'information.

« Elle pose maintenant la constance de sa vie en scène ; le rôle que sa nature l'astreint toujours à jouer. L'ennemi qu'il rencontrait n'était que son public impersonnel, l'entourage inéluctable de sa représentation. L'intention délictuelle manquait à ces contacts.

« Le plan pénal s'efface ainsi devant le plan professionnel. Pendant toute l'occupation, il n'a servi ni desservi ; il a joué ; promoteur de l'acceptation des bravos sous contrôle ennemi et des menues complaisances, non de scènes, en vérité, mais de salons contigus qui les permettaient. Il eut un acte de courage lorsqu'il poursuivit pour diffamation *La France au travail* ; mais c'était parce que cette feuille l'avait qualifié de juif.

« Pendant tout ce temps, combien d'autres, loin des tapages, des parades et des déclamations, relevaient ces valeurs de dureté, de simplicité, de silence qui lui ont été étrangères et qui ont fait revivre la patrie. Lui s'est fait admettre, sinon flatter, par l'ennemi puissant du jour ; il a, hors de la scène, joué à contresens et s'est voulu représentant une parcelle de la France là où il ne devait pas la mener. Mais, aujourd'hui où il échappe finalement à tout grief palpable de Cour de justice comme de Chambre civique, c'est une commission de sanction professionnelle qui pourrait lui signifier qu'il n'aurait plus rien à représenter que lui-même ; et qu'après avoir seulement joué au temps où il fallait vivre, il aurait maintenant, sans plus de jeu, à se limiter à la vie.

« Attendu que des faits ci-dessus exposés ne résulte pas, contre l'inculpé, charge suffisante d'avoir commis le crime visé au réquisitoire,

« Décidons de procéder au classement pur et simple de la procédure.

Le 8 août 1947. Le commissaire du gouvernement – signé : illisible. »

Couverture de la fameuse carte du réveillon du 31 décembre 1943, exemplaire de Henri Jadoux. (Collection de l'auteur.)

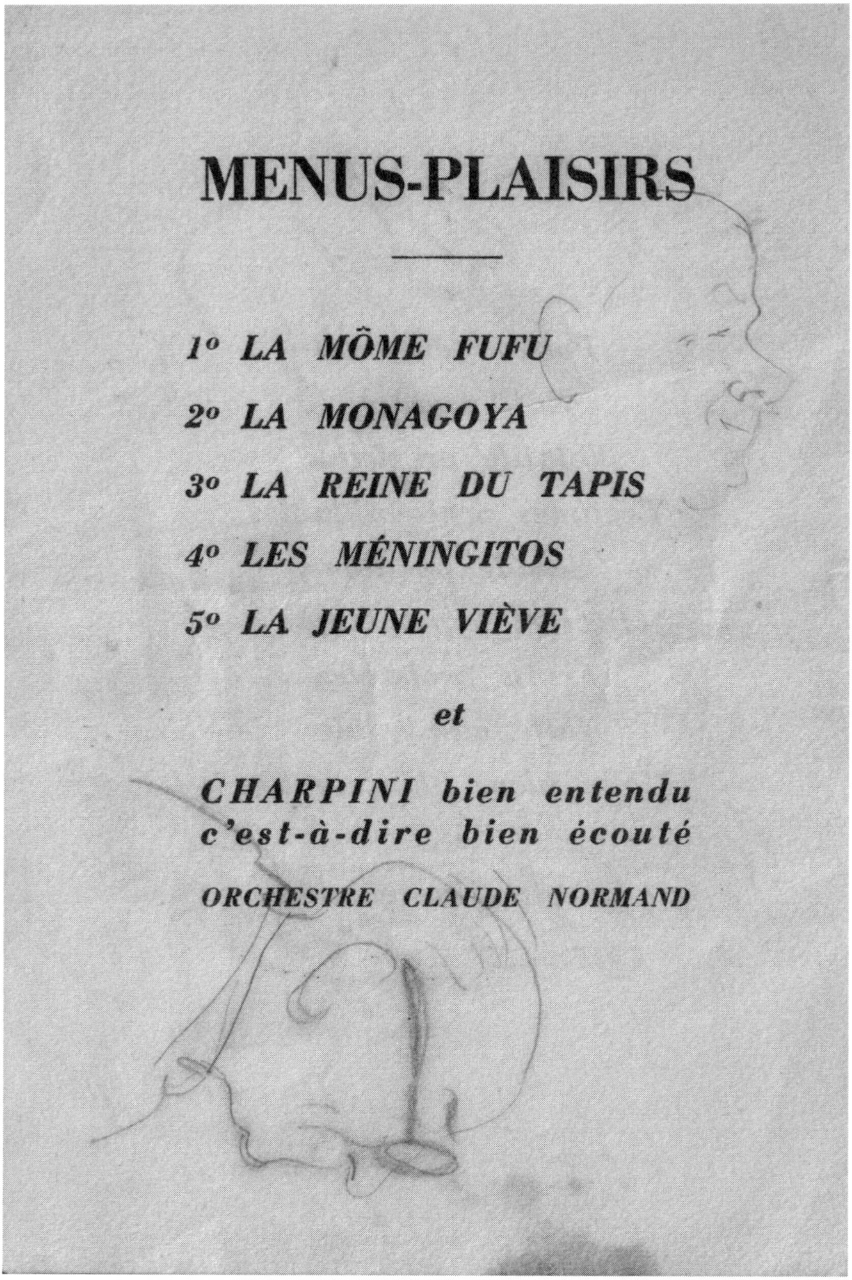

MENUS-PLAISIRS

1° LA MÔME FUFU

2° LA MONAGOYA

3° LA REINE DU TAPIS

4° LES MÉNINGITOS

5° LA JEUNE VIÈVE

et

CHARPINI bien entendu
c'est-à-dire bien écouté

ORCHESTRE CLAUDE NORMAND

Le menu du réveillon, les attractions prévues accompagnées de croquis autographes de Guy Arnoux.

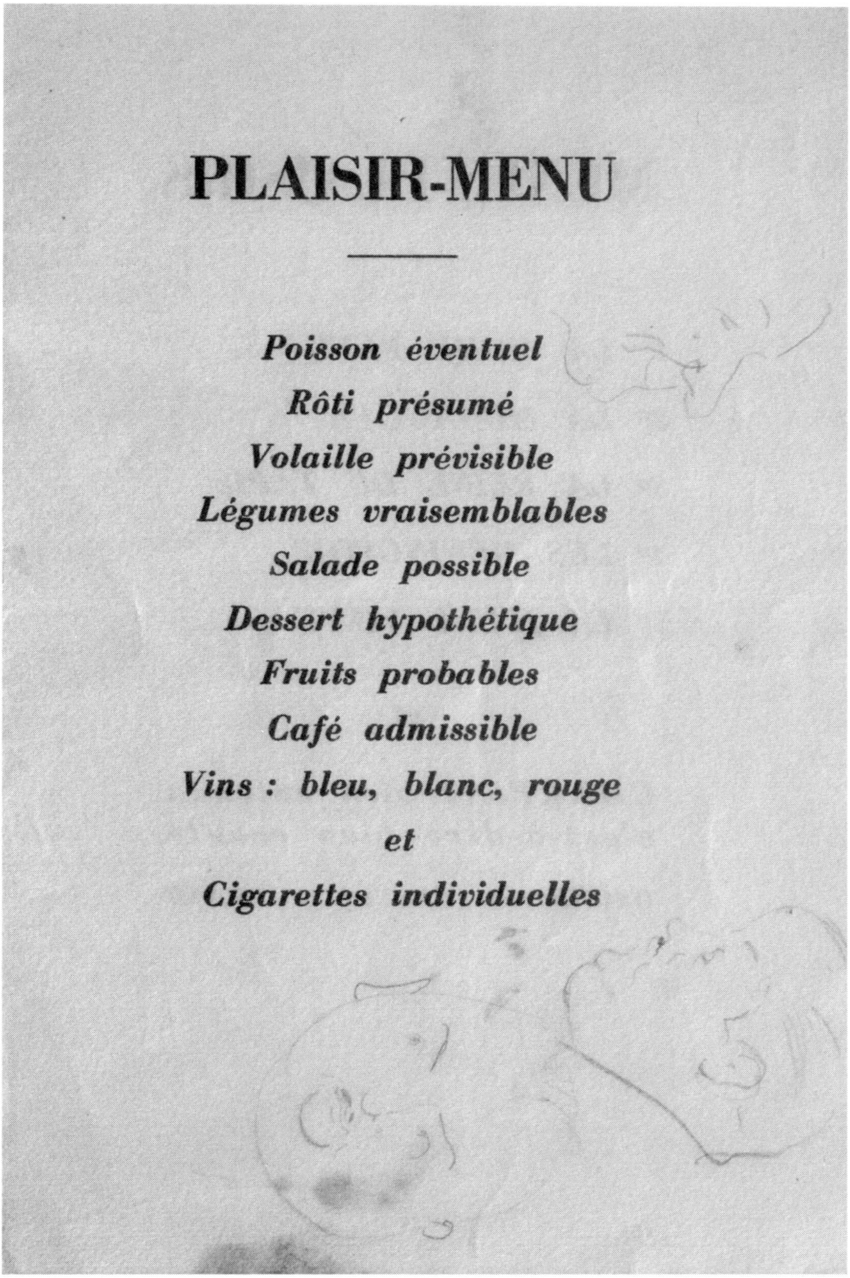

PLAISIR-MENU

Poisson éventuel
Rôti présumé
Volaille prévisible
Légumes vraisemblables
Salade possible
Dessert hypothétique
Fruits probables
Café admissible
Vins : bleu, blanc, rouge
et
Cigarettes individuelles

(Collection de l'auteur.)

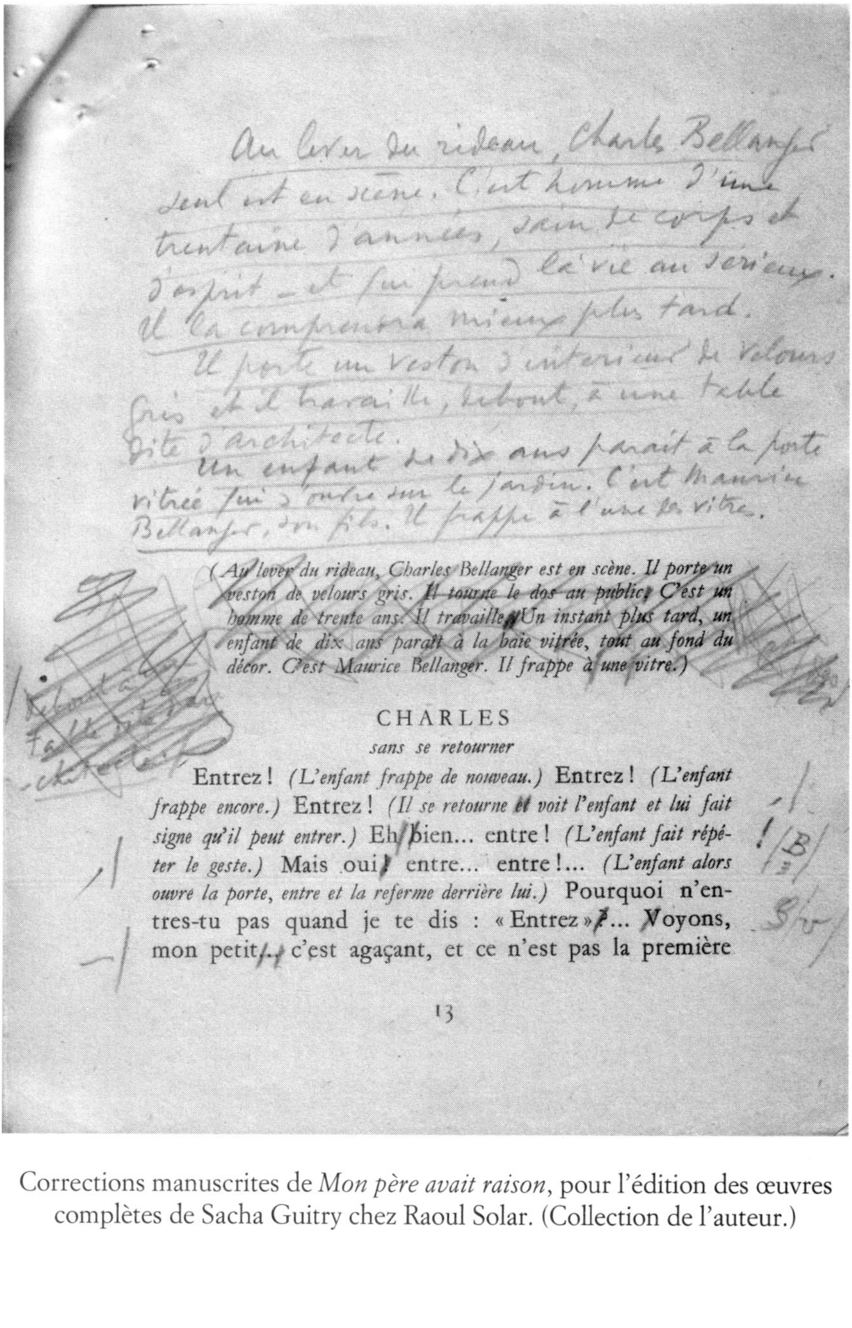

Au lever du rideau, Charles Bellanger seul est en scène. C'est homme d'une trentaine d'années, sain de corps et d'esprit – et qui prend la vie au sérieux. Il la comprendra mieux plus tard.

Il porte un veston d'intérieur de velours gris et il travaille, debout, à une table dite d'architecte.

Un enfant de dix ans paraît à la porte vitrée qui s'ouvre sur le jardin. C'est Maurice Bellanger, son fils. Il frappe à l'une des vitres.

(Au lever du rideau, Charles Bellanger est en scène. Il porte un veston de velours gris. Il tourne le dos au public. C'est un homme de trente ans. Il travaille. Un instant plus tard, un enfant de dix ans paraît à la baie vitrée, tout au fond du décor. C'est Maurice Bellanger. Il frappe à une vitre.)

CHARLES
sans se retourner

Entrez ! *(L'enfant frappe de nouveau.)* Entrez ! *(L'enfant frappe encore.)* Entrez ! *(Il se retourne et voit l'enfant et lui fait signe qu'il peut entrer.)* Eh bien... entre ! *(L'enfant fait répéter le geste.)* Mais oui, entre... entre !... *(L'enfant alors ouvre la porte, entre et la referme derrière lui.)* Pourquoi n'entres-tu pas quand je te dis : « Entrez »?... Voyons, mon petit,.. c'est agaçant, et ce n'est pas la première

13

Corrections manuscrites de *Mon père avait raison*, pour l'édition des œuvres complètes de Sacha Guitry chez Raoul Solar. (Collection de l'auteur.)

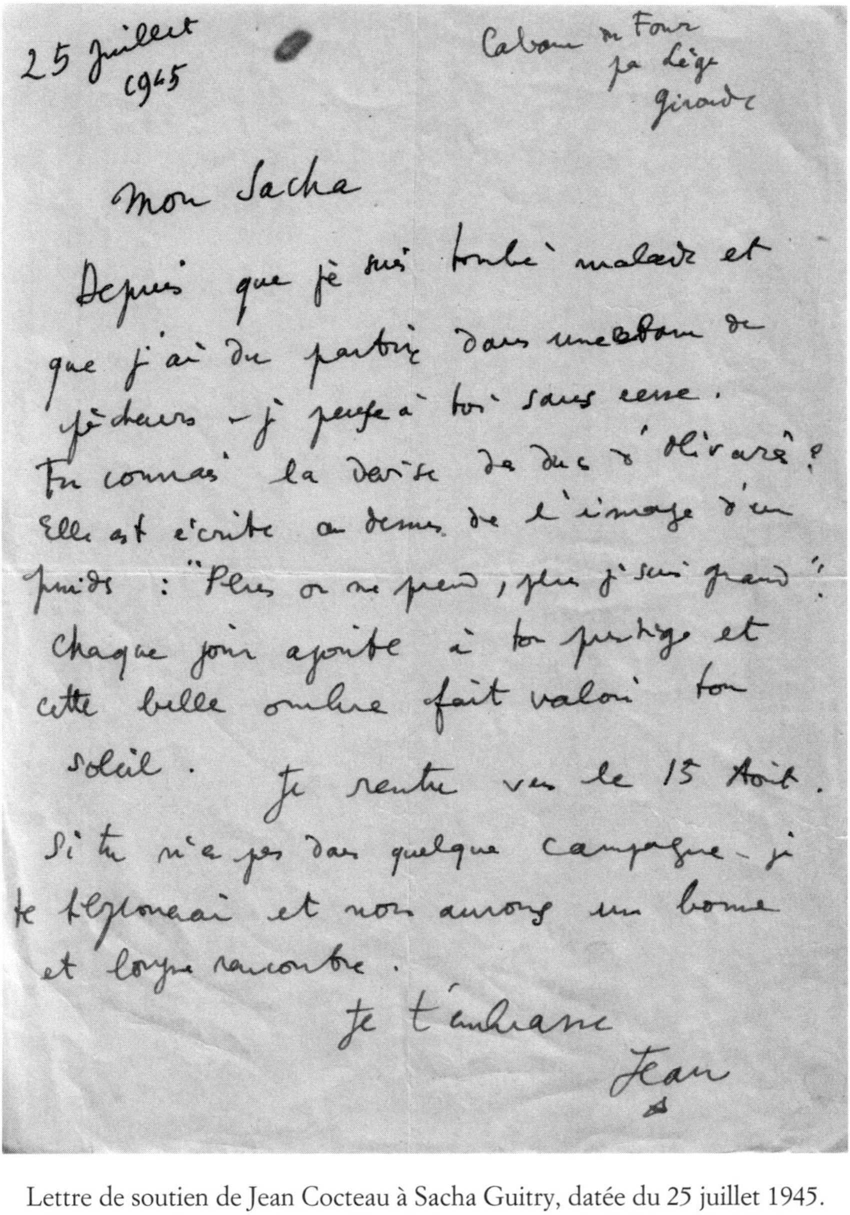

25 juillet 1945

Cabane du Four
par Lège
Gironde

Mon Sacha

Depuis que je suis tombé malade et que j'ai dû partir dans une cabane de pêcheurs – je pense à toi sans cesse. Tu connais la devise du duc d'Olivarès ? Elle est écrite au dessus de l'image d'un puits : "Plus on me prend, plus je suis grand". Chaque jour ajoute à ton prestige et cette belle ombre fait valoir ton soleil. Je rentre vers le 15 Août. Si tu n'es pas dans quelque campagne – je te téléphonerai et nous aurons une bonne et longue rencontre.

Je t'embrasse

Jean

Lettre de soutien de Jean Cocteau à Sacha Guitry, datée du 25 juillet 1945.
Pour soutenir son ami, au milieu de la tourmente judiciaire, il lui écrit :
« Chaque jour ajoute à ton prestige et cette belle ombre fait valoir ton soleil »
(collection de l'auteur).

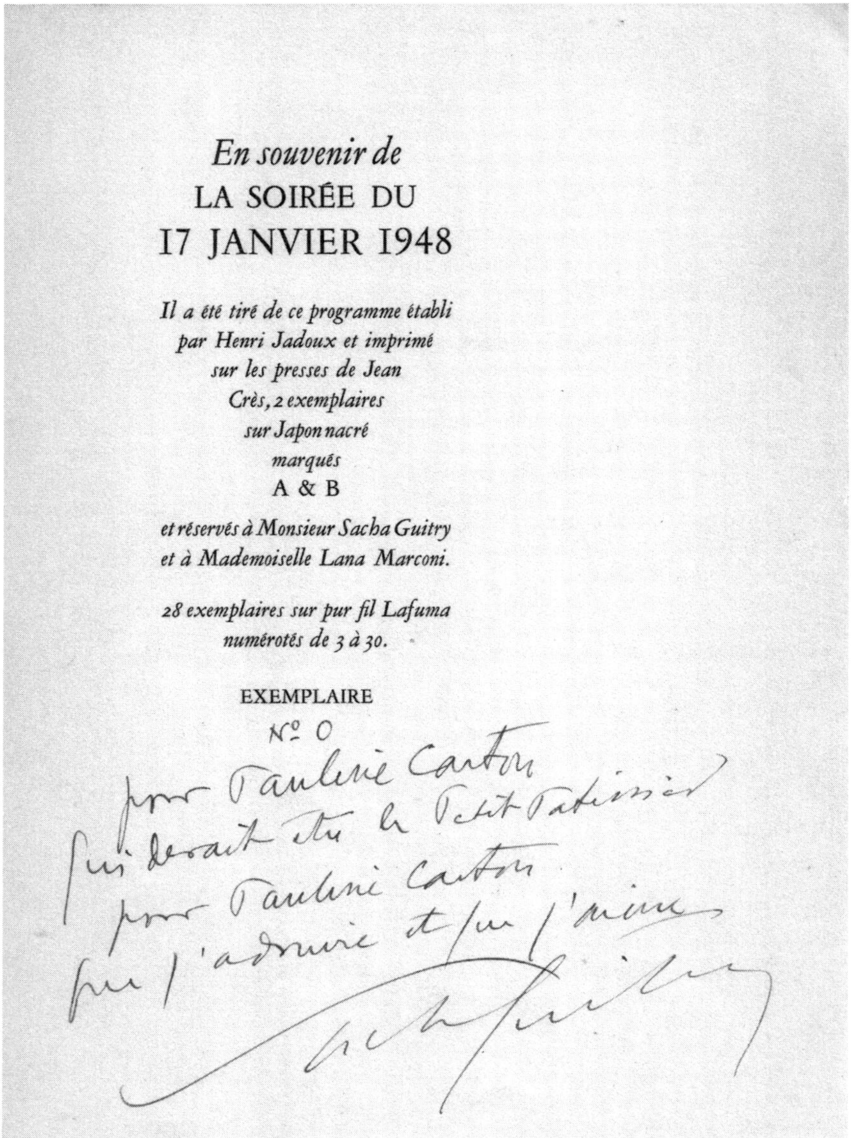

En souvenir de
LA SOIRÉE DU
17 JANVIER 1948

Il a été tiré de ce programme établi par Henri Jadoux et imprimé sur les presses de Jean Crès, 2 exemplaires sur Japon nacré marqués
A & B
et réservés à Monsieur Sacha Guitry et à Mademoiselle Lana Marconi.

28 exemplaires sur pur fil Lafuma numérotés de 3 à 30.

EXEMPLAIRE
N° 0

pour Pauline Carton
qui devait être le Petit Pâtissier
pour Pauline Carton
que j'admire et que j'aime
Sacha Guitry

Dédicace de Sacha Guitry à Pauline Carton sur le programme du Diable Boiteux, lors de la soirée du 17 janvier 1948. (Collection de l'auteur.)

Bibliographie sommaire

Les articles de journaux et documents cités proviennent du Fonds Sacha Guitry du département des Arts et Spectacles de la Bibliothèque Nationale de France.

ASSOULINE, Pierre, 1944-1945, *L'Épuration des intellectuels*, Paris, Complexe, 1996.

BENJAMIN, René, *Sacha Guitry, roi du théâtre*, Paris, Plon, 1933.

BÉRAUD, Henri, *Quinze jours avec la mort*, Paris, Plon, 1951.

CHOISEL, Fernande, *Sacha Guitry intime*, Paris, Éditions du Scorpion, 1957.

DELUBAC, Jacqueline, *Faut-il épouser Sacha Guitry ?*, Paris, Julliard, 1976.

DUFRESNE, Claude, *Yvonne printemps, le doux parfum du péché*, Paris, Perrin, 1988.

GUITRY, Lana, *Et Sacha vous est conté...*, Paris, Le Livre contemporain, 1960.

GUITRY Sacha, *Elles et Toi*, Paris, Les Amis du livre moderne, 1947.

—, *Le Petit Carnet rouge et autres souvenirs inédits*, Paris, Perrin, 1979.

—, *L'Esprit*, Paris, Perrin, 1962.

—, *Quatre ans d'occupations*, Paris, L'Élan, 1947.

—, *Si j'ai bonne mémoire*, Paris, Plon, 1934.

—, *Soixante jours de prison*, Paris, L'Élan, 1949.

—, *Si Versailles m'était conté*, Paris, Raoul Solar, 1954.

—, *Théâtre, je t'adore*, Paris, Hachette, 1958.

—, *Toutes réflexions faites*, Paris, L'Élan, 1947.

JADOUX, Henri, *Le Théâtre et l'Amour*, Paris, Perrin, 1985.

—, *Sacha Guitry*, Paris, Perrin, 1982.

LORCEY, Jacques, *L'Esprit de Sacha Guitry*, Biarritz, Atlantica, 2000.
—, *Les Films de Sacha Guitry*, Biarritz, Séguier, 2007.
—, *Sacha Guitry*, Paris, Pac, 1982.
—, *Sacha Guitry et son monde*, 3 vol., Biarritz, Séguier, 2001-2002.
—, *Sacha Guitry raconté par les témoins de sa vie*, Paris, France-Empire, 1976.
—, *Tout Guitry de A à Z*, Biarritz, Séguier, 2007.
MADIS, Alex, *Sacha*, Paris, L'Élan, 1950.
MARTIN DU GARD, Maurice, *Mon ami Sacha Guitry*, Paris, La Nouvelle Revue critique, 1941.
PRINCE, Stéphane, *Sacha Guitry hors sa légende*, Paris, Presses de la Cité, 1959.
SÉRÉVILLE, Geneviève (de), *Sacha Guitry, mon mari*, Paris, Flammarion, 1959.
SIROP, Dominique, *L'Élégance de Jacqueline Delubac*, Paris, Adam Biro, 1994.

INDEX

L'éditeur remercie Jane Auzenet.

Remerciements

Tout d'abord à Jacques Lorcey qui a eu la grande gentillesse de mettre à ma disposition des archives encore inédites et de m'apporter des précisions indispensables.

À Stéphane Micoud, « l'indispensable »...

À Mickaël Da Silva, petit bonhomme passionné d'écriture, dont l'aide me fut précieuse et à qui j'espère avoir donné l'envie d'écrire un livre, à son tour.

À Fabienne Ludet dont « l'œil voit tout »...

Et, comme toujours, à Philippe Salquain, pour tout.

Enfin, à Francis Huster, dont je n'oublie pas les encouragements chaleureux.

Table des matières

Photocomposition Nord Compo
Villeneuve-d'Ascq

Pour l'éditeur, le principe est d'utiliser des papiers composés de fibres naturelles, renouvelables, recyclables et fabriquées à partir de bois issus de forêts qui adoptent un système d'aménagement durable.
En outre, l'éditeur attend de ses fournisseurs de papier qu'ils s'inscrivent dans une démarche de certification environnementale reconnue.

Photocomposition Nord Compo
Villeneuve-d'Ascq

Pour l'éditeur, le principe est d'utiliser des papiers composés de fibres naturelles, renouvelables, recyclables et fabriquées à partir de bois issus de forêts qui adoptent un système d'aménagement durable.
En outre, l'éditeur attend de ses fournisseurs de papier qu'ils s'inscrivent dans une démarche de certification environnementale reconnue.

Imprimé en Espagne par RODESA

35-57-3827-9/01
dépôt légal : septembre 2009